교사
전쟁

교사
전쟁

초판 1쇄 인쇄 2019년 5월 15일
초판 1쇄 발행 2019년 5월 28일

지은이 다나 골드스타인
옮긴이 유성상, 김민조, 박미희, 임영신
펴낸이 김승희
펴낸곳 도서출판 살림터

기획 정광일
편집 조현주
북디자인 꼬리별

인쇄·제본 (주)현문
종이 월드페이퍼(주)

주소 서울시 양천구 목동동로 293, 22층 2215-1호
전화 02-3141-6553
팩스 02-3141-6555
출판등록 2008년 3월 18일 제313-1990-12호
이메일 gwang80@hanmail.net
블로그 http://blog.naver.com/dkffk1020

ISBN 979-11-5930-100-1 93370

THE TEACHER WARS:
A HISTORY OF AMERICA'S MOST EMBATTLED PROFESSION by Dana Goldstein
Copyright © 2014 by Dana Goldstein

*가격은 뒤표지에 있습니다.
*잘못된 책은 바꾸어 드립니다.

이 도서의 국립중앙도서관 출판예정도서목록(CIP)은
서지정보유통지원시스템 홈페이지(http://seoji.nl.go.kr)와
국가자료공동목록시스템(http://www.nl.go.kr/kolisnet)에서 이용하실 수 있습니다.
(CIP제어번호: CIP2019017180)

교사 전쟁

다나 골드스타인 지음
유성상·김민조·박미희·임영신 옮김

살림터

부모님께 이 책을 바칩니다.

로라 그린과 스티븐 골드스타인

교사는 교육제도가 형성되고 운영되는 일반적인 원리들을 이해하고 있어야 하고, 비판할 줄도 알아야 한다…고 권하고 싶다. 교사는 군대 내 민간 병사와 같지 않아 단순히 복종할 것으로 기대되지 않을 뿐더러, 바퀴에 달린 톱니가 아니므로 외부 에너지에 대응하고 전달하는 것에만 급급해서는 안 되기 때문이다. 교사는 행동하는 총명한 매개체이어야 한다.

존 듀이, 1895

왜 교사 전쟁인가?

2000년대 중반을 지나면서 한국의 초·중등학생들에게 가장 인기 있는 직업이 교사다. 최근 선호 직업 순위에서 약간 주춤하지만, 한국에서 교사가 된다는 것은 학생들에게는 꿈을 이루는 일로 여겨진다. 학생들이 매일 생활하는 학교와 교실에서 교사들에 대해 좋은 느낌을 갖게 되어 교직을 선호하는 것만은 아닐 것이다. 실제 OECD는 한국의 교사가 다른 국가에 비해 훨씬 학업 성적이 좋은, 유능한 사람들 중에서 선발되고 있으며, 존경심을 포함한 사회적인 지위 또한 높다고 보고했다. 한국의 교사는 공무원으로 급여 수준도 높은 편이며, 안정적인 생활을 할 수 있는 전문직 종사자로 인식되고 있다. 공동체주의적 사회질서가 급속하게 파편화되고 있는 한국 사회에서 교사라는 직업의 안정성이 미래 세대 아이들의 꿈을 재단하는 기준이 되고 있는 것이다. 교직이 헌신적 가르침을 따르겠다는 소명의식의 발현이어야 한다는 생각을 가진 독자들에게는 좀 실망스러운 이야기일지도 모르겠다.

그런데 한국 사회에서 교사는 그다지 선호할 만한 이미지로 비쳐지는 존재가 아니다. 2000년대 전까지만 해도 교사들이 촌지를 받는 것은 관례처럼 여겨졌다. 학교 다니면서 교사들에게 매 한번 안 맞아 본 사람이 있을까 싶을 만큼, 교사들은 체벌을 중요한 훈육의 도구로 부릴 수 있는 사람이었다. 똑같은 내용의 교과서를 똑같은 교수 방법으로 10년, 20년 가르치는 사람들이 많았다. 2000년대 이후의 교사들은 말 그대로 무력한 존재로 보이곤 했다. 교실에서 잠자는 아이들, 떠드는 아이들, 돌아다니는 아이들을 통제하지 못하고, 심지어 자신에게 위해를 가하는 학생들을 무시하는 것만이 최선이라 생각하며 무기력하게 시간을 보내는 모습으로 비쳐졌다. 학생을 부당하게 취급했다고 담당 교실까지 찾아가 아이들 앞에서 해당 교사에게 폭언과 폭행을 일삼는 학부모들 앞에서의 무기력함이란… 게다가 학급당 학생 수는 30명 이하로 줄어들었지만, 학력 수준 차이가 심한 학생들을 이끌지 못해 교사가 학원 교습을 권하기도 한다. 마치 학원이 존재하지 않으면 아이들을 가르칠 수 없는 사람들처럼. 심지어 자신이 근무하는 학교에 다니는 자녀의 성적을 조작하겠다고 시험지를 유출하는 사건이 드러나면서, 모든 아이들에게 공정하고 도덕적인 직업 종사자라는 교사의 이미지는 산산이 부서져 버렸다.

이렇듯 교사를 바라보는 한국 사회의 관점은 온통 모순으로 가득 찬 것처럼 보인다. 국제사회로부터는 사회적 위신이 높은 직업이라는 평가를 받고 있지만, 국내에서 벌어지는 교직 폄훼는 국제사회의 평가를 무색하게 한다. 사범학교가 사범대학으로, 2년제 교육대학이 4년제 교육대학교로 바뀌어 온 과정을 통해서 한국의 우수한 인재들이 교사가 되고자 하는 풍토가 근현대 한국 교육의 성공적 변화를 일구어 온 원천이라고 치하하면서도, 작금의 교육문제의 근본적인 원인에는 변화하지 못하는 교사문화, 새로운 과학기술에 적응하지 못하고 이를 선도하지 못하는 교사들의 무능이 자리 잡고 있다며 질타한다. 또한 학원과 과외를 통해서 교과지식의 선행학습을 당연하게 여기는 학부모들이 아이들이 학교에서 무엇을 새롭게 배우고 있는지 거의 관심을 기울이지 않는다는 데에 놀라움을 금할 수 없다. 학원에서의 체벌과 인권 침해는 그럴 수 있는 일이라고 여기면서, 학교의 교사들에 대해서는 그 어떤 사소한 일조차도 걸고넘어질 수 있다고 다짐하는 강경한 태도를 이해하기 어렵다. 어느 사이 학교는 학생들이 학원에서 배운 내용을 바탕으로 평가하고 성적을 공식화해 주는 장소가 된 반면, 교사는 이를 관리해 주는 행정 공무원으로 전락한 것은 아닌가 싶다.

한국 사회에서 교사는 어떤 사람들로 이해되어야 할까? 아니 한국 사회의 교사들은 어떻게 지금의 교사로 자리 잡게 되었을까? 언제부터 한국의 교사들은 우리가 알고 경험하는 방식으로 교사라는 직업인으로 존재하게 되었을까? 한국의 교사상이 토대하고 있는 인식을 이야기하기 위해 공맹사상의 훈육을 담당했던 유교적 스승상을 꺼내 오기도 하고, 일제 강점기 군사적 문화가 가득한 근대적 규율을 강조하곤 한다. 해방 이후 보편화된 공교육체제에서 교사됨의 의미 또한 바뀌어 온 것이 사실이지만, 구체적으로 어떤 측면이, 어떻게, 왜 바뀌게 되었는지를 제대로 보여 주는 논의를 접하기는 어려운 상황이다. 도대체 우리에게 교사 혹은 교사됨은 무엇을 의미하고 왜 그러할까?

이 책은 위의 질문에 대한 일종의 대답이라 할 수 있다. 안타깝게 글의 내용은 한국의 교사가 아닌 바다 건너 미국의 교사 이야기로 이루어져 있다. 저자인 다나 골드스타인은 교육학자가 아닌 기자이다. 서문에서 밝히고 있듯, 그녀의 할아버지와 아버지는 교사였다. 학교에서 가르치는 할아버지, 아버지를 보면서 자란 그녀에게 학교, 교실, 가르침, 그리고 교사라는 익숙함이 곧 이 책의 핵심적인 질문으로 이끌었다. 도대체 사람들에게 교사는 어떤 직업인으로 비쳐질까? 왜 그렇게 된 것일까? 그녀가 이끌어 내는 미국 교사의 이야기는 꽤 낯선 인물의 소개와 일상적인 가르침, 낯선 장소에서의 구체적인 사건으로 꾸며져 있지만, 각장의 낯선 이야기들이 담고 있는 주제들은 우리에게 전혀 낯선 것들이 아니다. 미국의 교육 보편화를 이끈 사람들이 선교의 사명을 띤 여성 교사들이었다는 점은, 한국의 학교교육 팽창 시기 갑자기 늘어난 교사들의 직업적 동기와 이들에게 기대된 사회적 압력이 무엇이었는지 궁금증을 던져 준다. 젠더, 인종, 지역에 따라 차별이 당연시되던 미국 사회에서 처우 개선과 함께 차별 철폐를 실천했던 교사들의 행동과 일련의 저항적 태도는, 한국 사회의 지난 시기 교육민주화운동 및 교사들의 참여적 실천을 떠올리게 한다. 빨갱이로 몰려 교단에서 쫓겨난 교사들의 이야기는 '반공주의'로 점철된 근대 한국 정치사의 굴곡진 폭력이 학교교육에서 어떻게 투사되어 왔는지 되새겨 보게 한다. 가르치는 일을 의식적 헌신에서 천박한 노동으로 바꿔 버렸다는 비판을 받는 미국 교원노조의 지난 100년 역사는 1989년 '참교육'을 구호로 내건 한국 교원노조의 지난한 발자취와 비교하게 된다. 미국의 공교육에서 인종의 갈등을 빼고 이야기할 수 없다면 한국 공교육에서, 그리고 그 속에서 교사의 위치를 가장 극명하게 드러내는 사회문화적 요인은 무엇인지 되물어 보게 된다. 핵폭탄만큼이나 큰 영향을 미친 레이건 정부의 '위기에 처한 국가'의 교사를 향한 위협적 평가체제가 한국의 교육개혁에서 어떤 방식으로 수용, 변질, 혹은 반영되고 있는 것인지 따져 보게 한다. 국가와 사회가 훌륭한 교사는 누구인가를 최종적으로 판단하고 선발 배치하는 역할자로 충분한 것인지 묻는 저자의 질문은, 한국 사회의 교사교육과 교사에 대한 지원이 어떠한 방식으로 이루어지고 있는지, 적절한 지원이 이루어지는지 성찰하게 한다.

이 책이 우리에게 던지는 질문은, '훌륭한 교사는 어떻게 만들어지는가?'이다. 그런데 이 책에서 볼 수 있듯이, 미국 사회는 '어떻게 교사를 훌륭하게 만들 것인가?'에 관심을 기울이기보다는 '누가 훌륭한 교사인가?'를 판단하고 이 판단 결과에 따라 '훌륭한 교사'와 '그렇지 않은 교사'를 선별, 구분, 차별하는 태도를 견지해 왔다. 혹 '훌륭한 교사'를 처음에는 '길러 내는 것'에 관심이 있었다고 하더라도, 이들 교사양성을 기획했던 지도자들은 '종교', '젠더', '인종', '이념', '학위'에 따라 교사의 잠재력과 실천 능력, 학교 변화의 가능성, 사회에의 파급력이 아주 다를 것이라는 '편견'과 '차별의식'으로 똘똘 뭉쳐 있었고, 이러한 인식을 교사에 대한 처우에 반영했다. 결국 교사의 '훌륭함'의 기준을 누가 정하고 이를 구체적인 제도로 실현하려는가에 따라 학교는 이들이 가진 '편견'과 '차별의식'을 고스란히 재생산하는 장으로 기능할 수밖에 없었다. 또한 편견 가득한 학교의 일상은 이와 전혀 다른 모습의 다양한 사회와 충돌을 일으킬 수밖에 없었고, 매일매일의 긴장과 갈등은 '전쟁'을 방불케 했다. 안타깝게 학교교육을 둘러싼 전쟁 양상은 시간과 장소를 가리지 않고 그때나 지금이나 미국이나 이곳 한국에서 계속되고 있다.

이 전쟁의 한가운데 교사라는 직업인이 자리 잡고 있다. 교사는 전쟁을 치르는 당사자이자 전쟁의 구체적인 대상이 되어 왔다. 우리에게 교사는 누구인가? 우리는 어떤 교사를 훌륭한 교사라고 보고 있는가? 전 세계적으로 인재로서 교사를 길러 낸다는 각 지역의 교대, 사대는 목표대로 훌륭한 교사를 길러 내고 있는가? 높은 경쟁률을 뚫고 선발된 교사들은 훌륭한 교사라 칭함을 받을 만큼 학교 실천 현장에서 훌륭한 모습을 보이고 있는가? 왜 교사를 둘러싼 많은 교육 주체들이 '전쟁'을 불사하며 교사들과 충돌하고, 갈등하는가? 도대체 우리는 교사에게 무엇을 요구하고 또 기대하는가?

안타깝게도 우리는 위에서 던진 질문에 적절한 대답을 해 줄 만큼 준비가 되지 않은 듯하다. 좋은 교육이 어떤 모습인지, 이를 어떻게 우리 삶에서 실현할 것인지, 우리에게 주어진 학교교육의 현실을 좋은 교육

실천의 현장으로 어떻게 만들지에 대해서도 사회적 합의가 어려운 이 땅에서 그 좋은 교육의 핵심을 이루는 교사들이 어떤 사람들이고 또 어떠해야 하는지, 이들을 어떻게 키워 낼 수 있을지에 대해 합의하고, 더불어 실천하는 것은 너무 먼 이야기인지 모르겠다. 하지만 훌륭한 교사를 키워 내고 이들이 주체적으로 교육현장인 학교에서의 일상적 만남을 교육적으로 만들도록 해야 한다는 점은 의심의 여지가 없다. 그래서 교육을 둘러싼 전쟁의 한가운데 조용히 총을 거머쥐고 전선을 지키는 교사들의 전쟁을 응원하게 된다. 우리는 『교사 전쟁』을 대하면서 누가 누구의 어떤 목적을 위한 전쟁인지 끊임없이 질문하고 답변하면서, 오늘 여기의 모든 교사들이 어제보다 조금 나은 교사로 성찰하고 성장할 수 있도록 지지하고 지원하는 일을 해야 한다. 적어도 내일의 교육은 이들의 옳음에 대한 통찰과 행동으로 인해 좀 더 나은 방향으로 한걸음 옮겨져 있으리란 기대를 갖고 말이다.

옮긴이 서문을 마치면서 『교사 전쟁』 번역서의 출간을 함께 이룬 분들께 감사 인사를 전한다. 무엇보다 번역에 참여한 우리 공역자들은 낯선 이국땅의 역사와 인물들을 탐구하며 글이 글답게 읽힐 수 있도록 머리를 맞대고 지난 2년 넘는 시간을 씨름해 왔다. 마무리되어 책으로 엮이기를 기다리는 이 시간에도 우리 공역자들은 여전히 읽기 투박하고 혹 잘못된 용어로 읽히는 것들이 있지 않을까 염려스럽다. 잘못된 표기와 표현은 모두 우리 역자들의 몫임을 인정하지 않을 수 없다. 특히 이 책을 발간하기로 맘먹고 전적인 지원을 아끼지 않은 살림터 사장님과 식구들에게 감사의 마음을 전한다. 교육에 희망이 있고, 이 희망을 위한 끊임없는 혁신을 책 출간으로 지지해 주는 출판사의 올곧은 열정에 존경을 표한다. 더불어 이 책이 출판을 통한 교육 희망의 꿈을 함께 일구

어 나가는 끝없는 여정에 작은 벽돌 하나 올리는 공헌이 되기를 간절히
바란다. 마지막으로 미국의 지난 200여 년의 교사 역사를 그린 이 책을
통해 한국의 교사와 교육 연구자들이 한국의 교사와 교직을 찬찬히 돌
아보고 또 온전히 복원해 볼 수 있는 포괄적인 연구물을 등장시킬 수
있기를 두 손 모아 기대해 본다.

2019년 4월

역자를 대표하여

유성상 쓰다

세계는 지금 '무능한 교사'와의 전쟁 중

이 책은 2011년 초의 단순한 관찰에서 시작되었다. 관찰의 대상은 미국에서 가장 논란이 많은 직업인 공립학교 교사였다. 위스콘신, 오하이오, 인디애나주의 공화당 주지사들과 더불어 매사추세츠주와 같이 오랫동안 민주당이 강세를 보였던 지역의 민주당 주지사들도 교사들의 단체 교섭권을 축소하거나, 아예 없애려고 들었다. 덴버Denver에서 탤러해시 Tallahassee에 이르기까지 주 의회들은 교사들의 정년보장을 두고 열띤 논쟁을 벌였다. 오바마 대통령은 상하원 의회 연설에서 형편없는 교사들을 향해 "그 어떤 변명거리도 허용하지 않겠다"고 선언했다. 몇몇 유튜브 동영상은 공화당 내에서 급부상한 정치인 뉴저지주 주지사 크리스 크리스티Chris Christie를 보수주의자들의 영웅으로 치켜세웠다. 그 동영상에서 크리스티는 자신의 정책에 반대하려고 공식 행사에서 들고 일어선 중년의 여성 교사들을 거세게 비난했다. 그는 10억 달러나 되는 교육예산을 감축하려 했었다. 10억 달러의 교육예산 감축과 대조적으로 크리스티는 16억 달러 규모의 기업 법인세를 인하해 주었다.

교직을 제외하고 정치적 감시가 이 정도 수준으로 이루어지는 직업이 또 있을까 싶다. 심지어 공공복리를 목적으로 공적 재원으로 고용되는 경찰이나 사회복지사 같은 직업도 이 정도까지는 아니다. 2010년 〈뉴스위크Newsweek〉의 표제는 "미국 교육을 구원하는 열쇠"였다. 제목이 담긴 표지에서는 아이들의 둥글둥글한 글씨체로 쓰여 있는 칠판을 보여 준다. 거기에는 "능력 없는 교사들을 반드시 해고해야 한다. 능력 없는 교사들을 반드시 해고해야 한다"라고 반복해서 쓰여 있다. 〈슈퍼맨을 기다리며Waiting for "Superman"〉와 〈물러서지 않을 거야Won't Back Down〉와 같이 널리 알려진 영화들은 부유한 민간 자선사업가들의 자금을 지원받았다. 이 영화들은 공립학교 실패의 유일하고도 실질적인 원인으로 교사들의 정년보장과 이를 옹호하는 교원노조를 지목하여 묘사하고 있다. 2008년 민주당 전당대회DNC부터 2010년 클린턴 전 대통령의 클린턴글로벌구상Clinton Global Initiative에 이르기까지, 내가 기자로 참석했던 행사장에서 많은 거물 정치인들은 공립학교 교사들의 무능함과 직업 안정성에 대해 잔뜩 화가 나 있는 것처럼 느껴졌다. 흥미롭게도 전국적으로 이루어진 설문조사 결과는 이러한 분위기와 사뭇 다르다. 그 조사에 따르면, 미국 국민들은 교사를 상당히 존중받는 직업이라 여기고 있으며, 그 수치는 의사들과 거의 맞먹는 수준이다.

'형편없는 교사'에 대해 우려하는 심정이야 이해할 만하다. 교사들은 개인적이면서 동시에 정치적인 일을 하고 있다. 그들은 아이들을 보호하고, 교육한다. 그 아이들은 우리가 열렬하고도 고상하게 사랑을 베푸는 대상이다. 교사들은 미래 국가의 시민과 노동자들로 아이들을 준비시킨다. 미국의 미래를 만드는 지혜와 기술 수준은 교사들에게 달려 있다. 교사들이 이처럼 장엄한 책임을 어깨에 짊어지고 있다는 점을 생각해 보면, 미국의 정치가 교사들의 문제에 민감하게 대응하는 게 전혀 이상할 것이 없다. 따라서 나는 다음과 같은 점을 인정하면서 이 글을 시작하고자 한다. 대부분의 미국 교사들은 보통의 학업 수준을 보였던 사람들이다. 이들의 SAT 성적은 평균 이하이며, 그다지 잘 알려지지 않은 대학을 졸업했다.[1] 또한 전형적인 미국 초등학교 교실 장면들은 (가난한 가정 배경 아동이 대부분인) 많은 아이들이 "가만히 앉아서 선생님이 문제행동에 어떻게 대처하는지 쳐다보고 있고, 연습문제의 칸을 채우거나 철자 시험 등과 같은 지루하고 반복적인 활동에 임하고 있음"을 보여 준다. 도심 속 공립학교 교실 1,000여 곳을 대상으로 수행된 다른 연구는 3분의 1 정도의 교사만이 단순 암기 학습을 넘어서서 "심화 학습"을 촉진하는 교수법을 시행하고 있음을 보여 준다.

이러한 문제들에 대처하기 위한 오바마 정부의 주요 정책은 매우 제한적이다. 교사들의 정년보장을 약화시키고, '학생들의 학업성취도를 평가 잣대로 활용하는 것'이다. 이는 성급하게 시험제도를 만들어서 학생들의 성적에 따라 무능력한 교사들을 골라내 해고하겠다는 것을 완곡하게 표현한 말이다. 콜로라도주의 한 교사는 교사 처벌에만 초점을 맞춘 불균형한 정책에 대해 과장을 좀 섞어 다음과 같이 전했다.

"사람들의 눈에는 내가 창녀보다 못한 직업을 택한 걸로 보이는 게 아닌가 하는 생각을 합니다."

분개한 교사들이 공개적으로 사표를 내던지는 장면을 담고 있는 인터넷 동영상이나 블로그의 글들이 사람들 사이에서 엄청난 반향을 불러일으키고 있다. "더 이상 시험왕국에 협조하며 살 수 없습니다. 나는 이러한 시험왕국이 교실에서 학생들이 창의력과 혁신적인 사고를 할 수 없게 옭죄고 있다고 생각합니다." 버지니아의 한 고등학교에서 사회를 가르치는 교사로 전국최우수교사상을 두 번이나 받았던 론 마지아노 Ron Maggiano의 말이다. 일리노이주 엘리 루빈스타인Ellie Rubinstein은 사표를 제출하는 장면을 유튜브로 공개했다. 그녀는 "내가 사랑했던 교직

---

1. 최근 자료는 교사들의 학력이 향상되었다고 보고하고 있다. 그러나 이것은 경기침체기에 민간 고용이 약해진 탓에 발생한 일시적 추세인지 지속적으로 교사의 질이 발전될 것인지는 알 수 없다.

의 매력은 전부 사라졌습니다. 교육과정은 명령에 따라 이루어질 뿐이고, 가르치는 모든 순간들은 감시받고 있습니다. 수업계획은 오로지 행정가들이 작성한 대로 이루어집니다. 교사는 교실에서 더 이상 신뢰받지 못하고 있으며, 무엇을, 언제, 어떻게 가르쳐야 하는지에 대해서 오로지 통제받고 있을 뿐입니다"라고 설명했다. 애틀랜타에서 '미국을 위한 교육Teach For America 이하 TFA'의 파견 교사로 일하던 올리비아 블랜치드Olivia Blanchard는 그만두기로 결정했다. 애틀랜타의 교육청은 수십만 달러의 성과 상여금을 교육행정가들과 교사들에게 지급하고 있다. 이들 중 일부는 주에서 실시하는 표준학력평가의 채점을 위해 답안지를 넘기기 전에 학생들의 답을 지우고 수정하는 등의 편법과 불법을 저질렀다. 검찰 기소 및 재판이 끝난 후 교육청에 남아 있던 그 교사들은 부도덕하고 편집증적인 증상을 보였다. 블랜차드는 사표를 이메일로 제출하였는데, 그는 화면의 '보냄' 버튼을 누르면서, "밀려드는 안도감"에 빠져들 수 있었다고 〈애틀랜틱The Atlantic〉에서 술회하고 있다.

블랜차드, 마지아노, 루빈스타인의 이야기는 단지 이러한 경향을 보이는 몇몇 예에 지나지 않는다. 설문조사에 따르면, 교사들은 자신의 직업에 대해 미국의 다른 어떤 직업보다도 더 열정적이며 사명감을 느끼고 있다. 그러나 메트라이프MetLife에서 2008~2012년 사이 실시한 교사 설문조사에서는 자신의 현 직업에 대해 '아주 만족한다'는 답변을 한 교사의 비중이 62%에서 39%로 곤두박질쳤다. 이 수치는 지난 사반세기 동안 가장 낮은 수치였다.

교사를 향한 이러한 전쟁은 대공황기에 직면하여 새롭게 시작된 것이라 여겨 왔다. 당시 전체 미국 아동의 20%가 빈곤한 환경에서 자라고 있었다. 이는 영국과 한국의 아동빈곤율과 비교해 볼 때 두 배에 달했다. 청년들은 17%의 높은 실업률로 고통스러워할 수밖에 없었다. 당시 독일과 스위스의 실업률은 8% 정도였다. 대학 졸업자의 절반 이상이 직업을 구하지 못하거나 자기 교육 수준에 어울리는 직업을 찾을 수 없었다. 형편없는 사회복지망과 가혹하리만치 폭력적인 은행가들, 잔뜩 거드름 피우는 단속반원들, 제조업의 해외 이전, 소비주의 문화, 신용카드 빚, 단기적인 사고방식 등이 우리를 대공황기와 같은 경제적 혼란에 몰아넣었을 것이다. 그러나 이 상황에서 우리는 교사들이 좀 더 훌륭했다면 상황을 이렇게까지 만들지 않았을 것이라고 비난했다. 2009년 아른 던컨Arne Duncan 연방 교육부 장관은 "위대한 교사들은 매일 매 순간 기적을 만들어 냅니다. 효과적인 교사요? 그런 교사들은 영웅이죠"라고 말했다. 이 말은 비난을 몰고 올 수도 있었다. 최악의 교사들에 대해서 신경을 곤두세우고 있었지만, 소수의 이상적인 교사들을 신격화하기 때문이다.

나는 이러한 이분법적 구분에 혼란스러웠고, 다음과 같은 질문을 던지지 않을 수 없었다. 도대체 왜 교사들은 분노심을 유발하면서 다른 한편으로는 추앙을 받는 것일까? 다른 나라의 교사들은 훨씬 더 많은 존경을 받고 있지 않은가? 한국에서 교사들은 '국가 건설자'로 불린다. 핀란드에서 교직은 남녀를 불문하고 배우자로 가장 선호되는 세 가지 직업 중 하나로 손꼽는다. 이에 반해, 과거 미국 엘리트들이 교사들을 향해 "무능한 자들이 가르친다Those Who Cannot Do, Teach"고 말한 것처럼 공손한 태도로 교사를 무시하던 행태는 지금도 여전하다.

나는 교사를 대하는 미국인들의 관점을 이해하는 열쇠가 역사에 있다는 생각에 회의적이었다. 어쩌면 역사보다는 능력주의 실현을 위한 수단으로 인식되고 있는 공교육을 향한 찌를 듯한 우리의 열망과, 교사와 학교를 포함한 공적 영역에 충분히 투자하지 않으려는 우리의 반복적인 태도 사이에서 벌어진 긴장과 관련이 깊다고 생각했었다. 지난 200여 년 동안, 미국 국민들은 교사들에게 사회적 격차로 인한 많은 문제들을 개선하라고 요구해 왔다. 그 문제들은 가톨릭과 개신교, 이민자들과 기존 미국인들, 흑인과 백인, 가난한 사람과 부자들 간의 사회적 격차에 관한 문제이다.

교육개혁의 새로운 시대를 표방하는 매 순간 현직 교사들을 향한 정치적이고 언론에 기댄 전쟁이 벌어져 왔다. 교사들은 학생들을 가장 효과적으로 가르칠 수 있도록 하는 직업 안정성이나 주택, 육아, 건강보험 등 복지 혜택처럼 교사 가족들을 위한 사회적 지원이 부재한 상황에서 자신들에게 부여된 아주 어려운 일을 해내야 하는 책임이 있었다. 19세기 보통학교개혁가들은 1800년에 거의 90%에 육박하는 비율을 보였던 남교사들을 가학적이고 늘 회초리를 손에 쥐고 있는 난봉꾼으로 묘사하며, 남교사들을 좀 더 인자하고, 순수하며, 게다가 급료가 낮은 여성으로 바꿔야 한다고 주장했다. 진보주의 시대에는 노동계급 여교사들이 공격의 대상이 되었는데, 그것은 여교사들이 아동 노동자들이었던 60명도 더 되는 학생들을 통제하는 데 필요하다고 여겨지는 남성적인 '기백'이 부족하다는 이유였다. 시민권 운동이 한창이던 시기 남부에서는 브라운 대 교육위원회 판결로 수만 명의 흑인 교사들이 인종적 차별 때문에 해고되었다. 아이젠하워, 케네디, 존슨, 그리고 닉슨 대통령이 이끌던 정부는 이와 다른 방식을 취했다. 1960~1970년대 흑인 인권 운동이 정점에 이르렀을 때, 흥미롭게도 공격 대상은 도심 학교의 백인 교사들이었다. 그 이유는 이들이 학교의 학부모 통제와 아프리카식 교수이론을 제대로 움켜쥐지 못했기 때문이었다.

교사는 정치인, 자선사업가, 지식인, 사업가, 사회과학자, 좌우를 막론한 시민활동가, 학부모, 그리고 동료 교사들과 전투를 벌여 왔다. 우리가 앞으로 살펴보겠지만, 몇몇 비판들은 나름 들어 줄 만하지만 그렇지 않은 것들이 많았다. 미국인들은 누가 공립학교의 교사가 되어야 하는지, 무엇을 가르쳐야 하는지, 교사는 어떻게 양성되어야 하는지, 이들을 어떻게 훈련하고, 임용하며, 급여를 주고 평가해야 하는지, 그리고 해고할 수 있는지 논쟁을 벌여 왔다. 이러한 문제들에 대해 거의 두 세기에 걸쳐 논쟁이 있었지만, 사실 합의라고 할 만한 것은 거의 존재하지 않는다.

이러한 교사 전쟁이 벌어지는 가운데, 탁월한 교사들은 공립학교 교실에서 일하고 있고, 실천 현장에서 미국 교육을 어떻게 개선해 나가야 할지에 대한 강력한 생각거리들을 던져 주고 있다. 헨리 데이비드 소로 Henry David Thoreau, 수전 앤서니Susan B. Anthony, 듀보이스Du Bois, 린든 존슨Lyndon B. Johnson 등은 잘 알려진 교사들이다. 이들은 교사가 성인이나 구세주라는 환상에 저항했다. 교직은 양성과정도 체계적이지 못하고, 급료는 낮고, 가난한 학생들을 돕지도 못하는 현실적인 문제에 직면하는 직업으로 여겨졌다. 사람들은 교사들이 아이들의 지적 성장을 도모하기에는 제한적인 환경에서 일하고 있다고 이해했다. 교사로서 이들의 유명한 일화들은, 그리고 조금 덜 알려졌더라도 교사로서 일해 온 이들의 이야기는 역사를 전진시킨 힘이었다. 또한 교직은 도대체 왜 이처럼 특이한 직업으로 진화하게 되었는지, 다시 말해 같은 이유로 어떤 이는 혹평하고 어떤 이는 숭배하는지에 대한 이해를 돕게 해 줄 것이다.

오늘날 가장 경계해야 할 교사의 모습으로 정년이 보장된 무능력한 교사가 등장한다. 이들은 자신이 가르치는 아이들에게 제대로 주의를 기울이지는 않으면서 부풀려진 연금과 건강보험을 위해 세금을 집어삼키는 뱀파이어로 그려진다. 가난한 흑인들에 공적 비용을 쓰는 것에 대한 불안을 예시하는 약물중독 신생아라든가, 복지여왕(정부로부터 복지 혜택을 받아 고급 승용차 캐딜락을 몰고 다니는 여성)에 대한 공격처럼, 오늘날 형편없는 교사에 대한 두려움은 도덕적 공황의 고전적 특징을 이용한다. 도덕적 공황에서의 이러한 상황을 연구한 사회학자들에 따르면, 정책결정자와 언론들은 학업성취도 격차로 실증되는 바와 같이 사회경제적 불평등의 거대하고 복잡한 사회문제의 상징으로 단일한 계층에 초점을 맞춘다. 우리의 상황에서는 공립학교의 경력 교사들이다. 이 경우 언론은 특정 교사 유형의 가장 야비한 사례들을 진저리칠 만큼 반복해서 보여 준다. 예를 들어, 체벌이나 알코올중독 등의 고발 사건의 당사자로 '독방'에 있는 교사들 말이다. 이들은 해임청구심판을 기다리는 사람들로, 이 기간 동안에도 급여를 받는다. 간혹 이 기간은 수년이 걸리기도 한다. 최악 중 최악의 사례에 집중하는 이런 전략은 도대체 뭐가 진짜 문제인지에 관해 그 범주와 특성을 오도하게 한다.

결과적으로 대중은 공립학교 교사, 특히 도심 학교의 교사들은 대개 형편없는 교사들이라는 메시지를 갖게 된다. 누구에게 물어보는가에 따라 달라지기는 하지만, 좀 더 온건한 입장에서 그 실체를 따져 봐야 한다. 교사의 질을 중시하는 입장에서는 매년 2~15%의 현직 교사들이 교수학습능력을 수용할 만한 수준으로 향상시킬 수 없기 때문에 교체되어야 한다고 생각한다. 낮은 수준의 학업성취를 보이는 도심 학교들이 하나같이 어두운 전망을 드러내는 별 쓸모없는 장소라는 생각과는 달리, 최근의 '부가가치' 연구들은 역사가 보여 주고 있는 사실을 실증적으로 뒷받침하였다. 예를 들어, 뉴욕이나 LA처럼 빈곤층 비율이 가장 높은 지역의 학교들도 해당 지역에서 성적을 가장 많이 향상시키는 교사들을 고용하고 있다. 가장 가난한 지역의 성적이 저조한 학교에서 오랫동안 일하고 있는 경력직 교사들보다는 3년이 채 지나지 않아 도망치는 비숙련 교사가 학생들의 학업성취를 높이는 데에는 더 효과적이라는 것이다.

미국 교육개혁의 역사는 놀이공원의 두더지잡기게임과 같이 경력 교사들에 대한 반복적 공격뿐만 아니라, 계속해서 실패하는 교직의 모습을 보여 주고 있다. 지난 10여 년 동안, 애틀랜타에서 오스틴, 뉴욕에 이르는 도시들은 보다 높은 학업성취를 보여 주는 교사들에게 성과급을 주는 실험을 해 왔다. 능력에 따른 성과연봉제는 1920년, 1960년대 초, 그리고 1980년대에 시도된 적이 있다. 그러나 성과급제는 교사들의 동기를 함양하고, 학생들의 학업성취도를 향상시키는 데 전혀 효과가 없었다. 한 세기가 넘도록 학교개혁가들은 교사평가제를 개선하면 부적절한 교사들을 해고할 수 있고, 더 우수한 교사들이 교직에 지원하게 될 것이라고 기대했다. 그런데 지금까지 시행한 모든 교원평가제도에서 학교개혁가들은 고작 평가 등급을 3단계(잘함, 보통, 미흡)에서 4단계(A, B, C, D)로, 또는 2단계(만족, 불만족)로 바꾸는 정도였다. 그러나 공문서 작업과 교사들의 높은 이직률에 허덕이는 교장들은 소위 개혁가들이 시도했던 거의 모든 교사평가 시스템들에 95%의 교사들이 나름 괜찮다는 결론을 내리는 것으로 대응했다. 실제로 그랬다.[2] TFA이나 1960년대 교사봉사단The Great Society-era Teacher Corps, 19세기 전국대중교육위원회The Board of National Popular Education와 같은 속성 교사 훈련 프로그램들은 학교개혁의 지형이 보여 주었던 특성과 별반 다를 것 없이 반복적이었을 뿐이다. 이 프로그램들로 야심찬 사람들을 교사로 임용했지만, 그 효과는 아주 미미했으며, 아이들을 위한 교수법 개선은 거의 이루어지지 않았다.

역사적 사실에 따르면, 교사들의 정년보장은 여러모로 오해되어 왔다는 점을 확인할 수 있다. 정년보장제도가 경력 교사를 해고하는 데 시간

---

2. 앞서 언급한 교원평가의 범주는 1989년에서 2014년 사이 뉴욕시 공립학교에서 실제로 사용된 것과 같다.

과 비용 측면에서 더 많은 비용을 치러야 한다는 점은 분명하다. 왜냐하면 무능력하다는 통보를 받은 교사가 평가 결과와 직무정지 처분을 내린 조정위원들을 고발할 수 있는 절차가 법으로 보장되기 때문이다. 조정위원들은 해고 통지를 받은 교사들이 다시 교실로 돌아갈 수 있도록 결정할 권한을 갖고 있다. 교사 정년보장은 교사들의 단체교섭보다 거의 반세기 앞서 등장했다. 행정가들은 1909년 정도에 이미 교사 정년보장을 허용했다. 이때는 노조가 이 권한을 협상 테이블에 올려놓고 합법적으로 요구할 만큼 권한이 강력해지기 전이었다. 진보주의 시대 동안 '좋은 정부'의 학교개혁가들과 막 발걸음을 뗀 교원노조는 공히 정년보장을 지지했다. 이 정년보장의 의미는 교직이 정치적 후원관계를 유지하는 수단으로 쓰이는 것을 방지하고, 교사들이 성, 혼인, 임신, 종교, 인종, 민족, 성적 지향 및 정치적 이념 등의 이유로 일상적으로 이루어지는 해고와 강등에 도전할 수 있도록 허용하는 것을 포함하고 있다. 정년보장 제도는 꽤 오랫동안 존재해 왔는데, 여기에는 교사들의 단체교섭을 법적으로 허용하지 않는 남부 주들도 속해 있다.

오늘날 교사들은 사기업의 노동자들보다 직업 안정성에서 보다 나은 대접을 받고 있다. '직무 능력이 부족하다'는 이유로 해고되는 비율이 교직에서는 낮기 때문이다–신입 교사의 50%가 5년 이내 교직을 그만두는 현상과 교직을 그만둔 사람들이 남아 있는 사람들보다 더 무능하다는 증거는 논외로 한다. 2006년도 자료를 분석한 2007년도 보고서에 따르면, 미국 공립학교 교사들 중 2.1%가 앞서 이야기한 이유로 해고되었다. 여기에는 정년보장 교사가 포함되어 있다. 한 연구에서 조사한 바에 따르면 연방정부 공무원들은 연평균 0.02% 정도만이 해고된다. 노동 통계국 직원들이 해고되었기 때문이다. 이와 비교해 보면, 교사들은 무척 높은 비율로 해고되고 있다. 이와 비교할 만한 사기업 해고 자료는 없다.

그러나 2012년 1,000명 이상을 고용하고 있는 회사들로 큰 도심 교육청 시스템과 가장 유사한 민간 기업의 사례를 보면, 약 2%의 직원들이 해고, 사직, 강제휴직 등의 사유로 직장을 떠났다. 교사들은 다른 직종의 노동자들보다 오히려 해고될 가능성이 높은 것이다.

미국인들은 교사가 다른 직업보다 더 많이 해고되어야 한다고 생각하는 듯하다. 그 이유는 교사라는 직업이 그 어떤 것보다 더 중요하기 때문이다. 여전히 교직에 관한 공적 논쟁에서는 무엇을 어떻게 어느 정도 범주에서 다루어야 하는지 실제적 의미를 거의 제공하지 않고 있다. 교사들 중 형편없는 교사들은 얼마나 되는지, 형편없는 교사들에게 교수 방법을 가르치는 것이 좋은지, 아니면 더욱 높은 성과를 낼 것 같은 적성을 지닌 사람들로 대체해야 하는 것이 좋은지 등에 대해서 말이다.

흔히 교사는 변호사나 의사와 같이 높은 수준의 전문성을 지닌 엘리트여야 한다고 여겨졌다. 그러나 교직은 의학이나 법학 분야보다 대체로 5배에 해당하는 사람들을 고용한다. 미국의 의사가 69만 1,000명, 변호사가 72만 8,000명인데, 공립학교 교사는 330만 명이다. 공무원의 4% 정도가 교사이다.

최근 몇 년 동안 새로 고용된 20만 명을 웃도는 교사들은 미국의 유명 대학에서 배출된 졸업생 숫자와 맞먹는다. 이 학교들은 지원자 중 합격률이 50%도 안 되는 곳이다. 전국 교사 질 위원회The National Council on Teacher Quality는 빈곤율이 높은 지역의 공립학교에서만 매년 7만 명의 신규 교사들을 고용하고 있다고 추산한다. 가끔 개혁가들은 이렇게 많은 교사들이 필요하다는 사실에 대해 학급 규모 제한 규정을 지나치게 작게 만들어서 생긴 일이라고 주장한다. 따라서 학급 규모를 늘리고 교직에 진입하는 사람들을 보다 소수 정예로 하면 교사 수를 줄이는 것이 가능하다고 말한다. 캘리포니아와 플로리다주에서는 실제 학급 규모를 정하는 법을 만드는 데 오류가 발생해 부적격 교사들을 지나치게 많이 고용했던 일이 있었다. 그러나 교사통계 연구자인 펜실베이니아 대학교의 리처드 잉거솔Richard Ingersoll 교수는 초등학교 평균 학급 규모가 점차 줄어들어, 1987년 26명에서 현재 21명이 되었다는 사실이 교사들의 숫자가 '풍선처럼 부풀어' 늘어난 것을 충분히 설명하지 못한다고 했다. 이 외에 교사 수의 증가 현상을 설명해 줄 수 있는 두 가지 다른 요인이 있다. 하나는 자폐 및 학습장애 등과 같이 특수교육 진단을 받은 학생들의 요구가 폭발적으로 늘어났기 때문이다. 둘째는 수학과 과학 수업에 등록하는 고교 학생들의 숫자가 크게 증가했기 때문이다. 이러한 추세를 우리가 이전으로 되돌릴 수는 없다. 교사 공급 과잉 지역에서 교사교육 프로그램의 입학 허가 기준을 높이거나 없애도록 하고, 신규 교사를 100% 유명 대학 졸업자들만으로 충원하자는 요구는 솔직히 말해 어처구니없는 이야기이다. 특히 개혁가들이 매년 2~15%의 교사들, 즉 6만 6,000~49만 5,000명의 교사들을 해고해야 한다고 주장하는 것 역시 어처구니없는 일이다. 현재, 교사들 중 단 10%만이 유명 대학 출신들이다. TFA는 2013년 6,000명의 교사들을 고용했다. 다른 엘리트 대학의 교직과정과 새교사 프로그램The New Teacher Project: TNTP에서는 대략 1,800명의 교사들이 배출되었다. 도심 교사연수 프로그램들 Urban Teacher Residencies 또한 상당히 높은 경쟁률을 보이는데, 대략 500명의 교사들을 배출한다. 이렇게 배출되는 교사 수는 수요에 비해 상대적으로 너무 적다.

게다가 몇몇 예외적으로 고교 수준의 수학 교사들이 있기는 하지만, 훌륭한 학생이 곧 훌륭한 교사가 된다는 증거가 거의 없다. 핀란드 같은 국가에서는 아주 뛰어난 학생들로만 구성된 교사를 길러 낼 수 있었다. 그러나 상하이와 같이 다른 지역에서는 예비 교사들에 관한 통계를 조정하지 않아도 학생들의 학업성취도를 비약적으로 향상시켜 왔다. 이들은 교사들의 근무일수를 재조정하는 방식으로 이를 가능케 했다. 학생들과 교사가 대면하는 시간을 줄이되, 수업 준비 및 다른 교사들의 수업 관찰, 그리고 교수법 및 학급 경영을 위한 모범 사례 공유를 위한 시간을 더욱 길게 갖도록 했다. 전 세계 학교를 연구하는 통계학자인 안드레아스 슐라이허Andreas Schuleicher에 따르면, 상하이는 "보통의 사람들을 끌어들이고, 이들에게서 놀라울 정도의 성과를 내도록 하는 데 능숙하다." 미국 교육의 미래는 이와 비슷해 보인다. 1895년 존 듀이John Dewey는 "교육은 평범한 사람들의 손에 있고, 또 앞으로도 영원히 그러할 것"이라고 썼다.

이 책은 교육자들에 대한 연민에서 시작되었다. 미국의 공립학교 교직은 전형적으로 노동계층에서 벗어나기 위해 임시적인 방법을 택하려는 개인들에게 가장 우선이 되는 관심의 대상이었다. 나의 외할아버지 해리 그린Harry Greene도 이들 중 한 명이었다. 그는 고등학교를 중도에 탈락했다. 인쇄업체에서 처음 사회 경력을 시작한 외할아버지는 노조가 없는 가게에서 노조를 결성하는 데 주도적인 역할을 했다. 이후 그 회사에서 쫓겨나고 한동안 일자리를 찾는 데 어려움을 겪었다. 외할아버지는 55세가 되어서야 겨우 고교 졸업장을 받았고, 1965년 뉴욕시 공립고교에서 제공하는 교직과정을 시작했다. 그는 초기 교사 단체교섭의 혜택을 받게 되었다. 나의 외할아버지는 교사로서 중산층 정도의 봉급을 받을 수 있었고, 자기 인생에서 처음으로 봉급이 조금씩 늘어났다. 안정적인 재정 상황 덕분에 나의 어머니 로라 그린Laura Greene은 4년제 사립대학에 진학할 수 있었다.

나의 아버지 스티븐 골드스타인Steven Goldstein은 대학을 졸업한 첫 세대로 나중에 공립학교 교사가 되었다. 아버지는 축구 장학생으로 애들피 대학교Adelphi University를 다녔다. 스코틀랜드인이었던 아버지 또한 역사에 큰 관심이 있었다. 그래서인지 거의 10년 동안 중학교와 고등학교에서 사회 과목을 가르쳤고, 이후에는 학교 행정가의 길에 들어섰다. 가르치는 것과 상관없이 학교 행정가가 더 많은 돈을 벌 수 있었기 때문이었다. 아버지는 몇몇 사회계층 출신이 섞여 있는 교외 지역의 학교구에서 일했다. 아버지는 가끔씩 교실에서 형편없는 교사들을 내보낼 수 있는 행정가들의 최고 협력자는 교원노조가 될 수도 있을 것이라고 말하곤 했다.

교육자 집안에서 손녀로, 딸로 자란 나는 뉴욕주 오시닝Ossining의 공립학교를 졸업했다. 나의 학급 친구들은 백인, 흑인, 히스패닉, 아시아계로 아주 다양했다. 어머니와 같은 몇몇 학부모들은 사기업 직장인으로 허드슨강과 뉴욕시 사이를 오가는 사람들이었다. 다른 학부모들은 공적 지원을 받는 싱글맘이거나 이 지역 싱싱Sing Sing이란 이름의 철통같은 감옥의 부엌에서 일하는 사람들이었다. 그러나 부모가 대학교수이건 사회복지사이건 상관없이, 오시닝에서 학교 일에 가장 적극적으로 나서는 부모들은 자기 아이들이 가장 노련한 교사의 학급에 배치되기를 바랐다. 내가 고교 2학년 때 수학 교사였던 디카를루치Mr. DiCarlucci 선생님은 매일 넥타이를 매고 정장을 말끔하게 차려입고는 반짝이는 금 장신구들로 치장을 하고 나타났다. 공통수학 담당이었지만, 그는 위상기하학과 같은 고급 수학 개념들에 관한 보고서를 작성하도록 숙제를 내주었고, 우리가 정말 오랫동안 수학을 공부할 수 있도록 영감을 불어넣어 주었다. 머리가 희끗희끗했던 투니Mr. Tunney 선생님은 『모든 왕의 남자 All the King's Men』와 같은 정통 고전으로 영어 수업을 이끌었다. 그에게는 결코 평범하지 않은 에너지가 뿜어 나왔는데, 이러한 기운은 자신이 가르치는 책들에 대한 전염성 강한 사랑에서 나왔다. 이런 교사들이 퇴직할 때면 지역의 모든 주민들이 슬퍼했다.

2007년 교육에 관해 기사를 작성하기 시작하면서 내가 얼마나 운이 좋았던 사람이었는지 알게 되었다. 미국의 거의 모든 학교들은 사회경제적으로 분리되어 있고, 소수의 학교들만이 내가 다녔던 오시닝의 학교들처럼 통합되어 있다. 통합 학교에서는 아주 유능한 교사들로 하여금 오랜 경력을 쌓는 것이 중요하고, 중산층뿐만 아니라 저소득 출신의 아이들을 함께 가르치는 것이 중요하다고 생각하도록 이끈다. 2005년 통계에 따르면 전국 50대 도시의 평균 고교 졸업률은 53%인데, 이는 동일한 조건의 교외 지역 평균 고교 졸업률 71%에 비해 낮다. 경제협력개발기구OECD에서 시행하는 국제학력평가에 따르면, 미국 학교들은 읽기(이해력), 쓰기(일관성), 수학(일상적 산술능력)에서 다른 유사한 수준의 선진국들에 비해 덜 유능한 청소년을 배출하고 있다. 심지어 대학 졸업장을 가진 소위 가장 많은 교육을 받았다는 시민들조차 수학과 컴퓨터 문해에서 평균 이하에 그친다. 흥미롭게도 읽기 과목에서는 평균 이상이다. 나는 학교가 해야 할 일을 충분히 잘하고 있다고 생각하지 않는다.

차례

제1장

선교사 교사, 보통학교 시대를 열다

보통학교 운동과 미국 교육의 여성화

캐서린 비처Catharine Beecher의 유화 초상화이다. 1830년 30대 초반이었던 비처는 이미 언론이 좋아하는 학교개혁가였다. 미국에서 교직은 주로 남성들이 차지하고 있었으나 비처는 잘 교육받은 동부 해안의 젊은 여성들을 서부의 교사들로 모집하여 중산층의 여성들이 받아들일 만한 교육을 하기 시작했다. 그녀는 남교사들을 "무절제하고, … 거칠며, 냉정해 공감할 줄 모른다. 너무 게으르거나 멍청하다"고 공격했다.

해리엇 비처 스토 센터Harriet Beecher Stowe Center, 하트포드, 코네티컷

은판 사진법으로 찍은 호러스 만Horace Mann의 모습이다. 만은 1844년 매사추세츠주에서 최초의 교육부 장관이 되었다. 당시에는 여성 임금이 낮았기 때문에 만은 여교사들을 채용함으로써 수백만 달러의 세금을 아낄 수 있다는 것을 깨달았다. 그는 학자로서가 아니라 기독교 신앙과 윤리적 순수함을 따르는 '천성적인' 공무원으로서 여성 교육가들을 이상화했다.

매사추세츠 역사협회Massachusetts Historical Society

1815년 코네티컷에 위치한 멋진 사립학교인 리치필드여학교The Litchfield Female Academy에서 전도 집회가 열을 올리고 있었다.

당시에는 소위 진정한 의미의 '공립'학교가 미국에 거의 없었다. 그때까지 미국 헌법에 교육이 권리로 명시되어 있지 않았고, 학교 출석은 학생들의 의무가 아니었다. 일반적으로 마을 위원회, 마을 교회, 도시복지재단, 혹은 변방에 가까운 곳일 경우 마을의 특정 그룹들이 학교를 만들어 운영했다. 출석하는 학생들의 등록금과 지방세 등이 학교의 운영자금으로 충당되었다. 전국 학생들의 3분의 2 정도가 교실이 하나뿐인 학교로 등교했는데, 대체로 그 교실에서 5~16세 연령대의 70명에 이르는 아이들이 한꺼번에 모여 공부했다. 게다가 교사 한 명이 이들을 맡았는데, 이러한 상황을 쉽게 통제하지 못했다. 대체로 그 교사는 남자였다. 1년에 약 12주 정도만 수업이 이루어졌는데, 6주는 여름에, 나머지 6주는 겨울에 진행되었다. 교과서를 갖고 있는 학생들은 거의 찾아보기 어려웠다. 교사들이 학생들에게 내주는 가장 흔한 숙제는 성경구절을 암기하고 암송하는 것이었다. 말썽꾸러기들은 매질을 당하거나, '바보 모자'를 쓰고 교실 한구석에 서 있어야 했다.

상대적으로 특권층을 위한 외딴섬과도 같은 리치필드여학교에서 모든 여학생들은 당당하면서도 공개적으로 '거듭남conversion'의 상태에 이르렀다. 거듭남은 열렬한 칼뱅주의자 모두에게 기대되는 것으로, 한 개인의 삶을 위한 하나님의 계획이 계시되는 초월적이고 광적인 시기이다. 이를 통해 개인은 미리 예정된 길을 따라 천국에 이를 수 있게 되는 것이었다. 거듭남은 마치 전염성 강한 감기처럼 사람들을 걸고 넘어가는 것 같았다. 그러나 14살 캐서린 비처Catharine Beecher는 거듭남을 거부했다. 이 일로 비처는 다른 사람들의 이목을 끌 수밖에 없었다. 비처가 유명한 목사의 딸이었기 때문에 더욱 그랬다.

캐서린의 아버지인 리만 비처는 1804년 아론 버Aaron Burr가 알렉산더 해밀턴Alexander Hamilton을 암살한 것을 두고 벌어진 논쟁에서 열정적인 설교를 한 이후 처음으로 대중의 관심을 받게 되었다. 그는 자신이 종교적이면서 동시에 세속적인 문제에 있어 도덕적인 잣대가 된다고 주장했다. 여러 번에 걸친 설교와 기고한 글들을 통해 볼 때, 리만 비처는 가톨릭교도들의 이민과 자유로운 유니테리어니즘Liberal Unitarianism에 반대했고 노예제의 점진적 폐지, 그리고 흑인들을 다시 아프리카로 돌려보내 미국의 재식민지로 삼자는 주장을 옹호했다. 또한, 서부지역으로 영토를 확장하는 것을 적극 지지했다. 이렇게 하는 것이 곧 '열방에 빛(예언자 이사야의 경전에서 빌려 온 문구이다)'을 가져다주는 청교도Protestant 미국을 계획한 하나님의 계시라고 여겼기 때문이었다. 1830년 그는 앤드루 잭슨 대통령의 원주민 정책을 잔인하다고 비판했다. 당시 잭슨 대통령은 동남부지역의 원주민 가족들을 미시시피강 서쪽 지역으로 이주시킬 계획이었다.

이러한 그의 시각들은 당시로서는 상당히 급진적이었다. 그러나 리만 비처의 신앙은 그렇지 않았다. 그는 예정설을 설교하였다. 예정설 교리에 따르면, 사람은 태어나면서부터 천당에 갈지 아니면 지옥에 떨어질지 이미 결정되어 있어 이 땅에 살면서 하는 행동들로 이렇게 주어진 운명을 바꿀 수는 없다. 리만 비처 목사는 이처럼 못 박힌 듯한 설교에서 죽음과 죄인들의 지옥을 생생하게 묘사하려 했다. 여기에는 지옥에 내려가게 되면 눈썹에 땀이 흐르고, 다른 한편으로는 극도의 추위를 느끼게 된다는 내용 등이 포함되어 있었다.

캐서린 비처는 자신과 사이가 좋은 아버지를 실망시키고 싶지 않았다. 언젠가 리만 비처는 캐서린을 두고 "내 최고 아들"이라고 뽐내기도 했다. 7명의 아들을 둔 사람에게서 나온 말답지 않은가? 그런데 그녀는 성경공부를 "귀찮고 동의하기 어려운" 것으로, 그리고 원죄개념에 비추어 보면 어딘지 모순이라고 여겼다. 완전히 성숙하지도 않은 아이들이 과거 인간의 죄를 온통 뒤집어쓰고 죄인이 될 수 있단 말인가? 그녀는 종교보다 오히려 시를 훨씬 더 열정적으로 좋아했다. 그녀가 10대 시절에 지은 몇몇 시들은 저널에 실리기도 했다. 어딜 가나 그녀는 학업에서 가장 우수한 성취를 이루었고, 그 결과 사회적으로 인정해 줄 만한 직업을 갖게 되었다. 그 자리는 자기 반에서 오로지 한 명의 여학생에게만 주어지는 영예로운 것이었다. 캐서린 비처의 직업은 교양학교 가정과 교사였다. 레이스 수예, 뜨개질, 피아노, 그림 그리기 등을 가르쳤다. 사실 캐서린은 이와 같은 여성의 여가거리들을 별로 좋아하지 않았다. 나중에 캐서린은 자신이 그런 활동을 하는 데 시간을 쏟았다는 점에 대해 '슬프고 절망적'이라며 한탄하기도 했다. 캐서린은 이러한 활동들이 결혼 시장에서 여자들의 가치를 높이는 것일 뿐이라고 보았다. 그러나 캐서린에게 돈을 버는 것은 중요한 목표였다. 적어도 결혼할 때까지는 말이다. 캐서린의 어머니는 그녀가 16세가 되었을 때 돌아가셨다. 그러자 리만 비처는 그 즉시 재혼했다. 비처 목사는 양육해야 할 12명의 아이들이 있었다. 이 아이들 중에는 나중에 『톰 아저씨의 오두막집Uncle Tom's Cabin』을 쓴 작가 해리엇 비처 스토Harriot Beecher Stowe가 있다.

1822년 봄에 열린 한 파티에서, 캐서린은 호러스 만Horace Mann을 만나게 된다. 그녀의 나이 21세였다. 호러스 만은 매사추세츠주 프랭클린이라는 보스턴시의 서남부지역에 있는 한 농장에서 자랐다. 당시에는 리치필드에서 법을 공부하고 있는 26살 청년으로, 항간에는 정치적 야심이 있다는 소문이 퍼져 있었다. 만은 비처에 관해 들은 바가 있어 이미 그녀를 알고 있었다. 캐서린은 유명한 목사의 딸로 인습을 파괴하는 이미지로 그려져 있었다. 또한 이미 몇 편의 시도 발표했다. 만은 키가 크고 잘생긴 편이었지만, 그때까지 여성들에게 별로 관심을 기울이지 않았다. 그 여자들이 아주 예쁘더라도 말이다. 브라운 대학교에서 한 방을 썼던 친구는 만을 두고, 괜히 진지한 사람이라며, 소위 청소년들이 한 번쯤은 저질러 봄직한 비행을 한 가지도 해 본 적이 없다고 말하곤 했다. 그런데 캐서린은 달랐다. 각진 턱선을 감싸고 있는 팽팽한 곱슬머리로 그녀는 상당히 거칠게 보였다. 물론 이러한 외모는 아버지에게서 물려받았다. 그래도 젊은 교사 캐서린은 충분히 매력을 발산했는데, 아름다워서가 아니라 상당히 똑똑했기 때문이었다.

캐서린 비처와 호러스 만은 월터 스콧 경의 낭만적인 소설에 대해 저녁 내내 생각을 나누었다. 나중에 만은 그날의 대화는 자기 입장에서 볼 때, "너무도 뻔한 것들"뿐이었으며, 자기 생각의 깊이를 더해 줄 "그 어떤 것"도 없었다고 후회했다. 그러나 만의 이러한 태도는 별문제가 되지 않았다. 왜냐하면 캐서린 비처는 만보다 훨씬 복잡 미묘한 남자와 약혼한 사이였기 때문이다. 그 남자는 알렉산더 멧칼프 피셔Alexander Metcalf Fisher로 수학 영재였다. 그는 24세에 예일 대학교의 최연소 정교수 자리에 올랐으며, 널리 인정받고 있는 교과서를 몇 권이나 출판했다. 피셔는 만이 성장했던 프랭클린에서 어느 정도 떨어져 있는 농장에서 자랐다. 만은 자신의 동생에게 보내는 편지에서 캐서린 비처가 "우수한 여성 지식인이라는 평판을 받고"있으며, 그래서 "그 교수를 훌륭한 동료로 만들 수 있을 것" 같다고 비아냥거렸다.

만은 캐서린 비처와 함께 지내며 좋은 인상을 받긴 했지만, 그녀를 그다지 높게 평가하지는 않았다. 그녀가 가정주부가 되는 운명은 피하겠지만, 아버지를 잇는 대중적 지식인에 머물게 될 것이라고 생각했다. 그럼에도 호러스 만과 캐서린 비처는 공교육을 미국의 보다 점잖고 새로운 교회로, 여교사를 미국 도덕성을 비춰 주는 대리자로 규정한다는 공통점이 있다.

캐서린과 호러스가 만나고 2주가 되지 않아, 그녀의 약혼자가 아일랜드 해안에서 조난을 당해 죽었다. 알렉산더 피셔는 당대 가장 잘나가는 유럽 대학의 과학자들과 교류하고자 거의 일 년 일정으로 대서양을 건너던 중이었다. 캐서린과 알렉산더는 다음 해 봄 결혼식을 올릴 예정이었는데, 이제 캐서린의 미래는 불투명해졌다. 그녀는 "나는 슬픔에 겨워 잠에 들었고, 무거운 마음을 안고 잠에서 깨어났다. 그러고는 하루 종일 애도하는 마음으로 울먹였다"라고 썼다. 그녀는 아버지 집에서 몇 달간 거의 틀어박혀 지낸 후, 피셔의 가족이 있는 프랭클린으로 갔다. 알렉산더의 부모는 그녀에게 자신의 자녀들을 위한 가정교사가 되면 어떻겠냐고 물어보았다. 그들에게는 10대의 아들 하나와 그보다 어린 딸 둘이 있었다. 이들에게 알렉산더는 단지 사랑하는 형이자 오빠만이 아니라, 자신들을 지도한 공부 선생이었다.

캐서린은 도착하자마자 알렉산더의 다락방에 칩거하다시피 하며, 이미 죽은 약혼자의 일기와 편지들을 악착같이 찾고자 했다. 그런데 캐서린은 자신이 찾은 것에 무척 놀라지 않을 수 없었다. 이 둘의 연애 기록이 드러났고, 거의 모든 시간을 되돌아볼 수 있었다. 무엇보다 캐서린이 자신의 약혼자에 대해서 제대로 알지 못했다는 것을 깨달았다. 알렉산더 피셔의 일기장에는 19세의 나이에 "섬망"을 인고하며 고통받는 영혼이 숨김없이 그려져 있었다. 그는 종교적 의무감과 진실된 열정(즉, 수학과 과학)의 경도 사이에서 영혼이 찢겨져 있었다. 이러한 상황에서 알렉산더 피셔는 자신이 마치 급작스러운 파괴로부터 온 우주를 구원해 낼 수 있는 수학 문제를 풀어낼 수 있다는 과대망상증을 앓고 있었다. 과대망상이 지나가고 피셔는 다시 예일 대학교의 과학 연구자로 돌아왔다. 이때 그는 종교에 대한 신실함이 결여되어 있다고 스스로 자책하고 있었다. 당시에 그는 "스스로를 도덕적 진리를 천천히 숙고해 볼 수 있는 주체로 만들지 못한다"고 썼다. 캐서린 비처와 마찬가지로 알렉산더 피셔는 수년 동안 지루하기 짝이 없는 일요일 성경공부에 열중했다. 이마저도 안타깝게 1819년에 끝나기는 했지만 말이다. 이때까지 알렉산더 피셔는 대학의 교수로 존재했을 뿐, 그의 영적 삶은 "아무것도 없"었으며, 이후 신앙을 되찾을 만한 거듭남은 결코 일어나지 않았다. 이즈음에 이르러 그는 논문 작성이라든지, 열심히 수업 준비하는 것, 혹은 교과서 출간 및 예일 대학교 학생들과의 면담을 더 이상 하지 않았다.

캐서린은 알렉산더가 전통적인 종교에 대해 가졌던 절망감에 공감했다. 그녀가 가졌던 절망감과 너무도 흡사했기 때문이었다. 마침내 피셔가 학자이자 교사가 되겠다는 결정을 했을 때 캐서린은 감동했다. 여전히 젊은 시절을 보내던 그녀는 처음으로 예정설은 잘못되었다는 것을 확실하게 느꼈다. 알렉산더는 훌륭한 사람이었고, 또 구원받은 사람이었다. 이는 그가 거듭났기 때문이 아니라 그의 삶에서 훌륭한 일을 했기 때문이었다. 캐서린은 아버지에게 다음과 같이 편지를 써서 보냈다. "마음은 어딘가에서 쉬어야 합니다. 만약 그곳을 하나님에게서 찾을 수 없다면, 분명히 그 답은 세상에 있을 것입니다."

캐서린은 개인의 종교적 신앙을 통해서뿐만 아니라 공적인 일을 통해서 사회에 봉사할 수 있다고 여겼다. 이러한 캐서린의 새로운 신념은 그녀가 교육 경력에 발을 들여놓도록 했다. 여자였기 때문에, 캐서린은 알렉산더가 가졌던 배움의 기회, 즉 고전 언어를 배우고, 고차원적인 수학을 습득하고, 동시대의 정치사상을 접할 수 있는 기회를 차단당했다. 리치필드여학교는 종교적 신심, 공적인 부끄러움, 그리고 사회적 입장이 무엇인지에 대해 배우도록 구성되어 있었다. 매일 아침 학생들은 여교장의 명령조로 빗발치듯 쏟아지는 질문에 답하기 위해 길게 줄을 늘어서야 했다. "수업 시간에 공부하면서 잘 참고 있는가? 부적절한 말을 내뱉지는 않았는가? 혹은 여성의 가녀림을 채워 줄 수 있는 뭔가를 발견하지 않았는가? 매일 아침 촘촘한 빗으로 머리를 잘 빗고 이를 청결하게 잘 닦았는가? 이번 주에도 신선한 과일을 먹었는가?" 모든 여학생들은 자신의 영적 잘못을 기록하는 일일 보고서를 써야만 했다. 그것이 자신의 온전함을 드러내기 위해서든 아니면 타락을 기록하기 위해서든 쓰인 것들은 토요일 아침 조회시간에 큰 소리로 읽혀졌다. 이름과 함께 말이다. 학교에서의 교수법이라고 해봐야 영 신통치 않은 것들로 당시에는 전형적으로 사용되던 것들이었다. 교실에서 여교장은 학생들에게 고작해야 큰 소리로 책을 읽어 주었을 뿐이다. 거기다 숙제라고는 자신들이 기억해 낼 수 있는 사소한 것들을 보고서 형태로 되새겨 써내는 것이 전부였다. 예를 들면 여러 국가들의 위도와 경도는 얼마인지, 주요 전쟁이 일어난 해와 날짜, 영국 왕들의 연보 등등. 수학 수업은 대수와 삼각법까지 다루지 않았다. 화학과 물리는 아예 가르치지도 않았다.

알렉산더 피셔의 공책과 학업 계획서들을 찬찬히 눈여겨보면서, 캐서린은 처음으로 철학과 논리학에 관심을 갖게 되었다. 앤도버 학교와 예일 대학교에서 공부하고 있던 남동생 에드워드의 도움을 받아, 캐서린은 쉽지 않은 수업 내용들을 빨리 이해할 수 있게 되었고, 자신이 가르치는 학생들에게 전달할 수 있었다. 지적 능력을 더욱 폭넓게 계발하기 위해 알렉산더의 여동생들이 캐서린에게서 배울 수 있었던 기회를 다른 모든 여학생들이 가질 수는 없을까? 만약 캐서린이 가정과 기술들뿐만 아니라 아주 어려운 과목들을 성공적으로 배우고 또 가르칠 수 있다면, 다른 영리한 여자아이들도 배우고 또 가르칠 수 있지 않겠는가?

미국 교육사에서 가장 중요한 순간이라면, 캐서린 비처가 여성들이 여학생들뿐만 아니라 남학생들도 가장 효과적으로 가르칠 수 있는 교사가 될 수 있다고 믿게 만든 것이었다. 캐서린 본인처럼 고교 졸업 후 바로 결혼할 생각을 하지 않은 중산층 가정 출신의 여성들은 사회 진출에서 아주 제한된 기회밖에 얻지 못했다. 캐서린은 대학에 진학할 수 없었다. 마운트 홀리요크나 오벌린은 1830년이 되어서야 여학생 입학을 받아들이는 미국의 첫 대학들이 되었다. 게다가 신학을 공부해서 목회를 할 수도 없었다. 물론 여성들의 접근 기회를 차단하고 있었다. 의사나 변호사가 되도록 훈련받을 수도 없었다. 당시까지만 해도 의대와 법대는 오로지 남학생만을 받아들였다. 그렇다고 자기 사업을 차릴 수도 없었다. 은행은 여성에게 대출해 주지 않았다. 캐서린이 이러한 것에 대해 생각하면 할수록 가르치는 직업, 즉 교사가 여성으로서 "사회적으로 용인할 수 있는 여성의 정숙함 테두리를 벗어나려는 모험을 하지 않으면서도 사회적 영향력, 존경, 그리고 독립"을 얻게 할 수 있는 유일한 직업이라 여겨졌다. 평생 동안 캐서린은 여성 참정권에 반대해 왔다. 그녀 생각에 정치는 더러운 게임으로 하나님이 주신 여성의 본성을 더럽히게 한다고 믿었다. 그녀는 이러한 미덕이 여성들을 이상적인 교육자로 만들어 준다고 보았다. 캐서린은 집과 학교가 서로 같은 것이라고 여겼는데, 이 둘은 본질적으로 여성적인 공간으로, 여성들이 다음 세대를 양육하는 곳이었다. 그녀는 "삶에서 어떤 일을 하건 상관없이, 여성은 어쩔 수 없이 탁아소의 보모이고, 유년기의 동반자이며, 아이들이 지속적으로 모방할 수 있는 모범이 되어야 한다"라고 〈여교사들의 교육에 관한 글〉에 썼다. "부도덕한 영혼에 감동의 도장을 찍어야 하는 것은 여자들의 손이며, 이것은 영원히 남겨져야 한다." 역사가 레딩 서그Redding Sugg는 이를 '엄마교사motherteacher'의 이상이라고 불렀다. 이 말은 가르치는 일과 양육하는 것은 서로 다른 환경에서 이루어지지만 거의 같은 일이라는 뜻이다.

약혼자가 죽고 1년이 지나서, 캐서린은 자신이 자각한 새로운 이론을 실천에 옮기기 시작했다. 1823년, 그녀는 아버지 지인들의 도움으로 하트포드여학교The Hartford Female Seminary를 세웠다. 그리고 1년이 채 되지 않아 미 동부에서부터 캐나다에 이르는 지역에서 100여 명에 이르는 학생들을 모집하였다. 학생 대부분은 나중에 교사가 되기를 희망하였다. 캐서린의 학교는 당시 엘리트 여학교들에서는 들어 볼 수 없었던 어려운 학문적 내용들을 가르쳤다. 학생들은 라틴어, 그리스어, 대수학, 화학, 현대 언어학, 도덕철학 및 정치철학 들을 배워야만 했다. 캐서린은 맹목적 암기를 배격했고, 학업성적을 둘러싼 경쟁에 반대했다. 그녀의 학교에서는 아무런 상을 수여하지 않았는데, 상이 학생들의 허영심을 부추긴다고 믿었기 때문이다. 캐서린은 단지 신과 부모, 그리고 조국에 대한 사랑이 배움의 동기가 되어야만 한다고 보았다. 캐서린은 교외 방문과 과학 실험 등을 통한 체험학습이 중요하다고 믿었다. 그녀의 교육철학은 당시로서는 상당히 앞선 것이었다. 그 유명한 존 듀이가 '전인적 아동'이 되도록 가르쳐야 한다는 캐서린 비처와 유사한 개념을 내놓은 것은 적어도 70년이 지나서였다. 이 학교를 졸업한 몇몇은 캐서린 비처의 철학을 바탕으로 새로운 학교를 시작하기도 했다.

하트포드여학교는 논쟁을 불러일으켰다. 몇몇 지역 학부모들은 고전을 가르치는 것을 반대했다. 그들이 보기에, 고전을 가르치는 것은 딸들이 합당한 수준을 넘어 과한 기대를 갖게 만드는 일이었다. 이 여학생들은 가정주부로 그리고 어머니로 단조로운 가정에서의 삶을 이끌어야 한다고 여겨졌기 때문이다. 한 학생의 아버지가 〈코네티컷 쿠란트The Connecticut Courant〉라는 지방신문에 "나는 제 딸들이 학교에 가 앉아서 철학을 공부하는 것보다 아무것도 하지 않는 것이 더 낫다고 생각합니다"라는 글을 담은 편지를 보냈다. "이 학교는 어린 여학생들에게 교육의 유용성을 넘어 허영심을 잔뜩 불어넣는 일을 하고 있습니다."

1827년 〈여성 교육Female Education〉이라는 에세이에서, 캐서린 비처는 이러한 비난에 직접 해명을 하고 있다. 이 글에서 캐서린은 여학생들이 학교에 가는 단 한 가지 이유가 남편을 유혹하기 위해 품행을 갈고닦기 위한 것이라는 통념을 거부했다. 그녀는 "여성은 공부해야만 합니다. 밝게 빛나기 위해서가 아니라 행동하기 위해서 말입니다"라고 쓰고 있다. "여성은 책을 읽어야 합니다. 그 책에 대한 내용을 이야기하기 위해서가 아니라, 그 책들이 안내하고 있는 발전을 실행에 옮기기 위해서 말입니다. … 배운 것을 가장 훌륭하게 사용하는 것은 자신의 마음을 스스로 통제할 수 있도록 해서, 무엇보다 교사로서 다른 사람들에게 정말 필요한 사람이 되는 것입니다."

캐서린 비처와 그녀의 학교는 많은 사람들의 관심 대상이 되었는데, 1820년대 말까지 그녀는 자신이 직접 가르치는 시간을 거의 갖지 못했다. 대신 강연을 위해 전국을 순회했고, 교회와 도서관, 사회친목회 등의 여성단체들 앞에서 강의를 했다. 그녀는 미국 최초로 언론의 주목을 받는 교육개혁가가 되었다. 이때까지 캐서린 비처는 결코 결혼하지 않겠노라고 선언했다. 그녀는 결혼하지 않은 여성들의 가장 적절한 역할에 대한 문화적 긴장이 아주 팽배한 시기에 살았다. 이들은 소위 '노처녀'라 불렸는데, 남편도 아이도 없는 상황에서 사회에 결코 생산적인 기여를 할 수 없을 것이라고 여겨졌다. 그러나 캐서린은 연설에서, 미국 통계자료를 인용하며 북동부지역에만 미혼 여성이 1만 4,000명이 있으며, 이 수치는 미혼 남성의 수보다 많다고 말했다. 캐서린은 미혼 여성의 적어도 4분의 1은 '선교사 교사'가 되고 싶어 한다고 생각했다. '선교사 교사'는 변방에 살고 있는 이백만 명의 '무지하고 버려진 미국 아이들'을 가르치기 위해 미서부로 옮겨 가는 사람들이었다. 이 아이들의 부모는 뉴잉글랜드의 엘리트 가정에서 보여 주는 교육적 헌신이 결여되어 있을 것이라 여겼고, 따라서 마을 학교를 세워 이들을 자극할 필요가 있다고 생각했다.

대부분의 주에서 교육예산을 충당하려고 세금 인상을 시작하기 전에, 캐서린 비처는 보편적 학교교육 정당화를 위해 무시무시한 프랑스 혁명의 망령을 꺼내 들었다. '조국을 위한 미국 여성의 의무'라는 제목의 연설에서, 그녀는 여교사들에게 제공되는 교육을 하층계급의 폭동에 대항할 수 있는 가장 최선의 방어막이라고 묘사했다. 그녀는 프랑스 혁명이 "중상류 계층들에 대한 평민계층의 전쟁이었다"고 경고했다. 프랑스 혁명 이후의 체제에서는 "부유하고, 잘 교육받은 귀족들의 지위가 낮아졌다. 다른 한편에서는 가난하고 교육받지 못한 낮은 계층이 주요한 자리와 부, 그리고 권력을 차지하게 되었다. 그 속에서 모든 것은 혼란스러웠고, 제대로 된 것이 없었다"고 말했다. 캐서린 비처가 꿈꾸는 것은 똑똑한 여성들이 가정주부나 어머니가 되기보다는, 아직은 초기 단계이지만 점점 커져 가는 국가에 대한 애국심에 불타 국민들에게 민주주의를 가르치러 서부로 향해 가는 것이었다. 이러한 미혼의 여교사들은 가톨릭의 수녀들이 그러하듯 "넘치는 에너지, 명석한 판단력, 금욕적인 자비심에 이끌려야 할 것"이라고 말했다. 가르치는 것을 하나의 선택이라고 한다면, 결혼 또한 선택이 될 수 있다고 주장했다. 단, 사랑에 빠졌을 때에 한해서 말이다. 캐서린 비처에게 여성의 결혼은 사회적으로 수용할 만한 단 하나의 선택은 아니었다.

여성이 남녀공학 학교에서 가르쳐야 한다는 주장은 상당히 급진적인 것이었다. 19세기 초, 미국의 여성들 중 단 10% 정도만 집 밖에서 일을 하고 있었다. 어떤 종류의 공적 업무라도 중산층 여성에게는 그 격을 떨어뜨리는 일일 뿐이라는 전제를 담고 있었기 때문에, 캐서린 비처는 여성에게 교직의 기회를 열어 주는 것은 여성들을 위한 것이 아니라 학생들과 사회에 좋은 것이라는 점을 보여 주어야 했다. 그녀는 여성들이 지금의 모든 교실에서 담임을 맡고 있는 남자들보다 더 나은 교사가 될 것이라고 주장했다. 실제로, 그녀는 남교사들의 도덕적 문제가 논쟁으로 불거지도록 부채질했다. 1846년 했던 〈미국 여성들과 미국 아이들이 겪고 있는 패악〉이란 제목의 유명한 강연에서, 캐서린 비처는 지역 학교 local schools에 관한 뉴욕주 보고서를 열렬하게 인용했다. 그 보고서에서 남교사들을 "무능"하고, "무절제하며… 추잡하며, 거칠고, 감정이 메마른, 거기다가 너무 게으르고 멍청하다"고 일컬으며, 보호를 위해 아이들을 맡기기 어렵다고 썼다. 워싱턴 어빙Washington Irving이 쓴 『슬리피 할로의 전설The legend of sleepy hollow』이라는 1820년대의 고전 단편소설에 등장하는 주인공 이차보드 크레인Ichabod Crane은 이러한 유형의 전형적인 예다. 크레인은 학생들 위에 군림하는 선의의 독재자로, 교실이 하나뿐인 형편없는 학교 건물에서 관대하게 자작나무 회초리를 휘둘렀다. 그는 보다 화려한 경력이 시작되기 전에, 자신의 청소년기에서 '거리를 두고' 있는 것이라 생각했다. 크레인은 스스로를 대단한 지성인으로 여겼지만, 사실을 말하자면, 그 학교 교장은 미신에 사로잡힌 바보천치였다.

신앙심이 깊은 젊은 여성을 크레인과 같은 구제할 길 없어 보이는 남성들보다 선호했을 것이다. 캐서린은 "간단하게 물어봅시다. 어린아이들을 위해 학교를 운영하는 수천 명의 남자들을 방앗간에 몰아넣고, 여성들을 고용하여 아이들을 훈련시키도록 하는 것이 더 낫지 않을까요?"라고 말했다. 물론 또 다른 논쟁거리가 있었다. 여성 근로자들의 임금이 더 적었다. 캐서린 비처는 최초로 의무교육을 실시하려는 주정부와 지방정부를 위해 예산을 절약할 수 있는 전략이라며 여교사들의 고용을 공공연하게 강조했다. 그녀는 "남성은 자기뿐만 아니라 가족도 먹여 살려야 하지만, 여성은 오로지 자기 혼자만 건사하면 된다"고 말했다. 물론 이러한 주장에는 가족이 있는 여성들은 돈을 벌기 위해 바깥일을 하지 않는다는 선입견이 담겨 있었는데, 19세기 초 당시 상황을 살펴보더라도 잘못된 생각이다. 당시에 많은 노동계층의 아내, 엄마들은 가족 농장에서 일을 하거나 돈을 벌기 위해 세탁일과 뜨개질을 했다. 남부의 노예 신분이든 아니면 북부의 가정부 혹은 세탁부의 신분이든 상관없이 거의 모든 흑인 여성들은 일을 해야 했다. 교직에 관한 캐서린 비처의 인식에서 진정 새롭다고 할 수 있는 것은 백인 중산층 여성들에 대한 대중의 시각을 가정 밖에서 일하는 노동자로 바꾸게 했다는 점이다.

이 시기 남교사들이 난폭하거나 멍청하긴 했지만, 절망적인 수준이라고까지 말하기는 어려웠다. 오히려 그들은 아주 짧은 학교 출석일이라든지 혹은 적당한 교실환경과 학교 기자재를 위한 지원 부족 등의 열악한 학교환경 속에서 나름 고군분투했다. 캐서린 비처가 살았던 시대의 많은 전도유망한 젊은 남성들은 교사가 되어 열심히 노력했지만, 다른 일을 하도록 압박하는 사회적 조건들로 인해 곧 불만이 가득하게 되었다. 이러한 악조건들은 엘리트 사립학교에 다녔으며 또 그곳에서 가르쳤던 비처로서는 결코 직접 경험할 수 없었던 것이다. 18세가 된 허먼 멜

빌Herman Melville은 매사추세츠주의 한적한 시골에서 교사로 겨울을 보내고 있었다. 연령대도 키도 제각각인, 거기다 품행이 단정하지 않은 30여 명의 아이들을 보살피면서 말이다. 이 아이들은 아무런 교구도 없이, 작은 창문, 통풍이 제대로 되지 않는 단실 학교 건물에 빽빽하게 들어차 있었다. 그는 월급으로 11달러를 받았으며, 학교가 위치한 지역의 한 가정집에서 하숙을 했다. 이 정도의 임금은 농장 노동자가 받는 것과 비슷했고, 노련한 기계공이 받는 월급의 반 정도였다. 멜빌은 이러한 조건들이 자신에게 '뭔가 다른 직업에 매달리도록' 했다고 고백했다. 헨리 데이비드 소로Henry David Thoreau도 매사추세츠주 캔턴Canton이라는 곳에서 2주 동안 공립학교 교사로 일했던 경험이 있다, 그는 이 일이 너무 모질고 냉혹해서, 다음과 같은 결론을 내리게 되었다고 했다. "'실생활'로부터의 교육과 반대되는 것으로서 교실 교육은 거의 언제나 쓸데없는 노력이었다. 이러한 환경에서 아이들은 '배움의 과정이 아닌, 마음을 무지몽매하게 하는 과정'에 놓이게 되었다."

남교사들은 학교 근무 조건에 점점 더 절망을 느끼게 되었지만, 그렇다고 이러한 문제가 교직이 대학 교육을 마친 남성에게서 캐서린 비처가 기대해 마지않았던 도덕적이고 젊은 여성 교육가들에게로 옮겨 가게 한 진짜 이유가 되지는 않았다. 오히려 조세저항운동이 더욱 중요한 역할을 했다. 또한 정치적 진보와 호러스 만의 영향도 한몫했다고 할 수 있다.

리치필드를 떠나고 몇 년이 지나 호러스 만은 성공적으로 변호사 일을 시작할 수 있었다. 그는 1827년 매사추세츠 주의회 하원의원으로 선출되었다. 나중에 사회적 자유주의자들과 예산문제에 상당히 조심스러워하는 동북부 기업가들의 이해관계가 뒤섞여 있는 휘그당이 되는 정치적 운동의 한 일원으로, 호러스 만은 정신병원과 시각장애 및 청각장애자들을 위한 학교 도입을 지지했다. 그는 사형제도에 반대했고, 복권제도를 폐지하자고 했다. 이러한 일들은 반기독교적이라고 여겨졌기 때문이다. 1834년 8월 11일과 12일, 반가톨릭 군중이 매사추세츠주 찰스타운에 있는 우르술린 수도원The Ursuline Convent을 불을 놓아 전소시켰다. 만 자신이 '끔찍한 불법행위'라고 부른 이 방화 사건을 조사하도록 시민위원회Citizens Committee가 꾸려졌고, 만은 이 위원회의 위원장으로 선출되었다. 주목할 만한 자리에 임명된 후 몇 달이 지나 만은 다시 주 상원의원으로 선출되었다. 철도산업에 종사하는 사람들이 그를 지지하는 후원자들이었고, 보스턴의 지식인들도 그의 정치적 지지자들이었다. 따라서 그는 이 두 유권자층이 공히 관심을 보이는 사회적 문제, 특히 교육에 초점을 맞추게 되었다.

만은 도덕적이고 지적인 성격을 알아보기 위해 사람들의 신체적 특징, 특히 사람들의 머리 크기와 모양을 분석하는 골상학을 열렬히 신봉하는 사람이었다. 스코틀랜드 철학자인 조지 콤비George Combe(만은 나중에 자신의 아들 중 한 명의 이름을 이 사람의 이름을 따서 지었다)와 같은 골상학자들은 지중해 사람들을 성미가 급하고 게으르다고 규정했다. 흑인들은 야만적이며, 북유럽 사람들은 근면하고 지적이라는 식이다. 19세기 동안 골상학은 일종의 진보적인 이데올로기로 여겨졌다. 골상학을 옹호하는 사람들은 각 개인의 결함은 낱낱이 밝혀질 수 있으며, 따라서 학교교육을 통해서 개선해 나갈 수 있다고 믿었다. 이러한 방법을 몇 대에 걸쳐 이어 가다 보면 빈곤도, 범죄도 일소해 버릴 수 있다고 여겼다.

만은 골상학이 일견 종교적 교리를 대체할 수 있을 만큼 상당히 설득력 있다고 보았다. 만이 10대였을 때, 그의 형 스테판이 마을 연못 주위에서 말을 타고 놀다가 연못에 빠져 죽었다. 그때 그는 교회를 빼먹고 그 연못에서 놀고 있었다. 다음 일요일 마을 교회의 목사는 불같은 태도를 지닌 칼뱅주의자로 그 사건에 대해 설교하면서, 프랭클린 마을 아이들에게 이렇게 경고하였다. 스테판 만과 같은 죄를 저지른다면 죽어서 영원한 지옥에 가 고통을 받을 것이라고 말이다. 그날 교회에는 호러스와 두 명의 다른 형제들, 그의 엄마가 함께 긴 의자에 앉아 있었다. 목사가 설교를 하는 동안 이들은 고통의 신음소리를 내지 않을 수 없었다. 호러스 만은 고통스러워하는 가족들을 향해 그토록 가혹하게 군 목사의 행동을 결코 잊지 않았다. 캐서린 비처와 마찬가지로 호러스 만은 청교도들이 받아들인 예정설, 원죄와 같은 개념들이 현실에서의 발전 가능성을 수용하지 않는 것에 동의할 수 없었다.

아주 엄격한 청교도주의와 달리, 골상학은 비록 가난하건 술주정뱅이건 혹 수도원 방화범과 같은 범죄자이건 개인은 교육을 통해 스스로를 구원할 수 있다고 보았다. 만약 그것이 사실이라면 정치인으로서 만은 사회를 개선하기 위한 근본적 수단으로 교육에 대한 재정 지원을 확대할 수 있었다. 물론 만은 더욱더 많은 논쟁거리들이 제기될 수 있다는 점을 충분히 인지했다. 자서전 전문작가 조너선 메셜리Jonathan Messerli는 만이 점차 교육개혁에 마음을 빼앗기면서, 공장주들에게 공유지 사용, 독과점 형성, 그리고 임금 체불 및 낮은 임금 수준을 금지하도록 해서 공격적으로 시장의 자유를 제한해야 한다고 요구하는 주의회 동료 의원들을 등한시하게 되었다고 썼다. 물론 19세기의 빈곤이란 불행은 차마 눈뜨고 볼 수 없을 정도의 참혹한 노동환경과 학교교육을 받지 못해 지나치게 임금 수준이 낮다는 점 등과 더 깊은 관련을 맺고 있다. 역사학자 아서 슐레진저Arthur Schlesinger는 만의 충격적 의제를 '도덕적 개혁'이라고 불렀다. 슐레진저의 표현에 따르면, 휘그당원들은 이러한 상황을 "단순하게 생각했다. 그들은 윤리적 행위와 사회 환경 간의 관계에 그다지 신경 쓰지 않았다." 그러므로 사회적 진보는 경제적이라거나 구조적인 차원이 아닌 '개인 차원의 문제'라고 믿었다.

1837년 만은 휘그당원들을 독려해 지방 학교들을 관할할 수 있는 주 교육위원회state board of education를 설치하고, 모든 학령기 아동들이 의무적으로 학교에 등록하도록 밀어붙였다. 이러한 움직임은 보통학교 운동이 전국적으로 활짝 꽃피도록 했다. 각 주별로 초등 수준의 교육을 모든 아동에게 제공하도록 재정 지원을 하게 했다. 주 상원의회에서 만은 동료 의원들에게 이 목표를 달성할 수 있도록 200만 달러의 예산을 지원하도록 해 달라고 요청했다. 이때 그는 "교육을 통해서, 조악함으로 점철되어 있는 지금 우리의 사회질서와 삶의 여건이 정상의 수준으로 올라갈 수 있을 것이고, 만약 사회의 수준이 올라간다면, 교육의 수준 또한 더 올라갈 것"이라고 주장했다. 만은 '평소 옷도 제대로 사 입지 않아 짠돌이'라 알려진 보스턴 사람들이 유명한 유럽 발레리나 파니 엘슬러Fanny Elssler를 보려고 전체 티켓 비용으로 5만 달러를 냈다는 사실에 불만을 표시했다. 그 돈은 매사추세츠주가 1년 동안 교사들에게 지불하는 급여 전체와 맞먹었다. 도대체 이 사회가 보다 가치 있다고 여기는 것은 무엇인가? 추잡한 춤인가, 학교인가?

의회는 주교육위원회를 만들도록 100만 달러의 예산을 배정해 주었다. 이는 만이 요구했던 규모의 절반에 해당하는 금액이었다. 이는 보통학교 운동 청원의 초기 교훈이었다. 소요되는 비용에 대해 예산이 배정된다는 조건하에서 말이다. 만은 주의회를 떠나 매사추세츠주 교육위원회 교육감secretary of education으로 자리를 옮겼다. 이 자리는 미국에서 지방교육행정과 관련해 처음으로 만들어진 자리였다. 만은 새로운 지위에 대한 열정으로 가득 차 당시 서구 세계(영국 등)에서 회자되는 핵심적인 교육이론 대부분을 섭렵해 나갔다. 다른 많은 미국의 교육개혁가들과 마찬가지로, 만 또한 프러시아 공립학교에 관한 프랑스 철학자 빅토르 쿠쟁Victor Cousin의 1831년 보고서에 강한 인상을 받았다. 통합적이고 잘 교육받은, 그리고 무엇보다도 도덕적으로 탁월한 시민을 만들어 보겠다는 목표를 가지고, 프러시아 왕은 교사봉사단teacher corps의 질을 향상시키는 데 우선순위를 두었다. 1811년 프러시아는 교사가 교직 이외에 다른 직업을 갖는 것을 엄격하게 금하고, 교사들이 학교 주변 가정에서 가능한 하숙하지 말라는 내용을 담은 법령을 포고하였다. 기존의 이러한 행동들이 교사들의 체면을 깎아내리는 일이라고 보았기 때문이다. 물론 당시 미국에는 이 두 가지 경향이 모두 남아 있었으며, 심지어 20세기까지도 이어졌다. 1819년까지, 프러시아 법은 교사들의 생활임금과 사후 가족들에게 연금을 보장해 주었다. 학교 건물은 '적합하게' 지어졌고, '개보수 및 온방'이 잘 이루어졌다. 지방정부는 '수업과 활동에 필요한 책걸상, 책, 그림, 학습교구, 그리고 다른 모든 것들'을 제공했다. 교사들을 훈련하기 위해 프러시아는 사범학교를 세웠다. 이 학교에는 16~18세의 남녀 학생 모두 입학할 수 있었으며, 이들을 '사범학생'이라고 불렀다. 사범학교에서 2년을 보내는 동안, 자신들이 가르칠 교과와 교수 방법에 대해 배웠다. 그다음 1년 동안에는 실제 학교에서 실습을 하였다.

매사추세츠주 교육위원회가 사용할 수 있는 재원이 한정되어 있다는 점을 염두에 두고서, 만은 두 가지 일에 집중하기로 결심했다. 하나는 개별 공립학교가 적어도 기초적 수준의 도서관을 갖추도록 하는 것이고, 다른 하나는 교사들을 양성하기 위해 프러시아 스타일의 사범학교를 설립하는 것이었다. 새로운 교사양성 학교에 대한 그의 기대는 굉장히 높았다. 그는 "사범학교가 이 민족의 진보에 새로운 수단이 될 것이라고 믿는다"라고 썼다. 1840년까지 만은 3개의 사범학교를 개설했고, 이를 따라 1870년까지 22개의 주에서 사범학교를 만들었다. 초기의 가장 괜찮다고 할 만한 사범학교는 아마도 매사추세츠주 렉싱턴 Lexington에 위치한 학교일 것이다. 이는 지금의 프레이밍햄 주립대학교 Framingham State College이다. 이 학교는 프러시아식 사범학교와 달리 여학생만 입학할 수 있었는데, 이는 주에서 교사를 임용할 때 여성이 남성보다 적은 비용으로 고용할 수 있었기 때문이다. 사범학생들은 3년 동안 대수학, 도덕철학, '교수법' 강의를 들어야 했다. 이들은 잘 만들어진 모델 교실에서 6~10세 아동 30여 명 앞에서 교수법을 직접 시연해야 했다. 사이러스 퍼스Cyrus Peirce라는 유명한 베테랑 교사가 이러한 교직 프로그램의 교장을 맡았다. 그는 잡지에서 본인이 예비 교사들의 학습과 기술 습득을 어떻게 도와주고 있는지 묘사했다.

사범학교의 교장은 하루에 두 번 실습학교에 가서 일반적인 관찰과 지도를 실시한다. 한 번 방문 시마다 30분에서 1시간가량 소요된다. 나는 이러한 방문을 할 때면, 자리에 앉아 전반적인 학교 운영을 살펴보거나 특정 교사의 수업에 주의를 기울인다. 혹은 직접 수업을 하기도 하는데, 이때는 반대로 교사들이 내 수업을 보고 듣는 입장이 된다. 교수법 실습이 끝나고 나면, 내가 보고 들은 것들을 교사들 앞에서 이야기한다. 이론이나 실제, 혹은 그들의 태도에서 좋았다거나 혹은 나빴다고 생각했던 부분은 무엇인지에 대해서 말이다. 이러한 몇몇 방법을 쓰면서 나는 가능한 한 이론과 실천, 규칙과 사례들을 잘 섞어 전달하고자 노력한다.

그의 이러한 틀에 박힌 일들이 교사 훈련 혹은 교사의 전문성 개발에서 오늘날에도 최고로 인정받고 있는 실천이라는 점이 신기할 정도이다. 사려 깊은 교수법 지도자인 멘토 교사를 두는 것은 오늘날 교사 전문성 개발에서도 필수적이기 때문이다. 그러나 슬프게도 미국 전역에 문을 연 대부분의 사범학교에서는 렉싱턴 사범학교에서 보여 준 교육적 열정을 거의 찾아볼 수 없었다. 무엇보다 실생활이 반영된 시공간에서 교수법을 연습할 기회가 부족했다. 20세기 초에 이를 때까지, 사범학교들은 인문계 고등학교나 대학에 대한 대안적 선택으로 여겨졌기 때문에, 그 사회적 지위는 이들 학교들에 비해 훨씬 낮았다. 사범학교에는 초등학교를 졸업한 성실한 젊은 여성들이 입학했다. 대략 6~7년의 교육 연한을 지닌 사람들이었다. 그러나 이후 고등학교 졸업이 더욱 보편화되었고 각 주에서 교사자격을 위해 대학 졸업장, 특히 교육 관련 학과의 대학 졸업장을 요구하는 법령을 통과시켰다. 따라서 1920~1960년 사이에 많은 사범학교들이 각 주의 연구중심대학보다는 좀 더 낮은 입학요건을 요구하는 주립대학으로 바뀌어 갔다. 대부분의 미국 교사들은 사람들이 그다지 많이 선호하지 않는 대학교 학부에서 교육학을 공부한 뒤 교사로 임용되었고, 지금도 이와 다르지 않다. 대체로 지금의 교사양성제도는 보통학교 운동 시기에 만들어진 것이다.

1840년대 초까지의 통계자료를 보면, 매사추세츠주의 신입 교사들 중 여성이 남성보다 4배 많았다. 이러한 교사 성비의 변화를 모두가 반겼던 것은 아니다. 대학 교육을 받은 남자 고등학교 교사연합회 소속 보스턴 학교의 교장들은 사범학교 졸업생들을 교사로 임용하는 것은 학력뿐만 아니라 훈육 수준을 떨어뜨리게 되고, 남자아이들을 날뛰게 만들 것이라고 불평을 늘어놓았다. 이에 대해 만은 오랜 지인인 캐서린 비처의 주장을 들어 대응했다. 캐서린은 여교사들을 고용하는 것이 이상적일 뿐만 아니라 실용적이라고 주장했다. 만은 교육감이던 당시 발행한 주교육위원회의 연간보고서에서 남교사를 여교사로 대체하여 1만 1,000달러를 절약할 수 있었다고 밝혔다. 이는 '주의 3개 사범학교 1년 예산의 두 배에 해당하는 금액'이었다. 이는 세금을 납부하는 사람들 모두에게 유리한 거래였다. 만은 비용을 적게 투입해도 되는 여성 교육자들을 온전히 이타적이고, 자기절제력이 뛰어나며, 도덕적으로 순결한 기독교 신앙에 터하여 일하는 천사 같은 공무원이라고 묘사했다. 그러면서도 여성들이 정치, 군대, 언론과 관련된 직업을 갖는 것은 여전히 제한되어야 한다고 했다. 그는 여성들이 그러한 '무자비하고 공격적인' 영역에 발을 들여놓기에는 너무 순진하다고 여겼다. 만은 교직이 여성들에게 진정한 소명이며, 여성들에게 길러야 할 자녀가 있건 없건 신이 부여한 양육자로서의 본성을 이 세상은 충실히 활용해야 한다고 주장했다.

> 교사…, 그녀는 얼마나 신성한 존재인가? 그녀의 머리에서
> 는 하늘 빛 광채가 흘러나오고, 땅을 딛고 있는 그녀의 다리는
> 대지를 향기롭게 한다. 거룩하게 빛나는 그녀의 인자함은 악인
> 에게 의인의 아름다움을 선망하도록 해 회개의 길에 들어서게
> 한다.

완벽한 여교사에 대한 만의 묘사는 마치 그의 죽은 아내, 샬럿Charlotte에 대한 추도사처럼 들린다. 그녀는 만과 결혼하고 2년이 지난, 23세에 죽었다. 그녀가 죽고 거의 10년이 지나도록 만은 그녀의 죽음을 격렬하게 슬퍼했다. 두 번째 아내가 되는 메리 피바디Mary Peabody에게 보낸 초기 편지에 만은 샬럿이 "내가 가졌던 순결함에 대한 생각을 순결하게 만들었고, 모든 탁월함에 대한 이상을 아름답게 만들"었다고 썼다. "다른 사람의 고통에 대해 그녀가 가진 연민의 정은 그녀의 감각보

다 더 빠르고 더 강한 듯했습니다. 그녀에게는 뭉개진 꽃을 보고 탄식하는 감성과 함께 인고의 영혼을 지니고 있어, 순교마저 마다하지 않았을 겁니다."

여교사가 가진 덕목에 대한 장밋빛 관념들은 호러스 만과 캐서린 비처로부터 미국 전역의 보통학교 운동으로 퍼져 나갔다. 1842년 익명의 뉴욕 자선가가 발간한 지역학교 안내서에는 아무런 거리낌 없이 '값싼 시스템'을 바탕으로 한 여교사 고용에 대한 내용이 담겨 있다. 안내서에는 가장 무능한 남성들이 요구하는 것의 반 정도로도 대부분의 똑똑한 여성들은 일하려 한다고 단정 짓고 있다. 그러나 이 글의 저자는 "여성들이 남성들에게는 거의 없는 능력, 즉 어린아이들의 마음을 잘 다스릴 줄 아는 천성을 갖고 있으며, 아이들의 동정심을 일깨우고 탁월해지고자 하는 마음을 갖도록 북돋는 데 독특한 힘을 갖고 있다"는 내용을 덧붙여 놓았다.

19세기 당시에 여성들은 지적으로 열등하다는 생각이 널리 퍼져 있었다. 이러한 맥락에서 첫째, 여성들을 교사로 만들자고 굳이 대학에 보내야 한다고 생각하지 않았고, 둘째, 골상학의 영향에 따라 미국 공립학교는 기본적인 문해(읽기, 쓰기, 셈하기) 능력을 넘어선 지식을 함양하는 것보다 아이들의 인성을 계발하는 데 더 관심을 기울여야 한다고 여겼다. 이것은 의심할 여지 없이 서로 관련되어 있었다. 호러스 만과 캐서린 비처 모두 라틴어, 그리스어, 과학 등을 즐겁게 공부하기는 했지만, 교육에 대한 이들의 대중 강연들은 교육과정에 거의 관심을 기울이지 않았다. 특별히 1840년대 이후부터 보통학교 운동은 영향력 있는 정치인 및 기업지도자들의 지원과 지지를 이끌어 내게 되었는데, 이런 류의 사람들은 지적 능력의 함양보다는 다음 세대를 위해 아이들을 투표자로 혹은 노동자로 만드는 데 관심을 기울였다. 하트포드여학교의 초기 활동에서, 캐서린 비처는 젊은 엘리트 여성들이 고전 인문 교양 교육을 받을 수 있도록 하는 데 많은 노력을 기울였다. 그러나 대중들을 위한 공립학교 의제를 성안하게 되면서 그녀는 교육의 목적이 무엇이어야 하는가에 대해 다른 판단을 한 것 같다. 비처는 자서전에서 "아동의 신체적, 사회적, 도덕적 측면의 발달이 전적으로 지적인 발달 혹은 지식 습득에 우선하기까지 국가의 교육은 지고의 목표에 도달하지는 못할 것"이라고 썼다. 호러스 만은 이러한 캐서린 비처의 견해에 동의했다. 그는 1839년의 한 연설에서, "A, B, C와 곱셈표를 가르친다고 해서 그 안에 감추어져 있는 신성함을 배우는 것은 아니"라고 했다. 대신, 그는 학교교육의 목적은 "학생들에게 사람에 대한 선의와 애정의 마음을 갖게 하고 하나님에 대해서는 경외감을 갖게 하는 것"이라고 말했다.

도덕성을 지적 능력보다 상위에 두는 가치 체계는 미국에 새로이 등장하는 공립학교 제도를 서구 유럽 스타일의 공립학교 모델과는 상당히 달라지게 했다. 1830~1900년 사이, 미국의 교사봉사단은 독일이나 프랑스보다 훨씬 더 빠른 속도로 여성화되었다. 당시 독일이나 프랑스의 교사들 가운데 남성이 50% 정도였다. 상대적으로 높은 급여 및 연금을 제공하는 프러시아의 교직 사회는 남성들이 교직에 남아 있도록 했다. 단성單性학교 제도를 유지하는 것도 그 이유 중 하나인데, 남교사들은 남학교를 더 선호했다. 프랑스에서는 또 다른 요인이 작동했다. 프랑스 정부는 공립학교에서는 엄격하게 자유교양과목을 교육해야 한다고 강요했다. 프랑스 철학자 빅토르 쿠쟁에 따르면 프러시아의 교육제도에서 유일한 실패라면 언어, 문학, 역사 등의 세속적 지식보다 종교성을 전달하는 데 더 많은 관심을 기울였다는 점이다. 쿠쟁은 "고전교육은 모든 인류의 도덕적이고 지적인 삶이 가지는 신성한 전통을 살아 있게 하는 것"이라고 썼다. "내 눈에는, 이러한 고전교육을 줄이거나 약화시키는 것은 야만적인 행동으로 보이며, 모든 진실되고 높은 문명에 역행하는 범죄이며, 인간성에 반하는 일종의 반역 행동이다."

호러스 만은 이를 '유럽적 오류'라며 도덕적 학교교육을 위한 지적 비판으로 인용한다. 만은 프랑스식 자유 교양 교육이 대중민주주의와 별 상관없는 것이라고 여겼다. 대중민주주의에서 모든 사람들이 맞닥뜨리는 가장 중요한 책무는 '투표자로서' 정치적 지위를 차지하려는 후보들의 도덕적 능력을 평가하는 일이었다. 점차 나이가 들면서, 보통학교 운동의 지도자는 자신의 세계관 안에 갇혀 점차 반지성적으로 변해 갔다. 미국의 위대한 작가이며 소설 『주홍글씨』의 저자인 나다니엘 호손 Nathaniel Hawthorne을 경멸하는 태도에서 만의 성격이 드러난다. 아내 메리 피바디의 여동생인 소피아Sophia와 연인 사이였던 호손을 보헤미안이라 부르며, 거만한 태도로 그를 인정하지 않았다. 이 젊은 연인들은 결혼하기도 전에—비록 옷을 다 입고 있었지만—침대에 함께 누워 있었다는 소문으로 보스턴 지역에 염문을 뿌렸다. 친구에게 보내는 편지에서 만은 호손의 글을 도무지 이해할 수 없다고 고백했다. "햄릿을 쓰기보다는 시각장애인들을 위한 수용시설을 짓는 것이 나았을 거야"라고 덧붙였다. 예술과 사회적 이익은 서로 상충하며 지식 탐구는 퇴폐적이라는 그의 관점은 청소년기에 자신이 거부했다고 믿었던 청교도 이데올로기의 핵심 이상을 담고 있었다.

1830년대 말, 호러스 만과 캐서린 비처는 비처의 전국대중교육위원회 The Board of National Popular Education라는 새로운 프로젝트에 대해 특별 서신을 주고받기 시작했다. 미국을 위한 교육Teach for America, TFA의 원형이라 할 만한 이 위원회는 여자 '선교사' 교사를 향한 비처의 비전을 실현할 수 있을 것으로 기대를 모았다. 북동부 출신으로 잘 양육받고,

기독교 신앙이 투철한 젊은 여성들을 선발해 허허벌판인 서부 변방 학교로 보내는 것을 목표로 하였다. 위원회의 첫 자원교사들로 70명을 모집하기 위해 비처는 1847년까지 자선기금을 모았다. 비처가 직접 나서서 실시한 한 달간의 훈련에서 모집된 여성들은 몇몇 기초적인 교수법을 배웠고, 서부의 원시적인 생활환경에 대한 주의사항을 들었다. 무엇보다 그 여성들이 변방의 마을에서 '도덕적 힘을 불어넣을 수 있는 새로운 동력'으로 작동하도록 고무하였다. 주중에 세속학교에서 가르치는 것뿐만 아니라, 정착지에 교회 주일학교가 없다면 그들이 주일학교를 만들 거라는 기대감도 가졌다.

젊은 여성들은 일리노이, 인디애나, 아이오와, 위스콘신, 미시간, 미네소타, 켄터키, 테네시주로 보내졌다. 그 지역들의 근무 환경은 좋지 못했다. 이 일이 시작되고 처음 10년 동안 21명의 교사가 죽었다. 몇몇 교사들은 자신들의 선한 의도에도 불구하고 지역의 사람들이 너무 가난해서 학교 건물을 짓거나 겨울에 난방을 할 수 없음을 알게 되었다. 몇몇 학부모들은 위원회가 파견한 교사들에 의한 개종에 반대했고, 또 다른 부모들은 젊은 여성들이 교사로서 너무 미숙하다고 불평했다. 파견된 한 교사는 시골 학교의 유일한 교사가 되어 5세부터 17세까지 아이들을 전부 가르쳤다. 그녀는 캐서린 비처에게 보낸 편지에서 "누구 하나 글을 제대로 읽을 줄 아는 아이가 없다. 아이들은 학교 교실에서 예의범절이 없고, 배운다는 것이 무엇인지 모른다. 종종 이들에게 도대체 무엇을 해야 할지 모를 지경에 빠진다. … 겨울임에도 불구하고, 양말을 신지 않은, 심지어 신발조차 신지 않은 아이들이 있다"고 토로했다.

교사들은 마을의 가정집에서 하숙하며 지냈는데, 종종 아이들과 한 침대를 쓰기도 했다. 사생활이란 거의 없었고, 가끔은 촛불이나 아주 기본적인 위생시설조차 없었다. 그럼에도 많은 교사들이 기회가 주어진 것에 감사했으며 소소한 성공을 경험하기도 했다. 한 교사가 보낸 보고서에 따르면, 그녀는 45명의 학생을 '아주 작은 통나무집'에서 가르쳤다. "이곳 사람들은 아주 무식하다. 읽거나 쓸 줄 아는 사람이 거의 없다. 그러나 자기 아이들이 교육받기를 바라고 있다." 종교는 이 젊은 여교사들을 버티게 하는 힘이 되었다. 미네소타의 세속학교와 교회 주일학교에서 가르쳤던 한 교사는 비처에게 다음과 같은 편지를 보냈다. 그녀는 돈한 푼 없었고 거기다 2달 동안 열병으로 고생했지만, "하나님이 이곳에서 나와 함께 계신다면 사회의 유행과 세속의 부나 명예가 저를 고립된이곳에서 벗어나라고 유혹할 수는 없습니다. 저는 여기 온 것에 대해 한번도 후회해 본 적이 없습니다."

부모들의 엄격한 칼뱅주의에 대항해 저항했던 경험을 뒤로하고, 단단히 연대하고 있는 1세대 미국 교육개혁가들은 학교를 모든 아이들이 교육을 통해서 개선될 수 있고 종교적으로 '구원'받을 수 있는 마치 지역센터 같은 세속 사회의 교회로 보고자 했다. 호러스 만과 캐서린 비처는아이들에게 바람직한 행동을 가르치는 것이 훌륭한 교리를 가르치는 것보다 더 중요하다고 믿었다. 또한 문학과 수학의 세세한 부분에 집중하기보다는 신실하고, 예의 바르며, 사회성이 발달한 젊은 남녀를 길러 내는 것이 더 중요하다고 보았다. 이렇게 길러진 젊은 세대는 적어도 프랑스 혁명과 우르술린 수도원 방화로 대변되는 군중의 장악을 거부할 것이기 때문이었다. 교직은 여성에게 사역과 마찬가지로 여겨져 강조되었다. 이러한 직업들의 존엄은 돈 혹은 정치적 영향력 같은 세속적 보상에 있지 않고, 다른 사람을 섬김에서 나오는 내적 만족에 있다고 여겨졌던 것이다.

여성들은 지적이고 전문적 역량을 갖추기 어렵다고 보는 뿌리 깊은 편견의 시대에 살고 있었고, 보통학교를 주창했던 사람들은 교직의 여성화라는 엄청난 비용을 치르게 되었다. 교직은 추구할 만한 직업이라기보다는 자선적 소명 혹은 감성적 신의 부름으로 이해되었다. 보통학교 운동은 정치적 지원을 받아 내는 데 성공했다. 그것은 학업적 관심보다는 접근 가능한 도덕교육을 보다 강조했기 때문이기도 했다. 하지만 이것은 이후 해결되지 않는 엄청난 교육 문제를 야기하게 되었다. 학생들은 학교에서 미래의 직업을 준비해야 하는가? 아니면 모든 아이들에게 똑같은 교육을 제공해야 하는가? 만약 교사에게 자기 학생들의 도덕적 삶을 책임지는 건설자가 되기를 기대한다면, 도대체 학부모의 역할은 무엇인가? 교사의 영향력이 가족의 영향력을 넘어서야 한다고 기대하는 것은 타당한가? 앵글로색슨계 백인 신교도에게 도덕성을 가르치기 위해 세워진 보통학교는 점차 그 수가 증가하는 다양한 문화집단, 즉 가톨릭교도들과 흑인 자유민들, 그리고 유대계 이민자들을 어떻게 다루어야 하는가?

보스턴 신문기자 오레스츠 브라운선Orestes Brownson은 선견지명을 발휘하여 보통학교 운동에 대해 부정적인 입장을 취했다. 가톨릭교로 개종한 브라운선은 기독교 개혁론자들이 선교사를 공립학교 교사로 보내서 교원 수를 2배나 늘리려는 시도에 대해 염려하면서, 학부모들이 마을 학교에 대한 통제력을 더욱 강화해야 한다고 주장했다. 대체적으로 그는 한 사회에서 학교의 역할에 대해 좀 더 실용적인 입장을 취하였다. 그는 노동자들에게 직업훈련이나 노동권이 거의 없는 상황에서 교사들이 빈곤을 타파하는 데 앞장서 나가겠다는 것은 말이 안 된다고 보았다.

소위 교육이란 것은 항상 존재해 왔다. 아이들은 거리에서 배운다. 친구들에게 영향을 받아 가면서 … 가족의 품에서도 배운다. 부모들의 사랑과 인자함 혹은 분노와 조급함을 접하면서, 그리고 분명하게 보이는 열정과 애정에 의해 말이다. 아이들은 자기들이 듣게 되는 대화, 무엇보다도 마을에 있는 모든 종류의 직업, 관습, 도덕관념 등에 의해 배운다. 이 모든 것이 학교 교실이고 학교 선생님이다. 이 모든 것이 아이들에게 선이 무엇이고, 악이 무엇인지, 무엇이 좀 더 그럴듯하고 무엇이 좀 더 그렇지 않은지를 가르쳐 준다. 우리가 던져야 할 진짜 질문이라면, '아이들이 교육받아야 합니까?'라는 질문이 아닌, '어떤 목적을 위해, 어떻게 교육을 해야 합니까?'라고 질문해야 한다. 도대체 어떤 종류의 교육이 필요하고, 이는 어떻게 수행될 수 있는지 물어야 한다.

캐서린 비처와 호러스 만은 공립학교는 도덕성을 가르치는 곳이라 믿고, 여교사를 수단으로 사용하였다. 실제로 미국 보통학교 교육이 어떤 것이어야 하는가에 대해서 공적 합의가 이루어졌다고 말하기는 어렵다. 이 교육개혁가들의 다음 세대, 그리고 여성운동 지도자들은 만과 비처가 세워 놓은 여교사의 지위에 분노 어린 도전을 해 왔다. 적은 임금을 받는 대중으로, 엄격한 공부보다는 신앙을 우선시하며 형편없이 훈련받은 '엄마교사'로서의 사회문화적 편견 말이다.

제2장

여성 교사, 교사다움의 차별에 저항하다
페미니스트 교사의 미국 교육에 대한 도전

1848년 28살의 수전 앤서니Susan B. Anthony가 뉴욕 북부의 카나조하리 아카데미에 근무하던 당시 초상화이다. 앤서니는 뉴욕주 전역에서 여교사도 남교사와 동등하게 임금을 받아야 한다는 요구를 했다.

로체스터 대학교, 희귀 도서 및 특수 컬렉션

1856년 엘리자베스 캐디 스탠턴Eliza-beth Cady Stanton과 딸Harriot이 함께 있는 모습이다. 유복했던 스탠턴은 일곱 명의 아이들을 가정에서 교육했다. 그녀는 교직을 '지적 정체를 겪는 집단'이라며 경멸하고, 젊은 여성들이 법학, 의학, 신학과 같은 더욱 명망 있는 직종에 지원할 수 있기를 희망했다.

국회도서관

열여덟 살의 수전 앤서니Susan B. Anthony는 퀘이커 기숙학교에 다녔다. 1838년 어느 날, 앤서니는 소꿉친구로부터 자식이 여섯 딸린 중년의 이혼남과 결혼한다는 편지를 받았다. 그 소식에 충격을 받은 앤서니는 학교에 가지 않고 대신 일기장에 친구에게 보내는 답장을 적었다. 편지는 교사들이 자신들의 윤리적 잣대에 맞춰 수정해서 보내는 탓에 진심을 담은 내용은 일기장에 남길 수밖에 없었다.

"나는 하녀로 늙어 죽느니 혼자 사는 게 낫다고 생각해."

그런 일이 있고 몇 달이 지나 아버지가 운영하던 솜 공장이 도산하였다. 그로 인해 앤서니는 수업료를 감당할 수가 없어 학교를 그만두었다. 뉴욕주 북부로 이사를 하고, 마을 학교에서 교사로 일하기 시작했다. 그곳에서 교사로 일하는 동안 앤서니는 두 번 이상의 프러포즈를 받았으나 거절했다. 8년 동안 마을 학교에서 근무하고 카나조하리 학교로 직장을 옮겼다. 뉴욕의 팔래틴브릿지에 위치한 이 학교 이사회에는 앤서니의 삼촌이 일하고 있었다. 여성 교육으로 유명한 카나조하리 학교에서 앤서니는 신나게 일하며 안정적인 생활을 누리게 되었다. 이전 학교와 비교할 때 110달러라는 상당히 높은 연봉을 받아 1야드당 2달러나 하는 보라색 메리노 양모로 만든 드레스에 8달러짜리 회색 여우 목도리를 두르고, 5.5달러짜리 하얀 실크 모자를 쓰고 한껏 치장하고 다니며 마을 사람들의 시선을 한 몸에 받았다. 고향 집으로 보내는 편지에는 조금은 잘난 체하며, 언니와 동생들은 유부녀라 멋진 옷을 입지 못하는 건 아닌지 묻곤 했다.

앤서니는 이렇게 풍요로운 삶을 살게 된 것에 행복을 느끼며 지냈다. 26살이 되던 해에는 생애 처음으로 혼자서 야구 경기도 보러 가고, 서커스도 보러 갔다. 퀘이커 교도로서 다소 타락한 생활을 하면서도 언제나 청렴한 마음가짐을 유지하며 살아가고자 노력했다. 앤서니는 지역 여성들을 위한 절제 운동 조직을 만들었다. 그녀는 자신의 직업이 가르치는 일이라는 것에 대해 진지하게 받아들이고 있었다. 앤서니는 1846년 11월에 엄마에게 보내는 편지에서 학부모들이 그녀가 열심히 학생들을 가르치는 것에 감사를 표하고 있고, 자신이 학교에 새로운 학생 네 명을 추가로 모집했음에도 불구하고 연봉 인상이 전혀 없었다고 불평했다. 또 동료 남자 교사들보다 더 낮은 연봉을 받는다는 사실에 분개했다. 그럴수록 그녀는 더욱 일에 몰두하고자 했다. 학교에서 말썽꾸러기로 유명한 열다섯 살의 소녀가 다른 교사들로부터 불공평하게 대우받고 있었다. 앤서니는 '나는 그 아이의 다른 면을 찾을 수 있을 거야'라고 생각하며 그 학생에게 관심을 기울이며, 마음을 다해 다가가고자 했다. 곧 그 아이는 이 젊은 교사를 마치 가족처럼 여기기 시작했다. 그리고 앤서니가 보고한 바에 따르면, 그 아이는 문제아에서 벗어나 예의 바르게 행동하기 시작했다고 한다.

카나조하리 학교에서 근무한 지 2년이 지났을 무렵 앤서니의 교사로서의 열정은 사그라졌다. 그녀는 자신을 고용했던 교장 선생님을 존경했다. 그러나 1848년에 그가 퇴직하고 난 후 새로 부임한 교장에게는 정을 붙일 수가 없었다. 새 교장은 신체적인 체벌을 19년이나 옹호해 온 사람이었다. 그리고 십 년이나 교직에 있었던 앤서니가 여성이라는 이유로 학교에서 더 큰 일을 맡길 수 없다고 거부했다. 새로 온 교장은 여성이 남성의 상사가 된다는 것은 상상도 못 할 일이라고 생각했다. 당시에 앤서니는 여전히 낮은 월급을 받으며, 친척 집의 작고 추운 방에서 지냈다. 그해 5월에 그녀는 부모님께 전하는 편지에서 이제부터는 자기 자신에게 '고행'을 가르칠 생각이라고 적었다.

"저는 갑자기 권태를 느끼기 시작했고, 짧은 봄 방학으로는 이러한 감정을 떨쳐 버릴 수가 없었어요. 스무 명의 좋은 동료들이 있는 학교에서 일하고 있지만, 저 자신을 드러낼 수 있는 무언가 흥미로운 일이 필요해요. 다른 교사들도 아직 배워야 할 것이 많은 것 같은데, 무슨 일이든 자꾸 피하려고만 해서 걱정이에요."

19세기를 살았던 많은 비범한 여성들과 마찬가지로, 앤서니는 당시로는 흔치 않게 아버지의 지지를 받고 있었다. 대니얼 앤서니Daniel Anthony는 딸에게 이런 답장을 보냈다. "내가 할 수 있는 말은 이 말밖에 없구나. 네가 가르치는 일에 지쳤다면, 다른 일을 한번 찾아보렴."

1848년에 앤서니는 부모님이 계신 곳으로 돌아가서 자신이 할 만한 일을 찾아보려 노력했다. 가족들이 뉴욕주에서 절제운동과 노예해방운동에 참여하고 있었기에, 그녀도 자연스럽게 여성 권리 증진의 중요성을 깨닫게 되었다. 그리고 세네카 폴스의 핑거호에서 열리는 여성 권익 신장을 위한 최초의 전국 대회를 돕게 되었다.

이 대회의 주최 측 대표는 좋은 집안 출신으로 부유한 판사의 딸인 엘리자베스 캐디 스탠턴Elizabeth Cady Stanton이라는 젊은 학부모였다. 1840년에 스탠턴은 남편과 함께 런던에서 열린 세계노예해방대회World Anti-Slavery Convention에 다녀왔다. 그녀는 미국의 여성 활동가인 루크레샤 모트Lucretia Mott와 함께 공식 대표로 참석하고 싶어 했으나, 남성 노예제 폐지론자들의 반대로 무산되어 남편과 동행한 것이었다. 여성이 남녀가 함께 있는 대중 앞에서 대표로 연설한다는 것은 당시로서는 흔치 않은 일이었다. 특히나 논란이 많은 주제에 대해서는 연설의 기회를 갖기가 상당히 힘들었다. 한편에서는 노예해방을 주장하는 많은 활동가들조차 초기 페미니즘의 급진적 성격으로 인해 전 지구적 노예제 폐지 운동에 방해가 될 가능성을 염려하는 실정이었다.

스탠턴은 미국 내 여성 권리 운동이 발전하지 못하는 원인에 대해 고민하며, 여성운동이 주체인 여성을 배제하는 사회운동이 되지 않도록 해야 한다고 생각했다. 그래서 그녀는 세네카 폴스 대회를 준비하면서 여성 활동가들뿐만 아니라 영향력 있는 수많은 퀘이커 교도들과 프레드릭 더글러스Frederick Douglass를 포함해 노예 폐지론을 주장하는 주요 인물들도 함께 모집했다. 세네카 폴스에서 주창된 특별한 성명서는 감성의 선언서Declaration of Sentiments라 불리게 되었다. 여성의 참정권, 성별에 관계없이 법 앞에서 평등한 대우를 받을 권리, 부부 재산과 자녀 양육에 대한 평등한 기회 제공 등을 주장하는 내용을 담은 이 성명서는 '피통치자의 동의' 등과 같은 표현에서 엿볼 수 있듯, 미국 독립 선언문의 구조와 어휘를 모방해 작성되었다.

앤서니는 지역 신문에서 세네카 폴스 대회에 관한 글을 읽었고, 연봉 인상과 승진에서 차별받아 금전적으로 어려움을 겪는 젊은 학교 교사들을 대변한다는 내용이 포함되어 있음을 알게 되었다. 성별에 근거한 급여체제에 반대하는 내용을 담은 이 선언문이 앤서니에게는 계시처럼 느껴졌다.

인류의 역사는 남성이 여성에 대한 절대적인 폭정을 취하는
구조를 세우는 것을 간접적인 목적으로 하여, 여성의 권리를

강탈하고, 반복적으로 상처를 입혀 온 역사이다. …

　남성들은 높은 연봉을 보장하는 직종을 독점하고 있으며, 여성들에게는 이런 남성들의 심부름을 하는 일만 하도록 허락되었다. 그러기에 여성들이 받을 수 있는 보수도 아주 적다.

　남성들은 자신들만이 훌륭한 일을 할 수 있다고 여기기 때문에 여성들이 부와 명예를 얻을 수 있는 모든 수단을 금하고 있다. 신학과 의학, 그리고 법학에 이르기까지 이름을 알린 여성들은 거의 없다. 모든 대학에서 여성들의 입학을 거부하는 방식으로, 남성들은 여성들이 제대로 된 교육을 받을 수 있는 모든 시설에 접근하는 길을 막아 왔다.

세네카 폴스 여성 참정권 선언서는 캐서린 비처가 주장했던 내용과는 전혀 다른 성격의 글이었다. 캐서린은 여성들에게도 가르칠 수 있는 권한을 주어야 한다고 주장하면서도, 교실 너머에서 여성이 남성과 동등한 위치에서 평등을 누리는 것에 대해서는 전혀 기대하지도 않았으며, 심지어 원하지도 않았다. 20세기 중반까지만 해도 소위 '여성 문제'라고 불리는 것에 대한 토론의 주제는 지금과 달랐다. 여성의 권익을 위해 일하는 활동가들은 여성들도 남성들이 다니는 대학에 입학할 수 있고, 의학, 법학, 언론학, 나아가 성직에도 여성들이 진출할 수 있는 권리를 요구했다. 그들은 여성들이 노력에 대한 정당한 대가로 남성들과 동등한 임금을 받을 수 있기를 기대했다. 당시에는 교육이 앤서니와 같은 많은 여성들이 독립의 맛을 보게 해 주며, 직장에서 그들이 겪는 차별에 눈을 뜨게 하고, 분노의 감정이 가속화되도록 하는 역할을 하였다.

1850년, 뉴욕의 교사 1만 1,000명 중 5분의 4는 여성이었다. 그러나 뉴욕주의 전체 교사 연봉인 80만 달러의 3분의 2는 남자 교사들이 받아 갔다. 남교사들이 동료 여교사들에 비해 2배 이상의 봉급을 받는 것이 당시에는 전혀 이상한 일이 아니었다. 따라서 이러한 불평등 문제는 앤서니가 33살이 되던 해인 1853년 8월에 열린 뉴욕주 교사협회New York State Teachers' Association 연례 모임에서 첫 번째 연설의 주제로 채택되었다. 로체스터 컨벤션 홀에 모인 500명의 교사 중 300명이 여성이었다. 그런데 회의 둘째 날 저녁까지 단 한 명의 여성도 목소리를 내지 않았다. 성별에 따른 연봉에 대한 토론이 끝나고, 회의의 주제가 왜 교사들이 더 이상 대중에게 존경을 받지 못하는지에 대한 것으로 바뀌었을 때, 앤서니는 더 이상 조용히 앉아 있을 수만은 없겠다고 생각했다. 회의장 뒤편에 앉아 있던 그녀는 자리에서 일어나 목을 가다듬고, 큰 소리로 말을 꺼냈다.

"회장님."

장내는 순식간에 조용해졌다.

"저 여성분은 무슨 일이시죠?"

사회를 보던 웨스트포인트의 수학 교사인 찰스 데이비스Charles Davies가 깜짝 놀라 대답했다. 그는 군대에서 받은 훈장과 눈에 띄는 금박 단추가 달린 푸른 코트를 입고 있었다.

"선생님, 지금 토론 중인 주제에 대해 의문이 듭니다."

앤서니가 이렇게 대답하자 장내는 갑자기 소란스러워졌다. 앤서니에게 마이크를 넘겨줄지에 대해 남교사들은 30분 동안이나 논쟁을 벌였다. 결국 회의 주최자가 마지못해 앤서니를 무대로 불렀다.

"저는 당신들이 불평하고 있는 교사에 대한 대중들의 존경심 부재의 원인에 대해서 아무도 제대로 이해하지 못하고 있다고 생각합니다. 지금까지 우리 사회가 여성들은 변호사나 목사, 의사가 되기에 무능하다고 무시해 온 사실을 모르시나요? 그런데 교사라는 직업을 선택한 당신들 같은 남성들은 교사가 되기에 충분한 능력이 있다고 생각하십니까? 암묵적으로 여성들에 비해 무식하다는 사실을 알고 있지 않습니까? 교직에 있는 남성들은 여교사들의 저렴한 노동력과 경쟁해야만 하는 까닭에 교직이 다른 직종에 비해 연봉이 낮은 게 아닌가요?"

앤서니의 발언에 용기를 얻은 다른 여교사들도 그제야 목소리를 내기 시작했다. 로체스터에서 교장을 맡고 있는 클라리사 노스롭Clarissa Northrop은 자신의 연봉이 250달러라고 고백하며, 다른 도시의 공립학교에서 근무하는 같은 직급에 있는 남동생은 650달러를 받는다고 말했다.

그날 저녁 앤서니는 지지자들의 열렬한 환호를 받았지만, 전통주의자와 같은 사람들을 몸서리치게 만들었다. 그녀의 연설은 다음 날 조간신문에 실렸다. 〈로체스터 민주당 일간지Rochester Daily Democrat〉의 사설에는 "교사들이 앤서니에 대해 어떻게 생각하든지 간에 그녀가 정곡을 찔렀다는 것은 분명하다"라는 평이 실렸다. 회의 마지막 날, 노스롭 교장이 주도하여 여성의 낮은 봉급에 대해 알리는 결의안을 발표했다. 뉴욕주 교사협회에 성차별에 근거한 교사 임금 체계의 불평등을 제거하겠다고 약속하도록 요구했고, 이 결의안은 간신히 통과되었다.

앤서니는 본격적으로 여성의 권리를 위해 일하는 활동가로 일하게 되었다. 1856년 맨해튼에서 열린 미국여성교육협회American Woman's Educational Association 회의에서 비처Catharine Beecher를 처음 만나게 되었다. 당시 비처는 전근대적인 사고방식에 갇혀 여자사범학교 설립을 주장했다. 앤서니는 여성에게 우호적인 명망 높은 대학에서 예비 교사들이 성별을 막론하고 교육을 받는 것이 여성을 위해서나 국가를 위해서나 매우 중요하다고 믿었다. 당시에는 좋은 대학들이 여성의 입학을 제한했기 때문이다. 앤서니는 스탠턴에게 그녀가 직면한 절망적인 상황을 편지에 적으며 비처의 생각은 '이상'하고, 여성 교육에 대한 비처의 주장은 '멍청하고 틀렸다'고 전했다. 비처와 같은 나이 많은 여성들은 보수적인 남성들 사이에서 공교육의 질을 높이거나, 교사로서 여성의 삶을 더 나아지게 만들려는 진지한 노력보다는 체면을 차리려는 경향이 더 강하다고 느꼈다.

비처와 젊은 페미니스트들의 생각 차이는 단순히 세대 문제만은 아니었다. 비처는 주류 목사들에게 영향을 받으며 자란 반면, 앤서니는 급진적 자유사상가인 퀘이커 교도 사이에서 자랐다. 퀘이커 예배당에서는 여성들도 설교를 할 수 있었다. 그녀의 아버지는 평화주의자로서 미군을 위한 모금에 반대하여 공무원들이 물리적으로 세금을 징수해 가려는 모습과 이를 거부하는 아버지와의 대립을 목격하기도 했다. 앤서니의 이런 성장 배경을 고려한다면, 그녀가 대립적이고 과장된 방식으로 행동하는 것은 전혀 놀라운 일이 아니었다.

뉴욕 전역의 여교사들은 남성들만의 전유물이었던 대학에서 여성들도 교육을 받고, 남성들과 동등한 임금을 받아야 한다고 주장하는 앤서니를 돈키호테라고 묘사했다. "저는 트로이의 모임에서 당신이 우리를 대표해 준 것에 대해 감사하게 생각합니다." 당시 회의에 참석했던 다른 교사들은 이렇게 감상을 적기도 했다. "앤서니, 억눌린 분노로 가득 차 있던 우리를 위해 목소리를 내 주어 감사합니다. 우리가 겪는 부당함을 폭로해 준 것에 대해 당신이 많은 교사들로부터 감사 인사를 받는 것이 마땅합니다. 당신은 지금까지 잘 견뎌 주었어요."

앤서니의 노력은 그녀가 교사로서 감내해 왔던 임금 불평등 문제를 바로잡는 것 이상이었다. 그녀는 여성 교육자들이 여성의 권리와 관련한 문제뿐만 아니라 노예제 폐지나 금주제와 같은 광범위한 사회개혁 문제에 대해 열의를 보인다는 것을 알게 되었다. 그러나 교사들은 임금이 낮아 자선 사업에 기부할 수 있는 수입이 거의 없었으며, 여성들이 설립한 지역의 자치 조직들도 간신히 명맥을 유지하고 있었다. 앤서니는 점차 노동 정치에도 관심을 갖게 되었다. 그러다 여성의 권익 증진을 위한 학회에서 매력적인 연설가인 어니스틴 로즈Ernestine Rose를 만나 친분을 쌓게 되었다. 로즈는 폴란드 출신의 유대인 사회학자로 여성 노동자들이 공평한 임금을 받으며, 자식들을 위한 완전한 보육과 교육을 제공받을 때에야 비로소 해방에 이를 수 있다고 믿었다. 그녀는 스코틀랜드의 공장주이자 철학자인 로버트 오언Robert Owen의 제자였다. 아버지의 면직공장에서 일하던 가난한 여성들에게 항상 관심을 가져 왔던 앤서니는 로즈의 이러한 사회민주주의적인 생각에 깊이 감화되었다.

교사들은 중산층에 속해 있었지만, 홀대당하는 여성 노동자의 다양한 모습을 가장 잘 나타내고 있었다. 앤서니가 속한 이 집단은 당시 이슈가 되고 있는 여성 참정권 운동의 핵심을 구성하고자 했다. 가정 밖으로 나와 일을 하는 여성들은 우선적으로 더 많은 정치적 영향력을 확보하는 것이 필요했다. 그래야 더 나은 직업으로 진출할 길을 열 수 있고, 지금보다 높은 임금을 요구할 수 있기 때문이다. 앤서니는 뉴욕 전역에서 열리는 여성의 권리를 위한 회의를 널리 알리고, 여성들의 참여를 촉구하는 방법을 강구했다. 함께 일하는 다른 활동가들에게 보내는 편지에서는 일하는 여성들에게 먼저 다가가라고 조언했다.

"여러분, 저는 교사들, 재봉사들과 같이 노동을 하고 임금을 받는 여성들과 연대하는 것에 특별한 노력을 기울이고 있습니다. 그들의 권리는 부유한 아버지나 남편을 위한 것이 아니라 노동하는 그들 자신을 위한 것이기 때문입니다."

개혁모임에서 지칠 줄 모르고 일하는 주최자인 앤서니와 매력적인 작가이자 연설가인 스탠턴은 여성운동계의 진정한 지식인으로 인정받았다. 스탠턴은 남자로 태어났더라면 분명 변호사나 언론인이 되었을 것이다. 여성이 법정에서 싸우고 의회에서 일하고 사업을 시작하는 것을 보고 싶어 하는 다른 급진적인 페미니스트들과 마찬가지로 스탠턴은 사회적인 규약에 맞추어 얌전하고 전통적인 여성상에 부합하려는 교사들에 대해 경멸하는 태도를 숨기지 않았다. 스탠턴은 앤서니에게 보내는 편지에서 성별에 따른 차별적인 교사양성 방식을 옹호하려는 교사들을 '극악한 바보집단'으로, 교육계의 종사자들을 '지적인 침체를 겪는 집단'으로 묘사했다.

스탠턴은 교육 수준이 높고, 일곱 명의 자식을 둔 부유한 여성이었다. 그녀는 많은 여교사들이 자신들의 직업에 자부심을 갖는다는 점을 인정하지 않았다. 19세기 미국에서 정말 몇 안 되는 공식적인 여성 직업기관인 사범학교가 성차별적 성격을 지녔음에도 불구하고, 여성 교육이라는 명목으로 이런 학교에 애착을 느끼는 나이 든 캐서린 비처와 같은 사람들을 이해할 수 없었다. 스탠턴은 자신의 임신 경험과 자녀 교육에 대한 책임감이 자신을 얼마나 지치게 하는지에 대해 불평하곤 하면서도, 집 밖에서는 비처와 호러스 만이 제안하는 방법 그대로 자식들에게 교육하는 것처럼 보였다. 1880년 스탠턴은 유명한 연설 '우리 소녀들'에서, 딸들이 아들들과 같은 교육을 받을 수만 있다면 그들도 우체국 직원이나 전도사, 의사, 심지어 미국 대통령까지도 될 수 있다고 딸을 키우는 부모들에게 조언을 전했다. "쥐꼬리만 한 보수를 받자고 학교에서 교사로 일하는 것보다는 이런 직업들이 더 낫지 않나요?"

앤서니는 남녀공학 제도가 교사들의 직업적 지위를 높일 수 있다는 점을 많은 여교사들이 간과하는 현실에 좌절했다. 교사들이 이류의 사범학교가 아니라 더 나은 엘리트 대학에서 교육을 받을 수 있는 권리를 보장받는다면 교직의 위상은 지금보다 더 나아질 수 있을 것이 분명했다. 또한, 앤서니는 여성 동료들이 자신들의 능력을 증명해 보이고 있으나 이들의 승진을 적극적으로 저지하는 남성 관리자들에 대한 분노를 스탠턴과는 달리 겉으로 내색하지 않았다. 특히나 힘들었던 1858년 뉴욕의 록포트에서 열린 교사모임에서의 시위가 끝난 후, 앤서니는 그날의 경험을 친구에게 전했다.

"오늘의 시위는 재미있는 경험이었어. 지금까지 완고한 노인네들의 계획과 음모가 이처럼 침착하고 멋지다고 느꼈던 적은 없었어. 그들은 분노해서 흥분한 모습을 절대 보이지 않더라. 분명히 공포 시대가 끝나 간다고 느끼고 있는 걸 거야."

1860년까지 여교사들을 조직화하려는 앤서니의 노력은 국가가 노예 전쟁에 대비하는 것만큼이나 천천히 진행되었다. 끔찍한 분쟁 이후 몇 년 동안 앤서니와 스탠턴은 미국 좌파들 내에서 빈번히 발생하는 흑인과 여성의 참정권 문제와 관련한 논쟁에서 균형을 찾기 위해 노력했다. 여성의 권리를 위해, 일하는 두 지도자는 공화당과 노예제 폐지 운동의 지지자들에 의해 인종을 막론해 여성까지 포함하지 못한 채 흑인 남성들에게만 선거권을 허용하는 미국 「수정연방헌법」 제14조가 통과되었을 때 몹시 괴로워했다. 스탠턴과 앤서니는 교육받은 백인 여성의 한 표가 교육받지 못한 노예의 한 표보다 소중하다고 말하는 노골적인 인종차별주의자들과 함께 일하기 시작했다. 이러한 분위기에서 여성운동은 점차 적대적인 두 개의 캠프로 나뉘게 되었다.

이는 여교사들이 남성들과 평등한 임금을 받고, 관리직으로도 진출할 수 있었던 시기보다 반세기 이전의 일로, 여성 노동자들은 공정한 보수를 위한 요구를 극대화하고자 더 많은 유권자들과 힘을 합칠 필요가 있었다. 따라서 부분적으로 노동자 계급의 남성들과 함께 연대를 이루며 활동했다. 대학을 나오지 않고, 결혼도 하지 않고, 낮은 보수를 받는 엄마교사들은 먹고사는 것에만 집중했던 반면에, 남성들은 계속해서 교실 밖에서 벌어지는 일들에 반응하고 있었다.

1873년까지 인디애나와 미주리를 제외하고, 북쪽에 위치한 모든 주에서는 여교사가 남교사보다 훨씬 많았다. 그해의 연간 보고서에 담긴 교육부 연방 위원 존 이튼John Eaton의 글에는 "다양한 부서에서 많은 학교 업무를 할 수 있는 제대로 교육받은 남성을 찾는 것의 어려움"에 대한 우려가 드러나 있다. 그는 장대한 계획을 세우기는커녕 교사의 성별에 따른 학생들의 학업성취에 대한 증거를 요구하며 시대적 요구에 반하는 의견을 내놓았다. 로드아일랜드의 한 교육감은 교직의 여성화 현상에 대해 더욱 직설적으로 남성이 여성에 비해 지적으로 더 우수하며, 여성은 남성에 비해 감정적이기 때문에 전인교육은 오직 남교사와 여교사가 함께 할 때 제대로 이루어질 수 있다고 주장했다. "두 종류의, 다시 말하자면 남성과 여성의 생각과 마음은 명확히 다르며, 학생들의 인성을 위해 서로 협력하도록 고안되었습니다. 어느 한쪽이라도 빠진 교육이나 직업훈련 제도는 결함이 있는 것이며, 다른 계획과 함께 시행할 때 대칭적인 발전도 보장할 수 없습니다."

19세기 교직의 여성화 현상은 남성 교육개혁가들에 의해서는 절대 해결될 수 없어 보였다. 정치계급은 성별로 인한 차별을 당연시했기 때문에 여성이 대부분인 직업에 대해서는 중요성이 낮다고 판단하고 전혀 지원을 하지 않았다. 1869년 보스턴 귀족 가문의 찰스 윌리엄 엘리엇Charles William Eliot이 하버드 대학교의 총장이 되었다. 엘리엇은 학교의 현대화를 주장하며 교수들이 연구 활동을 하고, 학부 학생들이 전공에 대해 구체적인 학과목을 선택할 수 있게 하는 독일식 대학 모델을 통해 하버드를 개편하고자 했다. 그는 취임 연설에서 이러한 안건을 제시하며, 여성 문제에 대해서도 조심스럽게 언급했다. '결혼 적령기의 성숙하지 못한 인성을 가진 남성과 여성이 함께 교육받는 것은 매우 심각한 결과를 가져올 수 있다'며 여학생들의 하버드 입학에 대해 주저하는 태도를 보였다. 엘리엇도 이튼과 마찬가지로 여성들이 미국의 학문계와 직업 사회에 진출하는 것에 대해 진심으로 불안해했다. "전 세계는 여성들의 지능이 선천적으로 낮다는 것을 알고 있습니다. 여성의 시민권이나 사회적 평등을 논의하기 위해 필요한 여성의 천부적인 성향이나 취향, 능력에 대한 자료를 얻는 것도 몇 세대가 지나서야 가능해질 것입니다."[1]

일하는 여성에 대한 당시 남성들의 편견을 고려한다면, 엘리엇이-특히 고등학교 단계에서-교직의 여성화 현상에 대해 비판하며 국가적으로 영향력 있는 인물이 된 것은 놀라운 일이 아니다. "공립학교 교사들의 평균적인 능력을 향상시키는 것은 현재의 낮은 남교사 비율을 높이는 것으로 해결할 수 있습니다. 프랑스나 독일의 교육에 비해 미국의 교육이 열등한 원인도 바로 이런 이유 때문입니다."

엘리엇은 1875년 6월 어느 날 대서양을 건너며 공교육 개혁을 위한 많은 아이디어들을 적어 보았다. 그는 가장 큰 문제점은 지방정부들이 효과적인 교육을 위해 세금을 사용하는 것을 망설이는 점이라는 생각이 들었다. 한 학급에 '천사나 천재'들이 있는 것이 아니라면 40~60명이

---

1. 여기에서 하버드 총장이었던 래리 서머스가 '왜 과학계에 더 많은 여성 학자들이 존재하지 못하는가?'와 관련해 우려를 표명한 것을 언급하지 않고 넘어갈 수가 없다. 그는 2005년에 학술 세미나에서 "과학과 공학의 경우 선천적 소질 문제, 특히 소질의 개인차 논란이 많다. 그리고 이러한 견해는 부차적 요소인 사회화와 지속적인 성차별의 영향으로 강화되고 있다. 나는 내 추측이 틀렸기를 바라며, 이런 문제들이 진지하게 다루어지기를 바란다. 모두가 문제가 무엇인지 이해하고 함께 해결하기 위해 노력하는 것보다 더 나은 해결책을 찾을 수는 없기 때문이다"라고 말해 당시에 사회적 파장을 일으켰다.

나 되는 학생 수는 너무 많았다. 교사의 낮은 봉급, 즉 만성적인 교육재정 문제와도 관련이 있었다. 교실에서 능력 있는 사람들 중 특히 남성들을 장기적으로 고용하는 데 어려움을 동반하기 때문이다.

한 사람이 무역에 종사하든, 인쇄술과 관련한 직업을 가졌든, 전보를 보내는 일을 하든, 회계를 보든, 교사이든, 직업과는 상관없이 남아 있는 삶을 위해 목적을 정하지 않고 일한다면 사람의 평균적인 능력은 낮아집니다. 그러므로 많은 젊은이들이 자신들의 직업을 임시직으로 여긴다면 그 직종이 발전하기는 어려울 것입니다. 교육을 행함에서도 능력 없는 교사들의 문제를 보완하지 않고는 더 이상 교직은 나아질 여지가 없습니다.

엘리엇은 교사 이직률 문제가 심각한 이유도 교직에 여성이 많이 유입되기 때문이라고 생각했다. 사람들은 학생들이 가져야 할 삶의 덕목으로 유연성과 여성성을 꼽고, 여교사들이 이러한 덕목을 길러 주는 데 유리할 수도 있다고 여기는 것 같았다. 하지만 엘리엇은 여성들이 신체적으로 "남성들에 비해 열등하기에… 교직의 고된 노동에 대해 쉽게 지치는 경향이 있다"며, 결혼 후에 여교사들이 직장을 그만두는 현상을 비난했다. 엘리엇은 의도적으로 그런 것은 아니었지만 그의 글은 다분히 성차별적이었다. 그는 여성들이 가정주부가 되면서 자진해서 일을 그만둔다고 믿었다. 그러나 앤서니는 이러한 엘리엇의 생각에 이의를 제기하기보다는 왜 교육청에서 결혼한 여성들이 직장에서 떠나기를 권고하는지에 대해 고민했다. 여성의 신체적인 능력과 관련한 그의 주장들은 근거가 없었다. 그럼에도 불구하고 엘리엇은 교직의 전문화를 목적으로,

강력한 사건을 만들어 더 높은 급여와 종신 재직권까지 보장받고자 했다. 그중 하나는 사람들이 자신과 유사한 주장을 하는 앤서니와 같은 여성운동 지도자들보다 자신을 지지하도록 사회의 분위기를 유도하는 것이었다. 또한 제대로 급여도 받지 못하면서, 자원도 부족하고, 학생 수도 넘쳐 나는 교실에서 교직이 자신의 소명이라 믿으며 교육하는 '천사 교사' 판타지를 조장하는 호러스 만이나 캐서린 비처에게 반기를 드는 것이었다. 엘리엇은 교사들에게도 근무 환경은 다른 직업과 마찬가지로 중요한 문제라고 생각했다.

그런데 정책 입안자들은 이러한 엘리엇의 경고에는 전혀 관심을 두지 않았다. 그리고 이후 십 년 동안에도 교직의 여성화는 계속 가속화되었다. 전국적으로 추정할 때 1890년에는 교사의 3분의 1만이 남성이었다. 더욱 부강하고 발전된 국가가 되어 갈수록 남성 노동자들은 더 높은 급여를 주는 분야를 찾아 더 빠른 속도로 교육계를 떠나갔다. 여전히 불평등한 급여 체계에서 여교사들이 희생되었지만 매사추세츠주에서는 주 차원에서 남교사에게 더 많은 급여를 주기 위해 여교사의 급여를 낮추고자 하는 움직임이 있었다. 이러한 시도에도 불구하고 교직의 90%는 여성이었다. 뉴잉글랜드 전역의 사범학교에도 오직 10%만이 남학생이었다. 가속화되는 교직의 여성화 현상은 호러스 만과 캐서린 비처의 오만한 발언이 현실을 제대로 반영하는 것이었음을 증명하는 강력한 근거가 되었다. 미국의 교직은 노동자 계급의 직업으로 발전해 나갔다. 여성들을 위한 어떠한 제도적 장치조차 마련되지 않은 상태에서 갓 청소년기를 벗어난 어린 여교사들은 방직공과 비슷한 수준의 임금을 받았다. 병가를 쓸 때마다 대체 교사에 대한 임금도 교사들이 부담해야 했다.

만은 프러시아의 학교 체제에 영감을 받았다고 했다. 하지만 미국을 방문한 독일 시찰단은 유럽과 비교했을 때 미국의 교사들은 교사가 되기 위한 훈련을 제대로 받지 못했으며, 학생들로부터 존경받지 못하고 있다고 보고했다. 1893년 독일에서 교장직을 맡고 있는 쉴레 박사Dr. E. Schlee는 시카고 세계박람회Chicago World's Fair 주최 측의 초청으로 미국을 방문하여 학교를 참관했다. 그러고 나서 미국 공립학교에 '기이하도록 압도적인 수의 여성 교사'의 문제가 미국 교육에 만연한 반지성주의적 태도와 연관이 있다고 지적했다. 당시에 대부분의 미국 학생들은 외국어나 대수학을 접한 적이 없었다. 국가의 교사 임용 자격시험에서는 지원자들에게 술과 담배가 사회악이라는 데에 동의하는지 물어보는 것과 같은 도덕성에 대한 질문이 교육과정과 관련된 지식을 물어보는 질문보다 훨씬 많았다. 쉴레 박사는 대부분의 미국 교사들이 교과서에 나오는 기계적인 반복에 의한 암기에만 의존하는 점을 비난했다. 이런 현상은 '여성들이 가정 밖으로 나와 남성들과 경쟁하게 되는 관계 속에서 긴장이나 불안을 촉진하기 때문에' 교직의 여성화 문제에 전적으로 기인한다고 주장했다. 또한 고등교육을 받고 전문성을 갖춘 남성들을 교직으로 유인하려면 교사들의 급여 수준이 훨씬 더 올라가야만 한다고 했다.

같은 회의에 참석했던 베를린의 대학교수 슈테판 베졸트Stephan Waetzoldt도 미국은 더 많은 남교사들을 채용할 필요가 있다는 점에 동의했다. 그러나 독일과 달리 미국의 경우 체계화된 교사양성제도가 없고, 교사들의 이익을 헌신적으로 대변해 줄 수 있는 조직이 없기 때문에 정년이나 퇴직 후 연금을 보장하지 않는 이상 남교사 유치가 어려울 것이라고 생각했다. 마지막으로 베졸트 교수는 "미국의 교사들은 다모클레스 칼[2]의 공포 속에서 눈물 젖은 빵을 벌기 위한 가난한 일일 노동

---

2. 고대 그리스 신화에서 유래한 표현으로 권력이 지닌 위기 및 불안을 나타낸다.-역자 주

자 신세로 전락하게 되었습니다. 나는 우리 독일인들이 미국의 교육 제도에 대해 부러워할 점이 하나도 없다고 생각합니다"라고 전했다.

호러스 만이 여성들만을 위한 사범학교를 연 지 반세기가 지나자, 능력 없는 남교사들의 문제보다도 제대로 교육받지 못한 여교사들의 문제가 불거지면서 새로운 도덕적 공황이 초래되었다.

낮은 임금과 반지성주의적 태도, 고도로 지방 분권화된 교사양성체제와 낮은 사회적 지위 등 교직이 가진 복합적인 불평등 문제는 남교사뿐만 아니라 능력을 갖춘 여성들까지도 교실 밖으로 내몰았다. 1830년에 태어난 벨바 록우드Belva Lockwood는 뉴욕주 북부에서 태어나 14살에 시골 학교의 교사가 되었다. 초기 페미니스트의 선구자라 여겨지는 그녀가 처음 교직에 있을 당시의 한 달 봉급은 숙식을 포함하여 5달러였다. 이는 남교사 월급의 반도 되지 않았다. 록우드는 18살에 결혼했으나 23살에 3살짜리 딸인 로라를 홀로 부양해야 하는 미망인이 되었다. 결혼 이후 교직을 잠시 떠났으나 생계를 유지하기 위해 다시 복직한 그녀는 어린아이를 맡길 곳이 없어 매일 교실로 데리고 올 수밖에 없었다.

그 후 록우드는 공부를 할 수 있을 만한 돈을 모아 제네시 웨슬리안 신학교에 입학했다. 남녀공학 시범학교인 이 학교에서는 여성들에게도 남성들과 함께 과학이나 정치학 같은 주요 학문을 배울 기회를 제공했기 때문이다. 어느 날 저녁 록우드는 젊은 활동가인 앤서니가 근처 교사 모임에서 연설한다는 소식을 듣고 학교를 몰래 빠져나갔다. 그리고 앤서니로부터 여성들도 교사뿐만 아니라 신발을 파는 것에서부터 인쇄기를 고치는 일에 이르기까지 어떤 일이든 할 수 있다는 '깜짝 놀랄 만한 반론'을 처음으로 듣게 되었다.

학교를 졸업하고도 록우드는 계속해서 뉴욕주 전역에서 교직에 있었지만, 여성들에게 직업 기회를 열어야만 한다는 앤서니의 급진적인 주장이 계속 마음에 남아 있었다. 1866년에 그녀는 평생의 관심사였던 정치학을 더 공부하기 위해 로라와 함께 워싱턴으로 이사했다. 오후 1시까지는 여학교에서 교사로 일하고, 오후에는 국회의 청문회와 대법원의 변론을 들으며 시간을 보냈다. 록우드는 시민사회에서 자신이 할 수 있는 일이 있기를 간절히 바랐다. 그녀는 외무 업무를 보는 일을 지원했으나 번번이 탈락했다. 워싱턴에 있는 법대 세 곳에서도 그녀의 성별을 문제 삼아 입학을 허락하지 않았으므로, 그녀는 저녁 시간에 혼자 법학을 공부하기 시작했다. 그러나 자신이 변호사로 활동하는 것에 대해서는 희망을 가질 수 없었다. 1869년까지 세인트루이스의 워싱턴 대학교 법학대학에서는 여성의 입학을 허락하지 않았으며, 미국 전역의 법조계에서 일하는 여성의 수는 손가락으로 꼽을 수 있을 정도였기 때문이다.

록우드는 법조인이 되려는 꿈은 잠시 접어 둔 채, 노예 신분에서 해방된 자유민과 여성의 권리 운동에 활발히 참여하는 감리 교회에 다니기 시작했다. 이곳에서 록우드는 에밀리 브리그스Emily Briggs와 메리 클레머 에임스Mary Clemmer Ames라는 여성 언론인들과 새로운 인연을 맺게 되었다. 브리그스와 에임스는 연방 여성 노동자들의 부당한 처우에 대해 글을 쓰곤 했다. 미국의 여성들은 내전 동안에 징집당한 남성 노동자들을 대신해 정부의 사무직 업무를 담당했다. 그러나 내전이 끝나고 남성들이 일자리로 돌아오자 성별에 근거한 극명한 임금 차별 문제가 대두되었다. 예를 들어, 재무부에서 법정 지폐를 관리하던 여성들은 같은 일을 하는 남성들에 비해 절반의 임금밖에 받지 못했다. 연방 부서의 보고서에 따르면, 남성들에 비해 능률적으로 일하는 여성 노동자들의 임금 상승을 위한 법안이 국회에서 발의되었으나 의원들이 거부한 것으로 드러났다.

교사로서 임금 차별을 직접 겪어 온 록우드는 이런 모욕을 '도저히 참을 수 없는 혐오스러운 수모'라 일컬었다. 하지만 록우드는 교직에서의 평등한 임금을 주장하기보다는 연방 여성 노동자들을 옹호하는 데 힘을 쏟았다. 자신의 문제의식과 현실의 간극은 록우드를 지치게 만드는 지점이었다. 한편, 록우드는 참정권을 위한 조직을 구성하면서 교육노동위원회House Committee on Education and Labor 의장이자 테네시주 국회의원을 맡고 있는 새뮤얼 아넬Samuel Arnell을 만나게 되었다. 그녀는 아넬에게 상당히 적극적으로 압력을 가했으며, 1870년에 아넬은 결국 '정부의 여성 노동자들에게 공정한 대우를 보장하는 법안'인 「노동법」 1571조를 발의했다.

록우드는 그해 봄에 국회에서 논란이 된 그 법안을 지지하는 국민 청원 운동에 착수했다. 초기에 상원의원들의 법안은 정부 기관이 고용과 임금에서 성차별을 금지하는 내용을 담고 있었다. 그러나 결국에는 정부 고위직에는 여성들의 접근을 금지하며, 정부 기관에서 일하는 낮은 사무직에 대해서만 남성과 여성의 동등한 급여를 보장하는 형태로 통과되었다. 그럼에도 「노동법」 1571조는 미국에서 최초로 여성의 평등한 임금을 보장하는 법안이라는 점에서는 의의가 있다. 이 법안이 제정된 이후 재무부에서 근무하는 여성들은 이전에 비해 4~20% 정도 상승한 900달러 이상의 연봉을 받게 되었다. 당시의 다른 사무직 여성이나 여교사, 심지어 여성 교장들에 비해서도 3배 이상 버는 셈이었다.

이후 록우드는 마침내 국립대학교의 법대에 입학하게 되었고 1879년에 최초로 대법원의 법정 변호사가 되었다. 1884년에 그녀는 공화당이 여성 문제에 대해 적극적으로 나서지 않는 점에 비판하는 페미니스트들이 설립한 국민평등당National Equal Rights Party의 단일 후보로 대선 주자가 되었다. 그러나 대선에서 뜻을 이루지 못하고 4년 후에 다시 출마했다. 시골 학교의 교사였던 록우드가 법안을 통과시킨 활동가가 되고, 이내 선구적인 변호사로 빠르게 신분 상승에 성공할 수 있었다는 사실은 초기의 페미니즘과 교직 사이의 복잡한 관계에 대한 통찰력을 제공한다. 많은 여성들은 교직을 통해서 자신들의 재능을 깨닫게 되고, 더 넓은 세계에서 일하고자 하는 욕망을 갖게 되었다. 하지만 야망 있는 여성들이 낮은 급여를 문제 삼아 교직을 떠날 때, 주변에서는 자신들의 안위를 위한 것이라며 손가락질 받기도 했다. 정작 이런 상황에서도 공교육계는 교사나 학생들의 필요를 대변하는 강력한 목소리를 내지 않았다.

심지어 흑인들 사이에서는 더욱 심각한 차별이 발생했다. 학교에서 일하는 출중한 흑인 여성들뿐만 아니라 남성들에게도 교육계 밖에서는 더 높은 취업 장벽이 계속해서 작용했기 때문이다. 그들은 훗날 자신들이 정의를 위해 인종차별을 철폐하고자 노력했다고 기억되길 바라며, 모든 교사들이 인종에 구애받지 않고 교육자로서 정치적 영향력과 사회적 권리를 누릴 수 있는 이상을 세우고 계속해서 발전시켜 오고 있다.

제3장

흑인 지도자들, 흑인 교사의 길을 논하다
남북전쟁 후 흑인 교사와 인종적 지위 격상

샬럿 포텐Charlotte Forten이 1860년 스물세 살 때의 모습이다. 필라델피아에서 태어나 풍족하게 자란 이 흑인 여성은 해방된 노예들을 가르치기 위해 캐롤라니아 남부의 한 칸짜리 학교로 자원봉사를 떠났다. 포텐은 교육 수준이 높은 아프리카계 미국인들이 교육을 통해서 흑인을 위한 봉사를 할 수 있는 특권을 전통으로 만들고자 했다. 그녀는 세인트헬레나섬에서 사람들이 빈곤으로부터 벗어나 독립할 수 있도록 하기 위한 계획을 실행하면서 힘들었던 시간을 '이상하고도 거칠었던 꿈'이라고 회상했다.

게티 이미지

1862년 캐롤라이나 남부의 포트 로열에서 목화 작업을 하고 있는 자유 노예들의 모습이다. 연방당국은 포트 로열 실험의 일환으로 최초로 이전 소유주의 토지 소유권을 자유민에게 제공했다. 그러나 앤드류 존슨Andrew Johnson 대통령은 1866년 노예 소유주에게 재산권을 반환하고 그들의 기존 재산을 회수할 수 있게 허락함으로써 이 프로젝트는 끝이 났다. 그로 인해 샬럿 포텐이 가르치던 많은 학생들이 소작하는 처지가 되었다.

국회도서관

1861년 11월 7일, 북군은 사우스캐롤라이나 해안에서 떨어진 시아일랜즈Sea Islands를 손에 넣었다. 백인 농장주들은 집, 목화농장, 수천 명의 노예들을 포기한 채 도망쳤다. 북군이 시아일랜즈를 장악했다는 소식이 본토에 전해졌을 때, 더욱더 많은 노예들이 남부지역에서 도망쳐 이곳으로 왔다. 2월까지 1만 2,000명의 흑인들이 힐턴 헤드Hilton Head, 세인트헬레나St. Helena, 그리고 포트 로열Port Royal 섬에 모여들었다. 그곳에는 잠재적 노동력이 많았고, 본토보다 섬세하고 질이 좋은 목화도 있었다.

미 국무성은 32살의 매사추세츠주 법률가인 에드워드 피어스Edward Pierce를 섬에 파견했다. 그에게 잠재적 노동력과 목화가 전쟁 물자에 어떻게 사용될 수 있을지를 가늠해 보도록 하였다. 피어스는 자신이 생각했던 것보다 과거 노예였던 사람들의 품성이 훌륭하여 매우 감명받았다고 보고했다. 그들은 주인들의 부재에도 목화를 재배하고 정직하고 근면하며 헌신적인 기독교인들이었다. 또한 '영웅으로 대접받을 만한 용기'가 있었다. 피어스는 이들에게 진정으로 필요한 것이 교사라고 생각했다. 남부연합군 지역에서 400만의 노예 남성, 여성, 아이들에게 읽고 쓰는 것을 가르치는 것은 범죄행위였다. 피어스는 시아일랜즈에서 글을 약간 아는 흑인들을 만났다. 이들은 보통 백인 아이와 친해짐으로써 비밀리에 겨우 더듬더듬 읽는 것을 배운 것이었다. 그는 다음과 같이 썼다. "조사 결과, 성인들은 자녀들에게 읽고 쓰는 것을 가르치고 스스로도 배우려는 열망을 보였습니다. 이들은 다른 어떤 것보다도 교육에 많은 열성을 보였습니다."

피어스의 권고로 이 섬들은 정부와 포트 로열 실험Port Royal Experiment으로 알려진 자선적 개입의 장이 되었다. 해방된 노예들이 교육을 받고 과거 농장주들의 재산에 대한 공동 관리권을 가진다면, 자급자족하여 잘 기능하는 사회를 만들 수 있지 않을까? 피어스는 북부지역에 자원봉사 교사들을 모집하는 공고를 냈다.

지금은 미국 정부의 보호 아래 있지만 최근까지 노예였던 수많은 흑인들이 포트 로열과 다른 지역에 있습니다. 이들은 일할 준비가 되어 있고 배움에 대한 열망을 가진 마음씨 고운 사람들입니다. 적절한 지시를 받으며 체계적으로 노동이 이루어진다면, 곧 자신들을 부양하고도 남을 만큼의 곡식을 기르게 될 것입니다. 그러나 이들이 자립적이고 독립적인 노동자로서 첫걸음을 떼기 위해서는 조력과 안내가 필요합니다.

그 조력과 안내를 제공하는 대리인들은 바로 교사입니다. 교사의 가르침은 결코 지식적인 차원에 국한되지 않을 것입니다. 가르침은 문명사회에서 보다 중요하고 근본적인 자발적 노동, 자립, 신중함, 유연성, 정직함, 신뢰, 청결, 질서 모두를 포함할 것입니다. 이것들은 지적, 도덕적, 종교적 가르침과 결합될 것입니다.

샬럿 포텐Charlotte Forten은 굉장히 젊은 여성이었는데, 이 모집 공고를 보고 필라델피아에서 이주해 왔다. 그녀의 할아버지는 영국 배에 포로로 승선했던 독립전쟁 퇴역 장군 제임스 포텐James Forten이었고, 그녀는 자유의 몸으로 태어난 흑인 포텐 가문의 4세였다. 많은 흑인 전쟁 포로들이 노예 상태로 서인도제도로 추방당했다. 그러나 제임스는 머리가 좋고 유머감각이 뛰어난 덕분에 영국 장교에게 좋은 인상을 주어 자유인이 되었다. 그 후 그는 선박회사를 소유한 부자가 되었다. 당시 대부분의 흑인들이 노예 신분으로 살았지만 제임스의 후손들은 좋은 집에서 살면서 사교육을 받았다.

샬럿은 1837년 태어났다. 포텐 가문은 그 당시까지 수십 년 동안 필라델피아에서 노예제도 폐지와 금주 활동을 이끌어 왔다. 샬럿의 어머니는 그녀가 3살 때 돌아가셨고 그녀는 의기소침하고 내성적인 여자아이로 성장했다. 그녀는 청소년기부터 20대 후반까지 세심한 관찰과 수려한 필체로 계속 일기를 썼다. 양극단에서 살았던 자신의 모순적인 삶에 대한 기록을 그 일기에 남겼다. 포텐은 자신과 동일한 인종과 계급의 소녀들이 받을 수 있는 최상의 교육을 받았다. 백인 시인 존 그린리프 휘티어Jone Greenleaf Whittier와 유명한 노예제 폐지 주창자 웬델 필립스Wendell Philips를 포함해 당대 가장 중요한 자유사상 활동가들, 예술가들과 만나고 교류했다. 그러나 명확히 미국 상류계급에 속했던 것은 아니었기 때문에 그들과 어울리는 흑인 자유인 여성으로서 가지는 삶의 고통과 외로움 역시 경험했다. 그녀가 학생으로 어울렸던 백인 소녀들은 대부분 교실 밖에서는 그녀를 피했고, 친한 또래 친구나 흑인 친구들도 거의 없었다. 17세에 그녀는 다음과 같은 글을 썼다. "인종차별주의는 저에게 잔인한 부정의와 부당함이라는 불편함을 지속적으로 갖게 하였습니다. 저는 이런 감정을 자주 느끼고, 그러한 감정은 나의 가장 행복한 순간에 침범하여 짙고 깊은 우울감을 나의 삶 전반에 퍼뜨립니다. 저는 서로 얼굴색이 다른 사람들이 모두 혐오주의자가 아니라는 것을 알고 있습니다. 우리는 당연히 누구나 혐오의 대상이 될 수 있습니다."

포텐은 일생 동안 타고난 비관주의에 굴복하지 않으려고 애썼다. 그녀는 자신이 가진 상대적 특권을 자신이 속한 인종을 위해 사용하도록 기대 받으며 성장했다. 이는 곧 소녀인 그녀가 교사가 되었으면 하는 기대감을 의미했다. 포텐은 1856년 세일럼 사범학교the Salem Normal School에 입학한 첫 번째 흑인이었다. 그 학교는 호러스 만Horace Mann이 매사추세츠에 설립한 교사양성기관들 중 하나였다. 포텐은 세일럼 사범학교에 다니는 동안 저녁에 혼자서 라틴어를 공부했다. 그녀는 노예제 폐지를 찬성하는 신문인 〈레이디스 홈 저널Ladies' Home Journal〉과 〈리버레이터 The Liberator〉에 시와 에세이들을 투고했고, 몇 편의 시와 에세이를 발표했다. 하지만 포텐은 여전히 교사가 1순위이고, 작가는 그다음이라고 생각했다. 그녀는 일기에서 이렇게 다짐했다. "나의 아버지는 내가 교사의 책임을 다할 수 있도록 잘 준비하고 나의 억압받고 고통받는 동포들에게 선을 행하는 존재가 되기를 열망했습니다. 나는 이러한 아버지의 열망을 실현하기 위해 최선을 다할 것입니다."

포텐은 세일럼 공립학교의 첫 번째 흑인 교사로 임명되었다. 하지만 생명을 위협하는 호흡기 질병에 감염되어 곧 일을 그만두어야 했다. 포텐은 남북전쟁이 발발하자 필라델피아로 다시 돌아왔다. 전쟁의 소용돌이 속에서 포텐은 1862년 8월 17일 25번째 생일에 교사로서의 직분을 수행하기 위해 다시 건강해질 것이라고 맹세했다. 그녀는 시아일랜즈의 신설 학교들 중 한 곳에서 노예에서 해방된 아이들을 가르치게 되었다. 포텐은 육체적으로 힘든 여정이 될 것이라고 생각하면서 "선한 의지를 가진 하나님 아버지께서 내가 나의 직분을 수행하는 가운데 가장 큰 행복감을 깨닫기에 충분할 만큼 나를 고귀하게 만들 것입니다"라고 기도 했다.

포텐은 세인트헬레나섬에서 18개월간 학생들을 가르쳤다. 그녀는 '생소하고, 무모한 꿈'으로 묘사하였다. 이 경험을 통해 사람들을 의존성과 가난에서 벗어나게 하는 것에 대해 자신이 가졌던 선입견에 이의를 제기하였다. 그녀는 반군 의사들과 가족들이 버리고 간 통풍이 잘되는 집에서 다른 북부지역 출신 자원봉사자들, 장교 부인들과 살았다. 그녀는 겨울에는 담요가 부족했고 동맹군의 지속적인 침입 위협으로 '극심한 정신적 고통'을 겪었다고 고백했다. 학생들의 생활은 훨씬 더 어려웠다. 학생들은 이전의 노예 거주 지역에서 살았는데, 일반적으로 창문용 구멍을 가진 방 두 개짜리 오두막들이 있었다. 겨울에는 모닥불이 독가스를 내뿜어 공기 흐름을 막았다. 포텐은 현대적인 공중위생과 개인위생 습관을 가르치기를 열망했다. 하지만 많은 사람들이 밀집한 환경에서 난방 시설과 수도 시설도 없이 많은 것이 개선되기를 기대하는 것은 불가능하다는 점을 받아들였다.

학생들은 단칸방 침례교회에 모였고, 포텐과 자원봉사자들이 140명의 학생들을 통솔했다. 학생들의 연령은 유아들부터 60대 여성까지 다양했다. 60대 여성들은 알파벳을 배우려고 손자손녀 사이에 만족스러운 표정으로 앉아 있었다. 포텐은 이들을 "나의 생도들"이라고 불렀고, 자유의 몸이 된 노예들이 보인 배움에 대한 열정에 기뻐했다.[3] 그녀는 "이들에게 학교에 오는 것은 일상적인 즐거움이고 오락입니다"라고 기록했다. "이들은 다른 아이들이 놀러 가듯이 이곳에 옵니다." 그녀는 곧 이 일이 '굉장히 지치고 힘든 일'이라는 것을 깨닫게 되었다. 몇몇 학생은 너무 어려서 가르침보다는 돌봄이 더 필요했다. 포텐은 필라델피아에 있는 자

---

3. 학생들에 대한 19세기 경어 '생도(scholars)'는-특히 차터스쿨에서-오늘날 인기를 얻어 다시 사용되고 있다.

선가들에게 유아들을 위한 그림책을 보내 달라고 편지를 썼다. 나이 든 학생들은 불과 몇 달 전까지 현장에서 일을 했습니다. 이들은 포텐이 요구한 만큼 '지적 집중'에 익숙하지 않았고, "학생들은 사고가 산만해지지 않도록 지속적인 자극이 필요했습니다. 이런 상황에서 가르치는 일은 결과적으로 북부지역에서보다 훨씬 더 힘든 일이었습니다".

포텐은 노예로서의 기억을 인종에 대한 자부심의 기억으로 바꾸는 데 초점을 둔 수업을 구안했다. 그녀는 학생들에게 노예로 태어났던 아이티의 혁명가 투생 루베르튀르Toussaint L'Overture에 대해 가르쳤다. 그녀는 일기에 이렇게 썼다. "학생들은 자신과 같은 피부색을 가진 사람이 자신의 인종을 위해 무엇을 할 수 있었는지 아는 것이 중요합니다. 나는 학생들에게 용기와 꿈을 심어 주고 싶습니다." 존 그린리프 휘티어 시인은 포텐의 요청으로 아이들을 위해 특별히 만든 크리스마스 찬양을 세인트헬레나의 아이들에게 보냈다.

> 오, 전 세계의 어느 누구도
> 우리처럼 기쁘지는 않을 겁니다!
> 캐롤라이나 해안에서 우리는 자유를 느낍니다.
> 우리는 모두 집에 돌아왔고, 자유롭습니다. …
>
> 우리는 더 이상 운전사의 경적소리를 듣지 않아도 됩니다.
> 우리는 더 이상 채찍에 두려워하지 않아도 됩니다.
> 당신을 낳은 거룩한 이날을
> 이보다 반가워하지 않을 수는 없습니다. …

포텐은 아이들에게 휘티어의 찬양을 가르쳤고, 시인의 사진을 보여 주었다. 학생들의 삶의 현실은 유명 시인의 낙관적 시에 비해 훨씬 복잡했다. 하지만 학생들이 휘티어처럼 중요한 예술가가 대의명분에 헌신한다는 것을 알고서 '매우 자신감 있고 행복해'했다고 포텐은 기록했다. 교사로서 그녀가 가진 목적 중 하나는 학문적 지식을 공유하는 것만큼이나 학생들을 자신감 있고 행복하게 만드는 것이었다.

많은 점에서, 포텐이 남부지역에서 교편을 잡은 것은 서부개척시대 변경의 학교에서 가르치기를 자청한 북동부지역 백인 여성들과 동일한 정신이었다. 그러나 이들 간에는 약간의 차이가 있었다. 19세기 백인 선교사 교사들의 경우 여성들이 결혼에 대한 유용한 대안을 사회적으로 가져야 한다는 신념뿐만 아니라 청교도주의를 세상에 널리 퍼트리려는 열망이 원동력이 되었다. 그러나 포텐과 흑인 교육자들은 또 다른 이념에 기반을 두었다. 이들은 열악한 처지의 흑인 형제자매들에게 지식뿐만 아니라 자아존중감과 인종적 자부심을 가르치는 것이 많은 특권을 누리고 있는 흑인들의 책임이라고 믿었다.

듀보이스Du Bois는 나중에 『흑인의 영혼The Souls of Black Folk』에서 이러한 생각들을 분명히 하였다. 그 책에서 "흑인의 세계에서, 설교자와 교사는 보다 공정한 세계와 타인을 위한 투쟁, 정의에 대한 막연한 꿈, 앎의 신비와 같은 흑인들의 이상을 일찍이 구현하였습니다"라고 썼다.

포텐과 젊은 흑인 남녀에게 교직은 용기 있는 선택이었다. 남북전쟁 전에 남부지역 주의회는 징세를 반대하였다. 또한 가정과 교회가 백인 아동의 교육을 담당하는 것을 보다 선호하면서 종합학교 운동의 확산에 저항했다. 1870년까지 흑인 활동가들과 재건시대 정치인들은 모든 주가 적어도 기초적 수준의 공교육체제라도 조직하도록 하였다. 백인 학생과 흑인 학생의 학교는 분리 운영되었다. 그렇지만 남부의 미군기지에서조차도 흑인 교육의 확대는 정치적 비판을 집중적으로 받았으며,

백인우월주의자들의 공격 대상이 되었다. 프레드릭 더글러스Frederick Douglass는 1871년에 "학교 건물들이 불타고, 교사들은 습격당하거나 살해되고, 학교는 파괴되었습니다"라고 보고했다.

젊은 교사들은 이상주의와 신념으로 이러한 위협에 대처할 수 있었다. 북부지역 출신 흑인 대학생 로버트 피츠제럴드Robert Fitzgerald는 1867년에 해방흑인 담당 연방부서와 계약을 했다. 계약 내용은 리치먼드 외곽, 버지니아주의 아멜리아Amelia 카운티에서 1년 동안 노예에서 해방된 사람들을 위해 공립학교와 일요학교Sunday School를 운영한다는 것이었다. 그는 160명의 다양한 연령대의 학생들을 가르쳤는데, 그의 경험은 가족에게 이야깃거리로 회자되었다. 짐작컨대 자유인의 문해에 대한 열정은 아주 강렬했던 것 같다. 피츠제럴드가 언덕을 오를 때 열정적인 학생들은 그에게 일반 서적이나 종교 서적들을 빌리기를 간절히 바라면서 그에게 뛰어가곤 했을 정도였다. 거의 한 세기가 지난 후, 피츠제럴드의 손녀이자 시민권 활동가인 파울리 머리Pauli Murray는 학생들에게 책의 지식뿐만 아니라 자아존중감을 불어넣었던 것에 대해 피츠제럴드가 종종 했던 얘기들을 회상했다.

> 그는 자유민들이 자신들의 생활이 잘 정리되지 않았음에도 학교 혹은 예배당이 지어질 때마다 그 주변에 자리 잡으려 했고, 그들의 생활 습관이 즉각 개선되었다는 것을 … 깨닫게 되었어요. 자유민들은 학교 혹은 예배당을 자신들이 소유하고 자신들이 소속된 어떤 것이라고 느꼈어요. 그것이 그들의 삶에 큰 변화를 만들었어요. 일부 자유민들은 "주인님"에서 "~씨"라는 호칭을 쓰는 데에도 오랜 시간이 필요했어요. 그러나 그들이 '숙녀'와 '신사' 그리고 '생도'라는 호칭에 열광적으로 반응

하는 데는 많은 시간이 필요치 않았어요. 학교나 예배당이 자유민들에게 자신들에 대한 새로운 이미지를 주었지요.

19살의 교사 부커 워싱턴Booker T. Washington은 노예로 태어났는데, 8년 후 웨스트버지니아주의 몰던에서 비슷한 경험을 했다. 그는 해방된 노예의 자녀들에게 머리 빗질, 목욕, 칫솔 사용 방법 같은 개인 위생뿐만 아니라 기초 수학과 읽기를 가르치면서 아침 8시부터 저녁 10시까지 일했다. 그는 독서실을 만들고 토론회를 열었다. 저녁에는 일하는 성인들을 위한 개인 교습을 했다. 마을에서 가장 재능 있는 젊은 흑인 남녀들이 남부지역 전역에 생긴 새로운 유색인종 사범학교에 입학할 수 있도록 준비시켰다. 워싱턴은 『노예 신분에서 상승Up from Slavery』이라는 자서전에 이렇게 썼다. "이 정신없었던 시기가 내 인생에서 가장 행복한 시기 중 하나였어요. 나는 당시 고향 사람들이 보다 높은 수준의 삶을 살 수 있게 도울 기회를 가졌다고 느꼈어요. … 보수에 상관없이 어떤 판단도 하지 않고, 내가 가르칠 수 있는 어떠한 것이라도 배우려 하는 사람이라면 가르쳤어요."

노예해방 후 교육 이야기를 하는 많은 교사들은 자신들의 힘들고 고단했던 일을 낭만적으로 묘사했다. 1960년대는 남부로 갔던 활동가들의 후속 세대를 위한 시대가 되었다. 재건시대는 사회적 진보를 위한 벅찬 시기였다. 그러나 또 다른 이야기도 있다. 남북전쟁 후 수십 년 동안 흑인학교들이 설립되었고, 이들 학교들이 어떻게 빈곤, 인종차별, 흑인 교사의 저임금, 흑인 어린이에 대한 낮은 학문적 기대라는 오랜 역사의 전조가 되었는지에 관한 이야기이다.

1866년에 앤드류 존슨Andrew Johnson 대통령은 시아일랜즈 농장의 이

전 소유주들에게 그들의 땅을 돌려주도록 했다. 흑인 공동 소유권과 교육에 초점을 둔 포트 로열 실험은 종료되었고 많은 자유민들은 소작농이 되었다. 그것은 장차 일어날 일들에 대한 하나의 신호탄이었다. 연방정부는 재건시대 주요 목적 중 하나가 과거 노예였던 사람들에 대한 교육이었지만, 의회가 충분한 교육재정을 지원하지 않았고 재정을 충당하도록 주정부를 강제하지도 않았다는 점을 자인했다. 전체적으로, 해방 흑인담당 연방부서는 1865년에서 1877년 시기에 총 500만 달러를 남부의 흑인 학교들에 사용했다. 그때는 연방정부 병력이 남부를 떠난 시기였다. 교육재정의 거의 대부분을 학교 건물 임대료를 지불하는 데 사용했다. 이로 인해 교사 임금, 책, 책상 등 학교운영비의 최대 3분의 2에 해당하는 비용을 흑인공동체에게 부담하게 하였다. 그동안 북부지역 자선단체들과 종교단체들이 부족한 재정을 충당해 왔다. 그러나 1880년에 흑인 종합학교에 대한 자선적 관심은 굉장히 줄어들었다. 그즈음 주정부와 연방정부 소송에서 백인 학교가 흑인 학교보다 학생 1인당 비용이 더 많은 것은 합법이라는 판결이 내려졌다. 1899년에, 대법원은 커밍 대 리치먼드 카운티 교육위원회Cumming vs Richmond County Board of Education 사건에 대한 판결을 내렸다. 판결 내용은 조지아주의 오거스타Augusta에서 백인 고등학교는 계속 운영하면서 흑인 고등학교를 폐쇄하였는데, 이것이 위헌은 아니라는 것이었다.

1915년까지 남부지역 주정부들은 흑인 아이들보다 백인 아이들의 교육에 3배의 비용을 지출했다. 흑인 학생들은 근거리 흑인 학교에 가기 위해 8km를 걸어갔다. 흑인 교사는 백인 교사 임금의 단지 3분의 1만을 받았다. 이러한 일들은 흔한 일이었다. 수십 년이 지나면서 많은 흑인 고학력자들은 남부의 종합학교를 떠나 북부지역 학교, 흑인 대학, 혹은 교육기관 이외의 기관에서 일하는 것이 재정적으로 훨씬 이득이라는 점을 목격하였다.

교사였던 듀보이스는 교수가 되었고, 사회의 지식인으로 자리 잡게 되었다. 직업을 바꾸면서도 듀보이스는 계속해서 흑인 공교육을 위해 헌신하고자 하는 열망을 잊지 않았으나 교사교육에 대해 흑인 학생들과 대립하게 되면서 미국에서 가장 큰 흑인 학교를 세우지는 못하게 되었다.

듀보이스는 매사추세츠 그레이트 배링턴Great Barrington의 목가적인 버그셔Berkshire 마을에서 자유민으로 태어났다. 1882년 남부지역 흑인의 빈곤을 처음으로 가까이에서 목격하였다. 당시는 흑인 보통학교에서 여름 동안 가르치는 일을 찾기 위해 자신이 다녔던 피스크 대학교 내슈빌Fisk University's Nashville 캠퍼스를 과감하게 벗어났던 때였다. 그는 교사자격증을 취득하기 위해 레바논 교사양성소Lebanon Teachers' Institute에 등록했다. 그곳은 낮에는 백인들을 가르치고 밤에는 흑인들을 가르치는 곳이었다. 샬럿 포텐처럼 듀보이스는 통합된 공립고등학교에서 고전 교육을 받았다. 그는 테네시 사범학교에서 배운 '분수, 철자법, 불가사의한 지식'과 같은 초보적 수준의 기술에 충격을 받았다. 그는 교사자격증을 쉽게 취득하였다. 자신을 고용할 학교를 찾기 시작하여 테네시의 윌슨 카운디Wilson County의 소작농 지역에서 마침내 일자리를 얻었다. 그 지역은 듀보이스가 "노예의 그림자와 접촉했다"고 느꼈을 만큼 생활 여건이 매우 열악했다.

그는 방 하나짜리 집에서 흑인 가족들과 살았다. 그리고 한때 남부동맹군 대령의 옥수수 저장소였던 불편한 오두막에서 기혼자인 젊은 성인들을 포함하여 30명의 학생들을 가르쳤다. 듀보이스는 이 작은 학교를 사랑했고 소작농 가족들의 신뢰에 감사했다. 이런 경험에 대해 그는 1899년 〈애틀랜틱Atlantic〉에 다음과 같은 글을 실었다. "아이들이 교사의 지혜에 대해 가졌던 순수한 믿음은 진심으로 놀라운 것이었습니다.

우리는 함께 글을 읽고 철자에 맞춰 글씨를 쓰고, 짧은 작문을 하고, 꽃을 꺾고, 노래하고, 언덕 넘어 세상의 이야기들을 들었습니다."

윌슨 카운티 아이들 대부분 학교에 꾸준히 나온 것은 아니었다. 듀보이스는 아이들의 소재를 파악하기 위해 아이들의 집을 방문했다. 그러나 부모들은 아이들이 들판에서 일하는 것이 필요하다고 말했다. 듀보이스는 아주 똑똑한 학생들조차도 자신들이 태어난 환경에서 벗어나 교육받을 기회를 거의 갖지 못하고 있다고 생각했다. 〈애틀랜틱〉에 실린 그의 글은 슬픈 논조로 끝난다. 소작농의 아이들이 비록 앎에 굶주려 있었지만 현실적으로 "연약한 아이들은 계급, 젊음, 삶이라는 장애물들에 부딪쳤습니다."

듀보이스와 부커 워싱턴은 노예 후손들, 특히 교사가 될 사람들을 위한 적절한 교육에 대해 수년간 논쟁을 해 왔다. 두 사람은 자신들의 학교 경험을 기반으로 교육이론가로서의 경력을 쌓아 갔다. 워싱턴은 교사가 되기 위해 초기 흑인 교육기관인 버지니아 햄프턴Hampton 사범학교에서 훈련을 받았다. 1881년에 그 학교의 백인 설립자가 워싱턴에게 앨라배마주를 추천하였다. 앨라배마주의 터스키기Tuskegee 타운에서 과거 노예였던 사람들과 그들의 후손들을 위한 학교의 설립을 추진할 흑인교육자를 찾고 있었다. 워싱턴은 그곳에서 일자리를 잡았다. 그는 터스키기 교육기관 주변 시골 지역의 흑인들이 대부분 문맹이고 많은 빚을 지고 있다는 것을 알게 되었다. 그가 훈련받았던 햄프턴 사범학교는 중학교 교육과정과 동일한 수준을 가르쳤다. 워싱턴은 햄프턴에서 교육받은 대로 벽돌 제조, 옷 만들기, 목공 분야의 실습중심 직업훈련뿐만 아니라 읽기, 셈하기 같은 기초 교육도 자신의 학생들에게 필요하다고 믿었다. 이러한 기술들이 개인적 훈육과 근면성을 가르칠 것이라고 기대했다. 한편, 듀보이스는 하버드와 베를린 대학교에서 공부했다. 그는 아주 학구적이고 전도유망하고 가난한 흑인 아이들을 성공시키는 꿈을 가졌다. 이들에게 문학, 역사, 수학, 라틴어, 그리스어와 같은 고전교육을 제공함으로써 남부의 가난한 자에서 지식계급으로 직행하도록 하는 것이다. 그는 이들을 '유능한 10%'라고 불렀다. 워싱턴은 다음과 같이 항변했다. "한 남자가 공동체 구성원들에게 그리스어 문장의 분석을 제공할 준비가 된 공동체의 구성원이 될 수 있습니다. 그러나 그 당시 공동체는 그리스어 분석을 준비하거나 그리스어 분석의 필요를 느끼지 않을 수 있습니다만 벽돌, 집, 마차의 필요는 느낄 수 있습니다."

듀보이스는 인종 간 노동계급 연대와 노동조직이라는 폭넓은 의제와 더불어 유능한 10%에 속하지 않는 흑인들을 위한 직업교육을 열렬히 지지하였다. 한편, 워싱턴은 자신의 아이들을 4년제 인문교양대학에 보냈다. 터스키기 학생들이 폭넓게 책을 읽고 학생들이 여력이 된다면 고등교육을 받도록 고무하였다. 터스키기 졸업생 대부분은 숙련된 노동자가 아니라 보통학교 교사가 되었다. 듀보이스와 워싱턴은 흑인 대중을 위해 기초 교육의 기회를 확대할 것인지, 똑똑한 소수의 흑인들에게 고등교육 기회를 제공할 것인지를 두고 논쟁하였다.[4] 듀보이스는 윌슨 카운티에서의 교수활동 경험을 뒤돌아보면서 자신의 학생 조시에 두웰 Josie Dowell을 종종 언급했다. 그 학생은 가정의 일꾼으로 전락한 스스로를 인식하면서 대학에 다니는 꿈을 가졌던 명석한 스무 살의 학생이었다. 듀보이스는 워싱턴을 향해 쓴소리를 하였다. 터스키기 설립자가 직업교육을 세기 전환기의 교육적·자선적 의제로 규정하였고, 이것은 큰 성공을 거두게 되었다. 그 결과 조시에와 같은 명석한 아이들에게 고등

---

4. 오늘날 차터스쿨을 두고도 같은 논쟁이 여전히 진행 중이다. 인기 많은 차터스쿨은 대학입학률도 높지만, 저소득층의 비율은 낮다.

교육에 대한 접근 기회를 제공할 수 있는 사적 기금을 거의 확보할 수 없다는 것이다. 윌리엄 맥킨리William Mckinely 대통령과 시어도어 루스벨트Theodore Roosevelt 대통령이 터스키기를 방문하였다. 앤드류 카네기Andrew Carnegie와 존 록펠러John D. Rockefeller 같은 거물들이 학교에 찬사와 기부금을 쏟아부었다. 한편 듀보이스가 가르쳤던 피스크와 애틀랜타 대학교와 같은 학문 지향의 흑인 대학들은 흑인 법률가들, 의사들, 교수들을 배출하는 데 성공했음에도 불구하고 학교 재정을 마련하고 학교의 핵심 프로그램을 유지하기 위해 고군분투해야만 했다.

워싱턴과 듀보이스는 둘 다 교사의 역할을 선교하는 흑인 교육자로 이상화하기는 하였으나, 학급을 경영하기 위해 흑인 교사들이 어떤 훈련을 받아야 하는지를 두고도 견해가 달랐다. 듀보이스는 공립학교 교사를 대학에 다니는 유능한 10%의 일부라고 생각했다. 그는 내용 지식, 작문 대신에 교수 방법에 지나치게 치중하는 교사 훈련 프로그램에 대한 혜안을 가진 초창기 비판가였다. "교사들은 기술적 차원의 표준적인 방법으로 훈련받는 것으로 충분하지 않습니다. 그들은 무지가 단순히 문자 차원이 아니라 삶 자체인 사람들에게 문명화를 확산시킬 수 있는 가능한 한 포용적인 마음과 문화적 소양을 갖춘 사람들이어야 합니다."

한편, 워싱턴은 터스키기의 흑인 학생들이 엄격한 고전교육을 받지 않고 있다는 점을 터스키기 교육기관의 백인 후원자들에게 확신시키려고 애썼다. 헨리 빌라드Henry Villard는 터스키기 교육기관의 2순위 기부자였다. 독일 신문기자이자 〈네이션The Nation〉 발행인이고 서부 철도의 초기 투자자였다. 1897년에 빌라드는 자신의 기부에 대한 학생의 감사 편지를 받고 놀랐다. 그 편지에는 "자연철학, 고대사, 기하학, 고전음악, 시민정부와 수사학을 배우고 있다"고 적혀 있었다. 빌라드는 워싱턴에게 "미성숙한 정신"을 가진 흑인 학생들은 고전교육을 받아들일 준비가 되어 있지 않다며 편지로 화를 냈다. 그는 학교의 실제 모습을 숨겼다며 터스키기 설립자를 비난했다. 빌라드는 소녀들은 가정생활을 위해 준비시켜야 하고 남자들은 농업과 상품교역을 위해 준비시켜야 한다고 생각했다. 빌라드의 인종차별주의는 듀보이스와 같은 사람이 더 열성적으로 일을 추진하도록 했다. 하지만 실용주의자였던 워싱턴은 기업가들로부터 더 많은 재원을 확보하기를 희망했다. 워싱턴은 빌라드에게 간청하는 편지를 보냈다. 학생이 '젊은이다운 패기'로 수업활동을 부풀리고, '시민정부'는 권력 배분에 대한 기초 교과였고, '고전음악'은 단지 소녀가 학교 합창단에서 노래 부른 것을 의미한다고 설명했다. 만약 앨라배마주의 법이 허용한다면, 워싱턴은 터스키기에서 가르치는 수학 수준을 더 낮출 것이라고 썼다. 워싱턴은 "나는 당신의 비판이 우리에게 적절했다고 말하고 싶어요. 감사합니다"라며 편지를 마무리했다.

전기 작가 로버트 노렐Robert Norrell에 따르면, 워싱턴은 북부지역 재정모금 원정에서 터스키기 동문들이 새로운 교사 세대들을 훈련시키기 위해 많은 보통학교에서 가르치고 있고 흑인지역에서 사범학교를 운영하고 있다는 점을 거의 언급하지 않았다. 듀보이스는 교사 훈련에서 터스키기 교육기관의 광범위한 영향력에 당황했다. 북부지역 여권신장론자들은 엄격한 사범학교 못지않은 남녀공학 대학에서 여교사들이 교육받기를 원했다. 이와 마찬가지로 듀보이스는 전도유망한 흑인 교사들이 잘 갖추어진 대학교에서 보다 적절한 교육을 받았으면 했다. 그는 흑인 교사들이 백인 엘리트들의 학습 방법에 정통한 '탁월한 재능을 지닌 사람들'이 되어야 한다고 생각했다. 또한 "자신의 토대, 자신들의 생각, 방법, 언어를 가지고 백인 세계에 대응할 수 있도록 흑인 아이들을 돕고 흑인 아이들을 위한 핵심적인 규범을 해독할 수 있어야 한다"고 믿었다. 듀보이스는 터스키기 출신 교사들이 외국어를 배운 적이 없고 셈하기와 씨름한 적이 없다고 보았다. 그래서 그들이 진정 학생들의 정신과 마음을 넓힐 수 있도록 준비되지 않았을 것이라는 우려를 표명하였다.

교사들에 대한 듀보이스의 글들은 오늘날 깊은 공감을 준다. 많은 현대 교육개혁가들은 교직으로 엘리트 대학 졸업생들을 보다 많이 이끌지 않고서는 공립학교가 개선되지 않을 것이라고 주장한다. 부커 워싱턴의 역사적 명성은 늘 혼재되어 있었다. 특히 21세기 시민권 운동을 하는 진보적인 사람들은 워싱턴을 타협한 톰 아저씨라고 생각한다. 엉클 톰은 자칭 흑인의 대변인으로, 자선적 지원을 추구하면서 백인 인종차별주의들이 흑인의 지적 능력에 대해 가졌던 가정들에 지나치게 굴복한 인물이었다. 듀보이스는 1910년 한 친구에게 편지를 썼다. "워싱턴은 흑인의 굴종과 노예제를 옹호합니다. 그것을 대변하면서 워싱턴은 무한한 기금으로 포용적이고 관대할 수 있습니다. 그러나 우리 대부분은 풍족함을 누리거나 아니면 굶주림을 받아들여야만 합니다."

사실, 듀보이스와 워싱턴 모두 교육 논쟁의 핵심적인 아이디어들을 제시했다. 사설 일요학교 저녁 강의에서 워싱턴은 흑인 아이들을 위한 학교들을 개교하고 지원하는 방법에 대한 구체적이고 실제적인 조언으로 터스키기 학생들의 각오를 다지게 했다. 신규 교사들은 지역의 성직자들과 공동체 조직에게 믿음과 지원을 구하고 흑인 아이들의 부모들에게 자녀들을 학교에 등록하도록 요청하면서 가가호호 방문해야 한다는 것이다. 학년을 3개월에서 8개월까지 연장하기 위해 야외 파티와 축제를 통해 기금을 마련해야 한다고 조언했다. 한 세기 이상 지나 흑인 지역의 많은 차터스쿨은 직접 각 가정을 방문하여 학생을 모집하고 '학습 시간 연장'을 지지하는 사람들(많은 차터스쿨)은 보다 긴 수업 일수, 학년을 요구한다. 두 사람 모두 국회 입법을 통과시키기 위해 로비했다. 그것은 문맹률이 높은 지역의 가난한 흑인 아이들이 다니는 학교에 추가적인 연방정부 재원을 제공한다는 내용을 담고 있다. 의회는 빈곤에 처한 흑인 아이들이 다니는 학교에 추가적인 연방정부 재원을 제공하는 「초·중등교육법Elementary and Secondary Education Act」을 1965년 마침내 통과시켰다. 이것은 워싱턴이 죽은 지 50년 만이고, 듀보이스가 죽은 지 2년 만의 일이다.

세기의 전환기에 미국에서 단 하나의 흑인 공립학교 체제가 상당한 규모의 연방정부 재정 지원을 받았다. 그것은 워싱턴 D.C.의 인종 분리 흑인 학교들이었다. 의회로부터 추가적인 재정 지원을 받았기 때문에 워싱턴 D.C.에서 일하는 백인과 흑인 공립학교 교사 간 임금 격차는 거의 없었다. 이로써 열정적인 흑인 교육자들이 워싱턴에 모이게 되었다.

안나 줄리아 쿠퍼Anna Julia Cooper는 흑인 교육자 중 한 명으로 노스 캐롤라이나 노예와 백인 주인 사이에서 딸로 태어났다. 쿠퍼는 청년기부터 72세 은퇴할 때까지 60년간 흑인 공립학교와 대학에서 학생들을 가르쳤다. 오랜 기간 교사로 근무하면서 듀보이스와 워싱턴이 논쟁을 벌였던 많은 아이디어들을 실천하였다. 듀보이스와 워싱턴 모두 임금 인상을 위한 정치적 로비를 했다. 그럼에도 두 사람은 젊은 흑인 교사들 개개인에게는 종종 낮은 임금과 일상적이고 행정적 골칫거리들에 신경 쓰지 말고 '선교자 정신'으로 자신들의 일을 하라고 조언했다. 듀보이스의 대녀는 자신이 가르치는 시골 지역 미시시피 공립학교가 체계적이지 않고 "뒤처져 있고 형편없다"고 불평했다. 그때, 듀보이스는 학교의 비전문적인 학교장, 그 밖의 사람들, 잘 교육받지 못한 교사들을 무시하라고 조언하는 한편 애정을 가지고 단호하게 꾸짖고 설교했다. "자네의 진정한 임무는 당연히 아이들이네. 그리고 아이들은 온전히 존중받을 가치가 있네. 자네가 권태와 부주의에서 벗어나 자네의 삶과 에너지를 아이들을 자극하는 데 온전히 써야 하네."

안나 쿠퍼는 이런 이상주의의 사치스러움에 빠질 여력이 사실 없었다. 그녀는 노예로 태어나 21살에 미망인이 되어 재혼하지 않은 채 살았다. 중년에는 가난한 5명의 아이들을 입양했다. 따라서 가르치는 일은 쿠퍼의 소명일 뿐만 아니라 지속적인 생계수단이었다. 결론적으로 쿠퍼는 자신의 직업생활 전반에 걸쳐 좀 더 높은 임금을 받기 위해 애썼다. 교사노동조합은 1961년이 되어서야 워싱턴 D.C.에서 도입되었다. 그러나 쿠퍼는 초반 십 년 정도 세기의 전환기에 설립된 북부지역 백인 교사 조직의 의제와 유사한 의제를 독자적으로 밀고 나갔다. 쿠퍼는 일찍이 IQ 검사에 비판적이었다. 빈곤층 가정의 아이들을 직업과정으로 점점 많이 이끄는 행정적이고 자선적인 노력들에 저항했다.

쿠퍼는 유능한 10%에 대한 듀보이스의 기대에 부응하여 공부를 계속하였다. 그녀는 애니 헤이우드로 태어났고, 남북전쟁이 끝날 당시 겨우 6살이었다. 그녀가 세인트 랠리에 있는 오스틴의 사범학교Saint Augustine's Normal School와 칼리지에이트 인스티튜트Collegiate Institute 근처에 살았던 것은 참 행운이었다. 이들 기관들은 자유민들에게 엄격한 고전교육을 제공하기 위해 감독교회Episcopal Church가 설립한 학교들이었다. 애니는 처음부터 글말에 대한 적성을 보였고 곧 학교에 고용되어 동료 학생들의 개인교사가 되었다. 저녁에는 자신의 어머니에게 읽기와 쓰기 기초를 가르쳤다. 쿠퍼는 "나의 어머니는 노예였고 내가 알았던 가장 순수한 여인이었습니다. q와 g, b와 l의 미묘한 차이를 그녀에게 설명하는 것이 나의 가장 행복했던 어린 시절 기억 중 하나입니다"라고 많은 시간이 흐른 후 기록했다.

애니는 세인트오거스틴에서 라틴어, 기하학, 지리학 강좌를 수강했다. 그녀는 그리스어 수업에서 남편인 목사 조지 쿠퍼George Cooper를 만났다. 두 사람은 졸업 후에도 학교에서 교편을 잡기 위해 계속 머물렀다. 하지만 1879년에 에너지 넘치던 젊은 목회자 남편이 사망하여 그녀는 젊은 나이에 미망인이 되었다. 그렇지만 애니 쿠퍼는 자신의 커져 가는 포부를 자유롭게 추구해 나갔다. 1881년에 그녀는 오하이오에 있는 남녀공학 기독교대학 오벌린Oberlin에 지원했다. 쿠퍼는 오벌린이 흑인 여성의 입학을 허가한 미국의 몇 안 되는 백인 인문교양대학 중 하나였을 뿐만 아니라 노예제 폐지를 주장한 명성을 익히 잘 알고 있었다.

그 당시 쿠퍼는 교사로서 받았던 저임금(한 달에 30달러)에 불만을 가지고 있었다. 그녀는 교육에 대한 갈증으로 이후 박사학위를 받는 첫 번째 흑인 여성들 중 한 명이 되었다. 쿠퍼의 교육열은 오벌린의 학장 제임스 페어차일드James Fairchild에게 보내는 지원서에서 빛을 발하였다.

> 저는 오랫동안 북부지역의 우수한 대학에서 심화된 고전 강좌를 수강할 수 있기를 진정으로 꿈꿔 왔습니다. 그러나 수입이 부족하여 고전 강좌를 수강할 방법을 찾을 수 없었습니다. … 저는 지금 헤이우드 서머스쿨에서 2달간 가르치고 있습니다. 남부지역 학교들의 임금은 아주 적습니다. 그러나 수업료와 부수적인 비용을 면제받는 호의를 제공받을 수 있다면 저는 1년이나 2년간 오벌린을 계속 다닐 수 있는 비용을 확보하게 될 것입니다.

쿠퍼는 입학 허가를 받았고 교수 가족과 함께 지내게 되었다. 그녀는 오하이오의 흑인 대학 윌버포스 대학교Wilberforce University와 랠리의 모교 세인트오거스틴에서 여름 동안 학사와 석사학위 비용을 충당하기 위해 프랑스어, 독일어, 고전을 가르쳤다. 노스캐롤라이나 교사협회의 열성적인 구성원이 되어 흑인 학교에 대한 보다 많은 재정 지원과 흑인 교사들에 대한 동등한 임금을 주장했다. 노스캐롤라이나는 남부지역에서 한때 인종에 상관없이 학생 1인당 비용이 거의 동일한 유일한 주였다. 그 지역 평균 흑인 교사의 월급은 연간 204달러에서 207달러였다. 오늘날 기준으로 환산하면 약 5,028달러로 백인 교사의 평균 월급에 거의 상응했다(북부지역에서 공립학교 백인 교사들은 5배 이상 임금을 받을 수 있었다). 그러나 남북전쟁 후 재건시대 동안 해방된 흑인 유권자들의 정치적 영향력이 약화되면서 흑인 교사들과 학교에 대한 노스캐롤라이나의 지원이 줄어들었다. 1900년 주의회는 인두세, 문해력 검사, '조부' 조항을 통해 흑인 유권자들 반 이상의 투표권을 박탈했다. 조부 조항은 장래 유권자들에게 직계 조상이 1867년에 투표권을 갖고 있었다는 것을 증명하도록 한 것이다. 남부의 다른 주에서처럼 백인들은 흑인 학교들에 공공 재정을 지출하는 것에 대단히 분노했다. 백인 학교에 대한 더 많은 재정 지원을 보장하기 위해 학교에 대한 세금을 지속적이고 직접적으로 면제하려고 헌법을 수정하였는데, 이때가 노스캐롤라이나가 흑인들의 선거권을 박탈한 시기였다. 듀보이스가 1908년에 남부지역 흑인 공립학교를 조사해 보니 노스캐롤라이나 흑인 교사들의 임금은 백인 교사들의 단지 60% 수준이었다. 흑인 아이들이 학령기 인구의 32%를 차지하였지만 주정부 교육재정의 단지 17%만을 받고 있었다.

고학력 흑인들과 마찬가지로 쿠퍼는 과거에 비해 재건 시기 이후 남부연합지역에서 흑인들의 정치적 이익이 감소함에 따라 그 지역을 떠나기로 했다. 1887년에 오벌린과의 인연으로 쿠퍼는 미국에서 가장 명성 있는 흑인 공립학교인 워싱턴 D.C. 엠 스트리트M Street 고등학교의 라틴어 교사로 일하게 되었다. 여러 가지 점에서 매력적인 직업이었다. 그중에 어느 지역의 백인 공립학교 교사 임금과 비교해도 동등할 만큼 임금 수준이 상대적으로 높았다는 점이 특히 중요했다. 샬럿 포텐도 시아일랜즈에서 돌아온 뒤 엠 스트리트에서 가르쳤다. 매년 아이비리그 대학에 졸업생들을 입학시켰고, 동문들은 정부, 교육, 법률, 의료 분야와 같은 화이트칼라 직업을 추구했다. 1899년에 엠 스트리트 학생들은 워싱턴의 어떤 백인 공립고등학교 학생들보다 학교구 단위 시험에서 고득점을 얻었다. 학교 교사들은 워싱턴 D.C.의 다른 고등학교 교사들보다 학력 수준이 높았고, 대학 총장이 되고 판사가 된 학생들도 있었다.

엠 스트리트 고등학교는 워싱턴 북서부구역의 거대한 로마네스크 양식의 빨간 벽돌 빌딩이었는데, 급속도로 증가하는 도심의 흑인 중간 계층 아이들을 가르쳤다. 쿠퍼는 우수한 라틴어 교사였고 학생들을 계속 가르치다 학교장이 되었다. 이것이 학교에서 교사가 행정가로 승진하는 여교사들의 초창기 흐름이었다. 사제이자 교육자인 프랑스인 펠릭스 클라인Felix Klein이 1904년 쿠퍼 교실을 방문했을 때 쿠퍼는 16세 소녀들을 〈이니이드Aeneid〉를 정독하도록 이끌고 있었다. 학생들은 라틴어를 번역하고 베르길리우스의 서사시에 있는 역사와 신화 사이의 관련성에 대해 선생님과 토의했다. 클라인은 흑인 아이들이 지식을 익히는 데 아주 열정적으로 참여하는 것을 이전에는 본 적이 없었고, 쿠퍼가 자신이 그동안 만났던 가장 능력 있는 교사들 중 한 사람이라고 자신의 책에서 밝혔다. 클라인은 쿠퍼의 직접적인 훈육 전략들에 또한 감명을 받았다. 그녀는 엠 스트리트의 530명 학생들에게 군대와 같이 조용히 복도를 걷도록 하였다. 오늘날의 '예외를 두지 않는' 차터스쿨에서의 일반적 관례이다. 학교 일과는 주기도문의 암송으로 시작되었다.

쿠퍼는 전일제로 교직을 수행하면서도 대중 강연자와 수필가로서 대중적 명성을 얻었다. 그녀는 1893년 시카고 세계 축제와 흑인 성공회 성직자 대회에서 강연을 하였다. 그 강연에서 그녀는 캐서린 비처가 초창기 백인 여교사 세대를 규정한 선교사 교사 이데올로기와 동일한 입장을 취하였다. 더 나아가 흑인 여교사의 특별한 입장을 주장하면서 '유색인종 여성의 역할'에 관한 비전을 제시하였다. 쿠퍼는 1890년 연설에서 "교사로서, 가정주부로, 아내로, 엄마로, 혹은 큰 영향력을 갖지 못할지라도, 아주 잘 훈련된 기독교 신자인 젊은 여성은 신학자와 마찬가지로 우리들 사이에 존재하는 잠재적 선교사와 같습니다. 그리고 저는 남부지역 발전의 현 단계에서, 잘 훈련된 기독교 신앙을 가진 젊은 여성이 이전보다 훨씬 더 중요하고 더 필요하다는 점을 주장합니다"라고 말했다.

쿠퍼는 1892년에 『남부 흑인 여성에 의한 남부지역의 목소리A Voice from the South by a Black Woman of the South』을 썼다. 이 책은 흑인 페미니스트 사상을 획기적이고 분명하게 밝힌 책이었다. 같은 해, 엘리자베스 케이디 스탠턴은 〈자아의 고독the Solitude of Self〉이라는 제목의 고별 강연을 했다. 76살의 스탠턴은 '여성 자신이 개인적 삶에 대한 개인적 책임'을 질 수 있도록 교육을 받고 직업을 가지라고 모든 여성들에게 조언했다. 당시 34세였던 쿠퍼는 더욱 급진적인 페미니즘을 주장했다. 그녀는 흑인 여성들이 자신의 삶의 질을 높이도록 성 평등을 위해 싸우도록 기대했다. 또한 쿠퍼는 흑인 여성들이 교사로서, 자원봉사자로서, 혹은 가족 내에서조차 '인종적 지위가 격상'되어야 한다고 생각했다. 쿠퍼는 이렇게 썼다. "'내가 나의 자매의 보호자이다'라는 말은 모든 흑인 남녀의 진심 어린 답변이어야 합니다. 그리고 이러한 신념을 통해 편협하고 이기적이고 삶의 사소하고 개인적인 목표를 숭고하고 신성한 목표로 정화하고 격상시켜야 합니다." 쿠퍼는 '인종적 문제'에 직면하여 "회피하지 않고 당당하게 맞설 수 있습니다"라고 적었다. 스탠턴의 백인 페미니즘은 흑인 교사들을 우습게 보았다. 그러나 쿠퍼의 흑인 여성주의는 교사를 인종적, 사회적 평등을 위해 싸우는 리더로 그렸다.

쿠퍼는 이러한 이상을 갖고 계속 살아갔다. 쿠퍼는 가르치는 것뿐만 아니라 시카고에 소재한 제인 애덤스Jane Addams의 헐Hull 하우스 방식으로 사회복지관을 설립하는 것을 도왔다. 복지관은 사우스웨스트 워싱턴에 위치하였는데, 매일 60명의 아이들을 먹일 수 있는 '우유죽 급식소'를 갖추었다. 뿐만 아니라 어린아이들을 위한 탁아소와 유치원도 있었다. 자원봉사자들은 좋은 양육 방법을 엄마들에게 가르치기 위해 집에 있는 가난한 젊은 엄마들을 방문했다. 성인들에게는 '저축모임', 도서관, 음악수업, 미술과 공예 수업을 제공했다. 할렘학생구역Harlem Children's Zone의 통찰력이 있는 제프리 캐나다Geffrey Canada(효과적인 학교에 필수의 보충물과 같은 '뒤얽힌' 사회적 서비스에 대해 찬성한)와 같은 현대의 교육개혁들과 같이 쿠퍼는 직접적인 빈곤퇴치 사업을 교수활동의 미션으로 보았다. 쿠퍼는 학생들의 학문적 성취가 가지는 잠재적 한계들을 보다 잘 이해하고 해결하기 위해 실업 상태의 부모, 부적절한 주거환경, 혹은 아픈 형제자매 등 학생의 가정생활을 살피는 데 '공감적 방법'이라는 용어를 활용했다.

그렇다 할지라도, 쿠퍼는 엠 스트리트 학교장으로서 학생의 명문대 입학과 같이 엄격한 학업성취 지향적 성향을 보였다. 쿠퍼의 학교장 재임기간 동안 엠 스트리트 졸업생들은 오벌린, 하버드, 브라운, 예일 대학교에 입학 허가를 받았고 몇몇 동문들은 아이비리그 대학에서 박사학위를 받았다.

흑인 지성주의의 발현은 백악관뿐만 아니라 부커 워싱턴과 연대하고 직업교육을 주창하던 흑인들 사이에도 도덕적 공황을 가져왔다. 듀보이스는 이들 연대에 '터스키기 기제'라는 별칭을 붙였다. 쿠퍼는 초기 학교장 역할을 수행할 때 이들 연대로 인해 어려움을 겪었다. 당시 고등학교 백인 관리자들은 고전 교육과정을 직업교육 수업으로 교체하려고 하였고, 쿠퍼는 이러한 시도를 성공적으로 물리쳤다. 1901년에 워싱턴은 개인적으로 듀보이스를 시지역 흑인 학교들을 담당하는 부교육감으로 임용하는 것을 막았다(아마 대통령 루스벨트와 함께). 1906년까지 워싱턴과 듀보이스 간의 싸움은 공공연히 적대적이었다. D.C. 학교위원회 위원들은 쿠퍼에 대한 인신공격성 캠페인을 시작했고, '유능한 10%' 의제를 듀보이스와 제휴한 것이라고 인식하였다. 그들은 처음에는 경영상 무능력하다고 쿠퍼를 비난했다. 백인 학교위원회 위원들은 자신들이 날조한 혐의가 받아들여지지 않자 쿠퍼가 청소년인 수양아들과 불륜을 저지르고 있다고 주장했다. 〈워싱턴 포스트Washington Post〉는 스캔들 기사로 가득했고 쿠퍼는 사임했다.

엠 스트리트에서 교직을 19년간 지낸 후 겪게 된 이런 좌절은 그녀를 감정적으로나 직업적으로 비탄에 빠지게 했다. 쿠퍼는 결국 학교에 교사로 재고용되었다. 하지만 장학사들의 충분한 지원을 결코 다시 받지는 못했다. 그녀는 66세에 파리의 소르본 대학교에서 박사학위를 얻기 위해 떠났고, 학위 논문은 아이티인과 프랑스 혁명 시기 동안 노예에 대한 태도에 관한 것이었다.

다음 반세기에 걸쳐 직업주의는 박애주의자들과 정치인들 사이에 단지 흑인 학생들을 위해서가 아니라 동부와 남부 유럽 출신 백인 이민자의 자녀들을 위한 떠오르는 교육개혁 이념으로 여전히 남아 있다. 북부지역에서 백인 여교사들은 이러한 의제에 대항하여 조직화하기 시작했다. 그들은 이후 '공립학교 교사의 노동조합 결성'이라는 미국 역사상 가장 강력하고도 논쟁적인 노동운동 중 하나를 촉발하였다.

제4장

노동자 교사, 교사노동조합의 길을 놓다

교원노동조합의 탄생,
진보적 교육과 학교 효율성 간의 전쟁

아프리카계 미국인들에게 교육의 선구자이자 역사가인 듀보이스W. E. B. Du Bois는 어느 여름에 농촌의 공립 흑인 학교에서 가르치는 일을 하고 있었다. 그는 흑인 교사들이 대학에 가는 '유능한 10%Talented Tenth'가 될 수 있어야 한다고 생각했다. 그는 교사라면 '넓은 시야를 지니고, 교양 있어야 하며, 글자만 모르는 것이 아니라 무지로 가득 찬 삶을 살고 있는 사람들에게 문명을 전파할 수 있어야 한다'고 믿었다. 부커 워싱턴Booker T. Washington에 대한 비판과 흑인 아동을 위한 직업훈련 교육제도의 중요성을 강조한 덕에 1901년 워싱턴에서 유색인종이 다니는 공립학교 제도를 총괄하는 임무를 맡게 되었다.

국회도서관

마거릿 헤일리Margaret Haley는 1897년, 미국 최초의 교사 노조인 시카고 교원연맹의 회장직을 역임했다. '여성 노동의 강타자'라 불리던 헤일리는 육체노동을 하는 노조와 남성, 여교사들이 연대할 때 동등한 임금과 투표권, 학교 예산의 확대가 가능해진다고 주장했으나, 교사와 학생들을 '선동'하고 '반항'하도록 이끌었다는 이유로 기소당했다.

시카고 역사 박물관

1810년부터 1815년까지 시카고 공립학교의 교육감이었던 엘라 플래그 영Ella Flagg Young은 미국 도심의 교육제도를 이끌었던 최초의 여성이다. 영은 교사로 일하기 시작하면서 지능검사 점수를 기반으로 학생들의 교육 기회를 제한하는 것에 저항하였다. 멘토인 존 듀이로부터 가르침을 받은 영은 "교사가 아이의 영혼을 깨우는 일을 하며 즐거움을 얻기 위해서는 교사 스스로가 먼저 깨어나야 한다"며 교사들이 교직에 대해 자부심을 갖고 일하고, 지적으로도 자극을 받기를 촉구했다.

국회도서관

1870년대 어느 저녁 날 일리노이의 모리스 초원 마을에서 마이클 헤일리Michael Haley는 3명의 10대 딸을 마을 강당의 첫 번째 줄로 데려갔다. 그들은 유명한 골상학자의 강연을 듣기 위해 그곳에 있었다. 매기Maggie, 제니Jenny, 엘리자 헤일리Eliza Haley는 골상학에 대해 흥미진진한 현대 과학으로 머리 위의 혹들을 살펴봄으로써 사람의 내적 특성을 유추하는 것과 관련된 학문이라는 것 이외에 아는 것이 별로 없었다.

마이클 헤일리는 10살 때부터 줄곧 일을 했다. 그는 '작은 어선을 이용한 운반인'으로 고용되었는데, 아일랜드 노동자들이 진흙투성이의 일리노이와 미시간 운하를 파는 동안 수만 명의 동료 아일랜드 노동자들에게 위스키를 배달하는 일이었다. 그 이후 마이클 헤일리는 말라리아 전염병에 걸렸다가 살아남았다. 돌 깎는 기술을 배웠고 임금인상 동맹 파업에도 참여했다. 현재 헤일리는 성공적으로 시멘트 제조 사업을 하고 있지만 6명의 아이들을 위해 보다 나은 생활을 원했다. 그리고 아이들을 학교에 보내고 아이들이 자신보다 더 좋은 직업을 갖길 원했다.

마이클 헤일리는 자부심이 강한 아일랜드계 미국 시민으로서 유토피아적인 사회주의와 법 앞의 평등을 믿었다. 그래서 그날 저녁 골상학자가 여성 참정권 리더인 수전 앤서니를 공격하자 강사와 청중의 시선을 받으면서 딸들을 극장 밖으로 나가게 했다. 극장 바로 밖에서 그는 세

딸들을 세워 놓고 진지하게 말했다. "엄마는 수전 앤서니가 누군지 몰라. 앞으로도 결코 알 수 없을 테지. 그래도 앤서니가 정의를 위해 일하고 있다는 건 알고 있단다. 앤서니를 알지도 못하면서 비웃는 어설픈 얼간이들 말에 내 딸들이 귀를 기울이도록 내버려 둘 수가 없구나."

30년 뒤 수전 앤서니는 헤일리의 큰딸 매기를 '친애하는 친구'라 불렀다. 1850년대에 앤서니는 매기를 공개적으로 열렬히 지지했는데, 당시 매기는 앤서니가 시작한 여교사 페미니스트 조직을 위해 계속 애쓰고 있었다. 교사 마거릿 헤일리Margaret Haley는 첫 번째 교사 단일 노동조합인 시카고 교원연맹Chicago Teachers Federaion의 가장 유명한 리더였다. 그녀는 앤서니가 실패했던 곳에서 성공을 거두었다. 마거릿은 여교사들을 위한 보다 높은 임금과 상당한 수준의 정치적 권력을 획득하였다. 20세기 전환기에 조직화된 노동조합의 권력이 폭발적으로 강했던 것처럼, 남성 노동조합과 연대를 구축한 마거릿의 치밀한 능력 덕분이었다. 앤서니 사망 후 7년 뒤인 1913년에 일리노이 여성들은 투표권을 얻었는데, 이때 헤일리가 아주 결정적인 역할을 하였다.

매기 헤일리는 교사로 처음 출발했다. 16세에 가톨릭계 여자기숙학교를 졸업하고 여러 해 동안 주변 지역에서 가르쳤다. 매기는 자신이 한 달에 단지 35달러(그녀가 생각하기에 40달러를 받을 가치가 있다고 생각했다)를 받는다는 것에 낙담했고 교수활동 실천을 개선하려는 열망을 가졌다. 그녀는 유명한 쿡 카운티 사범학교Cook County Normal School에 등록하였다. 그곳은 프랜시스 웨이랜드 파커Francis Wayland Parker와 그녀가 함께 공부했던 곳이다. 파커는 교육학자 존 듀이가 진보주의 교육의 '아버지'로 칭송한 사람이다. 파커는 남북전쟁 퇴역 장군으로 교사들이 생기 없는 큰 목소리로 교재를 읽을 것이 아니라 교사가 교수활동 단원과 수업지도안을 개발하고 학생들은 미술, 음악, 드라마 수업을 들어야 한다고 믿었다. 헤일리가 교사로 재직한 당시에 대한 문서자료가 거의 남아 있지 않았다. 하지만 그녀는 파커를 중심으로 모인 지식인 공동체에 소속된 것에 강한 자부심을 표하였다. 지식인 공동체에는 듀이, 진보주의 시카고 학교 행정가인 엘라 플래그 영Ella Flagg Young과 같이 자신이 존경한 또 다른 교육 지도자들도 있었다.

1884년에 헤일리는 헨드릭스 학교Hendricks School에서 6학년을 가르치게 되었다. 학교는 시카고의 사우스 사이드South Side 패킹타운 인근에 있었다. 이 지역은 고약한 냄새가 진동하였는데 업튼 싱클레어Upton Sinclair의 도살장의 실상을 폭로한 소설 『정글The Jungle』에서 오래도록 전해지는 곳이다. 헤일리는 그 학교에서 드디어 월급으로 40달러를 받게 되었다. 그러나 많은 시카고 교사들과 마찬가지로 헤일리 역시 자신의 월급이 굉장히 박봉이라고 느끼기 시작하였다. 당시 시카고는 번창하고 확장되고 있는 도시였다. 1890년과 1904년 사이에 거주민이 83만 명으로 늘었고, 1893년 경제 공황 이후 산업은 다시 호황을 누렸다. 도시는 새로 설립된 시카고 대학교에서 전해지는 사회과학과 진보 정치 분야의 여러 혁신적인 사상으로 번성하는 개혁 현장의 발원지였다. 헤일리의 학생들(때때로 학생 모두가 앉기에 의자와 책상이 부족한 교실에 있는 40명에서 60명 사이의 학생들)은 아일랜드 태생과 독일 태생 도살업자들의 아이들이었다. 일부 학생은 영어로 거의 말하지 못했다. 아동노동법의 부재로 11살과 12살의 학생들이 일터로 향하면서 학교를 영원히 떠났다. 이듬해에는 이탈리아, 러시아, 보헤미아 출신의 보다 다루기 어려운 학생들이 시카고 공립학교에 왔다. 그럼에도 97%가 여성인 초임 초등학교 교사들의 연봉은 20년 동안 500달러(오늘날 화폐 단위로 1만 3,300달러)로 동결되어 있었다. 교사들은 학교 시스템의 예산이 너무 열악해서 때론 임금이 아니라 차후 지급을 약속하는 '보증서'를 받았다. 또한 현금 대신 채소와 토지 등을 받도록 감언이설에 속기도 했다. 시장이 임명한 교육위원회가 교육정책을 수립했다. 시카고의 기업과 미디어 엘리트는 외국어 강좌와 같이 '일시적으로 유행하는' 강좌에 세금을 지출하는 것을 거부한 교육위원회 위원들을 대상으로 공격적인 로비를 펼쳤다. 〈시카고 트리뷴The Chicago Tribune〉은 '임금 노동자의 아이들'을 대학에 진학하도록 준비시킨다는 전도유망한 아이디어에 반대 논평을 냈다. 가난한 학생들을 위한 여름학교 강좌를 '매력적인 사치품'이라고 칭했다.

시카고 상황은 세기 전환기 미국의 다른 도시 상황과 유사했다. 니컬러스 머리 버틀러Nicholas Murray Butler와 같이 전국적으로 유명한 교육 개혁가들은 교육과정에 대한 교사들과 정치인들의 결정을 대학 교육을 받은 관료들이 수립한 교육정책으로 바꾸기 위해 로비를 하였다. 버틀러는 컬럼비아 대학 철학 교수로 나중에 티처스 칼리지Teachers College로 알려진 학교의 창립자이다. 행정적 진보주의자들은 하향식, 학교의 전문적 경영과 같은 아이디어를 옹호했다. 하지만 공교육에 대한 재정 지원을 위해 세금을 인상하는 것에 대해서는 불만을 가진 기업 리더들과 연대해 나갔다.[5]

시카고 대학교 총장인 윌리엄 레이니 하퍼William Rainey Harper는 시카고에서 가장 유명한 개혁가였다. 하퍼는 시장 위원회의 의장을 맡았고 교육과정, 교수 방법, 공립학교의 행정 구조를 중앙집권화하는 일을 수행했다. 그는 하버드대 총장인 찰스 윌리엄 엘리엇Charles William Eliot과

---

5. '진보주의' 교육을 규정하는 방법에 대한 논쟁의 세기가 있었다. 시카고와 뉴욕과 같은 도시에서 여성 교사들의 영향력을 제한하려 한 개혁가들은 자신들을 '진보주의자'로 생각했다. 그들은 자신들이 제멋대로이고 비효율적인 학교 시스템의 경영에 현대적이고 효율적인 기업 방식을 적용하고 있다고 믿었기 때문이다. 그러나 그들의 행정적 진보주의는 분명히 프랜시스 웨이랜드 파커와 존 듀이에 의해 옹호된 교육학적 진보주의와 대비될 수 있다. 이들 학파들은 헤르바르트 클리바드의 미국 교육과정 논쟁(The Struggle for the American Curriculum)에서 잘 규정된다.

마찬가지로 호러스 만의 교직 여성화는 중대한 실수였다고 보았다. 대신 시市가 남교사를 고용하고 승진시키는 데 우선순위를 두어야 한다고 말하였다. 시장 위원회가 여교사들의 50달러 연봉 인상안을 폐기하기를 희망했다. 여교사 집단이 그에게 항의하자 당시 하퍼는 여교사들이 자기 집의 가정부만큼 벌면 행복해해야 한다고 반응했다.

이러한 상황들이 1897년 시카고 교원연맹의 설립을 촉진한 사건들이었다. 이 연맹은 오늘날 전미교원연맹의 전신이다. 전국교육협회NEA는 수전 앤서니가 뉴욕의 여교사들을 조직화한 1857년으로 거슬러 올라가는데, 교사, 행정가, 심지어 대학교수와 총장들까지 포함했다. 전국교육협회는 온건했다. 이 단체는 교육 연구를 수행하고 점잖게 학교 재정 지원을 요구했다. 그러나 연맹은 출발 단계부터 완전히 다른 성격을 가졌다. 시카고 지역 교사들의 아버지와 형제가 소속된 남성 노동조합을 모델로 한 호전적인 조직이 되려고 하였다.

연맹은 교사의 임금 인상, 수업지도안과 학생 훈육에 대한 교사의 자유를 공격적으로 주장하였다. 대학 교육을 받지 않은 여성들은 교실에서 자율적인 선택을 할 만한 자격이 없다고 믿는 학교개혁가들의 영향력에 대응하려고 했다. 1897년 3월 16일에 첫 회의를 개최하였고 6월까지 2,500명이 넘는 회원을 모집했다. 이것은 초등학교 교사들의 약 절반에 해당하는 규모였다. 2년 뒤 마거릿 헤일리는 시카고 주변 지역에 걸쳐 캠페인을 조직한 후, 청원서를 스프링필드의 일리노이 주정부 의회에 제출했다. 이 청원서에는 윌리엄 레이니 하퍼의 학교개혁 법안을 반대하는 50만 명의 서명이 담겨 있었다. 하퍼의 법안은 교사 임금을 동결하고 모든 시카고 아이들을 서로 분리하여 인문계열이나 직업계열로 배정하는 한편, 교육감에게 지역 학교들의 교사들을 고용하고 해고할 수 있는 절대적인 권한을 준다는 내용을 담고 있다. 그러나 그 법안은 좌절되었다.

교사노동조합주의는 미국인의 시민적 삶에서 잠재적 힘이 되었다.

캐서린 고긴Catherine Goggin은 오랜 기간 연맹의 의장을 맡았는데, 1899년 취임식에서 단지 교육조직이 아니라 정치조직으로서 연맹이 가져야 할 전망을 제시했다.

> 연맹은 더 넓게 내다볼 수 있어야 합니다. 현명한 시민의식의 범주에 포함되는 모든 것을 고려해야 합니다. 우리의 지지는 강력한 조력이 되고 그것의 반대 역시 동등한 힘을 가지게 될 것입니다. 세인의 견지에서 도시의 교사들을 평가 절하하는 신문들이 그러한 시도의 결과로 판매 부수와 광고 감소라는 결과를 즉시 느끼도록 여론을 잘 형성해야 할 것입니다.

도시의 부유한 이해관계자들에 대한 고긴의 명백한 위협은 초창기 교사노동조합 정신을 보여 준다. 이들 이해관계자들은 교사를 지원하거나 교사에게 월급을 지급해야 하는 존재들이다. 남북전쟁 전 여교사의 권한을 강화하려는 운동은 앤서니와 같이 상대적으로 특권을 가진 교양 있는 가정 출신의 여성들에 의해 주도되었다. 한편 아일랜드계 가톨릭이 지배한 연맹은 자연스럽게 노동계급 정치에 더욱 마음을 두었다. 헤일리는 연맹의 대표자로서 시청이나 주의회 의사당을 두드리는 것을 두려워하지 않는 사람이었다. 그녀는 사람들의 마음을 꿰뚫어 버릴 것 같은 파란 눈을 가진 '여성 노동 강타자'로 알려졌다.

세기의 전환기, 여성들이 투표권을 갖기 전인 이 시기에 여교사들이 임금 인상을 위해 투쟁력을 조직화한 것은 놀랄 만한 일이었다. 〈시카고 크로니클Chicago Chronicle〉 편집위원회는 임금 인상 요구를 연맹의 '무례함'으로 칭하고 "로비스트로서 학교 엄마들(여교사들)은 부정적인 인상을 남겼다"라고 불평하면서, 전형적인 대중지의 반응을 보였다. 〈애틀랜타 콘스티튜션the Atlanta Constitution〉은 연맹을 관망하면서, "조합주의는 소녀를 남성으로 만드는가?"라며 의아해했다.

헤일리는 그런 비판에 기뻐하는 것 같았다. 그녀는 자랑스럽고 '투쟁적인 아일랜드'와 여성주의자로 자신의 정체성을 규정했다. 그녀는 자서전 『배틀그라운드Battleground』에 "여성들은 기본적인 정의를 실현하기 위하여 두뇌, 위트, 때론 힘으로라도 싸워야 합니다. 당신 자신, 당신이 속해 있는 집단, 주변 사람들의 자유가 부족하다면, 당신은 자유를 위해 열심히 싸워야 합니다"라고 썼다.

헤일리의 투쟁적인 입장이 교원노동조합 운동에 장기적 이익을 늘 제공해 주었던 것은 아니었다. 그러나 시카고 교원연맹 출범 당시 헤일리는 몇 가지 큰 정치적 승리를 연출해서 효과를 거두었다. 1890년대 후반 경제 활성화 시기에도 시카고시는 재정이 거의 없어서 교사 임금 인상과 새로운 연금제도를 보장할 수 없었다. 헤일리는 그 이유를 조사하기 위해 1900년 38세에 휴직했다. 그녀는 일리노이 세금법, 기업법, 부동산법을 면밀하게 살펴보았고, 그 후 두가지 놀라운 사실을 알게 되었다. 첫째, 1787년 제정된 북서부토지조례에 따라 보통학교 체제가 땅을 승인받았다. 시카고 교육위원회는 그 땅을 실제 가치에 대한 재평가 없이 99년간 임대 조건으로 도시의 주요 기업들에 아주 낮은 시세로 임대해 왔었다. 예를 들어 〈시카고 트리뷴Chicago Tribune〉은 시세가 높은 루프 학교구에 본사를 두고 있는데, 임대료로 시세의 약 절반 가격만을 학교위원회에 지불하고 있었다. 〈시카고 데일리 뉴스Chicago Daily News〉도 달콤한 거래를 유사하게 누리고 있었다. 또한 교육위원회의 의장이 트리뷴지의 변호인이었다는 사실을 연맹이 공개하자 시세보다 적게 임대료를 내고 있다는 사실은 추문이 되었다. 시카고 공립학교 체제가 소유한 도심 지역을 적절하게 잘 관리했다면, 매년 2억 달러의 임대료 수익을 올렸을 것이다. 이러한 임대료 수익은 교사들에게 보다 많은 임금을 지급하고 시카고 공교육을 개선하는 데 사용할 수 있었을 것이다. 연맹이 임대료를 올리는 데 성공하지는 못하였다. 하지만 이 문제에 대한 캠페인은 사회복지관 옹호 운동가인 제인 애덤스와 사회주의 저널리스트인 칼 샌드버그Carl Sandburg와 같은 도시의 영향력 있고 좋은 정부 개혁가들의 초기 지원을 끌어내는 데 도움이 되었다.

헤일리의 두 번째 주요 성과는 시카고 공공 부문에 굉장히 큰 함의를 주었고, 미국 전역에서 그녀가 대중적 진보주의로부터 존경을 받게 되었다는 것이다. 헤일리는 일리노이 주정부가 기업 세금에 관한 법률을 집행하지 않았다는 것을 알게 되었다. 시카고시는 전차, 가스, 전기, 통신사를 포함한 7개의 영리를 추구하는 공적 기관들로부터 기업의 사업독점권에 대한 어떠한 세금도 받고 있지 않았다. 이로써 시는 수백만 달러의 세수 손실을 입었다. 교사연맹은 1900년 10월 29일 극적인 대중 집회를 개최하고, 주정부가 이들 세금을 징수하도록 강제하는 소송을 시민들에게 알렸다. 수백 명의 교사와 시민들이 도심의 센트럴 뮤직홀을 가득 메웠다. 집회 분위기는 격양되었다. 여성 활동가들은 남성 기업가들을 고소했다. 정치인들과 마찬가지로 남성 기업인들도 알면서 수십 년 동안 세금을 속여 왔다는 것이었다. 제인 애덤스는 일리노이의 세금사史 30년에 대한 헤일리의 상세한 보고를 받은 후에 보다 감성적인 전략을 구사하였다. 그녀는 교사의 임금 인상뿐만 아니라 가난한 아이들의 건강을 위한 보다 나은 공공 보건에 추가적인 세금 수입을 사용할 수 있다고 말했다. 애덤스는 기업인들이 세금 내는 것을 회피하자 "재산은 도덕적 가치를 잃게 됩니다"라고 말했다. 그녀는 "세금 내는 것을 정당한 것으로 만들고, 기업가들이 도덕적 의무감을 다시 가지도록 전체 공동체가 단결할 것을 요구했습니다. 저는 많은 남성들이 이해관계자의 이익을 위하여 세금을 피할 수 있다면 피하는 것이 정당한 것처럼 여겨지고 있다고 생각했기 때문입니다."

시카고의 문화 지도자들은 애덤스의 정치적 입장을 추종했고 연맹의 세금 투쟁에 대해 열렬한 환호를 보냈다. 엘리자 A. 스타Eliza A. Starr는 르네상스 미술에 관한 저명한 저자이자 강사로 헤일리에게 "우리 땅에 쇄도하는 금권정치의 흐름을 막으려는 그녀의 영웅적 노력"에 대한 축하 인사를 전했다. 루시 피치 퍼킨스Lucy Fitch Perkins는 아동 도서 저자로 헤일리와 고긴에게 다음과 같이 말했다. "당신들은 저로 하여금 모세와 아론을 생각하게 했습니다. 그리고 나는 당신들이 홍해를 거쳐 당신들의 길을 만들고 당신들이 이스라엘의 아이들을 데려갈 것이라고 확신합니다." 시카고 심포니 오케스트라는 연맹의 법률 수수료를 모금하기 위한 1901년 1월 콘서트를 대서특필했다. 교사노동조합주의는 적어도 기념비적인 하나의 흐름이 되었다.

일리노이 대법원은 1901년 10월 1일 향후 평가된 230만 달러의 세금을 시카고 공기업들에게 내라는 판결을 내렸다. 연방법원은 연간 총 60만 달러로 세금을 낮추었다. 공기업들은 그중에 거의 25만 달러를 시카고 교육위원회에 지불하였고 교사들은 체불 임금을 받았다. 이것이 헤일리와 초창기 교사노동조합 운동이 거둔 주요 승리였다. 헤일리는 교사의 조직화가 모든 지역에서 이루어지도록 독려하기 위해 곧 전국을 순회했다. 위스콘신 교사협회는 헤일리에게 강연을 요청하였고, 다음과 같이 홍보하였다. "헤일리는 시카고 교사들을 일리노이의 탈세 기업들에 대항하여 싸우도록 성공적으로 이끈 용감한 작은 여성으로 주목받을 만한 영리한 연설자입니다. 위스콘신의 모든 교사들은 그녀의 강연을 들어야 합니다." 언론가 윌리엄 하드William Hard는 〈시카고 트리뷴〉에서 일했다. 하지만 교원노동조합을 향한 사장의 호전적인 입장에 동의하지는 않았다. 하드는 "마거릿 헤일리, 반란"을 기념하기 위해 〈타임 매거진 Time Magazine〉 지면에 자유기고문을 실었다. 하드는 20만 시카고 시민들 중에서, "부당한 권리를 바로잡게 만든 한 여자, 한 사람이 있었습니다"라며 세금 투쟁에 대해 썼다. "저는 헤일리 씨가 행한 그 외 많은 것들에 관심이 없습니다. 세금 투쟁에서 그녀는 위대함을 증명했습니다."

해리엇 타일러 업턴Harriet Taylor Upton은 여성 참정권 운동의 지도자이다. 1904년 그녀는 헤일리에게 도움을 요청하였는데, 그것은 전국적으로 새롭게 조직화된 교사들에게 투표권 투쟁에 참여하도록 독려하는 연락을 취하는 일이었다. 그녀는 행복하게 그 일을 했다. 업턴은 투표권이 없는 여교사들이 상당히 불리한 입장에서 정치적 협상에 임하게 될 것이라며 헤일리를 설득했다. 투표권 없이는 자신들의 정책적 선호를 뒷받침할 수 없기 때문이다. 그러나 1902년에 헤일리는 참정권을 얻기 위해 기다리기보다 믿을 수 없는 대단히 논쟁적인 결정을 내렸다. 변호인 클래런스 대로우Clarence Darrow는 연맹을 존중하고 유진 데브스Eugene Debs와 같은 노동자 리더들을 대변했던 인물이다. 헤일리는 대로우의 소개로 여성 교사 조직을 남성 노동자 계급으로 구성된 시카고 노동자 연맹과 연대하도록 하였다. 시카고 노동자 연맹의 투표권과 로비력은 교사가 그들의 정책적 선호를 확장하도록 도왔다. 또한 시카고 교원연맹은 전미 노동자 연맹에 인가서를 신청했다. 전미 노동자 연맹은 새뮤얼 곰퍼스Samuel Gompers가 이끌었는데, 그는 빈틈없이 미국 민주당과 긴밀한 관계를 형성해 왔다.

수전 앤서니는 1869년 식자공 파업에 여성 대체 노동자를 훈련함으로써 인쇄소가 대응하도록 제안하였다. 그 결과 여성운동과 조직화된 노동자 간에 불신이 생기게 되었다. 33년이 지난 후 여교사들은 비록 집요한 페미니스트였지만 남성 수공업자에 덜 위협적이었다. 남성 노동조합주의자들은 초등학교 교사자격을 갖추고 있지 않았고 관심도 없었다. 전미 노동자 전맹은 교사들과 동맹을 맺으면서 노동조합 구성원들의 자녀에게 영향을 미치는 도심 지역 교육정책 결정에 과감히 참여하였다. 그러나 여교사노동조합주의자와 남성 노동자 리더들은 연대를 상호 이익으로 보았다. 이로써 이들 간의 협력관계는 시카고 연맹의 설립으로 깨지게 되었다. 노동조합에 가입된 교사들은 노동자로서 그들 자신의 이익과 도시 아이들의 교육적 이익이라는 두 가지 이익을 위해 동시에 투쟁할 수 있을까? 혹은 이들 두 가지 우선순위는 상충하지 않을까?

1902년 가을에 교원연맹과 시카고 노동자 연맹이 힘을 합쳤던 것처럼, 시카고 아이들은 노동조합 정치를 모방한 것 같은 전례없는 항의 운동을 시작했다. 교육감 에드윈 쿨리Edwin Cooley는 시카고 학교 제도를 중앙집권화하고 전문화하려는 운동 중 하나로 2명의 여성 교장을 남성으로 교체했다. 또한, 여교사들이 종종 아일랜드 혹은 체코 등 자신의 민족성을 공유한 학생, 학부모들과 너무 가깝다는 이유로 여러 명의 유명한 여교사들을 그들이 오랫동안 일했던 학교에서 먼 곳으로 전근을 보냈다. 도심 학교는 이미 근무 시간을 기반으로 교사에게 보상하는 정책을 시행하고 있었다. 그러나 쿨리는 이러한 정책들 대신에 다른 개혁가들과 마찬가지로 작문시험 점수, 교장이 수행한 '효율성' 평가 점수와 교사 승진, 임금 인상을 연계시키고 싶어 했다. 그는 무단결석 학생들을 찾아 도시를 헤매고 다녔고, 학교생활에 익숙하지 않은 수많은 신입생을 이미 과밀한 노동계급 초등학교로 데려오고 있었다.

제인 맥케온Jane McKeon은 연맹의 열성 회원으로 아일랜드계 서부 지역 인근의 앤드류 잭슨 학교에 근무하는 베테랑 교사였다. 할로윈 날에 맥케온은 모욕적인 발언에 대한 처벌로 55명 규모의 학급에서 무단결석 경력이 있는 한 학생을 쫓아냈다. 남자 신임 교장은 교실로 그 학생을 다시 들여보냈지만 학생이 교실로 들어오는 것을 맥케온이 거부하였다. 그러자 교장은 30일간 맥케온의 월급 지급을 유예하고 맥케온을 다른 학교로 전근시킬 것이라고 하였다.

일주일 후, 앤드류 잭슨 학생들은 맥케온과의 연대를 표하는 시위를 하기 위해 학교 밖으로 걸어 나갔다. 학생들은 맥케온이 복귀하지 않는다면 교실로 돌아가지 않을 것이라고 말했다. 〈시카고 트리뷴〉은 3면에 학교 입구에 모여 있는 천사 얼굴의 시위 군중 모습이 담긴 큰 사진을 실었다. "우리는 맥케온 선생님을 원합니다. 그녀 이외에 어느 누구도 원하지 않습니다"라고 굵은 웨이브 머리카락을 가진 소녀가 트리뷴지에 말했다. 신문판매원 모자를 쓴 한 남자아이가 말했다. "우리는 맥케온이 돌아올 때까지 돌아가지 않을 것입니다." 맥케온의 변호사는 맥케온이 노동조합에 가입했기 때문에 학교 관리자들의 보복 대상이 된 것이라 전했다. 분노한 〈트리뷴〉은 사설에서, 웨스트사이드 부모들이 교사가 혼자 감당하기 어려울 정도로 많은 학생을 담당하고 있는 현실은 무시하고 해이한 태도를 보이고 있다며 불만을 토로했다. 일부 학부모들은 앤드류 잭슨 학교에서 전개되고 있는 암울하고 우스꽝스러운 상황을 지지했다.

신문은 다음과 같이 쓰면서 교육위원회가 맥케온의 정직停職에 대한 확고한 입장을 고수하도록 촉구했다. "고용은 논쟁이 아니라 일하는 것을 의미합니다. 학교 체제는 논쟁하는 사회가 아닙니다. 행정가들에게 문제를 제기한 교사들은 시위 현장에 어린아이들을 데리고 갔습니다. 우리가 시카고에서 필요한 것은 교육위원회와 조화롭게 일하든지 다른 곳으로 가서 그곳에 계속 머물 교사들입니다. 반란주의자가 젊은이들을 위한 명확하고 적절한 지침은 아닙니다." 마침내 시위 학생들은 교실로 돌아갔다. 그러나 제인 맥케온은 새로운 학교에 배치되는 것을 거부했고 학교 체제에서 물러났다.

1905년, 노동조합에 가입한 교사들은 3만 5,000명의 화물운전자조합과 연대하여 '노동조합원만을 고용할 수 있는 권리'를 확보하기 위한 시위를 하였다. 클로즈드숍은 노동조합원만을 고용하는 곳이다. 화물운전자조합원들의 파업은 마셜 필드, 시얼스, 몽고메리와 같은 고이윤 백화점을 목표로 했다. 믿기 어렵겠지만 105일간 파업이 지속되었고, 415명의 부상자와 21명의 사망자가 발생했다. 화물운전자조합원들은 도심 지역에 있는 기업을 오가며 상품들을 나르는 대체 트럭기사들의 통행을 막기 위해 도심 도로를 통제했다. 이들 대체 인력들의 일부는 흑인이고 많은 사람들은 잔인하게 폭행당하였다. 진보주의 성향의 〈하퍼스 위클리Harper's Weekly〉와 〈네이션The Nation〉은 '프랑스 혁명의 공포'와 파업을 비교했고, 폭도와 트럭조합운전자들을 비교했다. 자유주의 이념을 갖고 있던 중상류층 사람들도 젊은 여교사들이 그런 운동과 연대하려 했다는 점에 굉장히 당황했다. 〈트리뷴〉은 연맹 회원들이 때론 과격한 트럭조합운전자들과 함께 연대하면서 24만 명의 시카고 학생들에게 합법적 권한에 대항한 선동, 반란, 법에 대한 무례, 사적 그리고 공적 권리의 파괴를 가르치고 있다고 우려했다.

시카고 작가 데이비드 스윙 위커David Swing Wicker는 초기 교사노동조합주의에 대한 보다 냉정하고 선견지명이 있는 비판을 하였다. 〈에듀케이셔널 리뷰Educational Review〉의 보도에서, 위커는 연맹가입자들이 교사들의 업무 수행을 평가하려는 교육감 쿨리의 계획을 반대함으로써 "교사들은 태어나는 것이 아니라 높은 질의 훈련과 장학에 의해 만들어진다"는 사실을 부인하고 있다고 주장했다. 〈스크라이브너Scribner〉 편집자 역시 비슷한 의견을 보였다. 잡지 편집자들은 노동자들과 연대한 교사들을 근시안적이라고 보았다. "개인적 발전을 평균 역량에 종속시키는 그런 조합주의의 가장 기본적이고, 가장 유해한 원칙 때문"이었다. 이들 시카고 교사들은 노동조합원이 되는 행동으로, 교육 혹은 전문적 삶에서의 독립심 혹은 발전에 부정적인, 그런 원칙들에 몰두하고 있는가?

실제로, 교직은 노동조합을 형성한 많은 다른 직업과 다르다. 교육에서 교사의 형편없는 직무수행은 즉시 아이들의 행복을 위기 상황에 놓이게 할 수 있다. 그럼에도 헤일리와 연맹은 교사들의 직무 수행상의 강점을 판단하고 형편없는 업무 수행과 좋은 업무 수행을 분별할 어떠한 대안도 제안하지 않은 채 쿨리의 교사평가 계획을 반대하였다. 그들은 쿨리가 교사대상 평가와 성과급을 최상의 교사들에게 보상을 제공하기 위한 방법으로서뿐만 아니라 전반적으로 교사의 임금 인상을 피하기 위해 제안하였다고 생각했다. 예산 삭감을 우려하면서 연맹은 교사들에게 직무 시간에 대한 기본급을 지급하여야 한다고 주장했다.[6] 헤일리와 교원연맹은 미술과 음악 강좌, 운동장 건축과 같이 학교 체제에서 우선되어야 할 사항들에 대해서는 쿨리와 그녀의 시카고 대학교 동료인 윌리엄 레이니 하퍼와 실질적으로 동일한 입장을 가졌다. 그러나 이들 영역에서의 협력보다는 여교사들에 대한 남성들의 많은 성차별적 가정들-여교사는 절대 학교장이 되지 말아야 하고 남교사보다 저임금을 받아야 한다는-을 고려한다면, 연맹은 전반적으로 다른 입장을 견지하였다.

1909년에 시카고 공장 감독관 헬렌 토드Helen Todd는 공립학교에서 중도탈락한 500명의 아동 노동자들을 대상으로 비공식적 조사를 실시

---

6. 성과급과 예산 삭감은 종종 함께 이루어진다. 애틀랜타가 1915년 성과급을 제도화했을 때, 학교구 내 전체 교사 보수가 1만 5,000달러까지 삭감되었다.

하였다. 토드는 아동에게 재정적 차원의 문제는 차치하고서 공장에서 일할 것인지 학교에 다닐 것인지 질문을 하였다. 아동 412명이 공장에서 일하겠다고 답변했다. 아이들은 학교를 윤리적 완고함, 신체적 체벌, 지루하고 시시해 죽을 지경의 단순 암기가 이루어지는 즐거움이 없는 장소라고 설명했다.[7] 토드는 일반적으로 가난한 도심 아이는 학교를 '철저하게 냉혹하고', '창피를 주는' 곳으로 경험한다는 결론을 내렸다. 많은 아이들이 중도탈락하여 때론 정직한 노동자가 되고 때론 범죄를 저지르기도 하는 것이 별로 놀랄 만한 일은 아닌 것이다.

그러나 토드의 연구는 과학적이지 않았다. 세기 전환기에 3만 명의 시카고 아이들이 학교에 등록하지 않았다는 점을 감안하면 아동 노동자들이 교실 실제에 대해 신뢰할 만한 판단을 할 수 있었을지 의문이 든다. 그렇지만 미국 전역의 도시들이 격동기를 겪는 동안 토드 보고서와 같이 교육현장의 실상을 드러낸 보고서는 미국인들의 두 가지 확신을 더욱 공고하게 만들었다. 하나는 본질적으로 공교육은 빈곤에 대한 적절한 처방이고, 또 다른 하나는 학교와 교사들이 역할을 잘 수행한다면 아동노동과 청소년 비행과 같은 문제를 해결할 수 있을 것이라는 점이다. 제이콥 리스Jacob Riis는 작가이자 사진작가로 1890년 처음 『절반의 사람들은 어떻게 살고 있는가How the Other Half Lives』를 출판하였다. 그는 이 책에서 뉴욕 빈민가의 생활을 탁월하게 기술하여 유명해졌다. 리스는 학교에 출석하지 않고 매춘부들을 염탐하면서 하루를 보내거나 노동착취 공장에서 일하는 소년들을 인터뷰했다. 그는 대부분의 이민자 아이들이 소수민족 거주지에 뿌리를 두고 있어 센트럴파크를 방문한 적이 없거나 자신들의 집에서 5분 거리에 있는 브루클린 브리지Brooklyn

---

7. 캐서린 비처는 여교사가 남교사를 대체한다면 신체적 체벌이 사라지게 될 것이라고 예측했다. 이것은 일어나지 않았다.

Bridge의 경이로운 건축물도 본 적이 없다고 기록했다. 리스는 이민자 아이들의 삶에 대한 체제상의 한계를 알게 되었다. 미국은 아동 노동에 대한 강력한 제재가 미흡했고, 가난한 사람들에게 건강관리와 직업훈련을 제공하기 위해 지역 기부단체들에 대체적으로 의존했다. 이들 지역 기부단체들은 종교적 개종과 연계되어 과도하게 확장되었다. 주거공중위생법은 부재하였고, 아동 노동자들이 학교에 등록하도록 격려하는 무단결석 학생 지도 교사들 수는 아주 적었다. 오늘날의 많은 개혁가들과 마찬가지로 리스는 아이가 빈곤에서 벗어나도록 하는 데 결정적인 요인으로 교사 요인을 꼽았다. 1892년 『가난한 아이들The Children of the Poor』이라는 책에서 리스는 "학교는 우리의 가난과 무지에 대항한 중요한 방어막입니다. 아이들을 다루는 데 가장 중요한 것은 교사의 개인적 영향력입니다. 그것은 가정으로 이어지고 삶을 통해 2세대와 3세대로 이어지면서, 다양한 방식의 안내와 조언으로 슬픔과 고난을 완화시킵니다"라고 썼다.

공교육에 대한 많은 폭로성 비판은 그 선정성에도 불구하고 진실의 이면을 담고 있다. 과밀 학급은 때때로 학교들이 무단결석과 학교를 그만두고 직장을 얻으려는 7살 아이와 같이 바람직하지 않은 행동을 하는 학생들과의 상담조차 불가능하게 하였다. 초등학교 단계에서 중도탈락하거나 등록조차 하지 않은 아이들은 결국 거대하고 위험한 기계와 씨름하거나 거센 날씨, 장티푸스에 감염된 급수전, 도로의 빠른 차들에 노출된 거리에서 상품이나 신문을 파는 최하위 노동자가 되었다.

시카고의 새로운 시장인 에드워드 던Edward Dunne은 진보적인 성향이었다. 그는 1905년 시교육위원회에 제인 애덤스를 임명하면서 학교 체제가 직면한 큰 사회적 도전들, 특히 무단결석에 대응하기를 진심으로 바랐다. 그러나 제인 맥케온과 같은 연맹에 가입된 교사들은 행동문제를 가진 아이들이 교실에 남겨진다면 바람직한 행동을 하는 동료 학생들의 학습을 위협하게 될 것이라는 보다 실용주의적인 관점을 오랫동안 유지해 왔다. 애덤스는 교과서 구입과 교육과정 구성에 대해 교사들이 더 많은 영향력을 가져야 한다는 연맹의 의견에 동의하였다. 그러나 애덤스는 교사의 역량에 대한 보다 공식적인 평가가 이루어져야 한다고 믿었다. 무엇보다, 몇몇 교사들은 단지 초등학교 교육만을 받았다. "교사들이 유연성과 개방적인 마음을 잃고 그들의 대부분이 굉장히 기계적이고 그저 그렇게 지내는 거대한 공립학교 체제에는 늘 상존하는 어려움이 있습니다"라고 썼다. 애덤스가 연맹의 의제 전부를 지지한 것이 아니라는 것을 헤일리가 알게 되었을 때, 헤일리는 비아냥거림을 담아 '점잖은 제인'이라고 언급하기 시작했다.

비록 애덤스는 순전히 선의였지만 교육감 쿨리의 교사평가 계획에 대한 그녀의 지지는 잘못 생각한 것이었을 수도 있다. 쿨리는 교사평가 보고서를 교사들에게 비밀로 하려고 했고, 그 결과 평가시스템은 교실 실천의 개선을 위한 도구로서의 유용성을 잃게 되었다. 연이어 학교위원회는 비밀 평가에 대한 조사를 실시하였다. 그 조사 결과는 상대적으로 낮은 평가등급을 받은 교사들이 행정가들에게 충성함으로써 보상받은 한편, 아주 높은 점수를 받은 몇몇 교사들(95% 혹은 그 이상)은 임금인상과 승진에서 탈락되었다는 것을 보여 주었다. 제인 애덤스는 교육위원회가 전체적으로 절망감에 빠졌다는 것을 알게 되었다. 그녀는 교수활동의 질 개선 방법이나 문제 있는 아이들을 지원하기 위한 소규모 학급에 대한 어떠한 합의도 중재할 수 없었다. 시카고에서 교육은 미숙한 행정 또는 저항적인 교사노동조합에 의해 개혁 노력이 주기적으로 좌절되는 등 완전히 정치화된 것처럼 보였다.

시카고 교육위원회는 1909년 당시 던 시장이 지명한 진보적인 인사들로 구성되었다. 교사 훈련 전문가인 엘라 플래그 영Ella Flagg Young을 교육감으로 고용하였다. 교육위원회 위원들은 영이 이러한 분열을 타개할 수 있을 것이라 기대했다. 영이 주요한 학교 체제의 미국 최초 여성 지도자가 된 그 당시, 그녀는 이미 명성이 자자했다. 그녀는 우아하고 굉장히 진지하고 지적인 여성이었다. 그녀가 20대였을 때 연상의 남편이 사망했다. 여러 해 동안 교수활동을 한 후, 그녀는 도시의 고등학교에 첫 번째로 설치된 교원양성부서를 운영했다. 도시의 가장 열악한 초등학교 중 한 곳에서 13세 어린 소녀들을 6개월간 훈련시킴으로써 능력 있는 교사들로 준비시켜 나갔다. 하지만 대부분의 사범학생들이 아주 낮은 수준의 초등학교 교육을 마친 형편이었다. 그래서 고군분투하고 있는 이민자 가정 아이들을 가르칠 만큼 그들을 잘 준비시키기에는 한계가 있었다. 또한 영이 훈련 프로그램에서 무능한 사람들을 탈락시키려고 할 때, 그들의 부모들은 정치적 연결고리를 가지고 있어서 시의회 의원들이 그들을 보호하고 있다는 것을 알게 되었다.

영은 유명한 초등학교의 학교장으로, 학교구 부교육감으로 30년간 계속 근무해 왔다. 그녀의 많은 생각들은 놀랄 만큼 시대에 앞서 있었다. 그녀는 교육 수준이 낮은 가정 출신의 아이들은 계속 뒤처지는 데 반해 특권층의 아이들은 부모들로부터 도움을 받을 것이라는 점에 근거하여 교사들이 숙제를 부과하지 못하게 하였다. 이것이 오늘날 '성취 격차' 문제의 근거이다. 영은 가난한 아이들이 지저분한 상태로 학교에 온다는 점에 주목하였다. 그래서 학교 목욕탕을 짓고 자신이 할 수 있는 한 학급 규모를 70명 규모에서 54명 규모로 줄였다. 이민자로 가득한 시카고 학교들을 '용광로'라고 묘사하는 것에 반대하였다. 학생들의 개별성을 약화시키고 다양한 문화를 무시하는 용어라고 믿었다. 동시에, 영은 제대로 된 영어를 가르치는 것이 학교 시스템의 가장 생동감 있고 중요한 책임이라고 보았다. 많은 교사가 문법과 작문 능력이 부족하다는 점에 깜짝 놀랐다.

정치적 반대파들은 영과 전국의 다른 진보주의 교육자들을 교사노동조합의 아첨꾼이라고 묘사했다. 그러나 그녀는 오랜 경력에 걸쳐 교사조직의 질에 대해 빈번하게 비판한 사람이었다. 1887년 '부모에게 좋은 교수활동과 나쁜 교수활동을 구분하도록 가르치는 방법'에 대한 연설에서, 영은 기자들과 대중들이 학교에 대해 신뢰할 만한 정보를 거의 갖고 있지 않기 때문에 교육개혁에 대한 정치적 논쟁들로 혼란스러워하고 있다는 점을 지적했다. 선정적인 중상모략가들이 단지 가장 형편없는 교실을 묘사하도록 두는 대신에 행정가들이 모든 교사들의 교실을 정기적으로 관찰하고 부모들에게 교실 문을 항상 개방해야 한다. 영은 교직이 너무 '얇은 피부'를 가졌다고 한탄했다. 교직이 개선되고 투명성을 확보하기 위해서 훨씬 더 의도적으로 애써야 한다. 마거릿 헤일리Margaret Haley는 교실에서의 교사의 사생활을 침해하는 이런 제안에 화를 냈다. 그러나 헤일리는 "영은 내가 그동안 접했던 사람들 중에 가장 훌륭한 지성을 타고 났습니다. 그 때문에 연맹의 리더는 늘 영의 생각을 들으려 했습니다"라고 썼다. 무엇보다 영의 비판들은 교사들에 대한 진정한 존경을 동반했다.

영은 자신의 집에서 격주로 교사들의 독서모임을 열었다. 여교사들은 셰익스피어와 단테를 읽고 토론했다. 일부 여교사들은 7학년 교육 이상을 거의 받지 않았다. 영은 교육이론가들이 아동 발달에 대한 최신 연구에 대해 교사들과 이야기를 나누도록 주선했다. 존 듀이와 하버드 대학교의 철학자인 윌리엄 제임스 등 참여 학자들은 현장 실천가들에게 자신들의 아이디어들을 시험해 볼 수 있는 기회에 흥분했다. 여교사들은 선도적인 사상가들의 생각을 진지하게 나눌 수 있는 상황에 감격해했다.

영은 1900년 시카고 대학교에서 존 듀이와 작업하면서 '학교에서의 소외'라는 제목의 교육학 박사 논문을 마무리했다. 그것은 특히 교육 이슈에 대한 에세이처럼 어떤 분야에나 있을 수 있는 비효과적인 관리에 대한 비판이었다. 영은 다음과 같이 썼다. "피고용인들이 존중받는다고 느끼고 열심히 일할 수 있도록, 반드시 '대규모 조직의 부서 구성원들 간에 서로 생각을 나누는 것'이 이루어져야 한다. 그러한 분위기 속에서 전문적 위계의 위 아래에 있는 교사, 학교장, 행정가 모두 동료들의 전문성으로부터 배우게 된다. 학교 행정가들이 선호하는 교과서를 기반으로 수업을 기계적으로 재생산하는 단순한 '자동장치'처럼 교사가 느끼지 않게 해야 한다." 영은 교사들 대부분은 제한적인 교수활동 경험만을 갖고 있으므로, 학교 제도가 보다 민주적으로 조직화될 때 아이들이 관찰을 통해 시민의 핵심 권리와 책임을 더 잘 이해하게 될 것이라고 믿었다.

영의 아이디어는 1896년 시카고 실험학교에서 시도되었다. 듀이가 시카고 실험학교를 설립하고 영이 한동안 실험학교의 강의 책임자를 맡았다. 약 140명의 학생들이 학교에 출석했고, 학생들 대부분은 교수 혹은 대학과 관련된 전문가의 자녀들이었다. 듀이는 종종 전통적인 공립학교의 '중세' 기술로 일컬어졌던 것에 대한 두려움을 드러냈다. 이 전통적인 공립학교에서 아이들은 교과서를 읽고 교과서 내용을 암기한다. 역사 혹은 생물학과 같은 교과를 다른 아이들과 떨어져서 책상 위로 등을 구부리고 공부를 했다. 부인 앨리스에게 쓴 1894년 편지에서 영은 "당신이 매년 시카고 학교에서 정말로 피폐해진 수만 명의 아이들을 생각하면서 밖으로 나가 거리 구석에서 구세군처럼 아우성칠 만해요"라고 썼다. 이에 반해, 실험학교의 교육과정은 듀이가 젊은 아버지로서 역시 주목했던 아동심리(학) 관찰에 기반을 두었다. 아동의 게임들은 경찰관과 도둑에서부터 소꿉장난까지 흔히 아동들을 둘러싸고 있는 전문직업과 어른들의 집안일을 모방했다. 아이들은 책과 암기 대신에 어른 세계의 노동을 유쾌한 경험을 통해 배웠다. 듀이는 아이들이 실제 배우는 방법에 대한 '과학적' 관찰에 터하여 '새 교육'을 수립하려고 했다.

듀이는 학교 경험을 책에서 어른이 유도하기보다는 아이들의 자연적 호기심에 보다 초점을 두도록 하였다. 그러나 교사의 수동적인 역할을 지지한 것은 아니었다. 그는 교육자는 아동에게 재미있는 질문과 아동이 답하는 데 필요한 도구들을 제시함으로써 "아동의 활동을 지도해야 합니다"라고 썼다. 실험학교 프로젝트를 통해 인류 역사에서 방직산업의 역할을 학생들이 생각하도록 했다. 개별 재료들을 물레로 돌리면서, 가공되지 않은 아마, 목화, 양모를 조사했다. 이러한 활동을 통해, 학생들은 면섬유가 아마섬유보다 작물에서 분리시키는 것이 더 어렵다는 것을 배웠다. 그리고 이러한 점을 들어 아마섬유와 울섬유로 만든 옷이 면섬유보다 앞서 나타난 이유, 미국 면 생산자들이 노예 노동에 더 많이 의존하는 이유, 면직공장의 발명이 노예제도가 덜 정치적이었던 남북전쟁전 미국의 경제에 혜택을 주었던 이유를 설명한다.

듀이는 이와 같은 수업으로 학생들이 관념적 세계와 물질적 세계 모두를 존중하고 이해할 수 있기를 원했다. 그는 버몬트, 베링톤에서의 어린 시절을 종종 회상했다. 그곳에서 조부모들은 자신들의 농장에서 생산한 재료들을 가지고 집에서 양초와 비누를 만들었다. 자연의 산물은 노동을 통해 공장의 생산물로 변화되는데, 듀이는 세기 전환기 도심 지역 아이들이 이러한 과정을 경험하지 못하고 있다는 점을 우려하였다. 듀이는 먹고, 입고, 사용하는 모든 물건이 인류 발명의 역사를 이끌었다는 것을 실험학교 학생들이 이해하기를 희망했다.

그러나 듀이의 접근은 실험학교 아이들이 시카고 공립학교 아이들과 다르다는 점을 거의 염두에 두지 않았다. 실험학교 학생들은 영어에 능숙했고 먹고 입는 것에 어려움이 없었다. 비록 같은 점이 있다손 치더라도, 가족들을 돕기 위해 12살에 학교를 떠날 가능성을 가진 학생은 거의 없었다. 한편, 많은 시카고 공립학교 학생들의 부모들은 매일매일 원료를 공장 상품으로 만드는 일을 한다. 목수 혹은 정육점 주인으로 일했다. 상대적으로 유복한 아이들과 달리, 그들은 생산의 수단과 결코 분리되어 있지 않았다.

몇십 년 후, 새로운 유형의 실험학교들은 진보적 교육학이 열악한 환경의 학생들에게서 긍정적인 결과를 산출하고 있다는 점을 증명하려 했다. 하지만 엘라 플래그 영은 시카고 대학교에서 선도적으로 시도했던 듀이의 아이디어들을 시카고 공립학교에 실행하느라 매우 힘든 시기를 보냈다. 영은 교육감으로 중요한 몇 가지 성공을 거두었다. 영은 교사의 월급과 연금 기여분을 올렸다. 어려움을 겪고 있는 학생들을 위한 방과후 학교와 여름 프로그램을 만들었다. 첫 번째 언어병리학 전문가와 여성 체육교육 강사들을 고용했다. 고위 행정가들과 아이디어를 공유하기 위해 1년에 2번 만나는 '교사협의회'를 소집했다. 영은 건축, 회계, 속기, 기계설계, 그리고 또 다른 기술들을 직업 선택과목들에 추가함으로써 높은 학교 중도탈락률을 낮추었다. 교사노동조합은 영을 지지했지만 도시의 기업 엘리트들은 영을 지지하지 않았다.

1915년 시카고 공화당 출신의 새로운 시장 윌리엄 '빅 빌Big Bill' 톰슨은 교육위원회에 제이콥 러브와 또 다른 세금 감세(주창)자들을 지명했다. 러브는 시카고 보험회사의 설립자였고 위원회 의장으로 선출되었다. 러브는 7.5% 예산 삭감을 첫 번째 의제로 설정하였고, 여성 교장, 여성

행정가라는 개념은 있을 수 없다고 주장했으며, 교사연맹을 말살시키고 영도 자리에서 밀어내고자 했다. 학교위원회는 '러브 규칙'을 통과시켰는데, '교사가 노동조합과 연대한 조직의 회원이 되는 것'을 허용하지 않았다. 위원회는 노동조합은 "훈육에 적대적이고, 교수활동의 효율성에 편파적이고, 학교 복지에 도움이 되지 않습니다"라고 주장했다.

9월 8일 대강의실 건물에서 노동운동은 러브 규칙에 대항한 조직화된 시위를 진행했다. 미국 노동연맹의 새뮤얼 곰퍼스는 교사단체에서 두뇌, 심장, 공감, 개성을 가진 사람들을 탈퇴시키려는 캠페인에 기업인들이 참여해 왔다고 대중들에게 말했다. 던 시장의 진보적 학교위원회의 전직 위원인 미국 노동부 장관 루이스 포스트는 아이들의 교육을 개선하는 것보다 자신의 세금을 감세하는 데 많은 관심을 가진 기업 이해관계자들에게 교원연맹이 오랫동안 제기해 왔던 사안들에 대해 말했다. "전국적으로 이익집단의 이익과 대중, 일반 대중의 이익 사이의 투쟁입니다. 바로 그 투쟁입니다."

긴 법적·정치적 투쟁 후, 교원연맹은 노동조합 가입을 이유로 해고된 교사들을 복직시키기 위해 러브와 거래하면서 미국 노동연맹으로부터 탈퇴하는 데 합의했다. 그럼에도 같은 시기에 연맹은 노동조합에 가입한 교사들을 위한 장기적인 승리 세 가지를 거두었다.

첫째, 헤일리와 일리노이 여성참정권론자들은 1931년 주의회에 여성의 참정권을 획득하기 위한 정치적 영향력을 성공적으로 행사했다. 연맹 회원들은 마침내 투표권을 가지게 되었다.

둘째, 시카고 교원연맹은 1916년에 전미교원연맹을 창립했다. 시카고, 뉴욕시, 인디애나의 개리, 애틀랜타, 미네소타 세인트폴, 워싱턴 D.C. 지역에 지부를 두었다. 미국 교원연맹은 4년 동안 174개의 지부들을 추가적으로 조직화했다.

마지막으로, 러브는 러브 정책을 반대한 것에 대한 보복으로 명성 있고 효과적인 담임교사들을 해고하려고 시도하는 등 연맹에 대한 악의적인 공격을 가하였다. 이것으로 자유주의적인 좋은 정부 개혁가들이 분노하게 되었다. 좋은 정부 개혁가들은 연맹과 시카고 시의회와 함께 주의회가 3년간의 수습기간 후 교사의 정년보장을 승인하는 법안을 통과시키도록 1917년에 정치적 영향력을 행사했다. 이전에 교사들은 매년 계약을 했고 그 계약은 언제든지 종료될 수 있었다. 오티스 법이 통과된 후, 교육위원회는 정년보장 교사를 해고하기 위해서는 교사들이 법적 대리권을 가진 공청회를 개최해야 했다.

정년보장권을 가진 첫 번째 미국인 교사는 1909년 뉴저지에 있는 교사들이었다. 정년보장은 현대 교사노동조합주의에서 단연코 가장 논쟁적인 사안이다. 하지만 제1차 세계대전 이전 시기에 정년보장을 옹호하는 노동조합 리더들, 학교개혁가들, 지식인들 간에 정년보장에 대한 일정 정도의 합의가 있었다. 오랫동안 유명한 프러시안 교육 시스템의 특징을 유지해 왔다. 하버드 총장 찰스 윌리엄 엘리엇과 뉴욕시의 개혁가인 교육감 윌리엄 맥스웰은 교사들의 보다 강력한 직업 안정성 보장을 위해 모였다. 뉴욕에서, 정년보장에 따른 3년간의 수습기간은 정치적으로 영향력 있는 교사가 임명된 수십 년 뒤에야 명확한 정부 개혁 방안으로 간주되었다. 이런 점에서 학교들은 후원 장치의 일부였다. 전국교육협회는 사무직의 조직화된 노동조합에 가입한 담임교사들에 대해 부정적이었다. 하지만 전국교육협회 지도자들 사이에서 정년보장은 역시 인기 좋은 방안이었다.

엘라 프래그 영은 시카고 정치에 진저리가 나서 은퇴하고 캘리포니아로 이사할 계획을 세웠다. 그녀는 1916년 1월 1일 시카고 교육감에서 사임할 때, 오늘날 여전히 진보적 교육학으로 규정할 만한 성명서를 신문에 발표하였다. 그녀는 교사를 아동들을 위한 창의적이고 지적인 안내자라는 관점을 가졌다.

> 저는 모든 아이들이 학교에서 행복해야 한다고 믿습니다. 그래서 우리는 반복 연습을 놀이로 대체하려고 합니다. 우리는 엄마가 자신의 아이들에게 하는 것처럼 마음의 형태들을 인식하려고 합니다. 우리는 대부분의 아이들을 5학년 시기에 잃어버리고 있습니다. 아이들이 직접 경험하게 함으로써 우리는 그들을 잃어버리지 않으려 합니다. 교사는 아동의 정신을 일깨우는 것에 기쁨을 느낄 수 있도록 자기 스스로 깨어 있어야 합니다. 우리는 교사들을 자유롭게 하려고 합니다. 어느 순간, 아동과 교사가 굉장히 즐거워하며 학교에 가는 그런 체제가 될 것입니다. 집에서 아동은 하루 동안 있었던 일들에 대해 자부심을 가지고 말할 것입니다. 저는 학교가 거대한 민주주의의 도구가 되기를 원합니다.

마거릿 헤일리와 교원연맹은 영의 부재에도 그녀의 업적을 이어 나갔다고 믿고 싶어 했다. 학교에 대한 정치와 기업의 압력이 증가하면서, 시카고와 타 지역 교사노동조합들은 교육 그 자체로부터 멀리 떨어져 스스로 불미스러운 연대를 형성하고 무모한 정치에 참여하고 있는 자신들을 인식하게 되었다.

시카고 시장 윌리엄 데버William Dever는 민주당의 좋은 정부 개혁가였다. 유권자들은 1923년에 '빅 빌' 톰슨이 남긴 혼란을 정리하기 위해 데버를 시장으로 선출하였다. 톰슨의 교육위원회는 학교 재정에서 800

만 달러를 횡령한 것이 밝혀지게 되었다. 데버는 학교 교육감으로 윌리엄 맥앤드류William McAndrew를 임명했다. 굉장한 자전거 애호가인 맥앤드류는 브루클린 공립학교의 행정가로 전국적으로 유명하였다. 그의 아이디어들은 '과학적 관리' 운동의 창시자인 프레드릭 윈슬로 테일러Frederick Winslow Taylor에 의해 구체화되었다. 엔지니어인 테일러는 개별 노동자들이 1시간에 단을 얼마나 바느질할 수 있는지, 회사가 바느질 실수와 같은 노동자의 실수로 얼마나 손실을 보는지와 같이 측정할 수 있어야 한다고 믿었다. 이러한 아이디어가 회사들이 직업훈련을 개선하도록 도왔고 빠르게 끝낼 수 있는 구체적이고, 반복적인 일들을 노동자에게 쉽게 부과하도록 만들었다. 테일러는 이를 '가장 최선의 방법'이라고 불렀다. 그는 좋은 업무 수행을 고무하기 위해 노동자들이 좋은 상품 생산에 대해 소정의 보너스를 받아야 한다고 믿었다.

테일러는 자신의 이론을 공장 작업에 적용하려고 했다. 경기 전망이 밝은 1920년대에 공립학교 행정가들은 혁신적인 기업의 실천들을 받아들이려고 했다. 이에 테일러의 이론이 공립학교 행정가들 사이에서 유행하게 되었다. 〈에듀케이셔널 리뷰Educational Review〉와 같은 유명 잡지들은 교사의 성과를 판단할 수 있는 복잡한 표들을 발표했다. 교사는 학생들의 에세이, 서법, 그림 혹은 시험 점수로 보여지는 학생의 학습 결과물로 측정되었다. 교육 연구자 윌리엄 랜슬럿William Lancelot은 행정가들이 모든 교사들을 위해 교과에 대한 초기 점수와 학기말 점수를 측정함으로써(오늘날 이러한 방법을 교사의 '부가가치' 점수라고 불린다) 학생 변화를 기록하는 방법을 보여 주는 연구를 수행하였다. 랜슬럿은 아이오와 주립대학의 수학 교수자들에게 자신의 학생 변화 측정 방법을 적용했다. 정말 일부 교사들은 다른 교사보다 훨씬 더 효과적이라는 점을 알게 되었다. 그러나 최상의 교사와 함께 공부했던 학생들의 결과물은 백점 만점에 평균 3점 미만의 가산점으로 보통 정도였다. 왜 그런 걸까? 오늘날의 부가가치 접근법에 대해 비판자들뿐만 아니라 동료 비평가 헬렌 워커Helen Walker에 따르면, 학급 규모부터 교육에 대한 가족의 개입까지 교사의 통제범위에서 벗어난 많은 요인이 학생의 시험 점수에 영향을 줄 수 있다는 것이다. 그 때문에 학생의 성적 변화는 궁극적으로 참된 교사의 질과 상관관계가 낮은 것으로 나타났다.

학생 성취가 새로운 효율성 기준에서 측정되는 유일한 요인은 아니었다. 평가체제는 교사의 개인적 특성과 '순종', '작업의 정직성', '의복', '목소리', '인격의 힘'과 같이 대체적으로 주관적인 특성에 대해 매겨진 등급을 기반으로 교사를 판단하기를 요구했다. 교실훈육에 대한 능력 역시 지각하거나 무례한 학생들의 수를 계산함으로써, 심지어 교사들이 활동지를 배분하거나 모으는 데 걸리는 시간을 측정함으로써 평가했다. 당시에 학교장은 이들 자료 모두를 수기로 공들여 평가표에 기록하고, 고위행정가들은 학교 전체의 수행을 자세히 살핌으로써 학교장의 등급을 매길 수 있었다.

시카고 학교 교육감인 맥앤드류는 새롭고 합리적으로 가정된 교사 등급 제도를 굉장히 신뢰하였다. 1916년 자신의 책 『대중과 학교들The Public and Its Schools』에서 그는 학생들의 시험 점수를 기반으로 교사를 평가하는 것이 학교장이 하루에 한 번씩 교실을 다니는 것과 같은 전통적인 방법보다 훨씬 우수했다고 썼다. 그는 개선의 여지가 없는 비효율적인 교사들을 뿌리째 뽑으려고 했고, 그것은 대량해고의 즐거움을 느끼는 것처럼 보인 최근 워싱턴 D.C. 학교들의 수장인 미셸 리Michell Rhee를 연상시키는 것 이상이었다.

학교장이 교수활동 능력의 습득 방법을 교사에게 보여 주기 위해 다른 업무에 합리적으로 시간을 배분할 수 없다면, 그는 교사가 다른 일자리로 이동할 자유를 보장하는 조치를 취해야 합니다. 형편없는 교수활동으로 아동의 삶과 공동체의 돈을 낭비하는 것을 허용하는 것은 최악의 경영일 뿐만 아니라 수치스럽고 태만하고 부정직한 것입니다. 우리에게 일자리를 주기 위해 학교가 운영되고, 우리와 피고용인에게 이익이 주어져야 한다는 것은 잘못된 것입니다. 어떠한 사립학교와 공립학교도 이것에 터하여 운영되는 학교는 없습니다. 그것은 부조리한 것입니다.

맥앤드류가 시카고에 도착했을 때, 그는 마거릿 헤일리와 조직화된 노동조합 회원들의 분노를 유발할 만한 두 번째 조치를 즉시 취했다. 우선, 맥앤드류는 영이 설립한 교사협의회를 해산하는 데 동의하였다. 대부분의 테일러주의와 같이 그는 엄격하게 피고용인을 통솔하는 합리적이고 전문성에 기반을 둔 경영자의 원리를 신뢰했다. 행정가들이 학교제도 개선에 필요한 지식과 자료에 접근할 수 있다면, 교사들의 생각을 듣기 위해 정기적으로 만나는 것은 불필요할 것이다. 당시 그는 지능검사 점수에 터하여 중학교 학생들을 직업 혹은 학문 지향 학교에 배치해야 한다고 제안했다. IQ 검사는 제1차 세계대전에서 군인을 모집하기 위해 개발되었다. 맥앤드류는 IQ 검사가 가정한 타고난 지능의 다섯 수준과 전문직과 기업, 성직자, 숙련된 상인, 준숙련된 상인, 미숙련 노동자 등 직업 계층과 일치한다는 것을 증명한 '연구보고서'를 1924년에 발표했다. 시카고 학교위원회는 맥앤드류의 제안을 지지했다.

듀이 추종자들은 학교들이 모든 아이들이 직접 활동해 보도록 도와야 하지만 학생들에게 학문적인 것을 무시한 채 구체적인 직업에 대해

지도하는 것은 경계해야 한다는 교육과정에 대한 '단선형' 접근을 취했다. 연맹은 이러한 접근에 대해 엘라 플래그 영과 마찬가지로 찬성하는 입장을 가졌다. 시카고 남성 노동조합은 교사노동조합과 함께 직업 결정론에 대한 반대 입장을 취하였다. 일리노이주 노동연맹의 지도자인 존 워커는 복선형 학교들이 공교육에서 아이들이 넓은 마음, 거대한 가슴, 지력, 순수한 시민의식과 같은 것들을 계발하는 대신에 값싼 노동력, 짐 운반용 동물을 위한 훈련 장소가 될 것이라고 보았다. 미국 노동 연맹은 IQ 테스트가 노동계급 부모의 아이들에게 '열등감의 낙인'을 새기기 위해 사용될 수 있다고 경고하는 책자를 발간했다.

노동조합이 고부담 IQ 테스트에 맞서서 대항한 것은 옳은 것이었다. 맥앤드류가 시카고로 돌아가기 2년 전인 1922년에, 신망 높은 연구자들은 전시 지능 연구들을 비난하기 시작하였다. 이들 연구들은 '질 낮은 과학'으로 신병의 이전 학교교육 격차를 설명하지 못한다는 것이다. 십만 명이 넘는 뉴욕시 5학년의 연구는 가정소득, 보건의료 접근성과 같은 사회경제적 요인이 학업적 성취의 예측변인으로서 IQ보다 우세하다는 결과를 보여 주었다. 무엇보다 IQ는 내적 잠재력을 측정한 것이 아니라 시간에 따라 변화될 수 있는 것 같았다. 하퍼스Harper's의 연구들은 남부에서 태어난 흑인들이 북부에서 여러 해 동안 살고 나서 IQ 검사를 실시했을 때보다 높은 점수를 받을 수 있었다는 것을 보여 주었다.

그럼에도 학교는 아동에게 직업을 정해 주려는 효율성 개혁가들의 영향으로 표준화된 IQ 검사를 구입하여 관리하는 데 주력해 왔다. 1932년 설문조사에 따르면, 조사 대상 150개 중 4분의 3의 학교구들이 차별적인 학업 트랙에 학생들을 배치하기 위해 지능검사를 사용한 것으로 나타났다. IQ 검사는 아동들을 선별하고 분류하기 위한 학교개혁의 선호된 '과학'으로 골상학을 대체하였다.

헤일리는 능력별 학급편성과 매일 출퇴근 시간 기록 용지에 4회씩 체크하는 맥앤드류의 또 다른 효율성 정책에 맞서서 싸웠다. 그녀는 반노동조합 성향의 〈시카고 트리뷴〉으로부터 지지를 받았다. 이 신문은 교육감에게 지나치게 하향적 방식의 개혁으로 교사단체의 반감을 일으킬 수 있다고 경고하였다. 헤일리는 맥앤드류를 내쫓으려는 욕심으로 신뢰롭지 못한 인물로 팀을 꾸렸다. 그 인물은 부패한 전직 시장인 '빅 빌' 톰슨이었다. 그는 '미국 우선주의American First'라는 고립주의자 슬로건 아래 자신의 사무실을 다시 찾고 의장에 출마하기를 희망했다. 1927년 3월 20일 〈트리뷴〉 광고에서 톰슨은 맥앤드류와 시장 데버를 비난했다. 이들이 조지 워싱턴을 영웅 대신에 '반역자'라고 기술한 역사 교과서를 선택함으로써 역사적 사실을 왜곡한 친영세력이라는 것이다. 이들 의혹들은 거짓으로 드러났다. 사실 맥앤드류는 학교 교육과정에서 미국인의 애국적 행위를 강력하게 지지해 왔다. 그러나 톰슨은 교원연맹의 지지를 받으면서 데버를 이겼고 그 뒤 맥앤드류를 해고시켰다. 맥앤드류의 개혁 아이디어들은 충분히 실행되지 못했다. '비열한' 맥앤드류의 사임 후에도 교육위원회는 여러 학교에서 반미 '선전운동'에 대한 증언을 계속 들으려고 했다.

교원노동조합 초기 30년간, 개척자격인 시카고 교원연맹은 탈세 기업을 추적했다. 빈곤에 처한 아이들을 위해 IQ 결정론에 대항하고 여성들의 투표권을 쟁취하였다. 그러나 교원노동조합 운동은 실용적이고 때로는 냉소적이었고 정치적 영향을 미쳤다. 한편 일부 형편없이 업무를 수행하는 교사들을 보호했고 오늘날에도 역시 그렇게 남아 있다. 마거릿 헤일리와 동료 '여성 노동운동 강타자'들은 천박한 애국자인 맥앤드류를 공격하기 위해 정치 세력과 연대함으로써 미국 교육에 혼란을 야기하고 전문적 교육자들의 이념적 특성을 살피는 운동을 대담하게 진행했다.

제5장

진보적 교사, 이념 전쟁에 내몰리다
전쟁 중의 마녀사냥과
사회운동에서의 노동조합주의

1940년 전미교원연맹AFT은 초기 단계인 교원노조주의 운동을 공산주의 정치가 망칠까 우려하여 뉴욕시 교원노조TU를 추방했다. 이후 교원노조는 의회의 산업노동자조합CIO과 제휴했다. 〈뉴욕 교사 소식지〉 1945년 호에 실린 이 판촉 사진은 사무직 교사와 생산직 노동자들이 동반자가 되었다는 의미를 담고 있다.

〈뉴욕 교사 소식지〉 1945년 10월 13일 발행, 뉴욕 대학교 타미먼트 도서관 소장

1945년 뉴욕시 교원노조 회원들은 선거대리권과 다문화교육을 위해 정치인들을 압박했다. 대부분 공산주의자인 젊은 교사로 구성된 주요 활동가들은 인종차별에 반대하는 사람들과도 연대하고, 학문과 학교의 자유를 위해 적극적으로 싸웠다. 또한 이들은 20세기 후반 교육개혁의 기반이 되는 빈곤퇴치 의제를 마련하는 역할을 했다.

〈뉴욕 교사 소식지〉 1945년 11월 3일 발행, 뉴욕 대학교 타미먼트 도서관 소장

1917년, 메리 맥도웰Mary McDowell은 브루클린의 파크 슬로프 지역에서 노동자 계급 아이들이 다니는 매뉴얼 기술 고등학교에서 라틴어를 가르쳤다. 각진 턱을 가진 사십 대의 그녀는 프로스펙트 공원의 남쪽에서 홀로 되신 어머니와 지내고 있었다. 완벽하게 동그란 모양의 금속테 안경을 쓰고, 마르고 평범한 몸매에 소박한 외모를 가진 그녀는 전형적인 노처녀 교사의 모습이었다. 당시 대부분의 교사들이 사범학교를 졸업한 반면, 맥도웰은 퀘이커 교도로서 스워스모어를 졸업하고, 영국으로 건너가 옥스퍼드 대학교에서 공부했다. 그리고 컬럼비아 대학교에서 석사학위까지 받았다. 제1차 세계대전이 발발한 이래로 그녀는 얼마 되지 않는 소득의 5분의 1에 해당하는 35달러를 매달 프랑스에 있는 민간인들을 위한 구호 사업에 쓰일 수 있도록 미국 프렌드 교회 사업 복지 사업회American Friends Service Committee에 기부해 오고 있었다.

1914년 인사고과에서 매뉴얼의 교장은 맥도웰에게 "학생들에게 훌륭한 본보기가 되어 주고 있습니다. 저는 그녀의 성실함과 최선을 다하려는 진심 어린 마음에 감명을 받았습니다. 그녀는 하루 일과를 마치는 종이 울리자마자 학교 밖으로 나가 버리는 2시 30분 땡 타입은 아닙니다"라고 적어 주었다. 그러나 3년 후, 예일 대학교 출신의 공학자 호러스 만 스나이더Horace Mann Snyder가 새로운 관리자가 되고, 맥도웰은 곤경에 빠지기 시작했다. 초등교육의 선지자였던 호러스 만은 교육감이었던 아버지로부터 직접 임명을 받아 당시에 인기 있던 교육개혁 이론들로 무장하고 브루클린에 도착해 자신의 이상들을 멋지게 실행하기 시작했다. 당시에 전통적인 인문계 교육과정이 보급된 고등학교를 졸업한 미국인 비율은 17%밖에 되지 않았다. 그래서 직업훈련과 스포츠 프로그램을 십대들의 관심을 사로잡아 중도탈락률을 줄이는 수단으로 사용하곤 했다. 호러스 만은 매뉴얼의 신입생들을 지능검사를 통해 세 가지 계열로 나누는 방안에 대해 소개했다. 이렇게 분류된 계열은 학생들이 추후 4년간 받게 될 교육과정을 결정짓는 것이었으며, 이는 졸업 후에도 그들이 선택할 수 있는 직업 기회가 제한될 수 있다는 의미였다. 만약 매뉴얼 고등학교의 학생들 중 3분의 1만이 대학 입시를 준비한다면, 죽은 언어를 가르치는 맥도웰과 같은 라틴어 교사들은 더 이상 설 자리가 없음이 분명해졌다.

호러스 만 교장의 두 번째 관심사는 제1차 세계대전 중 전 세계에 열풍을 불러일으킨 '시민성' 교육이었다. 만은 정치 교육과정이 엄격하지 않기 때문에 매뉴얼 고등학교 학생들의 애국정신을 충분히 고취시키고 있지 못하다고 생각했다. 그는 교사들에게 매일 아침 칠판에 애국심을 증진하기 위한 인용문을 적도록 하고, 학생들이 전쟁 저축 스탬프를 구매하도록 장려하는 안내문을 배포했다. 맥도웰은 이러한 스나이더의 명령을 잘 수행하였다. 그러나 호러스 만이 맥도웰에게 일주일에 한 시간씩 다른 국가들에 비해 미국이 월등한 이유에 대해 토론하기를 요청하자 맥도웰은 이의를 제기했다. 그녀가 생각하기에 자신의 역할은 학생들에게 라틴어를 가르치는 것이며, 자신이 애국을 실천하는 방법은 최선을 다해 수업을 하는 것이라고 믿었기 때문이다.

만은 교사평가제도를 이용해 그녀에게 앙갚음을 했다. 19세기 후반에 교사평가제도를 살펴보면, 교장들은 99.5%에 해당하는 교사들에게 잘했다는 평가를 내리는 것이 일반적이었다. 그래서 1898년 개혁가인 윌리엄 맥스웰William Maxwell이 교육감이 되었을 때, 그는 교사들의 능력에 대한 정보를 중앙집권화하는 것에 어려움을 겪었다. 따라서 더욱 상세하게 교사들의 등급을 능력에 따라 나눌 수 있도록 A에서 D까지 12개의 급간으로 나누어 교장들이 해당 교사에게 점수를 부여하는 새로운 제도를 도입하였다. 〈뉴욕타임스〉에 따르면, 교장들은 '농담' 삼아 새로운 평가제도의 시행으로 인해 엄청나게 늘어난 서류 작업에 대한 분노를 표했다. 그리고 맥도웰을 포함한 대부분의 교사들은 평균 이상인 B^+를 매년 받는 것으로 보고되었다. 1917년 크리스마스 연휴 직전에, 스나이더는 자신의 애국심과 관련한 안건에 저항하는 맥도웰에게 'C나 D가 당신이 이 도시와 국가에 대해 제공하는 서비스의 현재 가치를 더욱 정확하게 반영'한다는 협박을 덧붙이며, 평소보다 더 낮은 등급인 B를 주었다.

호러스 만은 교육부와 교육감, 시장의 명령에 따라 모든 교직원들이 소위 '충성에 대한 맹세'에 서명을 하도록 하고, 뉴욕시 학교 전체에 울려 퍼질 수 있도록 조치했다. 당시의 맹세는 여러 가지 형태가 있었지만, 맥도웰이 서명하도록 요청받은 내용은 아래와 같다.

> 우리, 뉴욕시의 공립학교 교사들은
> 이번 전쟁에서 미국의 대통령과 의회와 함께
> 독일과 오스트리아 제국 정부에
> 우리의 절대적인 충성을 다할 것을 굳게 다짐합니다.
> 우리는 우리 아이들에게 말과 행동으로
> 국기에 대한 사랑과 정부의 군사 정책과

대통령과 의회에 의해 선포된 원칙과 대책에 대한
무한한 충성심을 적극적으로 심어 줄 것을 맹세합니다.
우리는 민주주의를 위해 세계의 평화를 지키고자 노력하는
정부의 목적에 공감하며,
이 위기에서 우리의 가장 고귀한 임무는
대통령과 국회를 지지하는 것임을 믿습니다.
우리, 특정 사상을 가진 교사들은
우리 도시의 아이들을 가르치는 것이 허락되지 않음을
선언합니다.

　뉴욕시에서 근무하는 2만 명의 교사들 중 수백 명은 이 맹세를 낭송
하거나 서명하는 것에 대해 주저하였다. 그러나 명령대로 하지 않는다면
해고당할 위험이 있다는 것을 깨닫고 결국에는 30명을 제외하고는 모두
가 동의했다. 맥도웰은 타협을 거부하는 사람들 중 한 사람이었다. 엄격
한 퀘이커 교도로서 이런 맹세를 할 수는 없었다. 왜냐하면 그녀는 원
칙적으로 어떠한 이유를 막론하고 모든 전쟁을 반대하는 평화주의자였
기 때문이다. 그래서 호러스 만 교장에게 자신의 신념이 담긴 편지를 보
냈고, 이내 퇴직금도 받지 못한 채 쫓겨나게 되었다. 1918년 5월에 맥도
웰은 어퍼 이스트사이드에 위치한 교육부에서 '재판'을 받게 되었다. 재
판은 시나 주의 법률체계에 의한 실제적인 절차는 아니었고, 맥도웰이
직장과 종신 재직권을 잃게 될 것인지 아닌지에 대해 내부적으로 결정
하는 고용 공판이었다. 재판장에는 기자들뿐만 아니라 맥도웰을 지지하
는 교사들과 퀘이커 교도들로 가득 차 있었다. 뉴욕시의 학교에서 13년
동안 근무한 전문가인 행정 심사관은 '재판장님'께 맥도웰의 교사 경력
에는 결점이 없음을 주지시켰다. 그녀가 평화주의자라고 하더라도 퀘이

커의 교리를 학생들에게 주입한 근거가 전혀 없고, 문제가 되는 것은 맥도웰의 개인적인 신념일 뿐이라는 것을 알렸다. 증인석에서 맥도웰을 노려보던 뉴욕시의 교육감인 윌리엄 에팅거는 그녀가 군사적인 공격에 맞서 싸울 준비가 되어 있는지 대답하라고 압박했다. 맥도웰은 자신의 학생들을 포함하여 자신도 분명한 미국의 시민이기에 그럴 것이라고 대답했다. 그러나 그녀는 폭력 이외에도 적대감에 '저항할 수 있는 방법'에는 여러 가지가 있기 때문에 그러고 싶지 않다고도 전했다. 맥도웰의 변호인단은 퀘이커 교도들이 뉴욕시의 학교 제도를 다지는 데 중요한 역할을 해 왔던 점을 상기시키며, 1830년 주 교육청은 교사들이 자신의 종교적인 신념에 대해 질문 받지 않을 권리를 가진다는 선언이 있었음을 언급했다.

그러나 이런 노력은 아무 소용이 없었다. 공립학교 교사들 사이에서는 이미 맹목적인 애국주의 분위기가 만연했다. 학교에서는 교사들의 교수 능력과는 상관없이 체제에 반하는 정치적 견해는 충분한 해고 사유가 되었다. 특히 직업교육을 강조하는 체제 속에서 고전이나 외국어와 같은 인기 없는 교사들의 경우에는 더욱 상황이 심각했다. 결국 맥도웰은 '교사답지 못한 행실'로 유죄 판결을 받고 해고되었다.

제1차 세계대전 중에는 교육가들의 반체제적인 정치적 견해나 지능검사에 반대하는 의견은 새로운 형태의 교사평가체제와 엄격한 직업교육 체제 내에서 해고의 위험에 처할 수 있다는 사실이 증명되었다. 브루클린의 존경받는 교장인 알렉산더 피치랜더Alexander Fichlander도 평화주의자로서 충성에 대한 맹세에 서명하라는 명령을 거부했다. 또한, 피치랜더는 시카고에서 성공한 마거릿 헤일리Margaret Haley의 조직을 모방하여 1916년에 설립한 전미교원연맹American Federation of Teachers 소속 뉴욕 교원노동조합Teachers Union을 지지했다. 피치랜더는 학생들의 수업을 실제적으로 개선하지 못하고 교장들에게 업무 부담만 안겨 주는 관료주의적인 A-D 교원평가체제에 대한 비판적 입장으로 널리 알려져 있었다. 1917년에 그가 브루클린 지역의 관리자로 선출되었음에도 교육부는 그의 승진을 거부하고, 학생 수가 많은 초등학교의 교장으로 발령을 냈다. 이런 결정을 내린 위원회에 참석했던 존 그린은 '피치랜더의 반애국적인 태도가 주는 파장을 최소화'하며 그에게 줄 수 있는 영예는 여기까지이며, "이곳에 미국에 대한 충성을 맹세하는 것을 거부하며 자신의 시민성을 훼손시키는 자가 있습니다"라고 전했다.

피치랜더와 맥도웰을 겨냥한 마녀사냥은 대중적 지지를 받고 있었다. 1917년 11월 18일 〈뉴욕타임스〉의 편집국은 다음과 같이 공표했다.

"교육부는 불충하고 의심스러운 교사들을 뿌리 뽑아야 합니다. 그릇된 생각을 가지고 미국 땅에서 살아가며 균형 상태에서 벗어난 사람들로 인해 벌어지는 사소하고 사적인 전쟁은 끝내야 합니다. 그들이 학교 안으로 들어오는 것을 막아야 합니다. 그들이 계속해서 공적인 위치에서 선동하는 것을 멈추지 않는다면, 감옥으로 가야만 할 것입니다."

반애국주의적인 교육가들에 대한 도덕적 공황은 국제적인 전쟁에 대한 병적인 반응으로 인해 촉발되어 교원노조가 국내 정치에서 시위까지 동반하며 세력을 확장해 가는 것과도 연계되었다. 1917년과 1918년에 미군과 정부에 대한 '불충한' 공적 연설과 행동을 금지시키기 위해 국회는 「간첩행위법Espionage Acts」과 「소요죄법Sedition Acts」을 통과시켰다. 이 법은 특히 사회주의자나 공산주의자, 평화주의자, 이민자, 유럽의 좌익과 상관 있는 것으로 인식되는 모든 집단을 대상으로 했다. 미국 재향군인회American Legion와 참전 군인들의 조직은 다른 어떤 조직보다도 전국의 공립학교에 대해 절대적인 애국심을 강조했다. 재향군인회에는 16명의 상원의원과 130명의 하원의원이 속해 있었기 때문에 정치적인 영향력이 상당했다. 그들은 모스크바의 공산당이 미국의 젊은이들을 세뇌하기 위해 교사들을 적극적으로 모집한다는 생각을 조장했다. 재향군인회는 모든 좌편향 정당 활동을 반미국적인 것으로 간주했다. 그래서 백만 명의 다른 회원들에게 다음과 같이 주장하며 공립학교에서 일하는 '빨갱이들'을 잘 감시하라는 명령을 각 지부에 내렸다.

"사회주의, 자유주의, 급진주의, 공산주의라 불리는 이념들 사이에는 차이가 없습니다."

1921년 재향군인회는 마거릿 헤일리의 전미교원연맹의 영향력이 커져가는 것에 대항하여 전국교육협회National Education Association와 제휴했다. 재향군인회와 전국교육협회는 노동조합들을 볼셰비즘[8]의 틀 안에서 급진적이고 폭력적이며, 전문적이지 못하다고 맹렬히 비난했다. 11월에 전국교육협회의 지지로 재향군인회는 '미국 교육 주간American Education Week'을 제정하여 매년 그 기간 동안에는 교사들이 '혁명론자, 공산주의자, 그리고 급진적인 평화주의자들은 삶·자유·정의·안전·행복에 위협이 된다'고 가르치도록 했다. 또한, '애국심: 가장 중요한 인간의 감정'이라는 주제로 교육과정을 구성하도록 했다.

재향군인회는 언론계의 거물인 윌리엄 랜돌프 허레스트William Randolph Hearest와 관계를 형성하였고, 전미교원연맹의 최우선 과제로 꼽히던 교사들의 임금 인상과 학교에 대한 예산 증가를 통과시켰으며, 소득세에 반대했다. 1935년에 재향군인회의 지휘관이 쓴 기사들을 허레스트의 신문에 연재하며 대공황을 자유 시장의 실패로 가르치는 공립학교 교사들을 비난했다. 기사 내용 중에는 자유공채를 구매하지 않았거나, 교실에 성조기를 게양하지 않거나, 국기에 대한 경례를 하지 않는

---

8. 러시아 사회 민주 노동당의 급진파인 볼셰비키의 정치적 사상 및 이론을 뜻하며, 레닌주의를 중핵으로 한 러시아 마르크스주의의 급진적 좌익이다.-역자 주

교사들을 소련의 충성스러운 '제5열'[9]로 묘사했다. 교장이나 교육청, 시장의 입장에서 이런 묘사에 부합하는 교사들을 감시하고, 해고하는 것을 목적으로 삼는 재향군인회에 대해 반기 드는 것을 두려워하며 동조할 수밖에 없었다. 1939년에 재향군인회는 전미교원연맹 내 공산주의자들의 영향을 감시하는 비미非美 활동 특별 조사 위원회House Un-American Activities Committee를 지지하는 성명을 발표했다.

1917년부터 1960년까지 전국 학교들은 애국심에 대한 도덕적 공황으로 인해 수차례 크게 흔들렸다. 이를 두고 역사학자 하워드 비일Howard K. Beale은 수백 수천 명의 교사들을 대상으로 하는 '마구잡이식 조사'라고 표현했다. 그 40년 동안에 미국의 대중들은 국회의 각종 위원회에서 '이름이 거명'되거나 '묵비권을 행사'하면서 좌파적인 정치적 신념에 대해 재판을 받게 되거나 해고되는 교사들의 이야기를 주기적으로 듣게 되었다. 공포의 재향군인회 활동에는 해외참전용사Veterans of Foreign Wars와 미국애국여성회Daughters of the American Revolution, 기독전선Christian Front, 가톨릭 라디오 방송의 전도사인 커플린 신부와 연관된 반유대주의 단체와 같은 보수적인 지지자들이 함께했다. 지역 단위에서는 활동가들이 특정 교사들의 해임을 목표로 삼기도 했다. 교육사학자이자 평론가인 다이앤 래비치Diane Ravitch는 매카시즘[10]이 정점에 이르렀던 1950년대 초의 휴스턴을 회상했다. 다이앤의 공립고등학교는 유엔의 설립과 뉴딜정책 등에 반대하는 반공집단인 미국반공여성회Minute Women of the USA 학부모들의 영향력 아래 있었다. 압박적인 분위기 속에

---

9. 적국에서 외부 세력과 연동하여 각종 모략활동을 하는 조직적인 무력집단을 일컫는 말로 간첩을 의미하기도 한다.-역자 주

10. 위스콘신주 출신의 공화당 상원의원 매카시의 이름에서 유래한 표현으로 1950년대 초 공산주의가 팽창하는 움직임에 위협을 느끼던 미국의 사회적 분위기를 이용하여 체제에 반대하는 사람들을 공산주의자로 몰아 처벌하려는 극단적이고 초보수적인 반공주의를 일컫는다.-역자 주

서도 학교의 사서 교사들은 책장에 소련과 관련된 책들을 배치해 놓고 있었다. 학교 이사회는 래비치가 친애하던 넬다 데이비스Nelda Davis라는 교사를 자유민주적인 국제주의자의 이념을 가지고 있었다는 이유로 보복성 해고를 단행했다. 데이비스는 인종차별에도 반대하는 입장이었다.

미국 공교육 내에서 마녀사냥을 당한 교사들은 평범하지 않은 인구 구성에 해당하는 사람들이었다. 대공황시대에 시장 영역에서 실업 문제가 불거졌을 때, 학계, 의학계, 법조계뿐만 아니라 사적 영역에서도 인종이나 민족, 성별에 따른 인원 할당제를 시행했다. 이런 이유로 이 시기의 도심 교사봉사단은 구성원의 특성이 다양했고, 잘 교육받은 사람들이었다. 심지어는 필요 이상의 자격을 갖추고 있기도 했다. 1930년대에서 1950년대까지 주요 도시의 교육청에서는 증가하는 석사학위나 박사학위 소지자들을 환대했다. 1929년에서 1960년대 사이에는 교직의 남성 비율이 17%에서 30%로 오늘날보다도 높은 수준으로 증가했다. 대공황 당시 뉴욕시에서는 대학 교육을 받고 희망으로 부풀어 있는 교사들의 과잉 공급 문제가 발생했다. 그래서 교육부는 교사자격증 취득을 위한 복잡하고 다양한 단계를 만들었다. 모든 지원자들은 교육학과 교과지식에 대한 지식을 측정하는 시험을 치러야만 했다. 예를 들어, 예비 고등학교 영어교사에게는 고전 시가를 해석하는 문제가 주어졌다. 지원자들은 노동자계급의 흑인이나 유대인 억양을 가진 사람들을 차별적으로 선별하기 위한 표준 영어 말하기 시험도 통과해야 했으며, 실제 교실에서 시범 수업을 해야 했다. 마지막 단계는 압박면접으로, 학교 관계자들이 지원자들의 외모나 예의 바른 태도 등에 대해 직설적으로 평가했다.

이러한 엄격한 시험을 통과한 젊고, 교양 있는 교사들 중에는 대학에서 주입된 급진적인 정치적 성향이나 좌파적 사상을 가진 이들이 있었다. 당시의 공립학교 교사들이 정치에 무관심했다고는 해도 이러한 사실을 은폐할 수는 없었다. 역사학자 비일이 1930년대 교사들을 대상으로 전국적인 설문조사를 수행한 결과는 대부분이 충격적일 정도로 현재 벌어지는 사건들에 대해 무관심하다는 것이었다. 그러나 보수적인 활동가들이 좌파의 수가 비록 적어도 정치적으로 중요하다고 지적한 점은 정확했다. 도시 교사협회가 전간기와 냉전 시기에 적극적으로 좌익 활동에 참여하여 미국 정부의 안전성에 커다란 위협을 끼친 것을 그들이 목격했기 때문이다. 공산주의자인 교육가들이 국제적인 간첩활동에 연루되어 있었던 사건과 같이 이 외에도 몇 가지 충격적인 사건들은 더 있었다. 일례로 1940년대 초기에 뉴욕시의 여교사 세 명은 멕시코에서 암살당한 소련의 반체제 인사인 레온 트로츠키Leon Trotsky 암살 계획을 스탈린주의자들이 무마하는 데 동참하기도 했다.

하지만 대다수의 평화주의자, 사회주의자, 공산주의자들은 넬다 데이비스나 메리 맥도웰과 비슷했다. 국내의 불평등 문제에 관심이 많고, 전쟁에 대해서는 비판적이어도 미국에서는 충성을 다하는 지역 활동가이자 지식인들이었다. 그러나 불행히도 저소득층 학생들을 위해 헌신적이고 열정적인 교육가들은 이들의 사회적 정의에 대한 관점으로 인해 마녀사냥을 당하고 직업을 잃게 되었다. 비일이 기록한 바와 같이 '빨갱이 사냥'으로 인해 피해를 입은 것은 '평범한 교사'들이 아닌, 강한 사명감을 가진 '비범한 교사'들 이었다.

이 이야기는 1935년에 교사 노조의 통제권을 얻은 공산주의 활동가들이 있었던 뉴욕시에서 아주 극적으로 펼쳐졌다. 그들은 시카고에서 시작된 마거릿 헤일리의 가장 기본적인 조직을 뛰어넘어 '사회운동적 노동조합주의'를 제창했다. 주류 교사들이나 공산주의자로서 노동조합에서 활동하는 교사들은 모두 지능검사로 계열을 구분하는 것을 반대하고, 교원들의 임금 인상과 학급당 학생 수 축소를 요구했다. 그러나 전간기에 극좌 성향을 가진 젊은 교사들은 교사연합을 두 개의 진영으로 나누었다. 헤일리와 존 듀이John Dewey가 연합하여 구성한 진영은 사회민주주의적인 성격을 띠었으며, 오늘날 교원노조의 효시가 되었다. 첫 번째 진영은 중도적인 뉴욕시 교사모임Teachers Guild에 의해 운영되며 교사 자율성과 학교 예산 지원에 대한 입법활동을 주로 했다.

두 번째 진영은 오늘날 그 모습이 남아 있지는 않지만, 제1차 세계대전 이후에 마르크스주의적인 성격을 띠었던 듀보이스W. E. B. Du Bois의 전 지구적 반식민주의자들의 이데올로기와 공산주의가 결합되어 있었다. 서로 성가신 존재로 여겼던 두 교사집단은 학계의 자유와 인종차별과 빈곤퇴치라는 안건을 두고 서로 맹렬히 싸웠다. 이러한 의제가 20세기 후반에는 교육개혁의 목표가 되었지만 당시에는 급진주의적인 것으로 여겨졌다.

어빙 아들러Irving Adler는 항상 아내 루스Ruth Adler가 그를 공산주의에 입문시켰다고 말했다. 1930년대 초기의 평화주의자 학생 활동가 모임에서 처음 만나 함께 포스터를 만들면서 연애를 시작했다. 시립대학에서 수학을 전공하던 어빙은 자신을 사회주의자라 여기고 있었다. 그러나 뉴욕 북부 지역의 민스크에서 이민자인 유대인 농부의 딸이었던 루스는 상당히 급진적인 성향이었다. 그녀는 청년공산주의자 동맹지부 Young Communist League에 속해 있었으며, 전쟁에 반대한다는 이유로 컬럼비아에서 쫓겨난 의대생 버나드의 졸업을 위해 피켓 시위를 벌이기도 했다. 그녀는 대학의 가장 권위 있는 수학 분야의 상을 받았음에도 시상식에 나타나지 않아 다음 날까지 수상 소식을 알지도 못했다. 그리고 일주일 후에 루스와 어빙은 결혼을 했고, 뉴욕시 공립학교 교사가 되기 위한 연수를 함께 받기 시작했다.

공산주의자 교사들은 허드슨의 하버드라 알려진 시립대를 졸업한 아들러와 같이 대개 교육 수준이 높은 경향이 있었다. 아이비리그 대학과는 달리 시립대는 정치학이나 사회학과 같은 신흥 사회과학이나 수학, 물리학을 공부하고 싶어 하는 수많은 유대인 지원자들을 차별하지 않았다. 그런데 왜 이런 젊은 지식인들은 교사가 되고자 했던 것일까? 시립대를 졸업한 유대인 학생들은 반유대주의적 사회분위기와 대공황으로 인해 취업 시장에 진입하기가 매우 힘들었다. 어빙 아들러는 수학 분야에서 명예를 획득하고 훌륭한 학자로 여겨졌지만, 뉴욕의 우수 보험 회사나 회계 사무소에서는 유대인을 고용하지 않는다는 사실을 진작에 알았다. 심지어 시립대의 수학과에서도 유대인 교수는 고용하지 않았다. 루스 아들러는 인종과 성별로 인해 취업에서 어빙보다도 더욱 치명적인 차별을 경험했다. 공교육 분야에서 일한다는 것은 그러한 노골적인 선입견에서 벗어나 잠시 한숨을 돌릴 수 있다는 점에서 이러한 지식인들의 피난처가 되었다. 아들러 부부는 교사가 된 후 공식적으로 공산당과 뉴욕시 교원노동조합Teachers Union에 가입했다.

뉴욕시 노조는 전미교원연맹의 다섯 번째 지부로 정치적으로는 사회민주적인 성격을 띠며 1916년에 설립되었다. 노조는 1927년에 성공적으로 교원 임금 인상을 위한 주 법안을 통과시켰다. 이는 엄청난 승리였다. 그러나 1929년의 충격적인 경제 침체 이후에 뉴욕은 예산 책정에 있어 긴축정책을 시행하기 시작했다. 시에서는 어빙과 루스를 포함해 새로운 교사들을 전업 '상근직 대체 교사'로 채용했다. 교육청에서는 그들에게 정규직 교사들에 비해 더 낮은 임금을 지불했고, 병가에 대해서는 지급 의무가 없었다. 그러나 5지부의 대표직을 장악하고 있는 나이 많은 교사들에게 대체 교사 문제는 중요하게 여겨지지 않았다. 정년이 보장된 교사들은 자신들의 임금 삭감에 맞서는 것을 노조의 최우선 사항으로 두었다. 빈곤한 흑인 동네에서 젊은 유대인 대체 교사들이 일하는 환경은 대부분 비위생적이고, 학생도 포화상태로 물리적인 조건이 참담했으나 5지부는 이러한 사실에 대해 강경한 입장을 취하지 않았다. 어빙 아들러는 할렘지역의 하렘 고등학교에 배정되었다. 그는 그곳에서 근무하는 60명의 교사들이 노조에 가입하는 것을 도왔으며, 뉴욕에서 최초로 가난한 아이들을 위한 무료급식 프로그램을 운영하였다.

아들러와 다른 젊은 교사들은 노조위원장이 임금 상승 법안을 타결하기 위해 정치인들을 비판하는 것을 회피하는 것을 목격하며, 그가 너무 '조심스럽고 보수적'으로 변해 간다고 느꼈다. 그래서 일반 노조원들은 반대파를 모아 간부회의를 구성했으며, 1935년에는 5지부의 집행부를 통제할 수 있는 권한까지 얻게 되었다. 노조의 새로운 간부들은 대부분 20대와 30대였으며 반파시스트 조직에 참여하고 있었다. 심지어 이들 중에는 여름 방학에 스페인의 프랑코에서 전쟁 중인 왕당파를 직접 찾아가 자원봉사를 하기도 했다. 노조의 새로운 위원장 찰스 헨들리 Charles Hendley와 저명한 흑인 지도자 루실 스펜스Lucille Spence를 포함해서 활동가들 중의 대부분은 공산당원이 아니었다. 노조는 종종 노조원들에게 프랭클린 루스벨트를 지지하는 뉴욕주의 사회주의 조직인 미국 노동당 소속의 후보에게 투표하도록 권고했다. 반면, 아들러와 같이 노조에서 목소리를 내는 노조원들은 정식 공산당원들이었다.

5지부의 새로운 지도자들은 정식 교육정책 잡지로 〈뉴욕 교사 소식지The New York Teacher News〉를 다시 발간하기 시작했다. 첫 번째 호에서 위원장 헨들리는 교실에서 '일률적인 교육 방법'을 고수하여 학생들의 '창의성을 말살시키는 틀에 박힌 교육'을 반대하고 '지적 정직성'을 추구하는 노조의 입장을 분명히 전하고자 했다. 지식인들과 사립학교에서 듀이의 '새 교육'에 대한 관심이 고조되고 있었음에도 불구하고, 도시의 공립학교에서는 초등학교 학생들의 책상을 줄 세우지 않고 모둠별로 배치하는 것과 같이 급진적이지 않은 제안조차도 거의 받아들여지지 않고 있었다. 대다수의 교사들은 여전히 관리자들이 선택한 표준화된 교과서 중심으로 수업을 했으며 일제식 수업 방식을 고수하고 있었다. 뉴욕시의 41%의 교실에는 한 반에 40명이 넘는 학생들이 있었다. 새로운 노조 지도자들은 진보적이고 창의적인 교육 방식을 위해서는 학급의 규모를 줄이는 것이 선행되어야 한다고 주장했다. 이는 저소득층 학교일 경우 더욱 절실한 조건이었다.

5지부는 학교 밖에서 일어나는 사건도 다루었다. 메리 맥도웰은 충성선서[11]를 하기 전까지 계속해서 전쟁에 반대하는 정치적 활동을 해 오고 있었다. 그러나 교원노조와 헨들리는 '전쟁을 유발한 제국주의자들과 군사주의자들에 반대한다'는 입장을 표명했다. 또한 건강보험과 사회보장, 실업수당, 아동노동법을 위한 로비를 맹세했다. 노조는 교육정책에 반영된 인종차별적 요소에 대한 우려를 표명했다. 남부 흑인들이 북쪽 도시들로 대거 이주해 옴에 따라 인종 다양성에 의한 교육환경 내 변화가 더욱 분명하게 드러나고 있었다. 북쪽에 거주하던 아일랜드, 이탈리아, 유대인 출신의 백인들은 맨해튼의 할렘이나, 브루클린, 베드퍼드스타이베선트와 같은 동네에서 탈출하고 있었다. 법적인 조치가 아니어도, 현실 상황을 반영해 북쪽의 학교에서는 흑인과 백인을 분리시켜야 하는가, 통합해야 하는 것인가? 백인 중산층이 급격히 교외로 이주하는 상황을 고려하더라도 학교를 통합하는 것이 현실적인 목표인 것인지, 아니면 백인 아이들의 수가 너무 적어 통합 정책이 의미가 없는 것인지에 대한 문제가 대두되었다. 교원노동조합은 시민권 의제와 관련하여 세 가지

---

11. 공직 취임자의 강압에 의해 진행된 것으로 반체제 활동을 하지 않겠다는 충성 선서를 의미한다.

의 목표를 채택했다. 첫 번째 목표는 빈곤층의 아이들에게 제공되는 학교의 엄격한 교육과정에 대항하는 것이었다. 두 번째는 인종차별적 교과서를 없애고, 흑인과 푸에르토리코의 역사가 포함된 새로운 교육과정을 구성하는 것이었다. 세 번째는 가난한 지역의 사회적 환경 개선을 위해 각 지역의 조직과 연계하는 것이었다.

1940년대와 1950년대에 벌어진 교원노조의 대표적인 시위 사례는 학생의 95%가 흑인과 푸에르토리코 출신인 맨해튼 동쪽의 요크빌 고등학교에서 벌어진 사건이었다. 당시의 많은 여학생들은 평판이 좋은 간호사 양성 프로그램을 가진 이 고등학교를 선택했다. 그러나 신입생들은 지능검사와 적성검사를 받았는데, 백인이 아닌 학생들의 대부분은 간호학과는 전혀 상관이 없는 3년 과정의 '기타 과정'에 배치되었다. 기타 과정에는 최소한의 국어수업 시수만 포함되어 있었고, 수학 교과는 포함되지 않았다. 이 계열로 배정된 학생들은 간단한 바느질과 같은 '가정' 기술을 습득하며 하루를 보냈으며, 필수 교육과정에 대한 수업이나 취업을 위한 자질을 기르는 과정에는 참여해 보지 못한 채 학교를 떠났다. 그러는 동안에도 뉴욕시 교육청에서는 맨해튼 남부의 스타이베선트 고등학교나 브롱스의 과학고등학교와 같이 학업적으로 우수한 학교들에 입학시험으로 진입하는 것에 제한을 두기 시작했다. 빠른 속도로 인종이 다양화되어 가고 있는 도시의 분위기 속에서 교육청은 지속적으로 백인 학생들에게만 배타적인 편의를 주었다. 위에서 언급한 두 학교는 오늘날까지도 표준화된 시험을 거쳐야만 입학할 수 있으며, 흑인과 히스패닉 학생들이 거의 없을 정도로 선별적으로 학생을 선발하기로 유명하다.

교원노조의 지도자들은 직업교육을 중시하는 당시 분위기에 우호적이었다. 대다수의 학생들은 대학을 절대 졸업할 수 없는 처지였기 때문에 직업훈련은 공교육에서 제공해야 할 주요 서비스라 여겼기 때문이다. 대공황 시기에 『유능한 10%Talented tenth』라는 책으로 유명해진 듀보이스조차도 흑인 10대들을 위한 양질의 직업훈련을 제공해야 한다는 의견에는 열렬한 지지를 보냈다. 그러나 어빙 아들러와 같은 노조에 속해 있는 교사들은 직업고등학교가 고급 수학과 외국어 과정 등을 노동계급의 학생들이 필요로 하지 않고, 학교도 제공할 여유가 없다고 할 것이 아니라 계속해서 제공해야 한다고 주장했다. 시카고의 연맹과 같이 뉴욕 노조는 학생의 능력이나 그들의 가족 배경으로 진로를 제한할 것이 아니라 학생들 스스로가 자신의 진로를 선택할 수 있게 해야 한다고 목소리를 높였다.

남부에서 이주하여 북쪽 도시에 정착한 대다수의 흑인들은 학교에 다니고 있던 다른 학생들에 비해 읽기 능력이 현저히 떨어졌다. 이런 문제를 극복하기 위해 교원노조는 흑인 동네의 학교들은 학급당 학생 수를 30명 이하로 줄이고, 진로 교사를 배치하며, 무료 점심과 의료 서비스를 제공하는 데 더 많은 예산이 필요하다고 주장했다. 베드퍼드스타이베선트나 할렘에서 활동하는 노조 활동가들은 지역 경찰서에서 청소년 범죄를 예방하기 위해 그들을 경계하고 공포에 떨게 해서는 안 된다고 믿었다. 흑인 청소년들을 다룬다는 명목으로 처벌 조치나 가혹한 통행금지 등에 의존할 것이 아니라, 학교 측에서 스포츠 수업과 같은 방과후 프로그램을 운영할 것을 촉구했다.

교원노조는 이민 온 아이들을 담당하는 교사들이 기초적인 스페인어를 배우고, 푸에르토리코의 역사가 포함된 교육과정을 만들도록 권고했다. 1930년대부터 노조는 인종에 대한 고정관념을 심어 주는 교육과정 자료의 사용을 중단시키기 위해 뉴욕시 교육청에 압력을 가해 왔다. 1950년 노조는 시에서 제작한 교과서의 분석 결과를 발표했다. 일반적으로 이 교과서는 노예 폭동을 다루지 않고 있으며, 노예 소유주들이 노예의 인권을 보장하며 친절하게 대했다고 설명하고, 흑인들이 아직 자유를 누릴 준비가 되지 않은 상태라는 평계로 노예 해방을 기술했다. 뿐만 아니라 남부 재건주의 시기를 남성과 여성이 자유를 획득하는 기회가 확장된 시기가 아닌, KKK단의 봉기나 흑인 차별Jim Crow 정책[12]을 사실상 정당화하는 정치적 혼란의 시기로 표현한 점 또한 문제가 있다고 주장하였다. 지리학 교과서에서는 유럽인들의 식민정책을 '다혈질이라 발전이 없는' 니카라과나 과테말라와 같은 '후진' 국가에 문화를 가져다주는 자비로운 영향력을 행사하는 것으로 묘사하였다.

인종차별에 대한 교원노조의 주장은 시민권을 위해 행동하는 지도자들의 참여로 인해 고취되었다. 1952년, 듀보이스는 교원노조의 연례상을 받았다. 그러나 역사학자 클래런스 테일러Clarence Taylor는 2011년 교원노조에 대한 연구 결과를 발표하면서 칠판 앞의 빨갱이들 조직이 인종차별을 완화하기 위한 노력을 해 온 점은 가상하지만 공산당과의 관계에서 기인하는 본질적 문제는 너무나 심각해서 이러한 공로를 치하할 수가 없다고 전했다.

교원노조 출판물은 철의 장벽 뒤의 장밋빛 삶을 묘사한 것으로 가득했다. 1943년의 책자에서는 소련이 제공하는 소년들을 위한 스카우트 프로그램과 소녀들을 위한 농업교육을 칭송했다. 3년 후 〈뉴욕교사New York Teacher〉라는 잡지의 전체 내용은 소비에트 사회주의 연방 공화국을 찬양하는 데 할애되었다. 교원노조는 교사들이 학생들에게 '정부의 간섭으로부터의 자유'라는 미국적 개념과 소련식 자유 개념인 '직업

---

12. 1835년 토머스 라이스의 노래에서 유래한 표현으로, 미국 내 흑인들을 가난하고 어리석다는 의미를 담아 경멸적으로 일컫는 말이다.-역자 주

을 가질 자유'나 '충분히 먹을 자유'와 같은 자유에 대한 두 국가의 개념 차이를 설명하는 사회수업을 제안했다. 물론, 소련은 일당 체제로 하나의 당이 노동자 계급을 대변하고 있었다. 당시의 유명한 교원노조 활동가들은 그러한 소련의 권위주의와 인권 학대의 증거에 대해서는 거의 관심을 기울이지 않았다.

공산주의자 교사들은 미국에 대한 충성심이 없는 간첩이거나, 애국적이지만 반체제 인사였던 것일까? 교원노조의 세력이 정점에 이르던 1932년부터 1945년까지 얼 브라우더Earl Browder가 미국의 공산주의 운동을 이끌고 있었다. 비록 그는 소련의 첩보활동을 하고 있었지만, 상대적으로 온건한 성향이었다. 브라우더는 공산주의가 미국의 민주적인 전통에 적합한 체제라고 믿었다. 제2차 세계대전 중에 브라우더는 공산주의자들과 사회주의자들 사이의 적개심을 완화하기 위해 노력했다. 그는 파시즘에 대항하는 통일전선을 제시하기 위해 진보당을 옹호했다. 그리고 1930년대 후반까지 루스벨트 대통령의 뉴딜정책을 지지하는 미국 공산주의자들을 대표하였다.

미국 전역 좌파들의 협력적 동반자인 브라우더는 공산당원이 많은 공립학교 교사 활동가들을 유치할 수 있기를 바랐다. 왜냐하면 교원노조가 급진적이긴 해도 1940년에 이미 노조원이 6,000명으로 뉴욕시에서 가장 큰 교사 조직이었기 때문이다. 루스벨트 재선을 위한 선거 캠프에서 부지런히 활동하고 있는 공산주의자 교사들은 자신들을 실용적인 이상주의자로 생각하고 있었다. 그러나 노동조합주의자들은 전체 교사단체에서는 상대적으로 적은 수를 차지하고 있었다. 전간기의 대다수 공립학교 교사들은 노동조합주의자들이 노동계층의 얼룩을 여전히 가지고 있기 때문에, 그들의 합류로 인해 교직이 전문직으로서 대중의 존경을 점차 잃어 갈 것을 염려했다. 1940년 12월에 교원노조는 뉴욕과 필라델피아 지부의 공산주의자들의 정치적 행태가 교사 전체의 노동조합 운동을 퇴색시킬 우려가 있다며 전미교원연맹에서 퇴출시켰다. 전미교원연맹은 교원연합연맹United Federation of Teachers의 효시가 된 당시 뉴욕 교사모임Teachers Guild의 영향력이 점차 줄어들고 있다는 사실에 대해 알고 있었다. 교원연합연맹은 오늘날 뉴욕시 교사들을 대표하는 노조가 되었다. 이러한 추방 후에도 교원노조는 여전히 대부분의 노조원들을 유지하고 있었고, 공산주의에 동조하는 조합의 산하 조직인 산업별 조합회의Congress of Industrial Workers와 제휴하였다.

몇 년 사이에 브라우더로 대표되는 많은 온건파 공산주의자들과 교원노조는 국제적인 지지를 잃기 시작했다. 1946년에 공산당의 급진주의자들은 브라우더를 내쫓아 버렸다. 교원노조의 법무 담당자인 벨라 도드Bella Dodd를 포함한 그의 서클은 갑자기 자신들의 지지자들과 사이가 벌어졌다. 이는 교사 활동가들의 사교적인 사회적 집단이 내분이 일어나며 분열되고 있음을 의미했다. 어빙과 루스 아들러는 도드에게 달려가 항의했고, 자신들의 오래된 친구들과 동료들 대부분이 도드를 더 이상 인정하지 않는다는 것을 발견하고 충격에 휩싸였다. 뉴욕의 정치권에서 도드는 카리스마 있는 연설가로 통했다. 그녀는 자신의 개신교적 뿌리를 재해석하며, 공립학교 교사들이 미국 재향군인회와 같이 미국의 청년들을 세뇌시키고 있다고 비판했다. 도드는 신을 믿지 않는 공산주의의 해악에 대해 글을 쓰고, 연설을 하며 언론계에서 주목을 받는 신인이 되었다. 그녀는 "공산주의자 교사들은 사람들이 공산주의 정부를 기꺼이 받아들이도록 교육하는 것이 의무이다"라고 외치며, 자신들의 강령을 따르지 않는 교사들은 당에서 내쫓아야 마땅하다고 주장했다.

이러한 일련의 극적인 사건들은 냉전의 여명과 동시에 발생했다. 미국과 소비에트 러시아는 더 이상 나치즘에 함께 대응하는 동맹관계가 아니었다. 그럼에도 미국 공산주의자들은 서로를 공격할 것이 아니라 대외강경론의 정치인들을 십자포화를 받는 위치로 내몰아야 한다고 했다. 1949년 뉴욕시 입법부는 공산당을 포함해서 '체제 전복적인 조직'에 속해 있는 교사는 교육청이 일방적으로 해임할 수 있도록 하는 파인버그법Feinberg law[13]을 통과시켰다.

따라서 노동운동의 극좌익파조차도 적색 공포로부터 서둘러 거리를 두었다. 1950년 3월, 산업별조합회의는 교원노조를 포함해 공산주의자에게 동조하는 11개의 조합을 퇴출시켰다. 이어 10년간 계속해서 반공주의자를 숙청한다는 명목으로 378명의 뉴욕시 공립학교 교사들이 해임당했다. 해임당한 교사들의 대부분은 정년을 보장받고 있었고, 다른 교사들에 비해 유능하고 출중했다. 추가적으로 1,000명의 교사들도 조사 대상이 되었으나 계속해서 일은 할 수 있었다. 숙청 과정은 대개, 교원노조에 가입되어 있는 교사에게 교육감인 윌리엄 젠슨William Jansen의 사무실로 찾아와 보고하라는 요청을 통해 이루어졌다. 일단 그 교사가 사무실에 도착하면, 젠슨은 잔인한 질문을 던졌다. '당신은 공산당에 가입한 적이 있거나, 현재 가입되어 있습니까?'라는 질문에 '그렇다'고 대답을 하면 그 즉시 파면되었다. 만약 질문을 받은 교사가 대답하기를 거부한다면 교육청의 재판이 뒤따르며 신문이나 라디오, 텔레비전에 숨 막힐 듯 방송되며 한 교사의 정치적인 활동이나 사생활에 대한 조사가 시작되었다. 이런 분위기 속에서 몇몇의 교사들은 다른 공산당원 동료들의 이름을 팔아 파면 위기에서 살아났다. 그러나 대부분의 교사들은 소환장을 받는 즉시 사직했으며, 마지못해 '그렇지 않다'고 위증하거

---

13. 교육위원회가 교사들에게 '현재 또는 과거에 공산당원인 적이 있었는지'를 묻고, 답변을 거부하면 곧 '불온한' 조직에 가입한 것으로 간주하여 해고하던 관행을 연방 대법원이 인정하였고, 이 법은 통상 파인버그법으로 일컬어졌다. Adler v. Board of Educ. of City of New York: 342 U.S. 485.-역자 주

나 동료를 밀고했다.

가장 악명 높은 재판은 1950년 9월과 10월에 일어났다. 교원노조에 가입되어 있는 여덟 명의 유대인 노조원들이 공산주의자 여부를 묻는 질문에 대답하기를 거부하여 '명령불복종과 교사로서의 품행이 방정하지 못하다'는 이유로 기소되었다. 교사 소식지의 편집장인 셀리아 지트론Celia Zitron은 히브리어 교육과정을 만들고, 라틴어를 가르치는 교사였다. 교원노조 위원장인 에이브러햄 레더먼Abraham Lederman은 제2차 세계대전의 참전용사로 당시에 중학교에서 수학을 가르쳤다. 기소된 여덟 명의 교사 중 앨리스 시트론Alice Citron은 할렘 공립학교의 19년 차 베테랑 교사로서 아프리카계 미국인 역사 교육과정을 구성한 것으로 유명했다. 시트론은 학생들을 자신의 집으로 초대해 학생들에게 필요한 안경, 책, 신발, 음식 등을 자비로 사 주곤 했다. 할렘 고등학교의 15명의 학부모들이 재판에 출석하여 시트론을 대변했다. 학부모 중 하나인 펄 메시아Pearl Messiah는 할렘 고등학교의 다 벗겨진 페인트 벽과 망가진 화장실, '더러운 교과서'에 대해 묘사하며, 이런 학교 환경 속에서도 시트론이 우리가 학교를 변화시킬 수 있다는 것을 몸소 보여 주었으며, 변화에 대한 희망을 불어넣어 주었다고 설명했다. '우리 모두는 앨리스를 사랑해요'라고도 전했다. 또 다른 학부모인 로즈 스콧 갤런트Rose Scott Gallant는 '시트론은 우리 이웃과 우리 마을과 우리 모두에게 전부와도 같은 사람입니다'라고 덧붙였다. 월터 초등학교의 교장인 에이브러햄 골드는 시트론이 그동안 '훌륭한 일'을 해 왔으며, 자신은 그녀에게 '최고의 칭찬' 말고는 해 줄 것이 없다고 증언했다.

그러나 교육부는 공산주의자 교사들이 학교 내에서 해 온 업적에는 관심이 없었다. 검사인 존 맥그래스John McGrath는 시트론이 교실에서 학생들에게 공산주의적 신념을 주입했다는 구체적인 행동과 관련하여 어떠한 증거도 없다는 점에 대해서 스스럼없이 인정했다. 뉴욕의 파인버그법은 이후에 미국 대법원에 회부되었지만, 당시에는 오직 교사들의 정치적 이념과 '반미적'인 관점이 국가가 아이들을 교육하는 데에서 양립할 수 있는 것인지를 판단하는 것에만 관심이 있었다. 매카시 시대의 마녀사냥이 벌어지던 시기에는, 교사의 정치적 소속을 묻는 교육감의 질문에 대한 대답을 거절할 때 교사들이 '명령 불복종'의 비전문적인 태도를 보인다고 추정하는 것이 그들이 내미는 두 번째 명분이었다. 교육부에서 주장한 바와 같이 교사들의 이러한 불복종은 학생들이 권위에 복종하기보다는 의문을 갖도록 가르치는 것으로 간주했다. 이는 미국 최초의 교사 노조에 대해 〈시카고 트리뷴Chicago Tribune〉[14]이 비난했을 때와 같은 이유였다. 교육감 젠슨이 집권하던 중에 여덟 명의 교사들은 전부 일자리를 잃었다. 재판 감독관인 시어도어 킨들Theodore Kiendl은 1918년에 메리 맥도웰 재판의 수사를 재개했다. 그는 적극적으로 학생들을 세뇌시키는 교사와 단순히 대중적이지 않은 관점을 가진 조직에 속한 교사는 관계가 있다는 특별한 증거를 발견하지 못했다고 보고하고, 다음과 같이 판결을 내렸다.

> … 공립학교 교사가 정부의 폭력적인 전복을 옹호하는 어떠한 이데올로기라도 의식적으로 지지하고, 체제 전복이 실현 가능해 보일 때 실행에 옮길 준비가 된 교사라면, 우리는 그런 교사에게 아이들의 교육을 맡길 수 없다. 그러한 교사들이 계속 존재하는 한 우리 사회에 내재하는 위험은 그 어떤 사항보

---

14. 미국의 10대 신문 중 하나로, 1847년 창간되어 남북전쟁 당시 관련 보도를 통해 크게 성장했다. 정치적으로 진보적인 입장에 있었으나 로버트 맥코믹이 1914년 경영권을 인수하고, 루스벨트의 정책에 반대하는 국수적인 고립주의 성향으로 전환하였다. 지금까지도 공화당계의 일간지로 우파의 고립주의를 지지하고 있다.—역자 주

다 중요하게 여겨져야 한다. 교사의 직무를 완벽하게 해내고 있다 할지라도 그런 교사들은 정년을 보장받을 수 없다.

국가 안보를 다루는 미국 상원위원회는 1952년에 교원노조의 벨라 도드가 지나치게 동정심이 많은 교사들을 속여 지역의 교사들을 노조에 가입시키기 위해 '사악한 음모'를 꾸몄다는 증언을 하기 위해 뉴욕으로 왔다. 도드는 '저는 조 매카시Joe McCarthy를 존경합니다'라고 공표했다. 어빙 아들러는 자신의 공산당 가입과 관련하여 「수정연방헌법」 제5조[15]를 들먹였다. 그러나 결국 그는 직업을 잃게 되었고, 훗날 그는 어린이를 위한 수학과 과학 도서를 쓰는 베스트셀러 작가가 되었다. 1956년에 아들러 부부는 소련의 헝가리 침공에 반대하는 시위에 참여하며, 당에서 떠나게 되었다. 당시에 숙청당한 대부분의 교사들은 이후 여러 분야에서 저명한 지위를 얻게 되었다. 앨리스 시트론은 듀보이스의 두 번째 아내이자 작가이며, 활동가인 셜리 그레이엄Shirley Graham의 개인 비서가 되었다. 그리고 교원노조에 가입되어 있었던 아벨 미로폴Abel Meeropol과 그의 아내 앤Anne Meeropol에게 1953년 반역죄로 처형당한 공산주의자인 줄리어스 로젠버그Julius Rosenberg와 에델 로젠버그Ethel Rosenberg의 어린 아들의 입양을 주선했다. 아벨 미로폴은 빌리 홀리데이Billy Holiday가 린치 행위에 반대하는 저항 의지를 담아 부른 노래인 〈이상한 과일Strange Fruit〉의 작사가이다.

마녀사냥을 당한 교사들 모두가 실제로 공산주의자는 아니었다. 교원노조의 총무였던 루실 스펜스는 노조의 최고위급 흑인 임원이었으나 당에 가입한 적은 없었다. 그러나 한 정보원이 스펜스가 당원이었다고 주

---

15. 미국 「수정연방헌법」 제5조(The Fifth Amendment)는 미국 권리장전의 일부로, 적법한 절차에 의한 정부의 권한 남용에 대한 보호를 규정하고 있다.-역자 주

장하는 바람에, 미국연방수사국은 그녀를 9년이나 감시했다. 상원위원회는 스펜스가 1936년 여름에 학교 참관을 위해 소련을 방문한 것에 대해 힐문했다. 공산주의자나 나치 당원이 공립학교 교사로서 일할 수 있겠느냐는 질문을 받았을 때 스펜스는 '저는 공산주의자, 흑인, 유대인을 포함해서 교사는 교실 내에서의 성과로 평가받는 것이 마땅하다고 생각합니다'라고 응답했다.

뉴욕시 교사들의 마지막 숙청작업은 1960년에 일어났다. 그리고 고작 몇 해가 지나자 매카시 시대의 공포와 맹목적인 애국주의를 강요받는 시대는 끝이 났다. 숙청당했던 교사 중 일부는 재고용되었고, 밀린 임금을 돌려받을 수 있었다. 파인버그법과 관련하여 대법원에서 위헌 판결이 났기에, 1967년에 발생했던 뉴욕주립대학교의 교수 사건의 결과는 번복되었다. 십 년이 지난 후에, 뉴욕시 교육청은 어빙 아들러와 마녀사냥의 피해자였던 다른 교사들의 연금을 돌려주었다.

그러나 교원노조는 재건되지 못하였다. 1960년에 교원연합연맹이라 불리는 새로운 교원노동조합이 사회민주주의 교사협회와 중등 교사들의 연합으로 화려하게 등장했다. 중등 교사 모임에 속해 있는 교사들은 대부분 남성들로, 초등학교에서 근무하는 여교사들에 비해 자신들이 더 높은 임금을 받을 가치가 있다고 믿고 있었다. 따라서 교원연합연맹은 근속연수뿐만 아니라 학위에 대해서도 보상을 주는 새로운 봉급 규정을 지지하며 타협안을 모색하고자 했다. 이러한 체제는 성차별적 요소가 없는 것처럼 보였으나, 실제로는 대학교나 대학원의 학위를 가지고 있는 고등학교에 근무하는 남교사들이 더 높은 임금을 받을 수 있도록 보장하고 있었다. 교원연합연맹은 교사들이 점심시간에 학교 업무로부터 자유로울 수 있도록 하는 등의 일상적인 불만을 강조하기로 약속했다. 그리고 공산주의적 정치색은 버리기로 결정했다. 데이비드 셸든David

Selden, 조지 알토매어George Altomare, 앨 셰인커Al Shanker와 같은 전미교원연맹의 새로운 지도자들은 노동계급 노조원들의 자식들이었다. 그리고 그들은 교원연맹의 지도자들에 비해 교직전문성과 관련하여 훨씬 현실적인 관점을 가지고 있었다. 알토매어는 교원연합연맹의 초창기 시절을 회상하며 역사가 대니얼 펄스타인Daniel Perlstein에게 "고등학교 교사들은 조립라인에서 일하는 노동자와 다를 바가 없다. 교사들은 노동자의 일부일 뿐이다. 교사들은 하루에 40분씩만 각각의 학생들과 일하고 있기 때문에, 교사들이 직무만족도를 학생들을 통해 파악하기는 어렵다"고 전했다.

교원연합연맹은 정치적 이념으로는 교원노동조합에 비해 더욱 온건했을지라도, '전문적인' 교사들에게는 논외라 여겨졌던 파업을 포함해서 더욱 공격적인 시위 전략을 채택했다. 1960년 11월 7일, 교원연합연맹은 교원 임금 상승, 단체교섭권, 학급당 학생 수 축소, 업무가 없는 자유로운 점심시간을 요구하는 1일 파업을 이끌었다. 주에서 제정한 법에 따르면, 파업에 참여한 5,000명의 교사들이 직업을 잃게 되어 있지만 현실적으로 시 전체 교사의 10%를 해고하고 대체 교사를 고용하는 일은 불가능했다. 파업은 즉각적으로 급여와 근무 조건의 양보를 이끌어 내는 효력을 발휘하지는 못했으나, 도시 전역의 교사들은 교원연합연맹이 보여 준 힘에 대해 깊은 인상을 받았다. 따라서 뉴욕시의 교사들은 1961년에 교원연합연맹이 단체교섭에 유일한 대표로 참여하는 쪽에 압도적으로 찬성표를 던졌다. 이는 미국 역사를 통틀어 최초로 주요 교사 노조가 활동가들의 모임에서 더 나아가 합법적으로 노조원들을 대표해서 정치가들과 교육청, 행정가들과 대면하여 고용 계약을 협상할 수 있는 권력을 갖게 되었다는 것을 의미했다. 그 이듬해에 교원연합연맹은 모든 교사들이 연봉 995달러를 받도록 인상하고, 교사들이 관리자들의 결정에 이의를 제기할 수 있는 고충처리 절차를 마련하며 뉴욕시 역사상 가장 큰 쾌거를 이루었다. 교원노동조합은 1964년에 공식적으로 해체되었으며, 1967년까지는 뉴욕시의 97%에 해당하는 교사들이 교원연합연맹에 소속되어 있었다.

이런 과정에서 우리가 잃어버린 것은 무엇일까? 할렘의 베드스테이뿐만 아니라 미국 전역에서 극좌적 성향의 교사들은 저소득층 교실에서 더욱 효과적인 수업을 했지, 덜 효과적이지는 않았다. 어빙 아들러나 앨리스 시트론, 루실 스펜스와 같은 교원노조의 활동가들이 조립라인에서 일하는 가난한 아이들을 차별하는 것을 상상하기는 어렵다. 1978년 할렘의 목사인 데이비드 리코리시David Licorish는 지역의 공산주의자 교사들이 숙청당한 사실을 애통해했다. 그런 교사들은 '미국에서 혹독하게 살아가고 있는 흑인 아이들에게 지금의 교사들보다 훨씬 더 헌신적으로 가르쳤습니다'라고 역사가인 마크 내이선Mark Naison에게 전했다. "그들이 떠나자 할렘은 더욱 위험한 곳이 되었습니다. 그들은 정규 수업이 끝난 이후에도 아이들과 함께 학교에 남아 다음 단계로 진학시키기 위해 추가적인 수업을 제공했어요. 자신들의 재능으로 학생들에게 헌신을 다한 것입니다."

비록 숙청당한 교사의 수가 미국 전체로 봤을 때는 적은 숫자지만 마녀사냥은 교사 집단 전체에게 강력한 메시지를 전달했다. 문화적으로나 정치적으로 주류가 아닌 교육자들은 학교에서 환영받지 못하던 시기였다. 역설적인 점은 가난한 유색인종 학생들을 위해 더 높은 학업적 기대의 필요성이 제기되면서 인종통합에서부터 문화적으로 관련 있는 교육과정에 이르기까지, 급진적인 교사들의 이상은 시대를 거치면서 교육개혁의 주류가 되었다는 점이다.

제6장

교사봉사단, 일상적 빈곤과 차별에 도전하다

위대한 정책과 교사들의 큰 기대

존슨 대통령Lyndon B. Johnson과 그가 초등학생 시절 '케이티 선생님'이라 부르던 교사 데드리치 로니Deadrich Loney의 모습이다. 존슨 대통령은 1965년 「초·중등교육법」을 통과시켰다. 청년 시절 존슨은 인종 분리정책이 시행되었던 텍사스 남부의 시골 마을에 위치한 멕시코계 미국인들이 다니던 공립학교에서 교사로 일한 경력이 있다. 나중에 그는 빈곤퇴치와의 전쟁에서 교사들은 혁명적인 보병이었다고 묘사하기도 했다. 존슨 대통령은 가난한 아이들이 다니는 학교를 위해 연방기금을 투자하며, 이는 '교육을 받지 못하는 500만 명의 아동들에게 절망과 희망을 잇는 교량'이 될 것이라 말했다.

프랜시스 밀러 촬영, 라이프 사진집, 게티

1954년 5월 17일, 대법원은 브라운 대 교육위원회 판결에서 법적으로 학교분리는 위헌임을 만장일치로 선언했다. 듀보이스는 흑인 교사들이 이끄는 학교를 평생 옹호해 온 사람임에도 불구하고, 이 사건이 갖는 상징성에 크게 고무되었다. 그는 "불가능한 일이 일어나는 것을 봤습니다"라고 기고했다. 소설가 랠프 엘리슨Ralph Ellison은 "또 다른 남북전쟁에서 승리하였습니다"라고 선언했다.

모두 19세기에 태어난 9명의 백인 판사들이 미국 인종 관계의 구조를 뒤집어 버린 것 같았다. 브라운 판결은 명목상으로 린다 브라운Linda Brown의 권리와 관련이 있다. 흑인 선교사의 딸인 그녀는 집에서 일곱 블록밖에 떨어지지 않은 백인 학교인 토피카 초등학교에 다니고자 했을 뿐이었다. 하지만 전국유색인종협회National Association for the Advancement of Colored People, NAACP[16]의 변호사 서드굿 마셜Thurgood Marshall과 그의 동료들은 대담한 법적 전략을 추구했다. 분리된 흑인 학교가 위헌이라고 주장한 이유는 이들 학교가 백인 학교보다 재정이 부실하고, 교과서는 더 오래되었으며, 체육시설이 부족하여 질적으로 수준이 더 낮기 때문은 아니었다. 그들은 법 앞에서의 평등한 보호를 말하는 「수정연방헌법」

16. 유색인종의 정치적, 사회적, 경제적, 교육적 지위 향상을 목적으로 1909년 설립된 미국의 흑인 인권단체이다.-역자 주

제14조에 의거하여 인종에 따라 학교를 분리한 그 자체가 불법일 수밖에 없다고 주장했다. 그렇게 해서 그들은 58년 전 플레시 대 퍼거슨 사건[17] 당시에 처음으로 대법원에서 확립되었던, '분리하되 평등하다'는 짐 크로Jim Crow의 법적 원칙에 성공적으로 이의를 제기할 수 있었다. 대법원장 얼 워런Earl Warren의 브라운 판결은 미국 역사에서 가장 많이 인용되는 판결문 중 하나가 되었다.

> 공립학교에서의 백인과 유색인종 아이들의 분리는 유색인종 아이들에게 해롭다. 법의 제재가 취해질 경우 더 영향이 크다. 인종을 분리하는 정책들이 보통 흑인 집단의 열등함을 나타내는 것으로 해석되기 때문에 … 우리는 공교육 분야에서 '분리하되 평등하다'는 원칙은 타당하지 않다고 결론 내린다. 분리된 교육시설은 본질적으로 불평등하다.

학교 분리는 북부를 포함하여 전국적으로 일반적이었다. 하지만 브라운 판결은 17개의 남부, 서부, 경계주[18], 그리고 백인과 흑인 아동이 같은 학교에 다니지 못하도록 명백히 법으로 금지했던 컬럼비아 특별구에만 적용되었다. 북부 지역에서 인종 간 학교 분리는 차별적인 주택 정책의 결과로 형성된 지역의 인구 통계에서 기인하는 것일 수 있다. 또한, 학교구가 흑인 아동이 백인 학교 근처에 거주함에도 불구하고 의도적으로 흑인 학교로 보냈기 때문일 수도 있다. 판결은 전국 공립학교 학생의 40%인 약 1,070만 명에게 영향을 주었다. 그러나 교사들은 어떠했을까?

---

17. 1896년 '분리하되 평등한' 교육시설의 제공을 지지함으로써 흑인과 백인의 분리를 합법화한 대법원 판결이다.-역자 주
18. 경계주border states는 남북전쟁 당시 노예제를 허용한 주 중 연방에 잔류한 주로 켄터키, 델라웨어, 메릴랜드, 미주리, 버지니아를 일컫는다.-역자 주

브라운 판결 이전에도 흑인 사회에서는 학교가 통합되면 분리된 학교의 일자리에 의존해 온 흑인 중산층을 몰살시킬 수 있다는 우려가 있었다. 흑인 사회학자 올리버 콕스Oliver Cox는 1953년 〈네이션The Nation〉 기고문에서 흑인 교사들이 "통합의 순교자가 될지도 모르며… 모름지기 일할 자유는 교육에서의 차별 금지 권리만큼이나 신성하다"고 하였다. 콕스는 모든 학교의 인종차별 금지 프로그램에는 흑인 노동자에 대한 강력한 보호가 있어야 한다고 주장했다.

브라운 판결의 본문은 교사에 대해 단 한 번 언급하고 있다. 남부 주들은 이미 흑인 학교와 백인 학교를 막론하고 교사자격과 임금에서 평등화 조치를 취했다고 기록되어 있었다. 사실 주 의회의원들은 통합에 대한 요구를 포기할 것이라 기대하고 그러한 조치를 취한 것이었다. 이제 법원은 주정부에 '신중한 속도'로 학교교육을 통합해 가도록 지시하였다. 그러나 판사는 통합을 위한 조건을 명확히 하지 않았다. 구체적인 요구조건의 부재 속에 남부 백인들은 노골적인 인종차별적 정치전술로 눈을 돌렸다. 이 전술은 '대규모 저항'이라 칭해졌는데, 대개 베테랑 흑인 교육가들을 공격하면서 인종차별 철폐와 싸우는 형태였다. 남부의 주 중 절반은 전국유색인종협회를 포함해 학교 통합을 지원하는 단체에 가입한 모든 이들의 교사자격증을 취소하는 법을 통과시켰다. 1955년에 앨라배마, 플로리다, 테네시, 사우스캐롤라이나, 노스캐롤라이나, 켄터키, 버지니아주는 교사의 정년보장을 폐지하였다. 폐지의 목적은 학교 통합 후 흑인들이 백인들과 일자리를 놓고 경쟁을 시작할 때 흑인 교사를 더 쉽게 해고시키기 위함이었다. 남부의 4개 주에서는 공교육의 권리를 폐지하기 위해 헌법을 개정했다. 브라운 판결에 즈음하여 다수의 남부지역 백인 주 의회의원들은 마치 공립학교의 통합이 공립학교가 전혀 없는 것보다 더 나쁜 것처럼 처신했다.

분리 학교의 졸업생인 것을 자랑스러워했던 몇몇의 저명한 남부 흑인들은 학교 통합에 대한 백인들의 저항에 대해 사태를 파악하였고, 문제 삼을 만한 가치가 없다고 결론 내렸다. 1958년 워싱턴 D.C.의 선구적인 페미니스트 교사인 안나 줄리아 쿠퍼Anna Julia Cooper는 브라운 판결에 대한 질문에 대하여 신문 기자에게 "저는 그 판결에 반대해요"라고 말했다. 그녀는 100세였다. 그녀는 흑인 교육자들이 이끄는 흑인 학교에서 아이들은 "자신에 대해, 그리고 자신이 학업 경쟁 과정에서 이룬 성취에 대해 더 자부심을 느끼는 것 같아요"라고 말했다. 플로리다 중부의 분리 학교에서 성장한 64세의 작가 조라 닐 허스튼Zora Neal Hurston도 이에 동의했다. 1955년 일간지 〈올랜도 센티넬The Orlando Sentinel〉에 보낸 서신에서, 그녀는 흑인 학교가 폐쇄되고 학생들이 흩어지면 열성적인 흑인 교사들과 행정가들이 일자리를 잃을 것이라고 우려했다. 그녀는 "모든 문제의 중심에는 우리 흑인들의 자존감이 자리합니다"라고 말했다. "자신들 근처에 제가 있는 것을 원하지 않는 사람들과 함께하라는 법원의 명령에 제가 얼마나 만족스러울까요?"

1950년대 중반과 1960년대 초 진행된 학교 분리 철폐는 더디게 진행되었다. 그래서 브라운 판결이 흑인 아이들의 교육이나 흑인 교사의 고용에 얼마나 영향을 줄지 자신 있게 말할 수 있는 사람은 아무도 없을 정도였다. 판결 이후 10년이 지나도 남부 흑인 학생의 90% 이상은 여전히 흑인만 다니는 학교에 다녔다. 통합 학교에 다니는 33만 3,000명의 흑인 아이들 중 80%는 '거대한 저항'의 중심지였던 최남부 지역이 아닌 경계주에 살았다. 미시시피주에서는 단 한 명의 흑인 아이도 백인 학교에 등록하는 것이 허용되지 않고 있었다. 왜 그랬을까? 리틀록센트럴 고등학교Little Rock Central High School를 통합하기 위해 아이젠하워 대통령이 연방 병력을 활용한 것과 같은 몇몇의 이목을 끄는 사례를 제외하고는 법원이나 행정부 둘 다 개입하지 않았기 때문이었다. 그들은 백인 학교들이 흑인 학생을 돌려보내거나, 지역의 은행들이 백인 학교에 입학 신청을 한 흑인 학부모에 대한 신용 거래를 거부해도 개입하지 않았다. 고용주들이 보복으로 흑인 학부모를 해고했을 때도 마찬가지였다.

1964년이 되자 모든 것이 변했다. 존슨 대통령은 케네디 암살 이후 자신의 엄청난 인기와 거침없는 입법 행보를 통해 전례없이 지역 공교육에 대한 연방정부의 역할을 수행하였다. 지역 학교에 워싱턴의 영향력을 확대하려 했던 이전의 시도들은 제한적인 결과만을 낳았다. 1957년 소련이 스푸트니크 인공위성을 발사하자, 의회는 「국가방위교육법National Defence Education Act」을 통과시켰다. 학업성취가 높은 학생들이 과학, 수학, 엔지니어링, 외국어 분야에서 경력을 준비할 수 있게 수억 달러를 지원하였다. 이 법은 인종과 계층에 따른 교육 불평등에 대해 다루지 않았다. 존 F. 케네디는 재건기부터 내려오는 자유주의의 이상이었던 종합적 연방 교육 보조 프로그램의 통과를 공약하면서 1960년에 대통령에 출마하였다. 그러나 케네디의 노력은 좌절되었다. 교구 학교들에 대한 재정 지원을 요구한 가톨릭 주교들을 대변하는 로비스트들과 종교 학교의 지원에 반대하고, 교사들의 임금 향상을 우선시 한 교원노조 대표자들 사이의 싸움이 의회로 번졌기 때문이다. 따라서 브라운 판결 이후의 절망적인 10년간 인종차별 폐지는 법이었을 뿐 현실은 아니었다.

1964년 의회가 「시민권법Civil Rights Act」을 통과시켰을 때에야 비로소 법무부는 인종 간 통합 학교에 대해 저항하거나 이를 지연시킨 학교들을 고소할 수 있었다. 이듬해 「선거권법Voting Rights Act」이 제정되면서 수많은 남부 흑인 학부모들은 처음으로 선거인 명부에 등록할 수 있었다. 그것은 흑인 시민들이 통합을 반대한 정치인들과 학교위원회에 낙선 위협을 가할 수 있음을 의미했다. 1972년에는 남부 흑인 학생들 중 10% 이하만이 흑인 학교에 다녔다. 많은 지역에서 진정한 학교 통합은 매우 짧은 순간이었지만 일시적으로는 달성된 것이었다.

전국의 학교에 가장 오랫동안 변화를 일으킨 위대한 사회Great Society[19] 정책은 「초·중등교육법ESEA」에 의해 이루어졌다. 1965년, 훗날 부시정부의 「학생낙오방지법No Child Left Behind」의 전신격인 이 법이 통과됨으로써 연간 12억 달러라는 막대한 재정 지원이 이루어지게 되었다. 그리고 중앙정부가 주의 공립학교가 수행해야 할 표준을 정하는 새로운 역할을 맡도록 좌파와 중도파가 연합하였다. 「국가방위교육법」은 가장 우수하고 똑똑한 학생에 대한 재정 지원을 목표로 하였다. 반면, 「초·중등교육법」은 가난하고 주로 흑인과 히스패닉 학생들이 다니는 공립학교에서 뒤처지는 저소득층 학생 19%에 대한 보상적 교육을 목표로 하였다. 연방정부는 지역의 정책 입안자들이 국가 지침을 준수했는지의 여부에 따라 보조금을 지급하거나 보류했다. 예컨대, 그 지침들은 저소득층 학교에 최신의 교과서를 제공하거나, 학교에 도서관을 설립하거나, 학교 밖의 위험에 처한 학생에게 보충과외를 유도하는 것이었다. 저소득층 학생에게 주정부 차원의 기금을 더 많이 지원한 주들은 연방정부로부터 더 많은 돈을 보상받을 수 있었다.

존슨 대통령은 이러한 연방 관료주의의 장의 확대를 묘사하면서 이를 고무하고 고조시키기 위한 수사修辭를 활용했다. 그는 자신의 고향인 텍사스주 존슨시에서 자신의 초등학교 시절 선생님과 함께 「초·중등교육법」에 서명했다. 그는 "이 법안을 통과시킴으로써 우리는 500만 명 이상의 교육적으로 불우한 아동의 희망과 무기력함 사이의 간극을 좁혔어

---

19. 미국의 존슨(Lyndon B. Johnson) 대통령이 1960년대에 추구한 빈곤 추방 정책 및 경제 번영 정책이었다.-역자 주

요"라고 말했다. "우리는 혁명의 촛불을 다시 켰어요. 무지의 폭압에 맞선 정신혁명이었어요. 소작농의 아들인 저는 빈곤에서 벗어나는 데 단하나의 유효한 길은 교육이라는 것을 알고 있어요. 전직 교사로서, 저는 이 법이 우리의 모든 젊은이들에게 의미 있을 것이라 크게 기대하고 있어요." 오늘날 우리는 여전히 교육자들에게 아주 높은 기대를 걸고 있다. 언젠가 미래에 '빈곤과의 전쟁'에서 혁명을 이끈 보병으로 알려지기를 말이다.

존슨 대통령은 교육의 변혁적인 힘을 설명하기 위해 자신이 빈민가의 공립 초등학교의 교사로 9개월 동안 일했던 시기에 대한 신중한 정치적 신화를 구성했다. 1928년 존슨은 20세에 대학을 중퇴한 후 여자 친구를 따라 남부 텍사스로 갔다. 그곳에서 그들은 학교에서 학생들을 가르치면서 소정의 돈을 벌기로 계획했다. 존슨은 주민이 3,000명 정도 되는 커툴라의 먼지 가득한 축산업 마을에서 일자리를 구했다. 그는 인종 분리 학교인 웰하우젠 학교Welhausen School에서 멕시코계 미국인 노동자의 아이들을 가르치는 일을 했다. 어린 시절 존슨은 텍사스 중앙에 위치한 힐 컨트리에서 보통 이하 수준의 학교에 다닌 경험이 있었지만, 웰하우젠 학교의 열악한 조건은 그에게 충격을 주었다. 그 학교는 정규과목 이외의 과외 활동이나 점심시간이 없었으며, 운동 장비도 제대로 갖추고 있지 못했다. 학생들과 학부모들은 기초 영어를 익히기 위해 고군분투했고, 실내 배관이나 전기가 없는 집에서 살았다. 존슨이 그의 어머니에게 250개의 치약통을 보내 달라고 부탁한 적도 있을 정도였다. 그는 남자였기 때문에 비교적 빠르게 교장으로 임명될 수 있었다. 교장이된 후 그는 학교 운동장에서 오직 영어만 사용하도록 하는 규칙을 세웠고, 토론팀을 만들어 인근의 학교와 경쟁시켰다. 학생들에게는 고전시를 암송하는 과제를 부과했고, 교사들에게는 학교에 남아 추가적인 도움이 필요한 학생을 가르치도록 요구했다. 학생들은 그를 스페인어로 말하거나 교사에게 말대답하는 학생의 엉덩이를 때리는 엄격한 스승으로 기억했다. 그러나 다수의 보고에 따르면, 존슨은 학생에게 용기를 불어넣어주는 교육자였다. 그는 매일 '요람의 작은 아기'에 대한 이야기를 하면서 학교 일과를 시작했다. 그 이야기는 가난한 멕시코계 미국 아이가 교사, 의사, 미국의 대통령으로 성장한다는 내용이었다.

역사학자 어윈 웅거Erwin Unger에 따르면 존슨은 교육을 '사회적 실패와 경제적 불평등에 대한 마술 같은 치료법'으로 바라본다는 이유로 비난을 받았다. 그러나 존슨이 커툴라에서 알았던 아동들에 대한 그의 정치적 메시지는 사실 아주 복잡하다. 그는 많은 현대의 학교개혁자들의 말을 빌리며 빈곤의 도전을 극복할 수 있는 구조자로 학교와 교사를 그리지 않았다. 존슨은 그의 교사 재직 기간에 대해 상당히 겸손한 태도로 설명했다. 그는 굶주린 채 학교에 등교하는 학생들과 갈색 피부를 가졌거나 이민자라는 이유로 백인들에게 당한 경멸을 아무 말 없이 감내했던 학생들을 회상했다. 1965년 3월 '미국의 약속'이라는 의회 연설에서, 그는 당시의 자신을 그저 "내가 보다 많은 걸 할 수 있으면 좋겠어"라며 생각에 잠긴 채 직장에서 지친 몸을 이끌고 집으로 돌아가는 젊은 교사로 묘사했다.

> 그러나 제가 할 수 있는 것이라고는 제가 알고 있는 작은 것을 가르치는 것이었습니다. 그들 앞에 놓여 있는 고난에 맞서도록 그들을 도울 수 있을지도 모른다고 희망하면서 말입니다. 어쨌든 당신이 어린아이들의 희망찬 얼굴에 난 상처를 보았다면, 당신도 가난과 증오가 불러일으킬 수 있는 결과를 결코 묵

과할 수 없었을 겁니다. 1928년의 저는, 1965년에 제가 여기에 서 있을 거라고 생각해 본 적이 없었습니다. 제가 그들의 아들 과 딸을 돕고, 나아가 전국에 존재하는 비슷한 처지의 사람들 을 도울 기회를 가진다는 것은, 당시의 저로서는 조금도 꿈꿀 수 없는 일이었습니다.

존슨의 회고는 그저 학급의 담임으로 자신의 학생들이 직면한 사회 적인 도전을 온전히 해결할 수 없었다는 것을 함의한다. 그들을 위해 더 많은 것을 하기 위해 그는 교육 프로그램뿐만 아니라 인종차별과 가 난으로 인한 불이익을 무효화하는 광범위한 의제들을 발전시킬 필요가 있었다. 저소득층 아동에게 제공하는 식비 쿠폰, 저렴한 주택, 방과 후 프로그램, 여름방학 프로그램에 대한 접근이 확대되었다. 헤드스타트 Headstart라는 취학 전 프로그램도 있었는데, 이 프로그램은 극빈층 아 동을 위해 연방에서 지원하는 프로그램이었다. 존슨은 종교적 용어로 이 의제를 구성했다. "저는 동료 간 증오를 멈추도록 도울 뿐만 아니라 모든 인종, 모든 종교, 모든 집단의 사람들 사이에 사랑을 널리 퍼트리는 대통령이 되기를 원합니다." 그는 의회에서 "저는 이 땅에서 형제간 전 쟁을 종식시키는 대통령이 되기를 원합니다"라고 연설했다. 교육의 기회 가 소득과 깊이 연계되어 있다는 점은 모두 동의하였으나, 적극적인 빈 곤퇴치 노력은 국가 차원의 개혁 의제와 결합이 되지 못하였다.

그러나 위대한 사회 정책의 일환으로 실시된 교육 프로그램은 성과를 수량화하기 어려웠고, 종종 제대로 시행되지 않았다. 1971년 브루클린 빈민가인 베드퍼드스타이베선트Bedford-Stuyvesant 지역의 여름 프로그램 에 대한 연방정부의 보고서는 그 문제에 대해 기술하고 있다. 그 프로그 램은 「초·중등교육법」에 따라 재정을 지원받아 운영된 프로그램이었다.

평가 결과, 510명의 아동들에게 지원한 취학 전 프로그램은 상당한 효과가 있는 것으로 밝혀졌다. 아동들은 면역력을 갖게 되었고 의료 검진을 받았다. 교실에서 그들은 글자와 숫자를 복습했고, 테이블 매너를 배웠고, 쥬스 캔으로 화분을 만들었다. 그러나 장애 아동을 위한 또 다른 프로그램은 더러운 교실에서 진행되었다. 학생들의 학업적 필요를 진단해야 하는 시험은 잘 시행되지 않았다. 그리고 많은 교사들은 지속적으로 결근했다. 흑인 문화 프로그램의 댄스 교사는 너무 더워 춤을 출 수가 없다고 불평했다. 그녀는 아프리카풍 노래 하나만 계속 반복해서 틀어 주면서 아이들이 놀게 내버려 두었다. 히스패닉 문화 프로그램의 교사는 크리스토퍼 콜럼버스가 푸에르토리코Puerto Rico 섬에 한때 착륙했다는 것을 제외하고는 전혀 라틴아메리카에 대해서 알고 있지 못하는 것 같았다. 시험 결과, 몇몇 프로그램은 아이들의 읽기 능력과 받아쓰기 성적을 향상시킨 것으로 나타났다. 그러나 대부분의 결과는 고르지 못했고 몇몇 프로그램은 전혀 평가되지 않았다.

이러한 일례들은 존슨의 광범위하고 비용이 많이 드는 학교 향상 개념에 대한 정치적 적대감을 낳았다. 하지만 짧은 기간 동안 대통령의 정책 우대 조치들은 그의 우선순위 교육정책들 중 적어도 남부 공립학교 학생들의 통합 정책을 추진하는 데 매우 효과적이었다. 1966년 9월에 남부의 백인 행정가들은 존슨의 지시를 검토하였다. 그들은 마지못해 학교를 통합하지 않았다면 연방정부의 재정 지원 기회를 놓치거나 고소당했을 것이라고 결론지었다. 앨라배마주 투스칼로사의 학교위원회는 학생들을 재배정하는 것이 아니라 두 명의 흑인 교사를 백인 학교로 전근시키는 것으로 조심스럽게 통합을 시작했다. 백인 부모들은 공황 상태에 빠졌다. 학교위원회 회의는 수십 명의 백인 학부모들로 가득 찼다. 그 회의에서 교육감 엘리엇W. W. Elliott은 회의장에 모인 학부모들에게 통합이 '우리를 몹시 화나게' 만들지만, 워싱턴의 권고로 학교구는 선택의 여지가 없었다고 말했다. '학교 인종 분리는 지금도, 내일도, 영원히'라고 큰소리로 외쳐 왔던 앨라배마주 주지사인 조지 월러스Gerorge Wallace는 학교 통합에 동의하지 않았다. 그는 백인 공립학교에 근무하는 흑인 교사들을 퇴출하기 위해 정치적인 권력을 사용할 것이라고 공표했다. 적어도 일시적으로 폭력적 위협이 있었다. 두 명의 흑인 교사는 너무 두려워 일자리로 돌아가지 못했다. 그러나 1970년에는 월러스와 같은 백인 우월론자들조차도 연방정부의 중요한 교육 자금을 지원받는 대가로 최소한 형식적으로라도 인종차별 폐지를 마지못해 받아들였다.

통합이 조심스럽게 시행된 학교에서 백인과 흑인 교사는 교육의 힘에 관한 새로운 종류의 이상주의를 설명했다. 노스캐롤라이나주의 웨스트 샬럿 고등학교West Charlotte High School에서 흑인과 백인 교사들은 서로의 경험으로부터 배우기 위한 워크숍에 참석했다. 학교의 흑인 교사 유니스 파Eunice Pharr는 "우리는 친구가 되었어요"라고 기억했다. "학생이 들어왔을 때, 저는 학생이 유대감을 느끼도록 교사단이 도울 수 있다는 점에 주목했어요. 저는 그때 상황을 생각만 해도 소름이 돋아요. 그것은 매우 흥미로웠어요." 앨라배마 버밍햄에서 새롭게 통합된 우들론 고등학교Woodlawn High School의 흑인 교사 클레오파트라 고리Cleopatra Goree는 아프리카식 머리를 하고 장식이 달린 가죽조끼를 입은 안젤라 데이비스의 스타일로 꾸미고 있었다. 그녀는 아프리카 서해안과 서인도 제도 사이의 중간 항로와 혁명전쟁 기간 동안의 흑인 군인, 그리고 재건기와 백인 인종우월주의집단Ku Klux Klan, KKK의 탄생에 관한 수업에서 흑인 경험을 중심으로 만들어진 역사 교육과정을 개발했다. 그녀는 소수의 백인 학생 부모들은 KKK에 소속되어 있는 사람들이었을지라도, 흑인과 백인 학생들은 모두 수업을 즐거워했다고 회상했다. 고리는 "저는 학생들을 사랑하는 법을 배웠어요"라고 말했고, 백인 교사도 그렇게 말했다. "제가 그랬던 것처럼 저는 학생들에 대해 알게 되었습니다. 그리고 우리는 서로를 사랑하게 되었어요."

인종차별 폐지 정책은 놀라울 만큼 빠르게 학교를 개선할 수 있었다. 1960년대에 샬럿시의 퍼스트워드 초등학교First Ward Elementary school 학생들은 모두 흑인이었다. 당시 학교 운동장에는 유리 파편이 난잡하게 흩어져 있었고, 도서관은 낡고 오래되었다. 1970년에 백인 학생들이 이 학교에 다니기 시작하자, 학교를 개선하기 위한 정치적 압력이 증가했다. 학교위원회는 바로 거리로 뛰어나가는 아이들을 보호하기 위해 학교 운동장에 울타리를 쳤고, 교실 용품들을 새로 구매했다. 흑인과 백인 부모들로 구성된 학부모회는 지역의 과학박물관 및 흑인 문화 센터와 교육과정 협력 협약을 맺었다.

그런데 학교 내 인종차별 폐지는 브라운 판결에 대해 흑인 비판가들이 예견했던 여러 가지 부작용을 꽤 자주 드러냈다. 학교 통합으로 교사들이 정리해고되거나 학교가 문을 닫는 지역들을 보면, 흑인 학교가 불균형적으로 더 많았다. 경력이나 능력, 교실에서의 성과와 관계없이 흑인 교사들이 더 많이 해고되거나 강등되었다. 남부 전역, 특별히 백인들 사이에는, 오직 흑인 교사만이 흑인 아이들을 가르칠 수 있다는 인식이 있었다. 흑인과 백인 교사가 거의 동등한 비율로 학사 학위를 보유하고 있었지만, 많은 백인 학부모들은 흑인 교사들이 백인 교사들보다 역량이 부족하다고 여겼다. 그리고 혼혈에 대한 두려움이 백인 학부모들에게 젊은 흑인 남자가 일하는 학교에 십대의 딸을 보내기를 염려하도록 만들었을지도 모른다.

백인 학교위원회는 흑인 교육자들에 대한 해고 결정에서 인종차별주의가 행해지는 것을 감추기 위해 많은 전략을 사용했다. 통합이 진행되는 동안 흑인 교사는 백인 교사보다 자신의 전문성이 부족한 과목이나 학년으로 더 많이 재배정되었다. 이후 그들은 낮은 평가를 받았고, 능력이 부족하다는 이유로 해고되었다. 또한, 신규 흑인 교사들은 신규 백인 교사보다 고용되는 속도도 더뎠다. 남부의 많은 학교구들은 예비 교사에게 국가교원자격시험The National Teacher Examination에 응시할 것을 요구하기 시작했다. 이 시험은 백인 교사들 중에서 고득점자가 양산되는 것으로 알려진 논쟁적인 표준화시험이었다. 1960년 즈음 전미교원연맹과 전국교육협회는 모두 통합을 지지하였고, 두 노동조합의 워싱턴 본부는 인종적인 연유로 해고되는 것을 공공연히 비난했다. 그러나 브라운 판결 이후 대부분의 주에서 이뤄진 흑인과 백인 노조의 합병은 흑인 교사들이 더 이상 자신들만의 불만을 근거로 노동조합을 결성할 수 없음을 의미했다. 연방 보건·교육·복지부The Federal Department of Health, Education and Welfare, HEW의 추정에 따르면 1954년에서 1971년에 공립학교의 전체 일자리 수는 증가하였음에도 31,584명의 흑인 교사와 2,235명의 흑인 교장이 일자리를 잃었다.

흑인 교사들은 통합 학교로의 전근을 자신감의 결의라고 생각했다. 그러나 백인 교사들은 그것을 지위의 강등이라고 생각했다. 윌리 매 크루Willie Mae Crews는 버밍햄 지역의 헤이스 고등학교Hayes High School에서 영어를 가르쳤다. 그 학교는 도시의 흑인 지역사회에서 한때 '작은 대학'으로 알려진 학교였다. 흑인인 크루는 1970년에 헤이스 고교 통합위원회에 합류했는데, 그는 시교육위원회the city Board of Education가 학교에 배정한 백인 교사들과 백인 학생들을 보고 경악했다. 백인 학생들의 대부분은 훈육 문제가 있었다. 새로 온 백인 교사들 중 몇몇은 가난한 흑인 아이들을 가르치기 위해 자신들의 학문적 기준을 더 낮춰야 할

지도 모른다고 생각했다. 크루는 이런 생각이 매우 모순적이라고 생각했다. 그녀가 보기에 흑인 교사들은 대부분 대학원 학위를 가지고 있었지만 교직 외에는 일자리가 거의 없었기에 때문에 교직에 있는 이들이었다. 또 흑인 교사들은 질이 낮은 정규 학교에서만 가르쳤던 백인 교사들보다 더 높은 수준으로 가르치고 있었다.

한편, 행정가들은 학생 지도 상담교사였던 흑인 헬렌 히스Helen Heath를 콕 집어 헤이스를 떠나 통합 학교인 버밍햄의 글렌 고등학교Glenn High School에서 근무하도록 했다. 히스는 글렌 고등학교의 백인 학교장이 인종주의자였다고 회상했다. 그는 백인 학생들이 히스를 피해 대신 백인 상담가를 찾아가도록 독려했다. 다만, 그녀는 인종통합 환경이 우수한 학업 수행을 보이는 흑인 학생들에게 자신들 역시 '대학에 갈 만한 재목'임을 깨닫게 하는 기회를 제공한다는 점을 높이 평가했다. 히스를 비롯한 능력 있는 흑인 교육자들이 흑인 학교를 떠난 후 어떤 훌륭한 역할을 수행했는지에 대해 알기란 어렵다. 그 이유는 흑인 교육자들이 학교를 옮기는 과정이 인종차별로 얼룩졌기 때문이다. 그러나 히스는 헤이스와 같이 역사적으로 흑인 학교들은 "훌륭한 교사들이 교직을 그만두게 했고, 준비되지 않은 백인 교사들이 그 자리를 대신했다"고 믿었다. 1970년에 교육 연구자 클리프턴 클레이Clifton Claye는 흑인 학교였던 학교에 노년의 백인 교사들이 집단으로 배정되는 것을 지켜봤다.

인종 분리 폐지 기간에 남부의 교사들을 대상으로 실시한 몇 가지 조사들은 백인 교사들이 학교에 흑인 학생이 없기를 기대했다는 사실을 보고했다. 백인 교사는 흑인 교사에 비해 흑인 학생을 훈육하는 데 문제가 있다는 보고를 더 자주하는 경향이 있었다. 뿐만 아니라 흑인 학부모들과 가치관이 다르다고 불평했다. 전반적으로 흑인 학부모들은 자녀의 교육에 대한 지원이나 자녀가 좋은 행실을 하도록 돕는 일이 적다는 것이다. 1965년, 13살 글로리아 리지스터Gloria Register는 이전에 백인 학교였던 노스캐롤라이나주 채플힐의 가이비필립 중고등학교Guy B. Philips Junior High school에 배정되었다. 그녀를 포함한 흑인 학생들은 백인 교사로부터 매일 아침 얼굴을 씻고 이를 닦아야 한다는 말을 들었다. 리지스터는 당시를 이렇게 회고했다. "우리가 동물원을 탈출한 원숭이는 아니잖아요. 그런데 선생님들은 우리를 원숭이 취급했어요."

당시의 주류 사회과학은 백인 교육자의 그러한 태도를 지지했을지도 모른다. 노동부 차관보로 훗날 뉴욕 상원의원이 된 대니얼 패트릭 모이니핸Daniel Patrick Moynihan은 그의 1965년 수필『흑인 가족: 국가의 조치를 위한 사례The Negro Family: The Case for National Action』에서 흑인 지역사회의 병리현상이 더욱 고착화되고 있다고 경고했다. 중산층 백인들이 생각하기에 미국적 사회규범과는 동떨어진 인종 분리 지역에서 양육되는 아동과 사생아로 태어난 아동의 수가 증가하고 있었기 때문이다. 그는 아버지가 부재한 흑인 아이들의 IQ검사 결과가 낮은 것은 유전적으로 열등해서가 아니라 부모의 정서가 안정되지 않고 지원이 부족하기 때문이라고 기록했다. 이듬해 사회학자 제임스 콜먼James Coleman은 흑인과 백인 아이들 사이에 나타나는 학업성취 격차의 3분의 2는 가족의 빈곤과 인종 분리에서 기인한다는『교육 기회의 불평등Equality of Educational Opportunity』에 관한 보고서를 의회에 제출했다.

위 두 보고서는 학부모와 이웃이 교사나 학교보다 아이들에게 훨씬 더 큰 영향을 준다는 그들의 제안과 긴밀히 연관된다. 그렇다고 학교교육이 중요하지 않다고 주장한 것은 아니었다. 특히 콜먼 보고서의 경우, 지지자와 비평가 모두에게 빈곤 앞에서 교사는 무능력하다는 주장을 한 것으로 받아들여지면서 계속 오해를 받았다. 콜먼의 연구가 실제로 밝혔던 것은 백인 아이와 비교하여 흑인 아이는 교사의 질이 낮고, 과학과 외국어 수업이 열악하고, 재정이 빈약한 학교에 다닌다는 것이었다. 하지만 자원이 우수한 통합 학교에 다녔던 흑인 학생은 분리된 학교에 다니는 흑인 학생과 비교하여 시험에서 더 우수한 성적을 얻는 경향을 보였다. 또한 그들의 삶에 대해서도 더 자신감이 큰 것으로 보고되었다.

콜먼은 다음과 같이 쓴 바 있다. "배부른 사람보다는 굶주리고 있는 사람에게 빵 한 덩어리의 의미가 더 큰 것처럼, 좋은 교과서와 좋은 교사는 여러 가지를 이미 갖춘 학생보다는 가진 것이 없는 학생에게 더 큰 의미가 될 수 있다." 콜먼의 메시지는 비록 가족의 소득수준이 학생의 학업성취에 영향을 주는 가장 큰 요인이라고 할지라도 특별히 가난한 아이에게는 교사와 학교도 또한 중요하다는 것이었다. 그렇지만 모이니핸과 콜먼의 보고서는 상대적으로 부족한 흑인 가정의 도서 등의 격차에 관한 문제로 관심을 끌었고, 가난한 백인들에게도 동일한 결핍이 있다는 점은 간과했다. 그러한 결과들은 몇몇 교사들에게 흑인 학생들의 성공을 위해 자신들이 교실에서 할 수 있는 것은 거의 없다고 결론 내리도록 했을지도 모른다. 1960년대 말 연구의 결과들이 결정적으로 보여 준 바와 같이, 아이들에 대한 낮은 기대들은 교사들에게 자기 충족이 될 수 있었다.

그러나 편견과 낮은 기대가 여러 학교들이 흑인과 소득수준이 낮은 아이들을 효과적으로 교육할 수 없는 이유에 대한 유일한 설명은 아니다. 많은 교사들은 인종을 막론하고 가난한 학생들을 가르치는 데 적절한 경험이나 훈련이 부족했다. 그리고 그들은 남북전쟁 이후 흑인 교사들이 개발한 전략들에 대해서도 무지했다. 그 전략은 학생이 인종주의, 빈곤, 정치적 무력감과 동시에 싸울 수 있도록 하는 것이었다. 교육이론가 리사 델피트Lisa Delpit와 글로리아 래드손 빌링스Gloria Ladson-billings 는 샬럿 포텐과 안나 줄리아 쿠퍼와 같은 흑인 교사가 흑인 학생을 교육하기 위해 오랫동안 활용해 왔던 몇 가지 전략에 대해 설명했다. 통제 수단보다는 아이들에 대한 사랑을 나타내는 방법으로 엄격한 훈육을 활용하는 경우가 더 많았다. 교사는 학생에게 "선생님은 개인적으로 네가 성공할 수 있도록 시간과 정력을 쏟고 있기 때문에 네 행동의 결과를 네가 이해할 수 있도록 돕고 있는 거야"라고 말했다. 효과적인 흑인 교사는 종종 학부모와 학교 밖에서 관계를 맺고 자녀의 교육에 관해 학부모와 대화하면서 친밀한 관계를 추구했다. 흑인 교사는 흑인 아이에게 인종적인 자부심을 느끼게 하려고 흑인 역사에 나오는 영웅들의 그림을 소개했다. 그리고 가난한 흑인 아이들은 집에서 표준 영어로 말하지 않았기 때문에 교사들은 학생의 발음과 어휘를 가르쳐 주기 위해 추가적으로 시간을 할애했다.

일찍이 1965년에 존슨 행정부는 특히 남부지역에서, 흑인 학생들을 가르치는 흑인 교사가 너무 적다는 문제가 점점 커지고 있음을 인정했다. 미 교육부 장관 프랜시스 케펠Francis Keppel은 학교에서 흑인 아이들은 모범이 되는 인물도 없이 홀로 학교 통합이라는 격변에 직면하도록 강요당하고 있음을 우려했다. 그는 "우리는 아이들이 흑인 교사의 배제를 알아차리지 못할 것이라며 스스로를 속여서는 안 됩니다"라고 말했다. 전국교육협회 연설에서 존슨 대통령도 흑인 교사의 해고가 염려된다고 말했다. 그렇지만 고위 관리자나 법원 모두 학교구에 형식적인 교사 인종 통합 이상의 것을 요구하지 않았다. 1965년에 뉴욕시 학교위원회가 통합 학교에서 해고된 500명의 남부 흑인 교사들을 고용한 후 전국유색인종협회의 변호사 잭 그린버그Jack Greenberg는 〈뉴욕타임스〉 기고문에서 조치가 충분하지 않았다고 불평하였다. 그는 흑인 교육자들이 '남부 사회에서 유일하게 중요한 일자리를 차지하고 있기' 때문에 정책 입안자들은 흑인 교사들의 일자리를 보호해야만 한다고 기고했다. 연방

보건·교육·복지부는 "마지못해 교사 간의 인종통합이 필요하다는 공식적인 입장을 가지게 되었습니다. … 하지만 이를 강제하는 조치는 발견할 수 없었습니다"라고 보고했다. 실제로 이듬해에 싸움이 일어났던 투스칼로사 학교위원회는 연방 보건·교육·복지부로부터 한 통의 서신을 받았다. 그 서신에서 연방 보건·교육·복지부는 학교위원회에 대다수의 백인 학교들은 흑인 교사 한 명이면 충분하다고 제안했다.

일반적으로 오늘날의 책무성 개혁가들은 미국 교육사에서 이 고통스러운 사건을 사실로 인정하지 않았었다. 그 이유는 개혁가들은 차터스쿨이나 마그넷 스쿨처럼 이웃 학교 폐쇄 및 학교 '재구조화' 정책을 추진함으로써 불균형적으로 흑인 교사의 일자리가 상실되도록 했기 때문이다. 시카고 교원노동조합에 의해 제기된 연방정부의 소송에 따르면, 2000년에는 도시 지역 교사의 40%가 흑인이었지만, 2010년에는 30%만이 흑인이었다. 2012년에 학교구를 10개로 재편성했을 때 도시 지역의 전체 교사 중 흑인 교사는 28%에 불과했음에도 불구하고, 해고된 교사 중 51%가 흑인이었다. 2007년부터 2009년 사이 뉴올리언스에서 흑인 교사의 비율은 73%에서 57%로 감소했다. 정확히 100명이 직업을 잃은 것이다. 이는 상대적으로 소수 인종의 비례대표성이 낮은 속성 교사양성 프로그램이 도시의 학교로 확산된 결과였다. 과거와 달리 오늘날의 일시 해고는 흑인 교사들이 일을 잘 수행하지 못하거나 또는 폐쇄나 일시 폐쇄의 대상인 인종 분리 학교에서 일한다는 사실에 연유한다. 명백한 인종차별적 반감이 작동한 사례는 적다. 다른 베이비부머 교사들처럼 그들도 상당수 은퇴하고 있다. 그럼에도 이 수치는 우려스럽다. 지난 반세기 동안의 연구 결과, 유색인종 교사는 유색인종 학생에게 보다 높은 기대를 가지며 빈곤율이 높은 지역의 학교에서 장기간 일하는 경향이 있었다. 그리고 이러한 요소들은 유색인종 학생들의 높은 학업성취 및 대학 진학 비율과 상관관계가 있었다. 미국을 위한 교육과 같이 교사 전문성에 대안적인 경로를 제시한 경쟁적인 프로그램들은 비백인 교사를 모집하기 위해 협력적인 노력을 해 왔다. 이 프로그램은 유색인종의 교사들을 모집하는 데 상당한 성공을 거두었는데, 많은 경우에 전통 사범대학보다 더 성공적이었다. 그렇지만 전국적으로 유색인종의 전체 교사 수는 수년간 증가하지 않았고, 오히려 소수 인종 비율과 빈곤율이 높고 대규모 학교 개선 노력들을 겪고 있는 도시 지역에서 감소해 왔다. 미국 공립학교 학생의 40%가 비백인인 것과 비교하여 단지 미국 교사들의 약 17%만이 비백인이다.

존슨 대통령은 베테랑 흑인 교사를 보호하기 위하여 규제적 조치를 취하는 쪽으로 한발 물러섰다. 동시에 곧바로 존슨은 자신이 텍사스주 코툴라에 부임한 해부터 개인적으로 친숙했던 전략을 공격적으로 추구했다. 그것은 점차 성장하고 있는 미국을 위한 교육에 의해 오늘날 되살아나고 있는 전략으로, 젊은 엘리트 대학생들을 모집하여 짧은 기간 가난한 아이들을 위해 가르치게 하는 것이었다. 전국교사봉사단the National Teacher Corps은 존슨 대통령이 좋아했던 위대한 사회 정책 프로그램 중 하나였다. 존슨은 「고등교육법Higher Education Act」의 일부로 1965년에 설립된 교사봉사단 프로그램의 의회 통과와 재인가를 위해 상당한 정치적 에너지를 쏟았다. 이 프로그램은 부분적으로 존 워퍼드 Joan Wofford라 불리는 워싱턴 D.C.의 학교 교사가 그보다 2년 앞서 만든 프로그램을 기반으로 한 것이다.

1962년 브린모어 칼리지와 예일대 졸업생인 워퍼드는 보스턴 교외의 뉴턴 고등학교Newton High School의 교사로 재직하고 있었다. 이 학교는 미국에서 가장 부유하고 진보적인 공립학교 중 하나였다. 그녀는 공공

서비스에 대한 케네디 대통령의 요청에 영감을 받은 후 슬럼가 인근에서 일자리를 찾기로 결정했다. 그녀의 남편이 사법 보좌관이 되자 부부는 워싱턴 D.C.로 이사했다. 이후 워퍼드는 컬럼비아 헤이츠의 흑인 노동자계층 거주지의 카르도조 고등학교Cardozo high school에 역사상 두 번째 백인 교사로 고용되었다. 학교의 교장은 훗날 그 도시의 시장이 된 월터 워싱턴Walter Washington과 결혼한 사람이었고, 젊은 백인 여성에게 기꺼이 기회를 주고자 하는 정치적으로 연결된 개혁자였다.

카르도조 고등학교에서 워퍼드는 우등생들에게 영어를 가르쳤으며, 담당 학생들을 몹시 좋아했다. 그러나 그녀는 학교의 교육 및 훈육 관행을 목격하고 충격을 받았다. 교감 중 한 사람은 남자아이들에게 복도를 뛰어다니며 모자를 벗어라고 잔소리를 하느라 하루 일과의 대부분을 보냈다. 워퍼드는 학교 앨범에 수록할 교실의 모습이 담긴 사진을 고르기 위해 수학 교사와 자리를 한 적이 있었다. 수학 교사는 학생들이 모두 공중으로 손을 들고 있고 활기가 넘치는 사진은 거들떠보지도 않았다. "그들에게는 '스스로를 다스리고, 예의 바르게 행동하라'는 식의 사고가 있었어요"라고 워퍼드는 말했다. "그것은 제 취향이 아니었어요, 저는 열정적이고, 신나는 걸 원했어요! 저는 사람들이 그들의 손을 가만히 포개고 앉아 있는 게 아니라 움직이길 원했어요."

워퍼드는 그 당시 자신이 오만했고, 심지어 '맹목적'이었다고 고백했다. 그녀가 이후 조직발전론에 관해 공부했을 때, 그녀는 교육 풍토를 변화시키기 원한다면 관리자들과 규칙을 강요하는 직원들을 무시하면 안 된다는 사실을 깨달았다. 또한 그들과 협력해야 하고 그들에게서 피드백을 받아야 한다는 것도 알았다. 만약 그녀가 카도르조에서 그렇게 했다면 동료들로부터 흑인 사회에서 엄격한 규율은 수대에 걸쳐 양질의 교육을 상징하는 것으로 여겨져 왔다는 사실을 들었을 것이다. 그것은 흑인 아이들의 행동이 선의로 해석되는 일이 거의 없는 편견 가득한 세상에서 살아가기 위한 준비 방편으로 여겨졌기 때문이다. 그러나 워퍼드의 성급함은 공립학교의 수업에 관한 전국적인 논쟁의 화두를 효과적으로 전환시켰다.

국가 조사 결과, 저소득층 학교에서 일하는 모든 교사들 중 절반은 중산층 학교로 전근 가기를 희망하는 것으로 나타났다. 워퍼드는 '도시 빈민가의 교사가 가장 특권을 지닌 젊은 성인들도 탐낼 만한 매력이 넘치는 직업이 될 수 있다면 어떨까?'라고 생각했다. 그녀는 아프리카에 있는 평화연합회에서 일하고 있었던 케네디 대통령의 자문위원인 그녀의 시동생 해리스 워퍼드Harris Wofford에게서 온 서신을 읽었을 때 이 생각이 떠올랐다. 많은 평화봉사단 멤버들은 아프리카의 학교에서 가르치도록 배정되었고, 그 일에 열정을 키웠다고 해리스는 기록했다. 그러나 그들은 고국으로 돌아온 후 계속 가르칠 수 없었다. 그들은 미국에서 법적으로 요구하는 사범학교에서 교육을 받았거나 교사자격증을 가지고 있는 것이 아니었기 때문이다.

워퍼드는 그녀의 시동생에게 급히 답장을 썼다. 그녀는 경량의 파란색 항공우편 편지지에 훌륭한 평화봉사단 베테랑들이 카르도조와 같은 학교에서 얼마나 많은 것을 할 수 있는지에 대한 대강의 계획을 세웠다. 그녀는 그 편지를 우편으로 보내지 않았고, 대신 그 편지는 프로그램 제안서가 되었다. 그녀는 평화봉사단이나 경쟁력 있는 대학에서 모집된 특별한 젊은 교사 집단을 구상했다. 젊은 교사들은 워퍼드와 같은 수석교사들로부터 지도를 받을 수 있었다. 수석교사는 엘리트 계층 출신들이지만 이미 교실에서 성공을 증명해 보인 교사였다. 카르도조 고등학교에서 부임한 첫해에 '인턴' 교사들은 단지 하루에 2시간만 수업을 진행할 수 있었다. 그들은 수석교사나 동료 교사를 관찰하거나, 프로그램 내의 동료 교사들과 피드백을 공유하는 데 남은 시간을 보내곤 했다. 방과 후, 인턴 교사들은 가난한 아이들이 직면하고 있는 도전들에 관해 배우기 위하여 도시사회학 수업을 들었다. 그리고 그들은 아이들에게 배움에 대한 흥미를 심어 주기 위해 문화적으로 관련 있는 교육과정 도구들을 새롭게 개발했다. 인턴 교사들은 협력을 맺은 하워드 대학교 Howard University에서 교육 관련 석사학위를 받을 수 있었다. 그러므로 신규 교사는 사범학교의 전통적인 역할과 워퍼드가 말한 '시시한 과정'을 교묘히 피했다. 이 구상은 이전 하버드 총장 제임스 브라이언트 코넌트James Bryant Conant가 1963년 출판하여 널리 논의된 『미국인 교사 교육The Education of American Teachers』의 내용을 반영하고 있었다. 코넌트는 전국적으로 증가하고 있는 고등학교 중도탈락자들은 실업과 범죄에 취약한 '사회적 다이너마이트'가 될 수 있다고 경고했다. 그는 양질의 교육을 학교에서 저소득층 아이들을 양육하는 가장 좋은 방법으로 보았다. 또한 그는 미래 교사들에게 학부 교육 과정을 강조하지 말 것을 요구하였는데, 실제 교실에서의 '실습 교육'과 연결될 수 있는 교양과목 수업을 선호했기 때문이다.

워퍼드는 케네디 대통령의 사촌이자 평화봉사단의 설립자인 사전트 슈라이버Sargent Shriver와 시누이의 만남이 성사되도록 도왔다. 슈라이버는 워포트의 아이디어에 대한 은밀한 지지자가 되기로 서약했다. 몇 달이 되지 않아, 바비 케네디Boddy kennedy[20]가 워퍼드를 사무실로 초청했다. 그는 청소년 비행 및 청소년 범죄에 관한 대통령 위원회의 조사 결과를 넘겨주었다. 1963년 가을에 10명의 인턴 교사들과 함께 도시 교육에 대한 카르도조 프로젝트가 시작되었다. 〈워싱턴 포스트〉의 여성란은

---

20. 로버트 F. 케네디의 이니셜.-역자 주

'미시간 농장에서 자란' 주디스 크린들러Judith Crindler를 카르도조 학교에서 9학년 영어를 가르치는 평화봉사단의 베테랑 교사로 소개했다. 그녀는 학생들에게 시민 불복종 운동의 단원으로서 안티고네Antigone와 소로Thoreau의 역할을 하도록 하였다. 〈뉴요커The New Yorker〉 잡지사의 기자는 2주 동안 워퍼드와 그녀의 팀을 따라다니며 취재했다. "젊은이로서 저는 마을에서 다소 유명인이었어요." 워퍼드는 겸손히 웃으며 회상했다. "우리는 많은 호평을 받았어요. 심지어 백인 부모들도 '우리 아이들을 카르도조 학교에 보낼 수 있을까요?'라고 말하기도 했어요."

하지만 오래 지나지 않아 상호작용의 기회가 거의 없었던 인턴 교사와 베테랑 교사들 사이에서 분노가 끓어올랐다. 카르도조 프로젝트는 연방정부로부터 재정 지원을 받았기 때문에 인턴 교사들은 자신들의 등사판 기계를 가질 수 있었다. 또한 베테랑 교사들에게는 부족했던 여타의 학교 지원도 받을 수 있었다. 카르도조의 베테랑 교사들은 전반적으로 중년의 흑인이었다. 반면에 인턴 교사들은 젊었고, 경험이 부족했으며, 대부분 백인들이었다. 가장 큰 충돌은 교육과정에서 벌어졌다. 평화봉사단의 로베르타 캐플런Roberta Kaplan은 시에라리온[21]의 사립학교에서 흑인 문학을 가르친 경험이 있었다. 그녀는 카르도조 학교에서 흑인 소년Black Boy, 보이지 않는 남자Invisible Man, 랭스턴 휴스Langston Hughes의 시를 포함하여 시에라리온에서 가르쳤던 것들을 동일하게 가르치고자 했다. 그러자 영어 교과부에서 오랫동안 근무해 온 교사들은 젊은 백인 교사에게 반발했다. 흑인 학생들에게 가르치기에 아직은 높은 평가를 받지 못한 책들이라는 것이다. "그들은 백인 아이들이 읽은 고전 문학을 흑인 아이들도 읽었는지 확인하고 싶어 했어요. 예를 들어,

---

21. 서아프리카공화국.-역자 주

윌라 캐더의 네브라스카의 백인 개척자에 관한 소설인 〈나의 안토니아〉와 같은 고전 문학 작품에 대해 확인했어요." 캐플런은 말했다. "그 당시에는 소설 〈앵무새 죽이기Kill a Mockingbird〉조차도 고전으로 여기지 않았어요."

2년 후 워퍼드는 이 프로그램을 떠났고, 학교구가 임신 기간 동안 그녀의 교수 행위를 금지한 것에 대해 좌절하였다. 당시에 이러한 금지는 전국적으로 일반적인 관례였으나, 곧바로 폐지되었다. 그러나 그녀의 노력은 뿌리를 내렸다. 1965년에 민주당 상원의원인 테드 케네디Ted Kenndy와 게이로드 넬슨Gaylord Nelson은 카도르조 프로젝트 및 전국적으로 밀워키 인턴 프로그램과 같은 여타의 유사한 노력을 기반으로 법안을 입안하기 시작했다. 그들은 엘리트 청년들이 사범대학이나 교육학부를 졸업하지 않아도 프로젝트에 참여하면, 그 후에 교원이 될 수 있는 기회를 주는 전국교사봉사단을 꿈꾸었다. 당시에 언론과 의회의 눈에는 사범대학이나 교육학부의 과정이 정체된 상태로 보였기 때문이다. 역사가 베다니 로저스Bethany Rogers가 지적한 바와 같이, 교직에 '더 나은 사람'을 모집하려는 이 비전은 이미 빈곤층 학교에서 일하고 있는 교사들의 지식을 명백하게 폄하했다. 비전은 대다수가 나이 든 흑인 여성이었던 기존의 교사들은 빈곤층 학생을 교육하는 방법에 있어 통찰력을 줄 수 없다고 가정하였다.

이후 카르도조 프로젝트는 교사이자 이론가인 래리 쿠반Larry Cuban이 이끌었다. 그는 베테랑 교사들의 집단 경험을 카르도조 학교에서 더욱더 잘 활용했고, 그들 중 몇 명은 인턴 교사의 멘토 역할을 하도록 했다. 오클라호마주 출신으로 22살의 백인인 제인 데이비드Jane David는 1966년에 카르도조에서 교편을 잡기 시작했다. 그 당시에 신문들은 남성의 직업 목록과 여성의 직업 목록을 신문에 나누어 실었다. 야심 있는 안디옥 대학교의 졸업생으로서 데이비드는 하찮은 '사무실 비서' 광고를 보고 좌절했다. 그 후 그녀는 가르치는 일을 한번 해 보자고 생각했다. 처음에는 교직에 이중적인 감정이 들었지만, 데이비드는 이내 애정을 가졌다. 그녀는 멘토이자 베테랑 흑인 교사인 베스 하워드Bess Howard로부터 수학 수업에서 물체를 '조작하여' 사용하는 법을 배웠다. 블록과 같은 물체의 조작은 학생들에게 수학적인 개념을 이해하는 데 도움을 줄 수 있었다. 데이비드가 하워드의 영향을 받은 만큼 하워드도 데이비드를 신뢰하였다. 하워드는 그녀가 교실에 있는 모습이 자연스럽다고 평가했다. 데이비드는 교실에서 대학교수이자 무용전문가로, 또 부모처럼 성장했다. 그녀는 이렇게 말했다. "가르치는 일은 하나의 공연이에요. 저는 공연을 잘하는 유전자를 갖고 태어났나 봐요. 초보 교사들과 달리 저는 교실을 관리하는 데 문제가 없었어요."

카르도조 프로젝트와 교사봉사단은 인턴 교사가 근무지에서 실제 거주하기를 권고했다. 1970년에 래리 쿠반은 그 이유를 다음과 같이 설명했다.

교사들은 그들만의 성채를 나와서 이웃에게 다가가야 합니다. 그들은 권위적이지 않은 환경에서 학생들과 함께해야 합니다. 그들은 지역사회 사람들을 알아야 합니다. 교육의 질을 향상시키는 것 외에 다른 이유가 없다면, 이러한 일들은 필수적인 것입니다. 간략히 말하자면, 효과적인 교육은 교사가 자신의 책임과 그 주변의 본질을 얼마나 잘 알고 있는지와 밀접한 관련이 있습니다. 그렇게 하지 않으면, 교사들은 직접적인 경험이 아닌 TV, 신문기사, 사회과학적 이론과 두려움을 통해 통찰력을 얻을 것 입니다. 저는 버스를 타고 빈민가를 돌거나, 서둘러 거리를 지나가거나, 복지사들처럼 예고 없이 방문하는 경험을 말하는 것이 아닙니다. 틀에 박힌 도시사회학은 안 됩니다. 그 지역에 거주하는 사람들을 알아 가는 힘든 업무를 말하는 것입니다. 지역사회가 교사를 가르치도록 해야 합니다.

데이비드와 같은 중산층의 신규 백인 교사들은 카르도조 학교에서 단지 몇 블록 떨어지지 않은 곳에서 살았다. 그 경험은 그들에게 미국의 불평등에 관한 강력한 교육을 제공하였다. 이 고등학교는 언덕에 위치해 있었는데, 학생들에게 남쪽으로 3마일 떨어진 미국 국회의사당 건물의 숨 막힐 듯한 전망을 제공했다. 데이비드는 대다수의 지역 아이들이 한 번도 그곳에 가 보지 못했다는 것을 알고 충격을 받았다. 60년 전 제이콥 리스Jacob Riis가 센트럴파크를 방문한 적이 없는 뉴욕의 동남부지역의 부랑아들을 보며 안타까워했던 것처럼 말이다.

1968년 4월 5일 금요일에 데이비드가 거주했던 지역사회는 교사들에게 천연색 영화 제작법인 테크니컬러를 가르쳤다. 그날은 마틴 루터 킹 Martin Luther King Jr.의 암살 다음 날이었다. 슬픔에 잠긴 학생들과 교사들이 카르도조 고등학교의 복도에 걱정스러워하며 모였다. 누군가가 "14번가에 불이 났어요." 하고 외쳤다. 그것은 4일 동안 도시를 휩쓴 폭동의 시작이었다. 카르도조 고등학교의 농구 코치는 데이비드에게 차로 집에 데려다주겠다고 하였다. 그의 차가 꽉 막힌 교차로를 지나 서서히 움직이자, 폭도들은 차량을 앞뒤로 흔들었다. 데이비드는 바닥에 몸을 웅크리고 얼굴을 숨겼다. 그녀는 회상했다. "코치가 겁을 먹었어요. 그는 차 안에 있는 젊은 백인 여자와 함께 잡히지 않기를 바랐어요… 우리는 둘 다 아무도 저를 보지 않기를 기도했어요." 그다음 주에 학교가 다시 문을 열었을 때 데이비드는 학생들에게 무슨 일이 일어났는지 토론을 시켰다. "약탈인가 아닌가라는 도덕적 딜레마가 있었어요. 아이들 중 절반은 정당화했어요. 한 아이가 '있잖아, 내가 부활절 의상을 가졌던 것은 내 인생에서 처음이었어'라고 말했어요. 그러자 다른 아이가 반박했어요. '아니, 그건 도둑질이야….' 학생들끼리 옳고 그름에 대해 논쟁하는 것을 듣는 것만으로도 매력적이었어요. 그리고 저는 양측의 논리가 모두 설득력이 있다고 생각했어요."

카르도조와 교사봉사단 인턴들은 교실 밖 지역사회의 봉사에도 참여할 것이라는 기대를 받았다. 전국교사봉사단 지부는 교수 행위 그 자체가 많은 시간을 필요로 하기 때문에 많은 인턴들은 지역사회에 대한 책임에 관심을 기울일 수 없었다고 평가했다. 그러나 인턴 중 몇 명은 지역사회 봉사에 대한 이 프로그램의 원칙을 아주 진지하게 받아들였다. 볼티모어 중산층 가정에서 성장한 비버리 글렌Beverly Glenn은 흑인 카르도조 프로젝트의 신입 교사였는데, 중부 카르도조를 걱정하는 시민들 모임의 일원으로 주택의 내부 조건을 개선하는 프로젝트에 참여했다. 몇 명의 다른 인턴 교사들과 함께 글렌은 특히 황폐화된 개발 지역인 클리프턴 테라스에 거주하는 미취학 아동을 위한 여름 프로그램을 조직했다.

글렌과 인턴 교사인 그녀의 룸메이트는 심지어 의붓아버지로부터 성적인 학대를 받고 있었던 학생의 보호를 자청했다. 글렌은 당시 21살로 그녀의 수양딸보다 겨우 4살 더 많았다. 글렌은 그해 카르도조에서 "정서적으로도 고갈되고 육체적으로도 지쳐 있었어요"라고 말했다. 그러나 학교 밖에서의 극적인 경험에도 불구하고, 그녀는 교육학적 훈련을 가장 가치가 있다고 생각했다. 그녀는 보스턴 지역의 교사에서 하버드 대학교의 대학원생을 거쳐, 전국적으로 인정받는 교육정책 전문가이자 하워드 대학교의 교육학부 학장을 거치며 경력을 쌓았다. 훗날 그녀는 자신의 지난날을 되돌아보며, "우리는 교사봉사단에서 많은 모험을 했지만, 주로 교수법을 배웠어요"라고 말했다. "우리는 아동 발달 및 심리, 교육과정 개발, 학습계획안을 작성하는 것과 학생들 개개인의 요구에 맞추는 것이 무엇을 의미하는지에 대해 많은 것을 배웠어요. 그리고 아이들이 무엇을 배웠는지 알기 위해 어떻게 평가해야 하는지에 대해서도요." 이러한 실질적인 문제들은 전통적인 사범대학 교육과정에 포함되지 않았다. 사범대학은 실천에 대한 이론을 강조하는 경향이 있었기 때문이다. 그리고 최근까지도 사범대학은 아이들의 학습 결과를 측정하는 방법에 거의 관심을 기울이지 않고 있다.

첫해에 워싱턴 D.C.에 있는 전국교사봉사단 사무소는 각 지부에서 모집한 교사들을 모두 선발했다. 그러나 민주당 당원이자 전 오리건주 노조 교사인 에디스 그린Edith Green 의원은 이 프로그램에 더 많은 지역 통제권을 부여하려고 하였다. 오늘날 미국을 위한 교육에 대한 비판처럼 그린과 전국교육협회는 TFA와 같이 교실로 가는 지름길을 만들려는 시도는 오랜 시간 교육학을 공부하고 교사가 된 사람들에게 불공평한 것이라 주장했다. 이러한 종류의 프로그램은 장기적으로 교직의 전문성을 낮출 수 있다고 믿었다. 1967년까지 전국교사봉사단은 단지 아주 작은 단체였고, 지역의 교사단들이 인턴을 고용하고 관리 감독하는 권한을 갖는 지방 분권화된 프로그램이었다. 그녀는 노동조합과 연계된 북부인들과 주정부의 권리를 주장하는 남부인들 사이에 동맹을 형성하였고, 그 결과 프로그램을 개정하기 위한 법이 제정되었다. 이러한 변화로 인해 더 많은 흑인, 히스패닉, 아메리카 원주민 교사를 교실로 불러들이는 데 괄목할 만한 성공을 거둘 수 있었다. 봉사단의 첫 3주기 동안은 전체 인턴들 중 10~30%가 소수자 집단 출신이었으나, 이후에는 절반 이상이 소수자 집단 출신이었다. 지역사회 봉사와 멘토-인턴 관계에 대한 요구 조건과 신입 교사들에게 방과 후 학업과정을 제공하는 교사봉사단과 지역 대학 간의 협력은 그대로 유지되었다. 그럼에도 불구하고 〈뉴욕타임스〉의 편집부는 연방정부가 더 이상 프로그램을 완전히 통제하지 못한다는 데 실망감을 표했다. 특히, 인턴이 어떻게 훈련을 받는지에 대해선 논할 필요도 없고, 새로 선발된 인턴의 수준과 인구통계의 통제에 대해 그러했다. 편집부는 '외부인 교사는 위협적인 존재가 아니라 오히려 새로운 아이디어를 전달하는 사람'이라고 기고했다. "도시와 교외의 빈민 학교는 지역 및 주정부 교육 시스템의 틀에 박힌 엄격함에서 벗어나는 것이 필요하다."

오늘날의 견지에서 교사봉사단의 성공을 판단하는 것은 어렵다. 1960년대에서 1970년대까지 표준화된 학업성취 검사는 학생 학습이나 교사 효과를 측정하는 데 널리 활용되지 않았기 때문이다. 사회학자 로널드 코윈Ronald Cowin은 1973년에 교사봉사단 프로그램에 대해 신뢰할 만한 평가 결과를 공식적으로 발표했다. 교사봉사단 지부들은 뉴욕, 시카고, 로스앤젤레스를 포함하여 푸에르토리코와 27개 주, 교외의 흑인지대 및 인디안 보호구역에서 일했던 3,000명의 인턴을 고용했다. 신입 인턴 중에서는 55%가 상위 중산층 가정 출신인 것과 비교하여 경력 교사 중에서는 약 25%만이 상위 중산층 가정 출신이었다. 코윈은 신입 인턴이 학생들에게 높은 기대감을 심어 준다는 것을 확인했는데, 그것은 존 워퍼드와 같은 개혁가들이 기대했던 것이었다. 교사봉사단 인턴은 가난한 학생이 고등학교를 졸업할 가능성에 대해 베테랑 교사보다 더 믿었고, '가난한 가정 배경'이 학생의 학습을 방해한다는 것을 덜 강조했다. 인턴들은 교육을 가장 효과적인 빈곤 추방 도구로 거론했고, 베테랑 교사들은 직업훈련, 보장된 소득, 시장성 있는 기술들이 더 가치 있다고 믿었다. 대다수의 교사봉사단 인턴들은 직업 교사가 되지는 않았다. 그러나 많은 인턴들은 이후 교육 행정이나 교육정책과 관련된 일에 종사했다.

교사봉사단 인턴들은 가난한 아이들이 대학 지원서를 작성하고, 이전에는 없었던 부모-교사협의회Parent-Teacher Association[22]를 창립하도록 도왔다고 보고했다. 남부 교외 지역의 인턴들은 이따금 흑인 아이들이 지금까지 알고 있던 백인 중 유일하게 신뢰하는 백인이었다. 그러나 몇몇의 지부 프로그램은 완전히 실패했다. 많은 교사봉사단 회원들은 협력 대학의 교육과정을 무시했는데, 그 과정은 그들이 다녔던 학부의 교육과정보다 덜 엘리트적이었기 때문이다. 남부에서 화가 난 학부모들이 진화와 공산주의에 관해 가르친 일부 인턴 교사를 고소하거나, 인턴 사이에 인종 간 관계가 지역에 촌평과 적대감을 불러일으킨 사례도 있었다. 일부 교장들은 자신의 학교에 교사봉사단 팀의 존재를 불쾌하게 생각하여 그들을 소외시켰다. 종합적으로 코원은 그 프로그램은 실패했다고 결론 내렸다. 새로운 교육학 아이디어를 수용하도록 학교에 압력을 가하고, 사회적 지위가 높은 젊은이들이 교직 자격증을 가지지 않아도 교직에 입직하기 쉽게 만들고자 했던 목표를 달성하는 데 실패했다. 상대적으로 연방정부의 적은 개입은 대학의 교육학부와 '히피족' 교사봉사단 회원들을 무례하다고 느낀 K-12 행정가와 베테랑 교사들 사이에서 광범한 '신분 위협'을 불러일으켰다. 초·중등학교 교사단에 대해 늘 회의적이었던 전국교육협회에 따르면 "사회적 태도와 지위에 있어 인턴과 교사 사이에 차이가 클수록 변화는 잘 일어나지 않았다."

히피족에 빗대는 것을 제외하고는 교사봉사단에 관한 많은 논란은 오늘날의 미국을 위한 교육이라는 비영리 조직에 관한 논쟁처럼 들린다.

---

22. 아동의 교육효과를 높이기 위한 교사와 부모의 상호협동체로, 일종의 사친회를 의미한다. 우리나라의 경우 기성회 또는 육성회와 유사한 후원회 조직이다.-역자 주

이 단체는 카르도조와 같이 짧은 기간에 전문성을 제공하려는 이상주의자들에 의해 설립되었다. 이 단체의 목적은 미국의 빈곤한 지역사회에 '교육적 변혁'을 이끌도록 돕는 것이다. 교육자들을 존중하며 국가의 역사에서 아마 그 누구보다도 그들의 일을 잘 이해했던 존슨 대통령은 이 단체와 동일한 목표를 가지고 있었다. 존슨의 위대한 사회 정책 의제는 교사봉사단부터 타이틀 I Title I[23], 헤드스타트까지 업적을 남겼다. 연방정부의 기금은 전례 없이 빈곤율이 높은 지역의 학교로 유입되었다. 야심 찬 젊은이들은 캐서린 비처가 처음으로 홍보한 선교사 교사 모델을 통해 저소득층 지역의 학교에서 가르치도록 격려를 받았다.

그러나 존슨 행정부는 안나 줄리아 쿠퍼와 조라 닐 허스턴Zora Neale Hurston의 충고에 따라 남부의 학교를 통합하기 위한 적극적인 조치를 취했는데, 이는 대개 베테랑 흑인 교사들을 희생시키며 이루어졌다. 법원과 법무부의 공모로 인해 사실상 분리된 학교교육은 대부분의 북부 도시에서 오래 지속되었다. 1968년까지 위대한 사회 정책의 교육 의제의 한계는 명백했다. 가난한 아이들의 교육적 평등을 위해 전념했던 학부모들과 활동가들은 실망했고, 때로는 분노했다. 도시의 공교육계는 곧 인종적인 적대감으로 폭발했고, 분노의 대부분은 교사와 노조를 겨냥하고 있었다.

---

23. 1965년에 통과된 「초·중등교육법」의 조항으로, 미국 교육부에서 저소득층 가정의 아동 교육을 위해 지역 교육 기관에 재정을 지원하는 프로그램이다.-역자 주

제7장

교원노조, 갈 길을 놓고 좌충우돌하다

지역사회 통제 시기의 교원노조와 흑인 권력의 대립

뉴욕시의 교원연합연맹UFT 회장직을 역임했던 앨 셰인커 Al Shanker의 1965년 모습이다. 미국교원연맹은 단체교섭권을 획득한 미국 최초의 교원노조였다. 셰인커와 노조원들은 교원 임금 상승과 교육정책 회의에서 교사들의 권한 확대를 위해 대담한 투쟁을 벌여 왔다. 그는 급진적인 학교 통합 문제, 유치원 교사부터 교과 중심으로 시험을 통해 선발하자는 등의 교육을 발전시키기 위한 진보적인 아이디어를 많이 냈다. 그러나 셰인커는 학생들이 피해를 입는 상황에서도 교사의 입장만을 옹호하여 악명이 높았다. "저는 아이들을 대표하는 사람이 아닙니다. 저는 교사들을 대표합니다"라고 말한 적도 있다.

국회도서관

1968년 9월 9일 교원연합연맹의 회원들이 개학 첫날 파업 여부에 대한 투표를 진행했다. 압도적으로 파업에 찬성하는 결과가 나왔다. 연단에 서 있는 셰인커는 다음과 같이 말했다. "이번 파업은 백인 인종차별주의자로부터 흑인 교사를 보호하고, 흑인 인종차별주의자로부터 백인 교사를 보호하기 위한 것입니다." 그러나 이는 도심에서 근무하는 교사들을 인종에 따라 구분하여 서로 적대감을 갖게 하며 활동가들과 학부모들에게 공포를 조장하는 것이기도 했다.

베트만/코르비스

로디 맥코이(Rhody McCoy)는 브루클린의 오션힐에서 지역사회 통제의 관리자였다. 1968년에 맥코이는 19년간 재직한 지역의 종신 교사와 관리자들을 제거하려는 시도를 했다. 맥코이가 대상으로 했던 교사들은 전부 백인이었다. 이로 인해 셰인커를 선두로 6만 명의 교사가 파업에 돌입했다. 맥코이는 흑인과 히스패닉 학부모들이 학교 일에 적극적으로 참여해 준다면 아이들이 '문제아'라고 낙인찍힐 만한 이유가 없다는 것을 백인 교사들에게 보여 줄 수 있다고 믿었다.

베트만/코르비스

앨 셰인커Al Shanker는 20세기 초기의 사회민주주의와 오늘날의 교원 노조 정치를 연결하는 다리 역할을 했다. 현대의 교원노조는 민주사회 주의를 바탕으로 개혁과 책무성을 약속하며 등장했다. 1927년, 유치원 에 가던 첫날에 셰인커는 영어를 전혀 할 줄 몰랐다. 아버지는 손수레에 서 신문을 팔았고, 어머니는 재봉사로 일하며 열악한 환경에서 낮은 임 금을 받고 있었다. 퀸스에 있는 그의 집에서는 유대교가 종교이자 노동 의 정치였으며, 이디시어[24]가 모국어였다. 셰인커는 어린 시절, 어머니가 의류노조연합Amalgated Clothing Workers of America에 가입한 후 임금이 인상되는 것을 함께 경험했다. 그는 이후에도 그의 가정에서는 노조가 실질적인 신이었다고 기억했다. 그는 공부에 열성적인 학생은 아니었으 나 독서를 매우 좋아했다. 중학교 때 그는 『정당 연구와 비판Commentary and Partisan review』이라는 책을 사기 위해 퀸스 59번가 다리에서 5번가 의 뉴욕 공립 도서관 근처의 가판대까지 걸어가기도 했다. 고등학교 시 절에는 그가 다니던 스타이베선트 고등학교의 토론팀에서 두각을 나 타냈다. 아버지는 그가 변호사가 되길 바랐으나, 셰인커는 일리노이 대 학교 아바나-샴페인캠퍼스에 입학했다. 대학에서 그는 인종평등회의

---

24. 유대인들이 사용하는 언어로 히브리 문자를 사용함.-역자 주

CORE[25]에 참여하고, 사회주의자 모임에서 회장을 역임하기도 했다. 1948년 대통령 후보자였던 사회주의자인 노먼 토머스Norman Thomas가 그의 대학을 방문했을 때 셰인커는 해리 트루먼Harry Truman과 토머스 듀이Thomas Dewey의 방문 때보다도 더욱 거대한 집회를 조직했다.

셰인커는 졸업 후에 뉴욕으로 돌아가 컬럼비아 대학교에서 철학 전공 박사과정에 진학하였다. 그곳에서 그는 존 듀이John Dewey와 함께 수학하며 방대한 연구를 수행하는 동시에 학위 논문을 준비했다. 그러나 단순히 앉아서 글만 쓰는 공부만으로는 무엇인가 부족하다고 느꼈다. 24살이 되던 해인 1952년에 그는 학문에 대한 회의와 학업을 유지하기 위한 경제적 부담을 견디지 못하고 학교를 그만두었다. 당시에는 베이비붐이 절정에 이르러 공립학교 교사가 부족한 상황이었다. 그래서 대학 졸업자에게는 필기시험과 면접을 통과하면 뉴욕시의 교사자격증을 빠르게 취득할 수 있는 제도가 있었다. 그가 처음 지원했을 때에는 노동자계급의 언어 습관과 유대인 특유의 억양으로 인해 시험에 통과하지 못했지만, '내가 그린 기린 그림'과 같은 문구를 연습하며 언어 습관을 고쳐 자격증을 취득했다. 그는 할렘 초등학교에서 교직생활을 시작했고, 다음에는 퀸스의 중학교에서 근무했다.

셰인커는 대학원을 다니며, 학계에 있을 때 교직에 대해 상상한 바와 달리 실제로는 자신의 위신을 떨어뜨리는 유아적인 일이라는 것을 알게 되었다. 점심시간에는 아이들이 눈싸움을 하지 못하게 순찰을 돌아야 했으며, 지역 마트에서 도둑질하는 것을 방지하기 위해 미행을 다니기도 했다. 병가를 쓰기 위해서 교사들은 진단서를 제출해야만 했다. 게다가 셰인커는 자신이 가르치는 법에 대해 모른다는 사실을 알고 있었다. 그

---

25. Congress of Racial Equality. 미국에서 아프리카계 미국인들의 시민권 운동을 위해 1942년 조직된 단체.-역자 주

는 누군가로부터 지도 받을 수 있기를 바라고 있었다. 그러나 행정가가 셰인커의 교실을 방문했을 때에도 복도에 작품이 세 점밖에 걸려 있지 않다고 불평한 의견이 전부였다. 교직원 회의에서는 교장이 시계가 고장 났다거나 학급에서 너무 소란스럽다는 등의 교육과 상관없는 주제들에 대해 3시간이 넘게 이야기하곤 했다. 당시 교사의 평균 임금은 주당 66달러로 경력직 세차장 직원보다 낮은 수준이었다.

그래서 셰인커는 쇠퇴한 뉴욕 교원노동조합Teachers Union의 대안으로 소규모의 반공주의자 모임인 교사모임Teachers Guild을 조직했다. 그는 교사모임을 초창기에 2만 8,000명의 회원을 가진 미국에서 가장 큰 교사 노조인 교원연합연맹United Federation of Teachers으로 전환하는 데 중추적인 역할을 했다. 교원연합연맹은 '교권' 강화의 구호 아래 조직되어 단체교섭권과 임금 인상을 비롯하여 셰인커가 분개해 왔던 교사들이 '비전문적 잡일'에서 벗어나는 것 등을 요구하며 이전의 운동과는 새로운 방식으로 전국 단위 운동을 이끌었다. 1970년대 중반까지 미국에서는 교직이 가장 노조화된 직종이었다. 공립학교 교사의 90%가 전미교원연맹American Federation of Teachers, AFT이나 전국교육협회National Education Association, NEA에 가입되어 있었다. 이들의 70% 이상은 노조 지도자들이 교사들의 이익과 요구를 대변하여 단체교섭권을 성취한 지역에서 근무했다.[26] 1960년과 1980년 사이에 미국 전역에서는 1,000건이 넘는 교사 파업이 발생했다. 대부분의 주에서는 공무원들의 파업을 불법으로 규정했으나, 노조 지도자들은 셰인커가 경험한 바와 같은 교사들이 겪고 있는 불합리한 상황이 개선되기를 바라는 희망으로 기꺼이 감옥에

---

26. 1961년에 전국교육협회는 전미교원연맹의 압박으로 인해 교원을 위한 단체교섭을 마지못해 받아들이며 태도를 바꾸게 되었다. 1967년에는 교사들의 파업이 특별한 상황에서는 가능하도록 승인되었다. 그리고 1970년까지 관리자들은 조직 내에서 더 이상 활발하게 활동할 수 없었다.

갈 작정을 하고 파업을 진행했다. 공격적으로 조직되어 실행한 파업은 성과가 있었다. 단체교섭권이 있는 교사들은 그렇지 않은 동료들에 비해 평균적으로 10%나 더 많은 임금을 받게 되었다. 교권의 신장은 학생들을 위해서도 중요한 요인이었다. 1962년 뉴욕시에서 교원연합연맹의 공동설립자인 조지 알토매어George Altomare의 고등학교 경제학 수업에는 52명 정도가 수강하고 있었다. 2만 건의 교사 파업이 있던 그다음 해에, 학교위원회와 노조 사이의 협상 계약에서 고등학교의 학급당 최대 학생 수를 49명으로 감축하였으며, 곧 노조는 34명까지 낮추도록 압력을 행사했다.

전투적인 교원 노동조합주의자들은 시민권 운동과 관련한 파업과 투쟁에 고무되었다. 셰인커는 1963년에 워싱턴에서 킹 박사를 따라 셀마에서 몽고메리까지 행진했다. 이듬해 셰인커가 교원연합연맹의 위원장으로 선출된 후에는 노조를 프리덤 서머Freedom Summer에 전념하도록 했다. 교원연합연맹 회원들은 자발적으로 남부의 프리덤 학교에서 시민권 활동가들을 훈련시키기 위한 교육활동에 참여했고, 노조는 흑인 유권자들이 투표장에 갈 수 있도록 버스를 제공했다. 샌드라 펠드먼Sandra Feldman은 전미교원연맹의 젊은 관리자였고, 그 후 셰인커의 후임으로 위원장이 되었다. 그녀는 하워드 존슨Howard Johnson의 식당에서 다인종 모임인 인종평등회의의 활동가들과 함께 식사를 하려다가 메릴랜드의 흑인 분리정책을 지키지 않았다는 이유로 체포당했다. 이후 교원연합연맹은 시민권 운동이라는 큰 틀 안에서 신뢰하고 연대할 수 있는 집단으로 여겨지게 되었다.

그러나 몇 년 지나지 않아 인종평등회의와 수많은 다른 시민권 모임들은 교원연합연맹과 교사 노조주의에 대해 반대 입장을 취하며 태도를 전환했다. 노동자 계급 출신으로 활동가이자 좌파 지식인인 앨 셰인커는 교육 평등에 대한 토론에서 악인을 맡으며, 가난한 유색인종의 아이들과 부모들을 위한 비용에 대해 교사들의 이익을 대변하는 역할을 하였다. 비록 우리가 이제 와서 관찰할 수 있는 사실만으로 공정하게 평가할 수 있는 것은 아니지만, 이렇게 정치적인 활동을 하기도 하는 교원노조의 특성은 오늘날에도 여전히 강하게 남아 있다. 어떻게 학급당 학생 수 감소와 인종에 따른 차별이 없는 학교 통합, 교육예산 증가와 같은 주제에 동의하는 노조원 교사들과 도심 지역 학부모 활동가들이 1960년대 후반의 학교개혁에서는 서로 다른 입장을 취하게 되었는가? 그리고 왜 교사 권력의 부상은 교사와 교원노조에 대한 대중의 신뢰 감소와 동시에 일어났는가?

1960년대 후반 노조는 교육에 대해 전례 없는 정치적 영향력을 획득했으나, 동시에 흑인 학부모들과 활동가를 포함하여 대중들은 점차 학교에 대해 냉소적인 분위기였다. 인종차별정책을 폐지한다 하더라도 교육 불평등 문제를 해결할 수 없다는 점이 분명해졌기 때문이다. 전국 단위에서 활동하는 노동조합들은 인종차별정책의 철폐를 지지했지만, 수많은 자유주의자들이 희망하는 것과는 달리 이러한 성과가 교육 불평등 문제 해결의 만병통치약은 아니었다. 콜먼 보고서는 남부군이 지배하던 주에서 가장 적극적으로 인종차별정책의 폐지를 시행했음에도 불구하고, 인종에 따른 학업성취도의 차이가 끈질게 지속되었다고 보고했다.
북부에서도 흑인과 히스패닉은 인종통합이 뿌리내리기를 여전히 기다리고 있었다. 보스턴이나 뉴욕의 백인 학부모 활동가들은 통학 차량의 분리정책에 반대하기 위한 조직을 구성했다. 이들은 폭력적인 방식을 사용하기도 했으며, 간혹 성공적인 성과를 내기도 했다. 법원은 거주지나 학교구에 따라 학교 분리가 발생하는 경우 거의 개입하지 않았다.

이는 남부지역에 존재하던 백인 아동과 흑인 아동을 법률상으로 차별하던 '이중 체제'와는 다르다. 이러한 북쪽 지역의 인종 분리정책은 백인 정책가들에 의해 의도적으로 만들어졌지만 공식적 법률이 아니라 실행 규칙으로 작동했다.

학교 분리정책은 실제로 북쪽에서 더욱 심화되어 갔다. 1960년에 뉴욕시에 거주하는 40%의 흑인과 푸에르토리코 출신 아이들이 백인이 전혀 없는 학교에 다니고 있었다. 1967년까지 뉴욕시의 50% 이상의 학교들이 비슷한 상황이었다. 중산층의 백인 아이들이 대다수를 차지하는 공립학교는 학업성취도 평가에서 전국 평균에 비해 2년이나 앞서고 있는 것으로 보고되었으나, 빈민가의 학교는 최소한 2년 이상 뒤처지는 경향이 있었다.

인종에 따른 분리정책이 심화되자 활동가들과 연구가들은 교사의 질에 관심을 갖게 되었다. 분리주의 정책을 적용하는 학교에서 교사들은 가난하고 백인이 아닌 아이들을 제대로 교육하고 있는가? 기존의 설문조사에서는 백인 교사들이 그들의 흑인 학생들의 지적 능력에 대해 저평가하는 것으로 나타났지만, 그러한 교사들의 편견이 학생들의 학습에 부정적인 영향을 미치는 것인지에 대해서는 분명하게 드러나지 않았다. 그러나 1968년에 발표된 한 편의 학술논문은 백인 교사들의 편향된 태도에 대한 연구의 시금석이 되어 추후 수많은 활동가들과 언론, 정치가들에 의해 지겹도록 인용되었다. 이는 하버드 대학교의 교수인 로버트 로즌솔Robert Rosenthal과 초등학교 교사인 레노어 제이콥슨Lenore Jacobson이 쓴 『교실에서의 피그말리온 효과Pygmalion in the Classroom』라는 연구이다.

로즌솔과 제이콥슨은 샌프란시스코의 공립학교 교사들에게 그들의 학생 중 하버드의 비언어적 지능검사에서 높은 성적을 내며 학업적으로

'지적 성장을 꽃피울 것'으로 기대되는 학생들의 명단을 제시했다. 실제로 하버드 검사라는 것은 존재하지 않았고, IQ 점수와 인종에 관계없이 20%의 학생들을 무작위로 선발하여 교사들은 '높은 기대'를 갖는 무리에 속하게 한 것이었다. 학년 말에 명단에 있던 학생들은 IQ 검사와 학업성취도 시험에서 모두 같은 학급의 또래들에 비해 더 많은 성취를 얻은 것으로 나타났다. 따라서 연구자들은 본 실험을 통해 교사의 낮은 기대가 통제 집단의 학생들에게 부정적인 영향을 미쳤다는 결론을 내렸다. 이러한 결과는 교사들로부터 상위권에 들 수 없을 것이라고 간주되며 지속적으로 차별을 받아 온 학생들에게 충격을 주었다. 지금까지도 교사들이 학생들에게 낮은 기대수준을 가지고 있을 때, 실제로 학생들은 낮은 학업성취를 나타낸다는 것이 정설로 인정되고 있다.

1967년 뉴욕시에서 교원연합연맹은 다시 파업에 들어갔다. 파업 이유 중 하나는 교실에서 다루기 힘든 학생들을 교사들이 내쫓을 수 있는 권리를 얻기 위한 것이었다. 1902년에 이미 시카고에서 교사들이 노조를 구성하여, 소수 학생이 대다수 학생의 학습을 방해하는 상황의 개선을 주장하며 그러한 권리를 얻고자 요구했다. 그러나 이러한 주장 뒤에는 인종적 갈등을 유발할 수 있는 숨은 의도가 있었다는 것이 65년이 지난 후에야 드러났다. 뉴욕시 교원의 90%에 해당하는 백인 교사들은 유색 아동이 학습할 수 있는 권리를 교사 본인들이 결정하고자 했다. 이러한 노조의 적수로 정의를 위한 개혁을 단행할 의지로 충만한 흑인 교장인 로디 맥코이Rhody McCoy가 등장했다.

맥코이 교장은 유색인종의 학부모들이 학교 일에 적극적으로 개입한다면 교사들에게 아이들이 '문제아'라고 낙인찍힐 만한 이유가 없다는 것을 보여 줄 수 있을 거라 믿었다. 또 다른 유명한 흑인 교육가인 루터 시브룩Luther Seabrook은 인종차별주의자로 추정되는 백인 교사들에 대해 더욱 날카로운 비판을 했다.

> 자유주의적인 성격의 교육가들은 흑인 아동을 유전적인 기형아는 아니지만 양육에 의한 기형아라고 보고 있다. … 그들은 공공연하게 흑인 아동들이 '문화적으로 박탈당했다'고 여긴다. 교사들의 인종차별 행태는 더욱 미묘한 형태로 '문화적으로 다르다'고 치부하는 방향으로 가고 있다. 이런 식의 완곡한 표현에도 불구하고, 아이들은 여전히 자신들이 '깜둥이'라고 불린다는 것을 알고 있다.

당시에 흥행한 영화나 베스트셀러들을 살펴보면 이러한 주장이 백인들의 주류 문화를 관통한다는 것을 알 수 있다. 『계단 오르내리기Up the Down Staircase』, 『선생님께 사랑을To Sir with Love』, 『어린 나이의 죽음 Death at an Early』과 같이 주로 제대로 된 교육을 받지 못하는 빈민가의 아동들에게 열정적으로 가르치는 영웅적인 교사들에 관한 내용이었다. 도심에 위치한 학교에서 근무하는 교사들이 갖고 있는 편견은 아프리카계 미국 문화에도 존재했다. 사회복지사와 우편배달부의 아들로 뉴저지에 위치한 뉴어크에서 자란 로이 존스LeRoi Jones는 대표적인 비트족[27]으로 활동하고 있는 흑인 작가 중 하나였다.

그가 졸업한 배링거 고등학교는 흑인과 백인이 함께 학교에 다니는 통합 학교였다. 고등학교 시절 학교 신문을 만드는 일을 하며 하워드 대학교에 다닐 수 있는 학비를 벌었다. 그러나 로이는 그의 소설에서 인종통

---

27. 제2차 세계대전 이후 자본주의 사회의 문제점을 비판하며 원시적인 빈곤을 감수하면서 획일적인 사회에 대해 저항하며 해방을 위한 과격한 문학운동을 일으킨 젊은이들을 총칭하는 말.-역자 주

합정책이 흑인들에게 기회로 작용하는 측면보다는 백인 주류 학교에서 흑인 학생들이 학업적으로나 심리적으로 배제당하는 문제에 집중했다. 그의 자전적인 단편소설인『톰 삼촌의 오두막: 또 다른 결말Uncle Tom's Cabin: Alternative Ending』은 편견에 사로잡힌 노처녀 백인 교사 오바치가 총명한 흑인 소년인 에디 맥기의 노력을 불쾌하게 여기며 방해하는 내용이다. 소설에서는 대학 교육을 받은 다정한 성격의 에디의 어머니가 교장 선생님을 찾아가 항의한다. 이러한 방식의 학부모 행동주의는 흑인 권력 운동과 연계된 도심의 활동가 학부모들이 주도하는 지역사회 통제 운동의 특징이 되었다. 이들은 학교에서 어떤 교사들이 어떤 방식으로 우리의 아이들을 가르치는지에 대해서도 발언권을 갖고자 했다. 지역사회 통제는 한 가지 성격으로 요약할 수는 없지만 전국 단위 운동으로 몇 가지 특성을 가진다. 활동가들은 교사들이 학생들의 집을 방문하고, 방과 후에도 학교에 머무르며 학생들이 필요로 하는 도움을 제공하기를 권장했다. 나아가 교사 자신들이 근무하는 지역사회의 빈민가에서 직접 살아 보며 교사봉사단의 이념을 이해할 수 있기를 바랐다. 그들은 교육감이나 시도 위원회가 아닌 학부모들과 지역사회 학교위원회가 예산 집행을 비롯해 지역학교 교사들의 고용과 해고를 할 수 있는 권한을 가져야 한다고 주장했다. 전부가 그랬던 것은 아니지만 대부분의 지역사회 통제 주창자들은 흑인 중심적인 교육과정이 학교와 교육과정에서 흑인 아동들에게 다시 제공되어야 한다고 생각했다.

지역사회 통제는 인종평등회의와 포드 재단의 후원을 받고 있었다. 이들 두 조직은 서로 어울리지 않는 동반자 관계였다. 인종평등회의는 시간이 지날수록 흑인 분리정책에 관심을 쏟는 좌파적 성격의 단체였으며, 포드 재단은 케네디 대통령과 존슨 대통령 재임 시에 백악관의 국가안보 보좌관으로 베트남 전쟁의 핵심 설계자였던 맥조지 번디McGeorge

Bundy가 위원장을 맡고 있었다. 번디는 포드 재단의 교육 프로그램 담당자인 마리오 판티니Mario Fantini에게 감화를 받았다. 판티니는 학교현장에서 아프리카 음악이나 역사를 가르치는 것과 같이 다문화주의를 적용하는 방안에 대하여 학술적으로 연구해 왔다. 그는 흑인 학부모들과 교사들이 흑인 중심 교육과정을 구성하는 데 더욱 적극적으로 참여하여 함께 일할 수 있다면 교육부의 자유주의적 통합주의자인 브라운의 꿈을 실현할 수 있을 것이라며 번디를 설득했다. 그렇게만 될 수 있다면 백인 학부모들도 도시 빈민가의 학교에 자식들을 입학시키고 싶어할 정도로 학교 환경이 극적으로 개선될 수 있을 것이라고 주장했다. 그러나 지금 와서 살펴보면 이들의 이론은 고의적으로 순진한 척하는 것처럼 보인다. 흑인문화가 지배적인 학교에 기꺼이 아이들을 보내고 싶어하는 백인 부모들이 엄청나다고 했으나 그에 대한 근거가 전혀 없기 때문이다. 그럼에도 1967년 지역사회 통제는 흑인 아이들이 백인 학교로 통학하는 여부에 대한 전쟁으로부터 벗어나고 싶어 하던 정치인들과 활동가들에게 자신들의 의견을 피력하여 관철시켰다.

진보적 성향의 공화당원인 뉴욕시의 시장 존 린지John Lindsay는 번디를 임명하여 학교 개선을 위한 시 위원회를 이끌도록 했다. 그 결과로 나온 번디 보고서는 시에서 주관하는 학교위원회를 폐지하고, 교사의 고용·정년·해고 규정을 수정하자고 주장하였다. 또한 지역사회에서 학부모들이 선출한 위원단과 시장이 임명한 위원단 사이에서 발생하는 교육과정 문제의 해결책을 모색해야 함을 지적했다. 이러한 지역사회 통제의 안건은 곧 디트로이트와 뉴어크, 워싱턴 등 미국 전역의 다른 도시들에서도 다루게 되었다. 이는 교원노조 내에서 강력한 반대를 야기했다. 각각의 주요 도시에서 노조는 이제 막 단체교섭권을 갖게 되었는데, 하나의 주요 행정기관이 아닌 지역적으로 각기 통제되는 수십 개의 학교위원회와 협상해야 한다는 것은 노조의 권력을 잠재적으로 침식하는 것이기 때문이었다. 노조 임원들은 좌파 대중들이 포드 재단과 같은 상당한 재력을 갖춘 자선가들로부터 후원을 받으며 권한을 확대해 나가는 현상에 대해 공포를 느끼게 되었다. 그래서 교사들을 대상으로 흑인중심주의라는 사상에 대한 리트머스 검사를 실시했다. 노조는 인종차별적인 나쁜 교사가 가난한 아이들의 낮은 학업성취에 대해 가장 근본적인 책임이 있다는 입장을 취하며 지역사회 통제 운동에 분노를 표했다. 또한, 지역사회 통제 운동은 교장들이 정년을 보장받은 교사들을 해고하지 못하게 하는 정당한 법적 권리를 정면에서 공격하는 것이었다.

노조 교사들과 공교육 분야의 다른 진보적인 교사들 사이에는 항상 긴장이 존재해 왔다. 제인 애덤스Jane Addams는 더욱 강력해진 교원평가에 대해 마거릿 헤일리가 저항한 것은 잘못이었다고 생각했다. 존슨 위원장은 전국교육협회의 반대를 무릅쓰고 교사봉사단을 조직했다. 1960년대 말에서 1970년대 초에 도심에 근무하는 교사들의 파업이 있던 시기 동안에 노조는 흑인과 히스패닉의 지역사회 통제에 반대하며, 백인 교사의 고용 안정을 위한 주장에만 찬성하는 모습을 보였다. 그래서 노조는 노조 자체에 반대하는 보수당뿐만 아니라 전례 없이 대부분의 좌파들에게도 외면당하며 완전한 악당이 되었다.

지역사회 통제가 추진되는 과정을 살펴보면, 오늘날 학교개혁 전쟁의 많은 선례를 볼 수 있다. 1960년대 후반의 포드 재단은 브루클린의 학부모 활동가들을 지원했는데, 결과적으로 이들은 학군을 장악하고 정년이 보장된 교사들을 해고하려는 시도를 했다. 오늘날의 빌 게이츠Bill Gates는 캘리포니아를 비롯한 여러 주에서 '학부모 계기契機'를 위한 노력을 지원하고 있다. 저소득층 지역에서 학부모들이 학교의 경영과 직원 채용을 관리할 수 있도록 청원하는 운동을 하는 학교개혁가들을 돕는 것이다. 이러한 움직임은 차터스쿨을 비노조 차터스쿨로 변화시키기도 했다.[28] 자신을 진보주의자라고 여기는 개혁가들은 노조가 학교의 질을 향상시키는 것을 방해한다고 생각했다. 1967년에 뉴욕 대학교의 법학교수이자 번디 위원회로 참여했던 하워드 칼로드너Howard Kalodner는 전문적인 교육적 관료주의를 타파하겠다고 공언하였다.

> 교육가의 75~80%는 흑인과 푸에르토리코 출신의 아이들이 교육을 받을 능력이 있다고 믿지 않습니다. 당신들은 전문적인 교육제도조차 구성할 수 없을 것입니다.

오늘날의 개혁가들은 칼로드너가 비난했던 교원노조와 학교위원회, 교사 교육 프로그램 등이 한데 엉켜 있는 관료주의를 일컫는 말로 '얼룩The blob'이라는 용어를 만들었다. 그리고 그들도 역시 소수집단의 학생들은 지적 능력이 없다는 그릇된 신념을 교육제도 자체에 대한 충성심과 동일시하고 있다.

노조 교사들이 가진 이러한 그릇된 신념으로 인해 복잡한 현실에서 당면하는 다양한 교육 문제들이 제대로 다루어지지 못하고 있다. 그러나 자신들을 지지하는 학부모가 없는 상황에서도 교사의 고용을 보장하라는 주장을 했던 노조의 모습에서 알 수 있듯, 조직화된 교사들은 무상 유아교육에서 교사양성의 질적 향상에 이르기까지 빈곤층 아동들에게 가장 혜택이 되는 많은 교육정책들에 대한 유력한 지지자이기도 하다. 그러나 1960년대 후반에 들어서면서 위대한 사회로 통합을 이루

---

28. 이와 관련한 학부모 봉기 운동은 2012년에 개봉된 영화 〈원트 백 다운Won't Back Down〉에 묘사되어 있다. 매기 질렌할과 비올라 데이비스가 출연하였으며, 보수적이고 오랫동안 노동조합에 반대해 온 역사가 있는 필 앤슈츠(잡지 〈위클리 스탠더드The Weekly Standard〉의 소유주)와 같은 자본가들이 투자하였다.

려던 존슨 대통령의 이상이 무너지고, 박애주의자와 정부 내 자유주의 성향을 가진 엘리트들이 강력하게 비난하던 노조 교사들에 대한 비판도 지역사회 통제와 흑인 권력 운동과 함께 점차 사라졌다.

리처드 칼렌버그Richard Kahlenberg가 앨 셰인커의 자서전 『거친 자유주의자Tough liberal』에서 지적했듯이 도심 학교에 대한 지역사회 통제라는 발상은 1964년 퀸스에서 유래했다. 지역사회 통제를 주창하는 백인들 사이에서 흑인과 백인 아이들이 같은 버스에 타는 것을 금지하기 위해서는 학부모들이 나서야 한다는 의견을 내면서 이 운동이 시작되었기 때문이다. 좌파들마저도 2년이 채 지나지 않아 이러한 생각에 동의하게 되었다. 1966년, 흑인 분리주의 주창자인 스물다섯 살의 스토켈리 카마이클Stokely Carmichael은 중도적 성향의 존 루이스John Lewis가 학생 비폭력 조정 위원회Student Nonviolent Coordinating Committee의 수뇌부가 되는 것을 저지하며 전국 단위 정치판에 혜성처럼 나타났다. 카마이클의 선거는 흑인 권력의 영향력을 대표적으로 보여 주는 사례였다. 잘 생기고, 호리호리한 몸매에 딱 붙는 정장 차림, 넥타이까지 맨 보수적인 카마이클의 옷차림은 하워드 대학교에서 반제국주의자로 철학적인 연구를 하며 혁명적인 정치를 지향하는 모습과 어울렸다. 카마이클은 교육정책에 깊은 관심이 있었다. 그는 뉴욕의 엘리트 학교인 브롱스 과학고등학교를 포함해 어린 시절 내내 흑인과 백인이 함께 다니는 공립학교를 다녔다. 그러나 그는 헛된 학교 통합 노력에 너무나도 많은 자원이 낭비되고 있다고 생각했다. 1966년 카마이클은 버클리 대학교의 만 명의 백인 좌파학생들 앞에서 베트남 전쟁과 시민권 제정의 문제에 관한 연설을 하게된다. 이 연설에서는 공립학교의 문제도 다루었으며, 유명한 명언이 탄생했다.

"우리는 이 나라의 백인 학교에 다니고 있는 6%의 흑인 학생들에 관심을 가질 여유가 없습니다. 우리는 흑인 학교에 다니는 94%의 학생들을 걱정해야 합니다. 제 생각이긴 하지만, 흑인 사회를 위해 일하는 백인은 없습니다. … 흑인들이 권력을 행사하는 위치에서, 흑인들을 위해 스스로 목소리를 내며 행동해야 합니다."

그의 연설에 백인 관중들은 환호했다. 카마이클은 흑인 청중들 앞에서는 더욱 심하게 말하곤 했다. 국방부 장관인 흑표범당 휴이 뉴턴Huey Newton의 생일 파티에서 카마이클은 흑인 젊은이들이 "그들의 학교위원회 관할 지역의 모든 백인들보다 더 지적으로 우월합니다"라고 말하며, "사회를 바꾸는 방법을 우리에게 알려 줄 수 있는 교육제도를 만들고, 이러한 제도를 우리가 통제할 수 있을 때까지 우리는 그 누구도 학교에 보낼 필요가 없습니다"라고 전했다.

마틴 루터 킹Martin Luther King Jr.은 이러한 철학을 '허무주의적'이라고 일컬으며, "다민족 사회에서 어떤 집단도 홀로 설 수는 없다"며 흑인뿐만 아니라 가난한 모든 사람들을 더욱 가까이에서 이해하고 그들을 대변할 수 있는 교육제도를 만들어야 한다고 주장했다. 그러나 끝내 거주지와 학교를 통합하지 못하였고 그의 공약은 지켜지지 않았다. 그러나 흑인 분리주의는 도심 내부에서 급격히 추진력을 얻기 시작했다. 브루클린 중앙에 위치하고 있는 낙후된 동네인 오션힐에 271 중학교가 설립되었다. 건물은 밀려드는 학생들을 감당하기 위해 1960년대 초·중반 뉴욕 전역에서 지어진 다른 학교 건물과 마찬가지로 빨간 벽돌과 파란 타일로 낮게 지어졌다. 교육부는 도심 지역에 살고 있던 노동자 계층의 백인 가족들이 이사 가는 것을 막고자 했다. 그러나 우려하는 일은 일어나지 않았다. 오션힐에 남아 있던 대부분의 백인 가족들은 이미 지난 십 년 사이에 저렴한 주택담보대출의 유혹에 이끌려 롱아일랜드와 뉴저지의 교외로 이사 갔기 때문이었다. 그들이 떠난 3~4인용 아파트에는 남부지방의 흑인 이주자나 푸에르토리코에서 온 유대인 가족들이 8~9명씩 살고 있었다. 로커웨이로 고속도로 근처에는 거대한 공영주택이 다닥다닥 들어섰다. 일자리가 있는 도시가 아니었기 때문에 오션힐은 가난한 거주자들로 채워졌으며, 식료품점이나 영화관과 같은 기본적인 편의시설은 존재하지 않았다. 271 중학교를 비롯한 근처 학교들의 학생들은 98~99%가 흑인과 히스패닉 학생들이었다.

오션힐에 사는 사람들의 생활은 어려울지 몰라도, 그 동네는 교회와 사회복지기관에 의해 잘 정비된 공동체 서비스 부서를 가지고 있었다. 브라운이 교육부를 떠난 이후, 오션힐의 주민들은 과밀 학급에 대한 문제와 동네 밖으로 통학하는 아이들의 학업 성적이 낮은 문제를 교육청에서 해결해 주기를 희망했다. 백인 기독교 신부인 존 포위스John Powis는 오션힐에 있는 1,700명의 초등학교 학생들이 브루클린 지역의 백인 중심 학교에 입학할 수 있도록 도왔다. 그러나 그는 나중에 그 결과가 너무나도 슬펐다고 고백했다. 유색인종 아동의 입학을 허락한 지역사회와 학교는 아이들을 환영하지 않았다. 교사들마저도 오션힐 아이들을 학업 부진아들과 수업을 듣게 하려고 준비하고 있었다. 돌로레스 토레스Dolores Torres를 비롯한 다른 학부모들은 아이들이 다닐 학교를 탐방한 후 자신들이 목격한 것에 대해 경악했다. 교사들은 아이들을 교육하는 것이 아니라 보육만 할 뿐이었다고 토레스는 회고했다. 교육과정에 작문이 포함되지 않았고, 교사들은 방과 후에 아이들을 도울 생각이 전혀 없어 보였다. 학부모들은 "교사들이 아이들보다도 먼저 교실을 나서더군요… 우리는 더 이상 이런 실태를 참을 필요가 없다고 느꼈습니다"라고 전했다. 심지어 교원연합연맹에서도 외부에서 온 학생들이 제대로 교육을 받지 못하고 있다는 사실에 동의했다. 1967년 노조는 가장 효과적으로 조직 구성을 하는 것으로 유명한 샌디 펠드먼Sandy Feldman을 임명하여 이 지역에서 일하도록 했다. 펠드먼은 교사들에게 '아이들이 통제 불능이라 느껴지더라도 당신은 교실로 들어가야 합니다. 교사들은 "복도는 야생과도 같고, 아이들은 지저분해요"라고 하며, 교실 문을 닫아 버리는 것으로 학교의 열악한 환경에 반응하는 것처럼 보였다.

포위스와 토레스, 그리고 오션힐의 다른 활동가들은 제대로 기능하지 못하고 있는 학교 문제를 해결하기 위해서는 카마이클이 제안한 바와 같이 백인 관료주의를 뿌리 뽑아야 하는 것은 아닌가 하는 생각을 하게 되었다. 유색인종에게 적대적인 동네의 학교로 아이들을 보내는 것이 아니라, 빈곤한 유색인종 아이들에게 학교에서 무슨 일이 일어나는지에 대해 알아보고 결정을 내려야 한다는 것이다. 차파카나 스카스데일과 같은 뉴욕의 부유한 동네의 학부모들이 고작 몇천 명의 학생들을 위한 정책을 수립하기 위해 학교위원회를 직접 선출할 수 있다면, 왜 9,000명이나 되는 오션힐의 학부모가 할 수 없겠는가?

그러나 노조의 해결책은 달랐다. 오션힐이 '더 나은 학교 만들기More Effective Schools' 프로그램에 참여해야 한다고 생각했다. 이 프로그램은 빈곤 지역 내에 위치한 학교를 선정하여 교사 1인당 학생 수를 줄이고, 유치원 과정을 제공하며, 사회복지사나 독서교육 지도자와 같은 보조 직원을 더 많이 제공하는 것을 골자로 하고 있었다. 교원연합연맹이 계획하고, 시에서 프로그램의 참여를 독려하고 있었다. 대부분의 다른 진보적인 교육가들과 마찬가지로 프로그램의 책임자도 교사들이 '다양한 가정 배경과 학업 능력을 가진 학생들이 있는 이질적인 집단인 교실'에서 교육하는 방법을 익혀 수준별 반 편성을 없애는 것을 목표로 했다(오늘날 '차별성 교육'이라 불리는 이 전략은 학급의 크기가 작을 때 훨씬 적용이 용이하다).

그런데 '더 나은 학교 만들기' 프로그램을 오션힐에 적용할 기회는 주어지지 않았다. 1967년 봄, 뉴욕 시장 존 린제이는 흑인과 히스패닉이 대다수를 차지하는 오션힐의 두 지역인 할렘과 로워 이스트사이드를 지역사회 통제에 양도했다. 비록 이 프로그램과 지역사회 통제의 의견이 서로 대조적인 관계에 있는 것은 아니기 때문에 동시에 추진될 가능성도 있었다. 지역사회 통제가 그 자체로 효과적인 학교 거버넌스 전략이라는 것을 증명하려면, 정규 예산 내에서 운영하는 것이 필요하다고 말하면서, 시에서는 더 나은 학교 만들기 예산을 세 "시범" 학구에 지원하는 것을 거부했다. 초창기에 오션힐의 봉기에 대해 책을 섰던 기자 출신의 바바라 카터Barbara Carter는 프로그램이 적용되지 않은 학교는 학교 관계자와 지역사회가 그 학교가 발전할 수 있는 가능성을 박탈한 것이라고 분석했다. 점차 더 인종에 따른 분리 현상을 보이는 지역에서 교사와 학부모들이 연대했을지도 모른다는 것이다. 프로그램 시행에서 배제된 학교들에게는 더욱 절망적이게도 이 프로그램에 참여한 학교들은 인상적인 실적을 보여 주었다. 프로그램에 참여한 학생들이 1년 동안 그렇지 않은 학생들에 비해 2개월 반에서 4개월 반 동안 더 많은 읽기 수업을 받았으며, 수학과 웅변, 말하기 영역의 성적이 올랐다.

그러나 지역사회 통제가 관리하는 학교들은 돈과 정치, 권력문제로 인해 학업 결과에 있어 이러한 성과를 내지 못했다. 린제이 시장은 대통령에 출마하고자 했기 때문에 통학 문제와 관련한 논란은 피했으며, 브라운 교육부에 동의하지 않는 흑인 시민권 운동의 지도자들과 동맹을 맺고자 했다. 전국에서 가장 유명한 시민권 조직인 전국유색인종협회와 도시연맹, 학생 비폭력 조정 위원회, 인종평등회의는 지역사회 통제를 지지했다. 1969년에는 리처드 닉슨Richard Nixon이 취임하여 각 주와 지방정부들이 정책입안 권력을 중앙정부에 이양하는 '새로운 연방주의'를 주창했다. 이에 따라 학교 분권화와 관련한 주장들도 전국 정치판에서 어조를 바꿔야 할 필요성이 제기되었다.

지역사회 통제의 첫 번째 실험에서, 시위 지역 세 곳의 유권자들은 학교위원회 선출권을 갖게 되었다. 학교위원회는 인종평등회의의 조직적인 도움과 포드 재단의 기금으로 설립되었다. 오션힐의 위원회에서는 전체 프로젝트를 감독하기 위해 로디 맥코이를 선출했다. 맥코이는 학생 징계와 관련해 노조를 비판하는 입장에 있었으며, 사회적·감정적 문제를 가진 학생들을 교육하는 도심의 '600 학교들'에서 근무한 경험이 있는 마흔여섯 살의 흑인 교장이었다. 다른 대부분의 흑인 후보자들과 마찬가지로 맥코이도 학교 행정가가 되기 위한 시험에 통과하고, 백인이 압도적으로 많은 교장 노조에 들어가기까지 상대적으로 젊은 교사로서 험난한 여정을 겪은 사람이었다. 그렇기에 그는 노조의 협상 규칙으로 인한 오랜 좌절감에 대해 알고 있었으며, 지역사회 통제 실험을 시도해 보고자 했다. 1988년 맥코이는 학부모들과 함께 일하던 시절을 떠올리며 흑인과 히스패닉 가족들에게 자식 교육에 대해 헌신하는 즐거움에 대해 전했다.

학교위원회에 참석하는 것은 제게 기쁨이었습니다. 항상 긍정적인 생각들만 있었습니다. 어떻게 우리가 아이들을 도울 수 있을까를 고민하며 우리는 열정을 쏟았습니다. 지역사회 전체가 학교를 돕기 위해 모였습니다.

맥코이는 롱아일랜드 교외에 거주하며 여덟 아이의 아버지로서 다소 온건한 삶의 방식을 지닌 것처럼 보였음에도 불구하고, 시의 좌파 활동가들과 긴밀한 유대관계를 맺고 있었다. 그는 흑표범단이자 퀸스에서 교감을 지낸 허먼 퍼거슨Herman Ferguson에게 월급을 주고, 교육 자문위원으로 고용했다. 퍼거슨이 중도적인 '톰 아저씨' 정치에 대한 보복으로 추정되는 전국흑인지위향상협회의 로이 월킨스Roy Wilkins와 도시연맹의 휘트니 영Whitney Young의 살인을 공모한 것으로 기소된 전력이 있었음에도 맥코이는 개의치 않았다. 1968년 2월, 할렘 공립학교에서 개최된 말콤 엑스의 추모집회에서 퍼거슨은 섬뜩한 연설을 남겼다. 그는 미국의 도시 빈민가를 베트남 전장에 비유하며 성인과 십대 관중들에게 조언을 건넸다.

> 죽는 것은 찰나이고, 당신은 아무것도 느끼지 못할 것입니다. 그러나 만약 당신이 아무 일도 하고 있지 않다면, 누군가는 당신을 데려갈 것입니다. 총 애호가가 되시기 바랍니다. 총을 소지하시기 바랍니다. 그러고는 보이지 않게 곁에 두시고, 적절한 시기에 사용하시기 바랍니다.[29]

그날의 청중 중에 다시키 셔츠[30]를 입은 흑인 교사 레 캠벨Les Campbell도 있었다. 캠벨은 베드퍼드스타이베선트에서 흑인중심주의적 관점에서 역사를 가르치고 있었다. 그는 몇 주 전에 '집회에 중학생들을 소집하라'는 학교 관리자에게 저항하다 해고당했다.

그러나 퍼거슨의 추천으로 맥코이는 캠벨이 오션힐에서 근무하도록

---

29. 1968년 6월에 퍼거슨은 살인 공모죄로 기소되어 7년 형을 선고받았다. 그는 미국을 떠나 가이아나로 도망갔으나 1989년에 돌아와 형을 마쳤다. 1996년에 뉴욕 대법관 브루스 라이트는 퍼거슨을 가석방하고, 1960년대 후반에 '모든 흑인 국가주의자 활동가들은 지역 경찰뿐만 아니라 FBI의 대상이 되었다'는 사실에 주목하며 그의 기소에 대해 의문을 제기했다.

30. 아프리카 민족의상에서 유래한 남성 셔츠로 칼라가 없고 반소매에 헐렁한 것이 특징이다.-역자 주

고용했기에 오랫동안 실직한 상태는 아니었다. 캠벨은 271 중학교에서 카리스마 있고 악명 높은 존재가 되었다. 그는 흑인 연구에 열의를 보이며, 학생들을 '노예 이름'으로 부르는 것을 거부했다. 대신 흑인 무슬림 문화에서 차용한 새로운 이름으로 학생들을 불렀다. 예를 들어 테레사 조던Theresa Jordan은 그녀가 성인 시절에 사용하던 이름인 카리마 조던 Karima Jordan이 되었다. 캠벨의 정치학 수업은 너무도 극단적이라 심지어 그 지역의 흑인 부모들조차도 불편함을 느낄 정도였다. 학부모회 회장이자 교원연합연맹의 가혹한 비평가인 일레인 루크Elaine Rooke는 아들에게 캠벨은 말썽꾼이라며 피해 다니길 당부했다. 그런데 지역사회 통제의 지지자들이 모두 급진적인 분리주의자는 아니었다. 그럼에도 오션힐의 공립학교에 있는 캠벨이나 퍼거슨과 같은 사람들은 앨 셰인커에 대해 격분하며, 노조 지도자들이 분노할 만한 원인을 지속적으로 제공하며 지역사회 통제에 반대했다. 마틴 루터 킹이 암살당한 다음 날 아침에 271중학교에서 집회가 소집되었다. "흑인 권력 쟁취!"라든가 "휘트니를 죽이자"라는 외침이 크게 울렸다. 그 와중에 로디 맥코이는 넋을 놓고 서 있었다. 우선 맥코이는 백인 교사들에게 그 자리를 떠나기를 권유했다. 캠벨은 학생들에게 "만약 휘트니가 너희들의 어깨를 두드린다면, 그를 무덤으로 보내 버려라"라고 외치며, 폭동을 유도하는 연설을 했다.

1967년에서 1968년까지 지역사회 통제가 시행된 후, 학교에서의 첫해는 투쟁의 역사였다. 맥코이와 지역사회 위원회는 유명한 교장들을 내쫓으며 지역구의 여덟 개의 학교에 각각 흑인과 푸에르토리코 출신의 관리자들을 재빨리 고용했다. 이런 분위기 속에서 교사들은 예민해져 갔고, 학생들은 여전히 수업 중에 밖으로 나가거나 복도를 어슬렁거렸다. 맥코이와 그의 보좌관들은 이런 사태를 통제해야겠다고 각오를 다졌다. 학교의 일상은 기록되는 일이 거의 없기 때문에 정확한 날짜까지 알 수는 없지만, 1968년 5월 초에 세실 보웬Cecil Bowen이라는 장학사가 271 중학교의 교사인 리처드 더글러스Richard Douglass의 미술 수업을 참관하기 위해 방문했다. 보웬이 참관을 위해 교실로 들어섰을 때 더글러스 선생님은 무력하게 서 있었으며, 학생들은 소리를 지르며 서로에게 물감을 던지고 있었다. 며칠 후에, 맥코이와 오션힐의 지역사회위원회는 더글러스를 포함하여 18명의 백인 교사들과 학교 행정가들을 해고했다. 교사들 중 일부는 텔레그램으로 전달된 해직 통보를 받기 위해 교실 밖으로 불려 나갔다. 그러나 흑인 학부모들과 행정가들이 백인 교사의 고용을 거부할 권리를 가지고 있었기 때문에 해고장이 곧 교직 계약의 종료를 의미하는 것은 아니었다. 해고장은 통보를 받은 교사들이 시의 학교위원회에 보고하여 다른 학교로 발령을 요청하라는 것뿐이었다. 다만, 맥코이는 이런 메시지를 전달함으로써 자신의 의도를 분명하게 전달하고자 했다.

해직 통보를 받은 교사들은 단 한 명도 우리 시의 어느 학교에서도 근무할 수 없을 겁니다. 흑인 사회가 당신들이 그렇게 하도록 두지 않을 테니까요.

교사들이 단체교섭권을 갖기 훨씬 이전에는 경력 교사를 내쫓기가 상당히 어려웠다. 사실상 뉴욕에서는 1917년부터, 다른 도시들에서는 1909년부터 교사들의 정년이 보장되었다. 학군 단위에서는 적색 공포로 인한 도덕적 공황 상태이거나 특별한 경우에만 정년이 보장된 교사를 해고하는 재판을 열 수 있었고, 이는 많은 돈과 시간을 필요로 했다. 이러한 '정당한 법적 절차'는 교원 노동조합주의의 근본적인 원칙이었다. 이와 같은 보호장치는 행정 정책에 대한 반대나 임신, 종교적 신념,

인종, 성별, 정치 성향 등의 이유로 교사들이 해고당하는 것을 방지하는 역할을 해 왔다.

그런데 업무 수행에서 단순히 일을 못하는 교사들에 대해서 어떤 조치를 할 수 있을까? 교사들의 정년보장법은 무능하지만 정년이 보장된 교사들을 해고할 수 없었다. 그래서 교원연합연맹과 행정전문가들은 이러한 문제를 해결하기 위해 ─ 일명 뺑뺑이를 돌리는 식의 ─ 비공식적이고 은밀한 절차를 만들었다. 교장은 교육부에 교사의 전출을 요청할 수 있게 되었고, 교장이 1년에 1명에서 2명의 교사들을 해고하지 않는 한, 노조는 반대를 제기할 수 없었다. 이런 방식으로 불량 교사들은 이 학교에서 저 학교로 돌아다녔고, 대개는 정치적 영향력이 가장 약한 빈곤 지역에 위치한 학교에서 정년을 마치곤 했다.[31]

미국 공교육의 역사는 교사들이 보호를 필요로 한다는 것을 보여 준다. 여성, 흑인, 동성애자, 그리고 급진적인 성향의 교사들은 전문성이 아닌 이념적으로 해고를 당하는 연속적인 물결을 경험했다. 그럼에도 1960년대 후반까지 교육개혁가들은 자신들과 반대 방향으로 중심이 옮겨질까 두려워했다. 지역사회 통제의 지지자들에 의해 가장 많이 인용된 통계 중 하나는 1960년대 중반에 뉴욕시의 5만 5,000명의 교사들 중 정당한 법적 절차에 따라 해고된 교사는 12명뿐이라는 사실이었다. 노조를 포함한 모든 사람들은 정년을 보장받은 교사들 중 불량 교사가 최소 12명은 넘을 것이라는 점에 동의했다. 세인커와 교원연합연맹은 이와 같은 교직의 낮은 해고율로 인해 교사들이 개인적으로 불려가 전문직인 교직을 떠나도록 요구받는 사실이 문제의 본질을 흐렸다고 주장했다.

---

31. '바보들의 춤dance of the lemons'이라는 문구는 1990년대 후반 교육개혁가들이 노조가 무능한 교사들을 체제 밖으로 내쫓기는커녕 이 학교에서 저 학교로 옮겨 다니게 만들며 보호하는 것을 비꼬는 표현이었다.

오션힐에서 맥코이는 셰인커가 지적한 문제에 대해 고의적으로 더디게 일을 처리하는 방식으로 무시하며, 언론에는 시간이 약이라고 말하곤 했다. 또한 맥코이는 지역 내 불우한 아이들을 '교육하려 하고 있지만, 변화를 기대하기에는 너무 오랜 시간 교육 기회를 박탈당해 왔다'고 이야기했다.

학교가 지역사회의 교육적 선호나 심지어 정치적 선호에 근거해 고용과 해고를 할 수 있었을까? 노조는 학교에게 그런 권한이 없었다고 주장했다. 오션힐에서 해고 통지를 받은 교사들에게 노조는 학교로 돌아가도 된다고 했으나 흑인 분리주의자들과 관련 활동가들은 그 교사들이 학교 건물로 들어가는 것을 물리적으로 저지했다. 2주가 지나 해고장을 받았던 교사들과 350명의 교원연합연맹 소속 교사들이 연대하여 학교 밖에서 투쟁을 벌이자 지역 교육청에서는 투쟁에 연루된 모든 교사들의 계약까지도 해지하고자 했다. 린제이 시장은 이러한 맥코이의 계획에 대해서 승인하지 않았으나, 그렇다고 어떻게 대응해야 하는지도 모르고 있었다. 지역 주민위원회와 지역 교육청은 교사들을 일제히 해고할 수 있는 권력을 가지고 있었던 것일까?

한 지역에서 벌어진 일로 보였던 이 사건은 전국적 규모로 퍼져 나가 미국 역사상 가장 많은 교사들이 참여한 악명 높은 파업으로 발전했다. 인종문제와 결합되어 정치적으로도 민감한 사안으로 시작된 파업은 지금까지도 교육개혁과 관련한 논쟁에서 계속해서 회자되고 있다. 당시 지역사회 통제는 가난한 유색인종 아이들을 제대로 교육하지 않는 문제는 노동 보호와 관료적 절차, 심지어는 기본적인 권리까지도 침해하는 시급한 문제라며 교사 정년 문제를 차치하려 했다. 이는 오늘날까지도 이어지는 주장이기도 하다. 그러나 교원연합연맹은 교육자도 아닌 활동가들과 학부모들이 교사 자신들이 승인하지 않은 교사에 대해 해고 여부를 결정하려는 행동은 교원 전문성의 가치를 훼손하는 것이며, 교직을 이전과 같이 불안정한 풍토를 갖게 하려는 것이라며 우려를 표명했다. 심지어 노동조합주의자들은 흑인중심주의와 연계된 지역사회 통제 운동이 학교를 정치적으로 세뇌하는 장소로 이용할 위험이 있다며 염려했다. 노조의 중도파는 예전 교원노조 내 급진적인 공산주의자들로부터의 강력한 저항을 물리치는 데 성공했다. 이제 교원연합연맹은 강력한 포드 재단으로부터 후원을 받고 있는 흑인 권력이 유사한 위협을 하는 것이 걱정거리였다. 1968년 5월 22일, 노조가 〈뉴욕타임스〉에 게재한 오션힐에서의 해고 사태에 대한 광고는 전미국교원연맹의 우려를 요약하여 대중에게 전달했다.

교사들은 물리적으로 위협을 받아 왔습니다. 세금으로 세운 공공재인 학교 건물은 아이들에게 증오를 가르치는 극단주의자들의 손에 넘어갔습니다. 교사들과 학생들은 학부모나 지역 주민들이 아닌 외부자들에 의해 계속해서 학교 밖으로 내몰리는 실정입니다. 우리 지역의 1만 5,000명이 넘는 학부모들이 있지만 12명도 되지 않는 소수의 사람들만이 운동에 참여하고 있습니다. 의회의 지방분권화 계획으로 인해 달라지는 것은 없을 것으로 보입니다. 우리의 학교 체제를 지역의 극단주의자들에게 넘겨주지 맙시다.

사실상 오션힐의 해고 사태는 이념적인 문제이기도 했지만, 교사의 능력에 대한 문제이기도 했다. 예를 들어, 미술 교사인 리처드 더글러스는 다른 중학교로 발령 난 후에도 그 학교 교장으로부터 수업 경영 능력이 부족하다는 평을 받고 다시 271 중학교로 전출되었다. 오션힐을 비롯하여 전국의 저소득층 지역의 학교에 근무하는 대부분의 교사들은 영어가 모국어가 아닌 학생이나, 행동장애가 있는 학생, 빈곤층 아이들과 어떻게 지내야 하는지에 대해 훈련을 받지 못했다. 사실 더글러스는 1960년대 베스트셀러인 『서머힐Summerhill』을 쓴 영국의 교육이론가 알렉산더 닐A. S. Neill의 지지자였다. 서머힐은 더글러스가 영국에 설립한 기숙학교로서 대개 부유한 가정 출신인 아이들을 대상으로 급진적인 '자유' 교육을 하는 곳이었다. 그곳의 학생들은 '어른들의 권위로부터 자유'롭게 지냈으며, 공부하고 싶은 만큼 공부하고, 놀고 싶은 만큼 놀 수 있었다. 학부모들은 아이들에게 모든 결정을 전적으로 맡겼기에 아이들은 규율과 처벌에 대해 투표하며 자신들이 허용하는 범위 내에서 학교 일에 관여할 수 있었다. 서머힐의 미술실은 학생들이 하고 싶은 어떠한 프로젝트라도 할 수 있도록 구조화되지 않은 공간이었다. 1960년대에 많은 자유주의적 교육가들로부터 이러한 실천은 각광을 받았다. 그러나 오션힐에는 적합하지 않은 교육 모델이었다. 오션힐의 학부모들은 구조화된 수업, 엄격한 규율, 수업시수 증가와 같이 교육에 대한 전통적인 접근법을 선호하였기 때문이다.

더글러스는 자신이 능력 밖의 일을 하고 있다는 것을 체감했지만, 모든 학교에 적용하기에는 무리가 있는 교육철학이 있다거나 좋은 교사가 되기 위한 훈련을 제대로 받지 못한 것에서 원인을 찾기보다는 학생들 탓을 하는 것처럼 보였다. 그가 〈뉴욕 포스트〉 기자에게 말한 것과 같이, 자유주의적인 미술교육과정은 오션힐의 학생들과 같이 특정 아이들에게는 적절하지 않은 것일 수도 있었다. 그러나 그는 "학생들은 학습하고자 하는 동기가 없어요. 학교는 모든 아이들이 현실적으로 대학에 가지 않을 것이라는 것을 알기 때문에, 아침 자습 시간을 이용해 독서활동을 하거나, 전기기사나 배관공을 불러 직업훈련을 하는 방과 후 선택

과목을 미술 수업보다 더 강조하는 경향이 있는 것 같습니다"라며 불평했다. 더글러스는 그냥 무능한 교사였다. 전부가 그런 건 아니었지만 그와 함께 해고된 다른 교사들도 나중에는 그들이 학생들의 행동을 다루는 데 문제가 있었음을 인정했다.

해고 사태가 있은 후 여름에 시 교육청은 13명의 해임 교사 중에 학교로 돌아오고 싶어 하는 10명의 교사들의 운명을 결정하기 위한 청문회를 개최했다. 나머지 3명의 교사들은 사임했거나 다른 지역의 학교에서 자리를 얻었다. 당시에 널리 존경받던 아프리카계 미국인 판사인 프랜시스 리버스Francis Rivers가 심사를 담당하였다. 그는 해고된 교사에 관한 네 개의 안건에 대해, 교사들은 교실 내에서의 문제 때문이 아니라 지역사회 통제에 회의적인 태도를 보였다는 이유만으로 공격 대상이 되었다고 지적했다. 이들 중 교원연합연맹의 대표인 대니얼 골드버그Daniel Goldberg는 사회 교과에 특화된 재능으로 유명했다. 골드버그의 죄목은 크리스마스 파티에서 동료 교사에게 지역구의 행정 관행을 비판한 것이었다. 리버스 판사는 더글러스를 비롯한 다른 다섯 교사들의 사례에 대해 교실 경영 문제, 태만, 신체적 체벌로 인한 기소는 입증이 불가능하다고 결론지었다. 맥코이 행정부는 교실 참관이나 교사의 문제점에 대한 기록이 전혀 없었기 때문이다. 리버스 판사는 오션힐 내 교사들이 태만하다는 문제와 관련해서는 부정하지 않았다. 그러나 지역 내 25% 이상 교사들이 기소된 교사들과 다를 바 없다는 증언을 고려할 때, 해고 처분은 맥코이 행정부의 독단적인 결정이라 판단했다. 더군다나 해고 통지를 받은 교사들 중 몇몇은 관리자에게 반복해서 도움을 요청하였으나 무시당했다.

1968년 8월 26일, 리버스 판사는 맥코이에게 지난 5월 파업한 350명의 교사들과 해고된 열 명의 교사들에 대해 복귀 명령을 내렸다. 그러나

271 중학교의 가을학기 첫날, 전미교원연맹 교사들이 학교에 돌아갔을 때 전과 다름없이 업무를 할 수 없을 것임이 분명해 보였다. 관리자들은 지역사회 통제에 우호적인 성향을 가진 교사들과 돌아온 노조 골수 당원들을 감시했다. 학교는 노조와 관련 있는 교사들을 다른 교사들에게 감시하도록 하여, 감시를 전담하는 교사들을 이용해 복귀한 교사들이 수업할 때 학생들을 교실 밖으로 불러내거나 학생들에게 수업을 방해하라고 지시했다. 학교 분위기는 혼돈 그 자체였으며, 전면적인 파벌 전쟁이 시작되었다. 셰인커는 이러한 상황에서 어떻게 대응할 것인지 결정해야만 했다. 그는 맥코이와 지역사회 통제 운동이 흑인중심주의에 회의적인 노조 교사들을 괴롭히고 있다고 여겼다.

그리고 리버스 판사는 맥코이의 계획대로 흘러가도록 허락한다면, 흑인 교사들도 인종차별 문제에서 벗어날 수 없게 될 것이라 생각했다. 전미교원연맹은 시 전역에 걸친 파업을 주창했다. "이번 파업은 백인 인종차별주의자에 반대하는 흑인 교사와 흑인 인종차별주의자에 반대하는 백인 교사들을 보호하게 될 것입니다." 노조의 대표들은 파업에 찬성하였으며, 뉴욕시에 근무하는 교사들의 93%가 명예롭게 투쟁에 참여하는 선택을 했다. 1960년 전미교원연맹의 파업에 참여한 교사들이 첫 번째 파업 동안에는 12%, 1967년에 77%에 불과했던 것과 비교하면 상당한 숫자였다.

6,000명의 교사들이 참여한 1968년의 파업은 규모 면에서는 가장 컸다고 할 수 있으나 부분적으로 분열이 있었다. 9월과 11월 사이에 몇 주 동안은 파업이 주춤하기도 했다. 파업으로 연간 수업시수의 5분의 1이 사라졌으며, 거의 1만 명에 해당하는 학생들이 피해를 입었다. 셰인커는 정당한 절차에 따라 시청 앞에서 4만 명의 노조 교사들과 함께하는 거대한 집회를 주관했다. "셰인커! 당신은 인종차별주의자야." 지역사회 통

제 지지자들은 그를 비난했다. 노조 반대 시위자들은 교원연합연맹 지도자가 가는 곳마다 따라다녔다. 심지어는 퍼트넘 카운티에 위치한 그의 가족들이 살고 있는 다층 주택까지 쫓아가 셰인커의 활동에 대해서는 F학점을, 인종차별주의에 대해서는 A학점이 적힌 '성적표'를 발부했다.

오션힐-브랑누스빌의 60%의 학생들은 파업 중에도 계속해서 학교에 나갔다. 지역에서는 노조의 지도력에 비판적인 여러 모임들이 모여 교사의 빈자리를 대체하려는 시도를 했다. 이들은 아프리카계 미국인 교사연합, 흑인 분리주의자 집단, 지역사회 통제의 백인 자유주의 지지자들, 공산주의자의 자식들, 교원노조의 회원들, 셰인커가 베트남 전쟁을 충분히 반대하고 있지 않다고 생각하는 젊은 신좌파 교사들이었다. 교사 면접은 맥코이, 지역위원회의 회원들, 학부모들이 모두 참여한 가운데 지원자에게 자유롭게 질문할 수 있도록 하기 위해 체육관에서 개최되었다. 돌로레스 토레스와 학부모들은 교육학적으로 유연하게 생각하며, 백인이 아닌 아이들을 가르치는 일에도 열성을 보이는 교사들을 찾으려 했다고 회고했다.

> 지원자들은 무슨 이유로 흑인과 히스패닉이 가득 찬 이 동네로 와서 일하려고 했을까요? 우리 아이들도 백인 동네나 부유한 동네에 있는 다른 아이들만큼 공부를 잘 할 수 있다고 생각했을까요? … 많은 지원자들이 적합해 보였어요. 그들은 한 가지 방법으로 아이를 가르칠 수 없다면 다른 방법을 시도하면 된다고 생각하더군요. 어떻게든 모든 아이들이 교육을 받아야만 한다고요.

시카고 법과대학을 갓 졸업하고 대체 교사로 부임한 백인 찰스 아이삭Charles Isaacs은 파업 동안의 수업에 대해 이상적인 용어로 자세하게 묘사하여 〈뉴욕타임스〉에 기고했다. 271 중학교의 학생들은 랭스턴 휴스를 읽고, 아프리카 역사에 대해 공부하며, 교사들에게 예의를 갖추고 있다고 적었다. 학생들은 자신과 같이 '젊고, 교육 수준이 더 높은' 교사들의 인솔에 따라 베어산으로 1주일 동안 현장학습을 다녀왔다고 했다. 그러나 그는 이에 대한 초과근무 수당을 요청하기에는 '너무나 좋은 추억을 쌓았다'고 전했다.

경찰은 학교 앞에서 지역사회 활동가들이나 무장한 흑표범단에 대항해 시위하는 교사들 사이에 바리케이드를 세우고 대치 중이며, 학생들은 매일 아침 그 사이를 통과해서 학교에 들어와야 하는 실정임을 알렸다. 많은 경찰들이 헬멧과 진압장비를 갖추고, 경찰봉까지 든 채 학교 지붕에 배치된 상황이었다. 머리 위로는 헬리콥터가 날아다니고, 기자와 카메라가 너무 많아서 마치 9학년 카리마 조던의 추모 영화를 찍는 것 같다고 했다.

"사람들은 이런 일들이 실제로 벌어지고 있다는 것을 믿을 수 없을 겁니다."

텔레비전 뉴스는 중년의 백인 남성과 여성들이 피켓라인에서 전국교원연맹이 만든 표어 '교사들을 위한 시민권', '교사를 존중하는 계약', '인종차별적 교육 금지'가 적힌 판을 목에 걸고 원을 그리며 터덜터덜 걷는 모습을 보여 주었다. 그러나 이 장면도 추악한 장면이 등장하자 곧 중단되었다. 욕설에서부터 물리적인 대치가 난무한 상황 속에서 아이들은 노골적인 인종차별을 목격했다. 파업 주도자인 피터 굿맨Peter Goodman은 파업을 지지하는 흑인 교사와 결혼했다. 그는 자신을 교육학 분야에서 지역사회 통제를 반대하는 시민권 활동가라 여겼다. 그러나 그는 백인 동료 중 몇몇은 파업에 대해 저급한 동기를 가지고 있다는 점을 인정했다.

"많은 교사들은 실제로 인종차별주의자입니다. 그들이 파업을 백인 대 흑인의 싸움으로 여긴다는 점에는 의심의 여지가 없죠."

이러한 공포는 지역사회 통제 운동의 주변을 맴도는 폭력적인 언행에 의해 계속해서 퍼져 나갔다. 익명의 반유대주의 전단이 파업 기간 동안 오션힐 교사들의 우편함에 놓여 있었다. 전단에는 다음과 같이 적혀 있었다.

> 만약 아프리카계 미국인들의 역사와 문화를 우리의 흑인 아이들에게 가르쳐야 한다면, 이 문제에 공감하는 아프리카계 미국인들에 의해 행해져야만 한다. 유색인종인 중동의 살인자들이 이러한 중요한 임무를 수행한다는 것은 불가능하다. 흡혈의 착취자와 살인자들이 우리의 흑인 아이들에게 가르쳐 온 세뇌와 자기혐오의 시간을 극복하기 위해서는 이해와 염려, 진실을 공개하는 것이 필수조건이다.

로디 맥코이와 지역위원회는 전단지의 메시지를 맹렬히 비난했다. 지역사회 운동에 수많은 저명한 유대인들이 포함되어 있을지언정, 반유대주의가 지역사회 운동의 핵심 가치라고 믿을 이유는 전혀 없었다. 맥코이가 고용한 대체 교사의 70%는 백인이었고, 그들 중 반 이상은 유대인이었다. 이는 그의 정책에 대한 불만으로 파업 중이거나 그가 해고한 교사들과 거의 동일한 인적 구성이었다. 그러나 맥코이의 퍼거슨이나 캠벨과 같은 급진주의자의 수용은 그의 입지를 취약하게 만들었다. 앨 셰인커는 노조와 파벌적인 파업에 대한 대중의 지지를 얻기 위해 지역사회 통제를 편견이 아주 심한 단체로 표현하고자 했다.[32] 그는 '당신들이 자식들을 위해 원하던 것이 이런 파업입니까? 전미교원연맹은 아니라고 외칩니다!'라는 문구가 적힌 반유대주의 전단을 오천만 부나 돌렸다.

파업의 교착상태는 11월이 되어서야 마침내 끝이 났다. 뉴욕주 교육위원회는 기본적으로 지역사회 통제의 실험을 종료하고, 오션힐과 다른 두 시위 지역을 주의 통제 아래 두기로 결정했다. 파업은 학교분권화를 지지하는 대중과 정치인들을 지칠 대로 지치게 만들었다. 분권화에 대한 기대는 인종차별로 인한 전쟁을 끝내는 것으로 바뀌게 되었다. 학교분권화를 지지하던 사람들은 저소득층이나 소수 인종, 때로는 급진적인 학부모들과 활동가들에게 지역 학교의 예산과 안건을 통제하도록 권한을 주는 것에 대한 관심에서 멀어지게 되었다. 그러나 인종 다툼으로 인한 염증은 조금도 수그러들지 않고 계속되며 새로운 뉴스거리를 만들어 갔다. 크리스마스 다음 날, 흑인 연구를 하는 교사 레 캠벨Les Campbell은 흑인 음악가이자 활동가인 줄리어스 레스터Julius Lester의 라디오 쇼 게스트로 초대받았다. 레스터의 제안에 따라 캠벨은 시아 버한Sia Berhan이라는 15살 제자가 쓴 시를 낭송했다. 제목은 '알버트 셰인커 님께: 반유대주의에 대하여'였다.

> 머리에 야물커[33]를 쓰고 있는 유대인 소년아,
> 너의 창백한 얼굴을 보고, 나는 네가 죽은 것이길 바랐단다.
> 유대인 소년아, 너는 우리의 종교를 빼앗아 너를 위해 받아
> 들였지.

---

32. 우디 앨런의 1973년 영화 〈슬리퍼Sleeper〉는 앨 셰인커가 노조 교사들을 보호하기 위해 무슨 일이든 하는 것과 같은 지식인들의 공포가 잘 나타나 있다. 영화의 주인공은 200년간 냉동되었다가 풀려나 이미 파괴된 문명에 대해 학습한다. 왜냐하면 '앨 셰인커라는 이름의 남성은 핵탄두를 가지고 있기 때문'이다.
33. 키파라고도 하며, 유대인 남자들이 머리 정수리 부분에 쓰는 작고 동글납작한 모자다.-역자 주

그러나 너는 흑인들이 본래 히브리인이라는 것을 알고 있어.

유엔에서 이스라엘을 독립적인 자유 국가로 만들었을 때,

네다섯 살의 꼬마 소년들이 수류탄을 던졌지.

그들은 온 힘을 다해 아랍계 흑인들을 증오했어.

그러고도 너, 유대인 소년은 괜찮다고 말하더라.

그런 일이 있은 후 너는 자유의 땅 미국으로 왔어.

백인 우월주의를 영속화시키는 학교 체제를 차지하더구나.

왜냐하면 유대인 소년아,

너는 네가 한 일에는 오직 하나의 이유만이 있다는 걸 알고
있거든.

너의 깨끗하고 하얀 얼굴은 색을 잃고 희미해지는구나.[34]

이 충격적인 시 한 편은 십대의 미성숙한 관점을 반영하고 있긴 하다. 그리고 교사들이 지역사회 통제에 대해 갖는 태도를 그대로 반영하고 있어, 학생들이 교사로부터 많은 영향을 받아 인종문제에 대해 분개하고 있음을 살펴볼 수 있다. 얼핏 보기에는 유대인 백인이 3분의 2를 차지하는 교원연합연맹이 학교 제도를 차지하는 것처럼 여겨졌다. 오래된 공산당원인 교원노조는 처음부터 학부모들과 함께 일하는 시민권 운동 모임이었다. 그러나 이들은 단체교섭권을 가져본 적이 없었기에 교사들의 행동은 제한되어 있었다. 그러니 시민권과 같은 다른 주제에 관심을 기울일 수밖에 없었던 것이다.

그러나 교원연합연맹은 달랐다. 교원노조주의의 역사에 대해 연구한 마조리 머피Marjorie Murphy는 칠판 노조Blackboard Unions의 단체교섭권

---

34. 이러한 악명 높은 사건에도 불구하고, 라디오 진행자였던 줄리어스 레스터는 후에 유대교로 개종하고, 매사추세츠 애머스트 대학에서 유대교를 가르치게 된다.

은 실제로 교사들이 도심 지역 학교의 중앙정부와 협력하게 했다고 밝혔다. 이는 마거릿 헤일리가 노조 지부를 선거구와 정확하게 일치한 것에서도 드러난다. 노조가 단체교섭권을 획득한 상태에서는 다양한 요구를 하는 교장이나 지역의 수많은 학교위원회보다 시 교육감, 교육부, 시장과 같은 하나의 강력한 행정부와 협상하는 것이 훨씬 수월했다. 흑인 사회에서는 이미 알고 있었지만, 뉴욕에서 교원연합연맹은 학교 통합을 지지하는 사람들과 손을 잡고 교육부와 은밀히 협력하며 일하고 있었다. 인종차별 폐지를 위한 노력을 계속해서 좌절시키는 교육부였으나, 교육부의 영향력은 커져 갔기 때문에 교원연합연맹과 같은 교원연합은 빠른 시간에 교원 임금 인상을 실현할 수 있었다. 그러나 이러한 교원 임금의 상승은 공립학교에 자녀를 보내는 흑인과 푸에르토리코 학부모들의 공분을 샀다. 이들은 백인 노조의 확대로 직장에서 피해를 보며, 대학 졸업장이 있는 교사들에 비해 더 낮은 임금을 받았다.

그런데 노조 임원들은 자신들이 인종차별로 기소된 것에 대해 전혀 믿지 못하는 눈치였다. 교원연합연맹은 남부에서 짐 크로Jim Crow에 반대하는 시위에도 참여하지 않으면서도, 북부에서는 인종차별 폐지를 지지했다. 1964년에 마틴 루터 킹은 교원연합연맹의 가장 큰 영예인 존 듀이 상을 받았다. 앨 셰인커는 "한쪽에서는 지역사회 통제가 후퇴하고 있다고 보고 있더군요. 그러나 저에게 시민권 운동이란 통합을 위한 운동입니다"라고 말하며 흑인 분리주의를 급진적이고, 자유주의를 제한하는 이념으로 간주했다.

지역사회 통제에 대한 논쟁이 한참이던 1968년, 노조원들은 마틴 루터 킹이 죽고 난 이후에도 바야드 러스틴Bayard Rustin이나 필립 랜돌프A. Philip Randolph와 같은 킹의 핵심 측근들이 계속해서 교원연합연맹의 편에 서고 있다는 사실을 자랑스러워했다. 랜돌프는 가장 유명한 흑인 노조인 흑인노동조합Brotherhood of Sleeping Car Porters을 이끌고 있었다. 러스틴은 비폭력의 개념을 킹에게 알리는 데 가장 중심적인 역할을 한 훌륭한 퀘이커 교도였다. 셰인커와 함께 그는 레온 트로츠키Leon Trotsky와 친구 사이인 막스 샤트먼Max Shachtman에 의해 조직된 반소비에트 연구회에 사회학자로서 참여했다. 파업 기간 동안 뉴욕시에서 러스틴은 백인이 다수인 노조 교사들의 마음을 사로잡았고, 때로는 그들이 흑인 영가를 부르도록 이끌기도 했다. 그는 노조주의자들에게 학생들의 교육적 성과를 증진시키는 데 더욱 관심을 기울이도록 촉구했으나 지역사회 통제는 그에 대한 해답을 제공하지 못하고 있다고 믿었다. 그는 "지역사회 통제의 제안은 교육의 질보다는 교육에서 정치적 결정권을 획득하는 것에 더 관심이 있어 보입니다"라며 자신의 의견을 전했다.

그런데 근본적으로 러스틴과 랜돌프는 흑인 중산층이 확대되는 것에 대한 일차적인 장벽이 노조 교사들의 근무규칙이 아니라 좋은 직장이 부족하기 때문이라고 생각했다. 노조주의자들은 러스틴과 랜돌프의 생각에 대해 열렬히 지지했다. 앨 셰인커, 조지 알토매어, 피터 굿맨과 같은 초기 교원연합연맹 지도자들은 그들의 부모님도 함께 연맹에 속해 있었기에 평생에 걸쳐 노조에 관심과 애정을 가지고 있었다. 셰인커의 어머니와 같이 알토매어의 어머니도 의류노조연합의 회원이었으며, 굿맨의 아버지도 모피상인 노조원으로 활동하고 있었다. 하지만 1930년대 이후 노조의 정치 형태는 변해 왔다. 오랜 역사를 가진 노조들은 공공의 노동자들이 아닌 개개인의 노동자들을 대변하였다. 재봉사들이 더 높은 임금을 받게 되었을 때, 소유권을 가진 자본가들은 자신들의 이윤이 감소하는 것으로 여겼다. 교사들은 세금에서 월급을 받고 있었다. 그래서 1960년대 후반까지도 지역사회 통제 활동가들과 주요 언론들은 새 학교 건물을 짓거나 교과서와 같은 교육적 자원에 투자해야 할 예산을 노조가 임금 인상으로 빼앗아 갔다고 여겼다.

1967년 〈뉴욕타임스〉는 셰인커를 엘리트 계층으로 '학교가 필요로 하는 것을 외면하면서까지 교사들을 위해 그가 할 수 있는 한 모든 것을 얻어 내는 노조위원장'이라고 소개했다. 셰인커는 오션힐 논쟁이 한창이던 당시, 오벌린 대학교에서 했던 특강으로 인해 자신에 대한 부정적인 인식을 확대시켰다. 청중의 한 사람이 그에게 파업이 아이들에게 교육적으로 어떠한 영향을 미친다고 생각하는지 듣고 싶다고 물었을 때, 셰인커는 "저는 아이들을 대변하는 사람이 아닙니다. 저는 교사들을 대변합니다"라고 응답했다. 이 말은 그가 했던 말 중에 가장 많이 인용되며 교원노조를 일률적으로 폄하할 때 사용되었다. 그러나 교사와 학생들의 요구가 항상 180도로 대치되는 것은 아니었다. 가난한 아이들을 위해 더 많은 교사를 고용함으로써 학업 성과를 높인 것과 같이 '좋은 학교 만들기' 프로그램이 남긴 교훈도 있었다. 리버스Rivers 판사는 오션힐에서 교사들이 관리자들에 의해 무시당해 온 사실에 대해 인정하며, 학생들을 위해 더 좋은 교육을 할 수 있도록 교사로서 전문적인 도움을 줄 수 있는 방안을 강구하라고 판결했다. 학생들의 실망스러운 학업성취에 대해 노조가 항상 비난받는 입장은 아니었던 것이다.

단기간의 지역사회 통제 실험이 교육적인 프로그램으로서 작동했는가? 1968년 11월 파업이 끝난 후에 로디 맥코이는 언론에서 "제가 보여드리겠습니다! 앞으로 1년간 지켜봐 주십시오. 학생들의 학업성취도 향상을 이루어 내겠습니다"라고 말했다. 심지어 맥코이는 이미 지역사회 통제의 프로그램을 통해 학생들의 성취도가 30%까지 올랐다고 주장했다. 그러면서도 이를 증명할 수 있는 시험 성적을 공개하는 것은 거부했다. 학생들의 낮은 학업성취가 지역사회 통제에 동기 부여가 된다는 점은 모순이었다. 언론에서 학업성취 결과를 공개했을 때, 1967년부터 1969년까지 오션힐의 학생들의 교육 성과는 형편없다는 것이 드러났다. 3학년 학생들은 지역사회 통제가 들어오기 전에는 전국 평균의 학생들에 비해 4개월 정도 뒤처져 있었으나, 지역사회 통제의 프로그램이 시행된 이후에는 12개월이나 뒤처져 있었다. 학생들의 읽기 실력은 이전 행정부 아래에서 8학년 동안 15개월의 읽기 수업을 받았음에도 불구하고, 9학년으로 진급했을 때 살펴본 결과 실력 향상이 거의 나타나지 않았다. 맥코이가 이중언어 교육이나 몬테소리 초등 교실과 같은 전도유망한 프로그램들을 만들었음에도 불구하고, 비평가들은 그의 개혁이 오랫동안 정치적인 열정에만 머물러 있을 뿐 교육적인 실천 사항들이 없다고 믿고 있었다. 이러한 실망스러운 결과에 대한 변명을 하기 위해 맥코이는 가슴을 도려내는 아픔으로 외쳤다. "우리만 실패한 것이 아닙니다. 우리는 스스로에게 실패할 권리를 줄 수 있어야 합니다."

1969년에 주 의회는 뉴욕시의 학교구를 33개로 나누었다. 새로운 학군에서는 각각 학교위원회를 선출했고, 지역사회 통제의 이상과는 현저히 다른 정책을 시행했다. 또한, 중앙 교육부와 교육감 산하로 모든 권리가 집권화되어 지방 교육청도 교사자격증 발급이나 교사 채용과 해고, 정년보장과 관련한 권력을 갖지 못했다. 지역사회 통제의 실험 대상이 되었던 오션힐의 여덟 개 학교는 23번 교육구에 포함되었다. 스와힐리어[35]와 아프리카의 무술을 가르치는 야간 학교를 운영하던 캠벨과 맥코이는 퇴출되었다.

시에서는 다른 학교와 비교하며 특정 학교를 선호하는 문제가 불거져 나오자 교원연합연맹이 소중하게 여기고, 실제로 학업성취 향상에 효과가 있던 '좋은 학교 만들기' 프로젝트를 취소할 수밖에 없었다. 물론, 가

---

35. 아랍어의 차용어로서 반투어족에 속하는 언어이다. 아프리카 남동부를 중심으로 공통어로 쓰이고 있다.-역자 주

장 도움을 필요로 하는 아이들에게 추가적인 자원을 제공하기 위한다는 측면에서 이러한 조치는 문제의 핵심을 정확하게 짚은 것이었다. 그러나 지역의 학군을 없애고, 학교 체제를 분권화하는 조치는 뉴욕의 최빈곤층 지역의 교육적 성취를 증진시키지는 못했으며, 제도를 통해 교육에 대한 책임감의 부재 문제를 해결하지도 못했다. 1971년 봄, 오션힐에 위치한 세 개의 학교에서 교사들이 시험 전에 학생들에게 시험지를 보여 주고, 답을 미리 알려 준 혐의로 기소되었다. 이러한 불법적 행위에 대한 증거가 실린 〈뉴욕타임스〉의 기사를 맞닥뜨렸을 때, 초등학교의 읽기 담당교사들은 빈곤층 학생들에게 표준화된 시험이 그들에게 얼마나 '불평등'하게 작동하는지에 대해 경각심을 일깨워 주고자 했다. 그들은 자신들의 부정행위가 일종의 시위 전략이라고 주장했고, 교장은 부정행위를 저지른 교사들을 지지했다.

2008년에 뉴욕 시장인 마이클 블룸버그Michael Bloomberg와 출세에 눈이 먼 교육감 조엘 클라인Joel Klein은 오션힐 271 중학교가 계속해서 낮은 학업성취를 보인다는 핑계로 학교를 폐쇄하기로 결정하였다. 학교 건물은 파업 흔적이 그대로 남은 채 방치되어 있었다. 이후 학교 건물은 이글 아카데미Eagle Academy for Young Men를 위해 제공되었다. 이글 아카데미에는 2011년에 입학 정원이 68명에 불과한데도 16,000명의 학생들이 지원할 정도로 오션힐 학부모들에게 인기가 좋았다. 왜 오션힐에 위치한 이 학교에 수천 명의 가족들이 열광하는 것일까? 이는 아마 1960년대 학부모들의 요구에 대한 응답인 것으로 추정된다. 이글 아카데미는 노조화되지 않은 학교임에도 불구하고, 군대식 생활 방식을 고수하며 교복을 입고, 엄격한 규율하에 보다 많은 수업시수를 강조하고 있다. 교사들은 이렇다 할 핑계도 대지 못하는 다른 대부분의 학교들과는 달리, 학생들에게 높은 학업적 기대를 강조하며 학생들을 '모범생'이라고 불렀다. 또한 뉴스 코퍼News Corp와 크레디트 스위스Credit Suisse와 같은 기업 간부 출신들로 구성된 이사회가 있는 재단으로부터 후원을 받고 있었다. 독립적인 자문위원회로는 미국을 위한 교육이라는 단체와 '스콜라Scholastic'라는 출판사 출신의 많은 교육 전문가들로 조직된 두 개의 공동체로 구성되어 있었다. 흑인 분리주의자 정치학의 수사들이 거의 사라졌음에도 불구하고, 예외를 두지 않는다는 기조 아래 시행되는 오늘날의 학교개혁 운동은 다양한 방법으로 그들 지역 외부의 엘리트 학교개혁가들과 자선가들이 저소득층 학부모들과 제휴함으로써 지역사회 통제의 역할을 이어 나갔다.

이러한 노력에도 불구하고 오션힐의 이글 아카데미의 성과는 271 중학교에 비해 그다지 성공적인 편은 아니었다. 젠트리피케이션[36]의 물결과 브루클린 사회를 강타한 학교 개선 정책은 오션힐까지는 닿지 못했기 때문이다. 이글 아카데미는 백인 비율이 2% 이하일 정도로 심하게 분리되어 있었다. 76%에 해당하는 학생들이 빈곤 계층이었으며, 재학생의 4분의 1은 정부로부터 보조금을 받는 상황이었다. 학생들 13%만이 수준에 맞는 읽기 능력을 갖추고 있었으며, 6% 정도만 수학 교과에 능숙했다. 학생들의 학업성취를 높일 수 있는 방안은 풀리지 않는 퍼즐로 남아 있었다.

2년 전 뉴욕에서 있었던 교사들의 폭발적인 투쟁과 비교해서는 거의 알려지지 않았지만, 1970년의 뉴어크와 뉴저지는 미국 역사상 가장 길고 폭력적인 교사 투쟁의 장소가 되었다.

1970년 11월 17일 오후, 뉴어크의 남부 8번가 학교의 3학년에 재학

---

36. 낙후된 구도심 지역이 활성화되면서, 중산층 이상의 계층이 유입되어 기존의 저소득층 주민을 대체하는 현상.-역자 주

중이던 8살 흑인 소녀 마틸다 고시드Matilda Gouacide는 하굣길에 학교 운동장에서 나오다가 차에 치였다. 이미 몇 주 전에 마틸다와 다른 많은 아이들은 학교 건물 밖의 줄지어 있는 판잣집의 가로수 길 쪽으로 하교할 수 있도록 안내를 받기로 되어 있었으나 그러지 못했다. 이런 일이 발생하기 전인 작년 봄에 뉴어크의 교사 노조는 미국 공교육 역사상 가장 많은 혜택을 누릴 수 있는 계약서에 대해 협상했다. 그 내용 중 하나는 급식 지도, 하교 지도, 복도 지도와 같은 '전문성이 요구되지 않는 잡일'에서 모든 담임교사들을 해방시키는 것이었다.

압도적으로 백인 교원이 대부분인 뉴욕시와는 다르게, 뉴욕주 교사들의 10명 중 4명은 아프리카계 미국인이었다. 뉴어크 교원노조는 캐럴 그레이브스Carole Graves라는 흑인 여성이 이끌고 있었다. 그러나 아미리 바라카Amiri Baraka는 뉴어크의 학부모 활동가들을 이끌며 대항 세력으로 작용하고 있었다. 그는 로이 존스LeRoi Jones라는 이름을 사용하다가 흑인 민족주의자가 되며 이름을 바꾼 작가였다. 바라카를 비롯한 학부모들은 마틸다의 사고가 노조화된 교사들이 가난한 흑인 아이들을 무시하고 본인들의 사리사욕만 채운 증거가 포착된 것이라고 여겼다. 뉴어크 노조의 교사들은 뉴욕의 노조와 비교되며 근무 법규를 수정하라는 요청에 대응하며 자신들이 지역 활동가들과의 추악한 대립관계에 휘말리게 되었다는 사실을 깨달았다. 2,500명이 참여한 14주에 걸친 파업의 결과 교사 한 명이 사망하였고, 185명 이상의 교사들이 유죄를 선고받아 투옥되었다.

역사가 스티브 골린Steve Golin이 기록한 바와 같이, 흑인 권력 활동가들뿐만 아니라 뉴어크의 교사들과 그들의 연합세력에 이르기까지 파업 양측의 많은 사람들은 전부 총격과 물리적 강습, 기물파손의 가해자였다. 노조의 수뇌부인 그레이브스는 집에서 쉬고 있던 날에도 총격으로 인해 유리창이 산산이 조각났고, 그 일로 인해 어린 조카가 다치게 되었다. 젊은 흑인 교사 아방트 로더Avant Lowther도 뉴어크 노조에 가입되어 있었다. 그의 아버지도 뉴어크의 공립학교에서 교사였다. 로더는 지금까지의 교사 파업에 대해서는 지지하는 입장이었으나 1971년에는 흑인 지역사회 통제와의 연대를 주장하기 위해 농성 라인을 뚫고 나왔다. 그런 그에게 배신자라 칭하던 백인 동료들과 칼싸움을 피할 수 없었고, 결국 죽고 말았다. 이런 분위기 속에서 노조는 교사들에게 무장하기를 권장했다.

전국적으로 관심을 모았던 뉴욕의 흑인과 백인의 파업보다도 다양한 인종이 섞인 뉴어크의 파업이 더욱 폭력적이라는 평을 받았다. 이러한 인종적 문제가 가미된 파업의 공통점은 대개 노조의 승리로 끝난다는 것이다. 그 후 십 년간, 미국 전역의 교사들은 임금과 복지 혜택에서 전례 없는 보상을 누리게 되었다. 그들은 근무 시간을 제한하고, 교실 밖에서 일어나는 일들에 대한 책임에서 벗어나는 길고 엄격한 내용이 담긴 계약서를 획득하고, 낡은 교과서나 정치적 편향성으로 인한 해고와 같은 교사들의 열악한 근무환경에 대해 시위하는 것에 대한 합법성을 보장하는 보다 더 상세한 고충 처리 절차에 대해 성공적으로 협상했다. 그러나 무능력한 교사들을 학교에서 내보내는 관리자들의 권한은 철저히 제한하였다. 전국적으로 교원노조는 주 선거와 연방 선거 모두에서 가장 영향력 있는 기부자가 되면서 정치적 영향력을 행사하는 위치에 섰다. 민주당 전당대회에서 교원노조 활동가들은 일반적으로 대리인단의 약 10%를 차지하게 되었다.

뿐만 아니라 파업이 끝난 직후에도 뉴욕과 뉴어크를 포함하여 전국의 교원노조는 보조교사 노조와 함께 활동했다. 이로 인해 백인이 아닌 노조원의 숫자가 엄청나게 증가했으나, 교육현장에서 인종차별적인 현재의 상황에 대한 가해자라는 비판에서 자유로워질 수는 없었다. 셰인커의 전기를 쓴 카렌버그Kahlenberg는 교원노조주의의 가장 큰 역설은 운동이 확산되면서 노조가 권력을 얻는 것과 동시에 대중적 인기는 줄어든 것이라고 분석했다.

이는 아마도 노조가 정치적으로 점차 우경화된 까닭이다. 최저임금을 받을 수 있는 직업이라든가 적당한 보육, 주거, 보건 서비스가 심각하게 부족한 사회적 분위기에서 교사들이 파업에서 이기고 쟁취한 것들은 그저 자신들에게만 유리한 것일 뿐, 가난한 아이들의 삶을 증진시킬 수 있는 잠재력을 가진 학교를 위한 것들은 아니었기 때문이었다. 임금과 복지 혜택에서 더 나은 결과를 쟁취한 도시 교사들은 거시 경제적 관점에서 대학 교육을 받은 다른 사람들과 비교하면 여전히 낮은 대우를 받고 있었으나, 그들이 가르치는 학생들의 가정환경과 비교했을 때는 우월한 것처럼 보였다.

1960년대와 1970년대 투쟁이 끝난 후에도 선견지명이 있는 교육가들은 학생들을 위해 교원노조와 학부모 활동가들이 계속해서 함께 활동하기로 했다. 1974년에 셰인커는 전미교원연맹의 회장이 되었다. 그는 1968년의 노조 활동에 대해 공개적으로 사과하지는 않았다. 그러나 셰인커는 차터스쿨에서 교사 동료평가에 이르기까지 학생들의 학업성취도를 높이고 수업을 향상시키기 위한 혁신적인 아이디어를 많이 냈다. 이 시기에는 교사들이 주도적으로 작은 운동들을 주도하고, 지역사회가 함께하는 학교들이 인기를 얻었다.[37] 1974년 뉴욕시 교사였던 데버라 메이어Deborah Meier는 할렘에 센트럴파크이스트 학교를 설립하고 가난한

---

37. 이러한 노조와 학부모 연합은 테드 사이저(Ted Sizer)의 기치 아래 마침내 통합될 수 있었다. 시저는 1984년에 핵심학교연합Coalition of Essential Schools을 설립한 브라운 대학교의 교육이론가이다. 핵심학교연합의 학교들은 교사들에 의해 자치적으로 운영하며 지역사회의 활발한 학교 참여를 유도한다.

유색인종 학생들에게 듀이의 교육관에 입각한 진보적인 교육과정을 제공했다. 이러한 실험적인 교육관을 통해 시험 성적도 오르는 결과를 보여 주며 설립한 지 얼마 지나지 않아 센트럴파크이스트 학교는 전국적 관심을 얻게 되었다. 메이어는 그녀 자신이 교원노조와 학부모 모두에게 열정을 불어넣는 지지자라고 여겼다. 뉴욕시 투쟁 기간 중에는 교사로서 투쟁 중인 교사들이 파업을 멈추지 않고도 학생들과 계속해서 수업을 할 수 있도록 자기 고향의 지역 교회에 '자유 학교'를 설립하였다. 이렇게 지역사회에 기반을 둔 센트럴파크이스트 학교도 3년 만에 갑자기 많은 학생들을 잃었다. 학부모들은 학교로 자신들의 권리를 양도하기 위해 준비하는 것보다 교육과정에 대해 더 목소리를 내고 싶어 했다. 메이어는 당시의 상황에 대해 이렇게 상기했다.

"교사들은 일반적인 공립학교에서는 그들이 스스로 결정을 내릴 수 있는 자유가 없기 때문에 자신들이 매우 취약한 존재라고 느낍니다. 그러니 우리는 모두 같은 순간 전투적일 수밖에 없습니다. 하나의 파이 조각을 서로 갖기 위해 싸우고 있으니까요."

45년이 지난 지금까지도 공정한 재판을 받을 권리를 보장받기 위해 투쟁하는 노조 교사들이 지역사회 통제를 가짜 풀뿌리 민주주의 운동으로 묘사하는 경향이 있다는 사실에 놀라지 않을 수가 없다. 이는 학부모나 시민권 운동을 하는 집단보다도 노동운동 내에서 흑인들을 분열하고자 하는 경제적으로 보수적인 성향을 가진 엘리트들에 의해 주도되었다. 이들은 노조를 무력화시키고, 상대적으로 도덕적 우위를 차지하려는 경향이 있다. 린제이 시장도 노조에 가입한 노동자들과 좋은 관계를 유지하지 못하고 있다는 사실은 널리 알려져 있다. 노조 활동가들은 부유한 공화당 가족 출신의 포드 재단 회장인 맥조지 번디에게도 비난을 퍼부었다. 교원연합연맹의 공동 창립자이자 1968년 투쟁의 중심 조직자인 조지 알토매어George Altomare는 '지역사회 통제에는 지역사회 자체 말고는 진정한 리더십이 없다'고 말했다.

그런데 이 말의 해석은 교사의 의무와 지역사회 통제를 찬성하는 흑인 사회에서조차 동의를 받지는 못했다. 심지어 교육부의 브라운과 논쟁을 벌이던 전국흑인지위향상협회조차도 가장 오랫동안 분리되어 온 학교들에 지역사회 통제가 적용되는 것을 지지하는 방향으로 돌아섰다. 이런 조치들은 자식들이 더 나은 교육을 받을 수 있도록 요구하는 오션힐의 돌로레스 토레스와 같은 학부모들의 지도력을 경시했다. 그리고 백인 교사들이 유색 학생들에게 낮은 기대감을 보여 학업성취에 부정적인 영향을 미친다는 사회과학적 정설도 무시했다. 포드 재단과 같은 자선가들은 유색인종 사회 내에서 발생하는 백인 교사들에 대한 분노에 대응하여 진심을 다해 그들을 돕고자 했다.

1980년대와 1990년대에 교원노조에 비판하는 이들은 사회적 약자인 노동자들을 위해 싸우는 사람들로, 같은 편에 있는 노조와 정년보장과 같이 특권의 방어자로 활동하는 노조를 바라보는 대중의 시선들이 충돌하는 지점에서 정치적으로는 훨씬 더 복잡해졌다. 레이건 혁명은 '기준과 의무'를 강조하는 새로운 미국의 학교개혁 운동을 국가의 주요 목표로 삼았다. 레이건 행정부는 브루클린과 뉴어크의 빈민가에서 세력을 키운 교사들과 노조의 극좌적 성격의 비판에 대해서도 불온하다고 여겨지는 부분은 수정하고 받아들였다. 같은 맥락에서 새롭게 등장한 중도주의적 비평가들도 흑인 권력을 거부하고, 공립학교 교사들이 인종과 사회경제적 수준에 따른 성취도 차이를 줄이기 위해 충분히 노력하지 않고 전문적으로도 경쟁력이 없다며 전례 없이 맹렬하게 비판하였다.

제8장

『위기에 처한 국가』, 교사 전쟁의 지형을 바꾸다

교사의 책무성은
어떻게 인종차별 철폐와 지역 통제를 대체했나

1983년 테럴 벨 교육부 장관과 로널드 레이건이 백악관에서 이야기를 나누는 모습이다. 1983 년은 『위기에 처한 국가』가 출간되어 널리 읽히던 때이다. 벨의 계획이었던 이 연방보고서는 미국 공교육을 '보통의 만조'라고 묘사하며, 고등학교와 대학 졸업반에서 하위 25%의 학업성 취를 끌어올리지 못하는 무능력한 교사들을 비판했다. 벨과 레이건은 교사들에게 성과급 제 공을 장려하였으며, 교사가 되기 위한 대안적인 자격 제도를 고안했다. 또한 이들은 연방정부 차원에서 학교 분리정책을 종식했다.

코르비스

로널드 레이건Ronald Reagan은 의외지만 워싱턴이 주도하는 학교개혁의 새로운 시대를 관장한 대통령이었다. 그는 B급 배우이자 골드워터[38]처럼 보수적인 공화당원으로 1964년 3명의 시민권 운동가가 살해된 미시시피주 필라델피아에서 1980년 대통령 선거 출마를 선언했다. 그때 레이건의 메시지는 이것이었다. "저는 주정부의 권리를 믿고 있습니다." 그는 학생을 비롯하여 불우한 소수자 집단을 위해 막대한 비용을 지출해 온 연방정부의 정책 개입을 중단할 것과, 1년 전에 출범한 내각 기관인 교육부를 폐지할 것을 공약으로 제시했다. 교육부를 두고 그는 "카터 대통령의 새로운 관료주의적 낭비 정책"이라고 비판한 바 있었다. 레이건은 교실 기도를 좋아했고, 가톨릭 교구 부속학교에 자녀들을 보내는 학부모에 대한 세액공제를 선호하는 사람이었다. 그는 학교에서의 인종통합 시대를 종식시킬 판사들을 지명했다.

그런 레이건이 테럴 벨Terrell Bell을 교육부 장관으로 임명한 것은 다소 놀라운 일이었다. 레이건이 지명한 테드 벨Ted Bell은 내각에서 비주류였다. 그는 기독교 우파들이 득세하고 있는 그곳에 존재하는 모르몬

---

38. 1930년대 이후 민주당에 밀려 집권에 어려움을 겪던 공화당은 1960년대 중반 우경화를 시작한다. 주로 남부 및 중하류 백인층을 대상으로 한 보수적 견해를 통해 지지층을 결집하기 시작했는데, 이를 최초로 시도한 이가 1964년 선거 당시 공화당 후보 배리 골드워터였다.-역자 주

교도였으며, 적극적 예산 삭감론자들 중에 국가의 사회보장 프로그램인 메디케이드Medicaid[39]와 헤드스타트Head Start의 지지자였다. 또한 최단기간 재임한 내각 구성원이었다. 그의 부시시하게 헝클어진 백발과 미소, 친절한 아저씨와 같은 매너들은 비평가들이 그를 과소평가하게 만들기도 하였다. 그는 교육학 박사학위를 받은 전직 공립학교 화학교사였으며, 대학교에서 행정직으로 일한 경력도 있었다. 1960년대에 벨은 반항적인 교사 노조 및 캘리포니아 주립대의 행동파 교수들과 더불어 로널드 레이건과 대립했고, 레이건이 싫어하는 세계에서 환영받는 사람이었다.

그러나 레이건은 벨을 선택했다. 그것은 기성 워싱턴 정가가 그를 신뢰했기 때문이다. 벨은 닉슨 대통령과 포드 대통령 당시 교육위원으로 일했고, 의회에서 교육부 창설을 지지하는 연설을 하기도 했다. 레이건의 고문은 벨이 학교의 재정을 삭감하고 교육부를 하위 기관으로 변경하는 것이 아동에게 악영향을 주지 않는다고 주장함으로써 신뢰를 얻기 바랐다. 벨 역시 공화당 내에서 자신의 학교개혁에 대한 아이디어를 발전시킬 수 있다면, 개인적으로는 반대하는 이 과제를 냉소적이나마 받아들일 용의가 있었다. 벨은 레이건 대통령이 '아마도 자신을 이용하고 있을 것임'을 깨달았다. "하지만 나도 목적 달성을 위해 그를 최대한 이용하고 그의 인기를 활용하고 있어"라고 덧붙였다.

벨은 자신의 해임이 걸려 있는 교육부를 폐지하기 위해 고용된 사람이었지만 그 일을 훌륭하게 해냈다. 그리고 레이건 대통령의 두 번째 임기 중 보수적 가족관을 가진 빌 베넷Bill Bennett이 후임으로 정해지면서 자리에서 물러났다. 그는 지금까지 공개된 가장 영향력 있는 문서 중 하나인 『위기에 처한 국가A Nation at Risk』를 발간하기 위해 신중한 관료주

---

39. 저소득층 의료보장 제도.-역자 주

의적 계책을 전개했다. 국가가 상정해 온 교육적 평범함에 반대하는 슬로건으로 이 보고서는 미국의 현직 교사들을 가혹하게 비난했다. 또 워싱턴이 국가적 표준 및 교육 책무성 운동을 전개할 수 있는 발판을 마련하게 해 주었다. 이 운동은 오션힐-브라운스빌Ocean Hill-Brownsville 교사 파업 이후 주 의회에 침투하기 시작했다. 앞서 지역사회 통제를 주장했던 급진주의자들처럼, 책무성을 강조하는 이들은 교사와 노조를 몹시 비판했다. 그러나 새로운 개혁가들은 급진적인 이데올로기가 아닌 실증적인 자료를 그들의 무기로 삼았다.

이 개혁의 물결은 결국 미국을 위한 교육과 같은 단체들과 '예외를 두지 않는' 차터스쿨 운동을 낳았다. 표준화 검사와 같은 정량 평가 중심의 교사평가, 성과급제 등의 의제는 20세기 초 학교 효율성 진보주의를 상기시켰다. 이 운동은 백인 아이들과 흑인 및 라틴계 아이들 간의 시험 점수 격차를 좁히는 데 기여했지만, 지난 20년간 미국 교육개혁의 또 다른 시민권 지향 목표들 중 많은 부분을 명백히 거부했다. 그것은 학교 통합에서부터 문화적으로 관련된 교육과정에 이르기까지 학부모가 자신의 지역 학교를 관리할 수 있는 권한을 부여하는 것이었다. 마지막으로, 국가와 학생 개인의 생활수준 향상이란 면에서 일차적 역할은 학교와 교사에게 있다는 생각이 전파되면서, 많은 책무성 개혁가들은 일자리 창출, 직업훈련, 주거 및 아동 돌봄 영역에서의 복지제도 축소를 불가피한 것으로 받아들였다. 『위기에 처한 국가』는 지금도 우리가 논쟁 중인 개념들을 제기했다.

테드 벨의 전기는 학교 책무성 개혁에 대한 그의 특별한 집착을 깔끔하게 요약하고 있다. 책에는 공교육의 힘에 대한 강렬한 신념만 보여 주는 것이 아니었다. 테스트하고, 수량화하고, 합리화하려는 깊은 욕망도 보여 주고 있다.

벨은 아이다호의 농촌 지역인 라바 핫 스프링스Lava Hot springs에서 성장했다. 홀어머니 슬하에서 8명의 형제들과 함께 자랐고, 집은 실내에 배관이 없을 정도로 가난했다. 그는 린든 존슨Lyndon Johnson처럼 공립 학교에 다녔고, 알비온 주립사범학교Albion State Normal School에 입학했다. 이곳이 그가 유일하게 학비를 감당할 수 있는 고등교육기관이기 때문이었다. 그는 학기당 11달러 50센트의 학비만을 지불하면 되었는데, 이는 뉴딜 프로그램인 국가청년관리국National Youth Administration이 제공하는 아르바이트 임금으로 충당할 수 있었다. 알비온에서 그는 교육과정의 일환으로 들었던 IQ에 초점을 둔 교육 검사와 측정에 매료되었다. IQ에 대한 관심은 벨을 곤경에 빠뜨리기도 했다. 해병대 복무 도중, 자신의 지휘관이 IQ 테스트에서 '바보'로 평가받을 것이라고 떠들어 댔기 때문이다. 이로 인해 삭발당하고 속옷마저 벗겨진 채 빵과 물로 생활하며 3일을 독방에서 보냈다.

그럼에도 그는 검사에 대한 관심을 평생 동안 보여 주었다. 1960년대 초 유타주 웨버 카운티Weber County 내 공립학교를 담당하는 교육감이었던 그는 교원 성과급 계획을 수립했다. 그 계획은 전국 교원평가에서의 교사 성적과 표준화검사[40]에서 학생들의 성적에 따라 교사들에게 보수를 제공한다는 것을 골자로 했다. 유타교육협회Utah Education Association는 그 계획에 거세게 반발했고, 성과급 계획에 자금 지원을 하지 못하도록 주 의회를 대상으로 성공적인 로비활동을 전개하였다. 이

---

40. ETS가 출제한 국가교원시험(National Teacher Exam)은 남부 주에서 실시하는 시험과 동일한 시험으로, 흑인 교사들의 임금을 효과적으로 삭감하거나 교원자격을 거부하기 위해 브라운 판결(post-Brown)을 활용하였다.

어서 유권자들은 프로그램의 자금 조달 방편으로 실시한 세금 인상 주민 투표를 거부했다. 유타주에서 성과급 계획은 정치적 흡인력을 갖지 못했다. 하지만, 이 에피소드는 자유시장 친화적 개혁자로서의 명성을 그에게 가져다주었다. 이로써 생긴 신용을 그는 로널드 레이건 내각의 교육부 장관으로서 활용할 수 있었던 것이다.

닉슨과 포드 행정부에서 일했던 벨은 워싱턴을 알고 있었다. 민주당이 장악한 의회가 교육부와 빈곤층 및 소수자 집단, 장애 학생이 많은 학교에 연방정부의 자금을 지원하는 주요 시민권 프로그램인 타이틀 I을 결코 폐지하지 않으리라는 것을 말이다. 나아가, 그는 개인적으로 이 프로그램들을 지지했다. 그래서 벨은 자신의 부처인 교육부를 폐지하는 비현실적인 운동에 많은 노력을 기울이지 않았다. 대신 1981년 봄부터 그는 레이건 내각의 핵심 세력과 직접 대면하지 않고 언론에 대고 학교 개선에 관한 메시지를 직접 전달하기 시작했다. 그는 교육부 벽에 각 주의 SAT 점수, 고등학교 졸업률, 교사 급여, 학교 기금의 순위를 매기는 악명 높은 차트를 만들었다. 워싱턴이 주들 간에 교육 경쟁을 부추긴 것이 그때가 처음은 아니었다. 그러나 결코 마지막도 아니었다.[41] 결과는 예측 가능한 것이었지만, 차트 결과를 발표하는 기자회견장은 기자들로 가득 찼다. 버몬트와 뉴햄프셔와 같은 주들은 평가 결과가 좋았는데, 이들 주는 빈곤층이 거의 없고 사회적 지원이 강력했기 때문이다. 반면, 최남부 지역의 주들은 낮은 평가를 받았다.

수치에만 매몰된 벨의 강경한 접근 방식은 1970년대 당시 주 의회에

---

41. 벽에 차트를 내걸고 주 사이의 자료를 비교하고자 하는 정신은 오바마 대통령의 최고를 위한 경주(Race to the top) 프로그램에서 계속 이어지고 있다. 주정부들은 이 프로그램에서 행정부의 지침에 따라 설정한 학교개혁 의제를 시행하기 위해 경쟁한다. 이것은 이제 교사들에게 학생의 시험 점수 및 학업성취도에 대한 다른 기준들과 관계가 있는 급여와 평가를 의미한다.

서 논의되었던 중도파 학교개혁의 새로운 버전을 워싱턴으로 가지고 온 것이었다. 스쿨버스 운행, 단체협상 및 지역사회 통제를 둘러싼 폭력적 대립은 교사와 학교에 대한 대중의 시각을 암울하게 만들었다. 1980년에 실시한 여론조사 결과에 따르면, 미국인의 약 3분의 1만이 국가교육 시스템에 자부심을 느끼는 것으로 나타났다. 이는 위대한 사회 정책The Great Society이 정점에 이르던 1966년에 59%였던 것과 비교하여 감소한 수치였다. 블랙파워 운동에 참여했던 좌파부터 인종분리주의를 고수한 우파에 이르기까지 모두들 학교가 실패하고 있다고 생각한다면, 주정부의 정책 입안자들, 특히 막대한 학교 기금을 지원했던 민주당은 강력한 개혁과 결과를 통해서 교육 지출을 정당화해야 함을 알고 있었다.

1960년대의 학교개혁 노력은 새로운 표준화시험을 요구하지 않았다. 대신, 인종에 대한 교사들의 태도와 교실에서의 수업기술에 초점이 맞추어져 있었다. 그리고 변화가 찾아왔다. 1970년대 중반 33개 주는 학생들의 성취도를 평가하기 위한 검사 프로그램을 도입하였다. 이는 왜 교육이 현명한 투자임을 대중에게 이해시키기 위한 노력의 일환이기도 했다. 점수가 낮으면 학교에 재정이 긴급히 필요한 것으로 묘사되었고, 점수가 향상되면 정치인들은 자신들의 투자에 효과가 있다고 주장하곤 했다.

학생들의 시험 점수를 특정 교사와 연계시키려는 아이디어는 아직 널리 퍼지지 않았다. 대신 새로운 개혁 상황에서 교사들은 "역량 기반" 평가의 대상이 되었다. 1970년대 초, 캘리포니아, 텍사스, 뉴욕은 모든 교사 교육 프로그램이 특정 교수 "역량"을 중심으로 편성되어야 한다는 법과, 현직 교사들은 교실에서의 수업기술에 따라 평가받아야 한다는 법을 통과시켰다. 그 영향은 미미한 것에서부터 참담한 상태까지 다양했다. 1975년, 연방 기관인 국립교육연구원National Institute of Education은 역량 운동에 대한 보고서를 작성하기 위해 교사봉사단 회원이자 미래 교육 기자인 존 메로우John Merrow를 고용하였다. 메로우는 역량이라는 것은 실체가 없다고 결론지었다. 학생들에게 '고차원의 문제'를 묻는 능력과 같은 인기 있는 교사의 역량은 무의미하게 생각될 정도로 모호하고 불분명했다. 많은 대학의 교육학부에서는 교육과정은 아무것도 변경하지 않은 채, 의원들을 달래기 위해 기존의 교육과정 이름만 역량과 관련된 이름으로 개명하였다. 역량 법안은 징세에 반감이 컸던 시기에 시행되었기에 자금이 지원되지 않는 지시가 되기 일쑤였다. 실제로 새로운 방식으로 교사 훈련과 평가를 시행하기 위해 지원되는 돈은 거의 없었다. 1970년, 캘리포니아주는 기본적으로 학부과정에서 교육을 전공하지 못하도록 했다. 예비 초등학교 교사는 전공을 선택하고, 이후 1년간 몇 개의 교육 관련 수업을 들으면서 학생들을 가르칠 수 있었다. 하지만 교사의 질에 관한 국가협의회The National Council의 연구에 의하면, 특히 광범위한 과목을 다루는 초등 교사들의 경우에는 교육학적 스킬을 훈련시키는 데 있어 1년은 충분치 않은 기간으로 밝혀졌다. 캘리포니아주에서는 특히 저학년 수학 교육에 대한 지원이 부족했고, 그 대가는 학생들이 치러야 했다.

주로 교사들의 시험 성적에 초점을 둔 새로운 도덕적 공황 속에서, 교사의 평판은 계속 땅에 떨어졌다. 1980년에 〈텍사스 먼슬리Texas Monthly〉에 실린 〈교사가 가르칠 수 없는 이유Why Teachers Can't Teach〉는 권위 있는 내셔널 매거진 어워드National Magazine Award에서 공공 부문 상을 받았다.[42] 진 라이언스Gene Lyons의 보고서는 휴스턴과 댈러스

---

42. 9년 후 웬디 코프(Wendy Kopp)는 그녀의 프린스턴 졸업 논문에서 〈교사가 가르칠 수 없는 이유〉를 인용하여 조직에 대한 계획을 제시하였다. 이 조직은 이후 미국을 위한 교육(Teach for America)이 되었다.

도심 공립학교 교사들의 표준화시험 평균 점수가 교외 지역 16세 학생들보다 더 낮음을 보여 주었다. 라이언스는 존슨의 모교인 샌 마르코스 San Marcos에 있는 사우스웨스트 텍사스 주립대학Southwest Texas State University을 방문하였고, 교사양성과정에 등록한 학생들이 기능적 문맹임을 보고했다. 그는 교사자격의 수여가 '사기이자 교육적 수치'라고 결론 내렸다. 그리고 존 듀이의 아이디어를 오용하여 역사, 문학, 수학 및 과학에서의 주제 교육을 희생시키고, 학생 중심의 교육을 지나치게 강조하였다고 비판하였다. 그는 교사의 낮은 임금은 학문적으로 재능 있는 학생들이 교직으로 입직하는 것을 가로막을 수 있다는 지적을 덧붙였다.

테드 벨은 교육부 장관으로서, 이러한 라이언스의 비판을 확대해 나가고자 했다. 1982년에 그는 국가교육 수월성 위원회National Commission on Excellence in Education를 만들고, 18명을 위원으로 임명했다. 위원은 대학 총장, 학자, 기업가, 학교위원회 위원, 퇴임한 주지사, 교장 몇몇과 공립학교 교사 1명으로 구성됐다. 벨은 위원회가 학교개혁에 대한 일종의 마셜 플랜을 만들기를 바랐다. 그는 위원회가 교육을 개혁하려는 노력을 넘어 언론과 대중을 결집시킬 수 있는 영감을 주고, 레이건 대통령이 보다 중도적 의제를 채택하도록 압력을 가할 것을 기대한 것이다. 위원회는 벨을 실망시키지 않았다. 위원회는 대통령이 제시한 지침을 무시했다. "하나님을 다시 교실로 데려오라"는 지시도, "교육은 일차적으로 부모들이 책임지게끔 하라"라는 발언도 무시하였다. 대신, 위원회는 간결하고 읽기 쉬운 『위기에 처한 국가』를 제작하였다. 보고서의 도입부는 뇌리에 깊이 박힐 만큼 인상적이었다. 학교개혁을 말하면서 냉전기의 전투적 언어를 교묘하게 사용했기 때문이다.

오늘날 미국에 존재하는 이 평범한 교육성과가 실은 어느 비우호적 외국세력에 의해 만들어진 것이라면, 우리는 그들의 행위를 전쟁으로 간주했을 것입니다. 지금 우리들이 목격하고 있듯, 우리는 스스로 그런 일이 일어나도록 방치했습니다. … 실제로 우리는 일방적인 교육 군비 축소와 같은 무모한 행동을 저지르고 있습니다.

계속해서 보고서는 '평범함의 물결'을 묘사하였다. 20년간의 SAT 점수 하락, 소위 '쇼핑몰 고등학교'라 불리는 학교들이 요리 및 운전 교육 같은 선택 과목을 물리학 및 미적분학의 대체과목으로 허용한 것, 그리고 미국 경제를 와해시킬 만큼 더욱 좋은 자동차와 기계를 제작할 수 있는 일본과 독일의 공립학교 졸업생 등에 대해 다루었다. 미국의 교사는 고교 및 대학 졸업반 성적이 '하위 25%'인 멍청한 사람들이었으며, 특히 수학과 과학 과목에서 역량이 부족했음도 보여 주었다.

위원회는 교사의 질을 향상시키기 위해 기본급을 인상하고, 성과가 좋은 교사에게는 보상으로 성과급을 지급하며, 정년보장과 임기 유지를 어렵게 만드는 엄격한 교사평가 체제의 도입을 권고했다. 많은 유럽과 아시아 국가들은 제2차 세계대전 이후 교직을 매우 명망 있는 직업으로 만들었고, 예비 교사에게 교실에 들어가기 전 몇 년간의 훈련을 요구했다. 『위기에 처한 국가』는 이와 다른 제안을 했다. 선교사 교육이라는 미국의 전통을 따라 진로를 변경한 이들과 교육을 공부한 경험이 없는 젊은 대졸자들이 '대안적으로' 교원자격을 빨리 취득하도록 하자는 것이다.

보다 좋은 교사는 위원회가 규정한 네 가지 우선순위 중 하나에 불과했다. 다른 우선순위 과제들에는 학생에 대한 기대를 높이고 고등학교 교육과정을 더 엄격하게 하는 것, 학교 일과 시간을 1시간 더 연장하고 학교 수업 일수를 40일 연장하는 것, 그리고 국가적 교육 의제 설정 및 이에 대한 자금을 지원하는 데 연방정부가 더 큰 역할을 하도록 장려하는 것이었다. 그러나 이 보고서는 레이건의 첫 번째 임기 동안 빈곤 아동 교육에 대한 연방정부의 보조가 16% 삭감된 정도의 예산 삭감 열풍과 문화전쟁의 정치 풍토 속에서 발표되었다. 또 의회에는 『위기에 처한 국가』에서 가장 비용이 많이 소요되는 제안이었던 학습 시간 연장에 필요한 대규모 자금을 유입시키고자 하는 열정이 거의 없었다. 더 엄격하고 보편적인 교육과정 표준이라는 아이디어도 가망이 없었다. 지역 학교 교육과정에 영향을 미치고자 했던 이른바 자유주의적이고 전국적인 노력에 대하여 미국 보수주의자들은 지나치게 편집증적 반응을 보여 주었다. 반공주의 운동가 시절의 레이건은 이러한 편집증에 완전히 공감했던 사람이었다. 결과적으로, 『위기에 처한 국가』의 광범위한 권고에도 불구하고, 정책 입안자들은 더욱더 교사에 대한 교육과 교사의 인구통계학적 특성, 평가, 급여 등 교사문제에만 집중했다.

노동조합 및 교육대학과 같은 교육 기관들은 보고서에 대해 각기 다르게 반응했다. 전미교원연맹의 임원들 대부분은 학교 지원금 삭감과 교구 학교에 바우처를 제공하기 위한 대통령의 계획에 대해 지지하기를 꺼렸다. 그러나 1974년에 전미교원연맹의 회장이 된 앨 셰인커는 자문진과 경쟁 연맹인 전국교육협회의 반대를 무릅쓰고 미국의 학교가 실패하고 있다는 『위기에 처한 국가』의 핵심 메시지를 받아들였다. "저는 '위기에 처한 국가'라는 문구를 좋아합니다. 그러한 말들은 교육을 국방과 동등한 위치에 두기 때문입니다"라고 그는 회원들에게 말했다. 그의 발언은 대다수 조합원들이 이 보고서에 대해 느꼈던 것과는 극명한 대조를 이루는 대담한 입장이었다. 당시 애리조나주의 교원 조합을 이끌고 이후 전국교육협회의 회장을 역임한 데니스 반 로켈Dennis Van Roekel은 "저는 셰인커의 발언을 인신공격이라 생각했습니다"라고 말했다.

셰인커마저도 위원회의 정책 처방들을 좋아하지는 않았다. 특히, 뛰어난 교사에게 지급되는 성과급이나 연간 수업 일수 연장에 관한 아이디어를 싫어했다. 임금과 관련하여, 노조는 자신들이 역량, 학년, 교수 과목에 따른 임금 차별을 거부할 경우, 더 좋은 교사를 교직으로 끌어들이고 또 교직을 유지시키는 데 필요한 고액의 연봉이 모든 교사들에게 분배될 것이라고 믿었다. 셰인커는 근무 시간 연장을 지지하지 않았지만, 오히려 노조는 근무 시간 연장을 지지하여 주 4일 수업을 요청하였다. 1학년에서 8학년까지의 금요일 수업은 보조교사에게 맡기고, 고등학생들은 연구 프로젝트에 그 시간을 사용케 하자는 것이었다. 그러면 교사들은 금요일을 수업계획과 답안지 채점에 사용할 수 있다는 것이다. 그럼에도 불구하고, 파업을 주도한 죄로 감옥에 갔다 온 투쟁적인 노조 간부였던 셰인커에 대한 신뢰는, 그가 1980년대 내내 『위기에 처한 국가』에서 제시된 문제들에 대한 다수의 혁신적인 정책적 해결책을 추진할 수 있도록 해 주었다. 그 제안으로 인해 그는 책무성 개혁자들에게 점차 신뢰를 얻었다. 또한 전국교육협회는 '전문적인' 노조인 반면, 전미교원연맹은 비협조적인 노조라는 인상도 바꾸었다.

동료평가는 셰인커가 지지한 혁신적인 정책 중 하나였다. 1981년, 전미교원연맹 오하이오주 톨레도 지부는 한 가지 계약을 두고 협상을 했다. 그 계약은 숙련된 베테랑 교사에게 신규 교사 및 성과가 낮은 종신직 교사의 교실을 관찰하게 하고, 이후 개선할 수 있도록 코치하거나 해고시키도록 요청하는 것이었다. 당시 전국 교사 설문 조사는 대다수가 이 정책을 혐오하고, 또 이것이 가져올 교사 간 연대 약화에 대해 우려하고 있는 것으로 드러났다. 그러나 셰인커는 동료평가가 교육을 의학이나 법률처럼 자체적 규제와 통제가 있는 직업으로 만드는 중요한 발판이라 생각했다. 나아가, 동료평가는 교사들 간에 서로의 수업을 관찰한 적 없는 미국 교직의 핵심적인 결함을 다룰 수 있는 것이었다. 대부분의 교사들은 교생 경험이 전혀 없었고, 교수 행위를 직접 목격한 시간은 과거 그들이 학생이었을 때를 제외하곤 없었다.

셰인커가 추진한 또 다른 새로운 아이디어는 '차터스쿨'로, 그가 독일에서 차용한 개념이었다. 셰인커는 새로운 아이디어를 실험하기 위해서 노조 교사들이 운영하고 주정부나 지역의 지시로부터 자유로운, 노조교사들이 운영하는 학교를 구상했다. 초기에 일부 공화당 교육개혁가들은 이 개념을 싫어했다. 그들은 그것을 특정 교사와 학교를 주정부 기준에서 자유롭게 하려는 노조의 시도로 보았다. 그러나 차터스쿨이 비조합원이 공립학교를 개설하거나 영리 회사가 공립학교를 관리하는 방식으로 만들 수 있다는 사실을 깨닫자, 정당의 노선을 초월해 개혁가들의 생각은 빠르게 바뀌었다. 첫 번째 차터스쿨은 1992년에 미네소타에서 개교했다. 바로 1년 후 셰인커는 차터스쿨을 노동조합 반대 진영의 '계략'이라고 부르고 있었다. 그리고 그는 '장사치'가 차터 운동을 이용하여 사적 이익으로 전용하고 공적 자금을 학생 및 교사를 위해서 사용하지 않는 것에 대해 우려하였다.

셰인커가 『위기에 처한 국가』를 선별적으로 받아들인 것과 달리, 교육학 교수들은 이 보고서를 아주 가혹하게 비판했다. 교육학자들의 관점은 데이비드 베를리너David Berliner와 브루스 비들Bruce Biddle이 1995년에 작성한 『만들어진 위기들The Manufactured Crisis』에 요약되어 있다. 이 책은 보고서의 핵심적인 전제와는 반대로 미국의 교육은 위기에 처해 있지 않다고 주장했다. 교육이 취약한 부분은 부유한 학군과 빈곤한 학군 간에 교사 급여의 격차를 양산한 정책과 같은 퇴보적인 정책의 과

오에서 기인한다고 반박했다. 저자들은 SAT 시험 점수의 하락과 관련하여, 시험에 응시한 학생들의 특성을 지적하였다. SAT 점수가 크게 하락한 이유는 제2차 세계대전이 발생하기 몇 년 전에는 대학에 응시할 꿈도 꾸지 못했던 빈곤한 아이들을 포함하여 다양한 학생들이 시험에 응시하였기 때문으로 보았다. 미국의 교사가 다른 나라의 교사보다 학문적으로 뛰어나지 않다는 점은 인정했다. 그것은 교사자격 인증 과정의 결함 때문이 아니라 다른 사무직 근로자보다 임금이 적기 때문이라고 보았다. 일본의 교사는 기술자의 평균 임금만큼 돈을 벌지만 미국의 교사는 기술자 임금의 60%를 벌었다.

제이 서머Jay Sommer는 새로운 개혁 추진에 대한 자신만의 비판점을 가지고 있었다. 서머는 뉴욕의 뉴로첼 고등학교New Rochelle High School에서 외국어를 가르치고 있었고, 국가에서 선정한 '올해의 교사'였다. 『위기에 처한 국가』를 만든 위원회의 유일한 현직 교사이기도 했다. 그는 미국 교육의 가장 중요한 문제는 학교구가 교원의 실력 향상을 위해 전혀 투자하지 않는 것이라 생각했다. "실패하고 싶은 교사는 아무도 없습니다"라고 서머는 〈뉴욕타임스〉의 저명한 교육 칼럼니스트인 프레드 헤칭어Fred Hechinger에게 말했다. "교사들이 실패한다면, 감시도 없고, 지시도 없고, 리더십도 부재하기 때문입니다."

장기적 관점에서 볼 때 『위기에 처한 국가』는 이를 비판하는 이들을 압도했다. 이 보고서는 단지 가난한 아이들만 아니라 모든 아이들의 기준을 높이는 데 중점을 두었다. 이 점이 학교개혁을 위해 수행되었던 여타 국가적 운동들과의 분명한 차이였다. 이는 기업가 및 중산층 학부모에게 『위기에 처한 국가』가 호소력을 갖도록 해 주었다. 기업가 및 중산층 학부모들은 끊임없는 국제 경쟁 속에서 교육적으로 만족하는 것에 대한 극적인 묘사에 매료되었다. 잡지들은 보고서가 활용했던 스타일과 가정들을 흉내 냈다. 〈포춘Fortune〉은 '진주만 같다'라고 언급했다. "일본인이 침략했고, 미국은 당황했다. 총, 탱크, 전투함은 무기가 아니다. 이러한 것들은 어제의 무기이다. 정신적 힘이 무기이다. 국가의 지력 경쟁이 치열해지는 첨단 기술 시대에 미국의 학교들은 문맹자 군대를 양산하고 있다."

주정부의 정책 입안자, 특히 테네시주의 라마 알렉산더Lamar Alexander, 아칸소주의 빌 클린턴Bill Clinton, 그리고 후일 텍사스주의 조지 부시George W. Bush와 플로리다주의 젭 부시Jeb와 같은 차세대 '교육 주지사들'은 열심히 『위기에 처한 국가』의 충고를 따르려고 했다. 전체 50개 주 중 3분의 2가 새로운 학생 시험 프로그램을 도입했으며, 30개 주는 교사들에게 예비 시험에 합격할 것을 요구하기 시작했다. 20개 주에서는 교육을 전공하지 않은 대졸자도 신속히 교사가 될 수 있는 대안 경로를 만들었다. 24개 주에서는 교사들에게 성과급으로 보상하는 일종의 '경력 사다리'를 실시하겠다고 주장했다. 하지만, 10년이 지나자 거의 모든 사다리가 붕괴되었고, 적은 예산과 교사 모집의 어려움을 겪었다. 『위기에 처한 국가』의 수사 및 정책 처방은 오랫동안 지속되었음이 드러났다. 「학생낙오방지법No Child Left Behind」, 「최고를 위한 경주Race to the Top」, 「공통 핵심성취수준Common Core」, 교수 개선을 위한 여타의 거의 모든 개혁 노력들의 기저에는 동일한 가정과 이상향이 있다. 따라서 책무성을 강조한 국가 교사 개혁의 제1세대가 실패한 이유를 정확하게 살펴보는 것이 중요하다.

『위기에 처한 국가』가 발간된 지 불과 5년 후인 1988년 〈뉴욕타임스〉는 "교사들에게 성과급은 시간이 가면서 결함이 있는 아이디어처럼 보이기 시작했다. … 돌이켜 생각해 보면, 성과급의 흥망성쇠는 불가피한 것이었다"라고 했다.

실제로 『위기에 처한 국가』가 출판되었을 당시에도 이미 전국 단위 성과급 계획이 과장된 주장이라는 강력한 증거가 있었다. 저조한 교육성과에 대해 저비용의 해결책을 제시하는 데 열심이었던 테드 벨과 같은 개혁가들은 이 증거를 무시했다. 전국적으로 1930~1970년대에 실시한 대다수의 성과급 프로그램이 6년 내에 실패하였고, 유사한 장벽에 부딪혔음을 확인하였다. 구체적으로, 과도한 행정 서류 업무, 낮은 재정 지원, 좋은 교육을 판단하는 방식에 대한 의견 불일치 및 교사들의 강력한 반대가 효과를 가로막았다.

미시간주의 캘러머주Kalamazoo 사례는 교원 성과급 계획에 대한 과대 환멸의 발생 주기가 갖는 강력한 특징을 보여 준다. 1974년, 미국학교위원회 저널은 학교구에 새롭게 부임한 윌리엄 코츠William Coats 교육감에 대한 기사를 열광적으로 연재했다. 그는 대학교수였기 때문에 공립학교 관리직으로 일한 경험이 없었다. 코츠는 모든 교사가 학생들의 표준화시험 성적에 따라 등급을 받는 성과급 제도를 제안하였다. 그 제도는 5~15명의 동료 교사, 교장 및 학생들이 수업을 관찰하고, 수업 실행에 대한 서면 보고서를 작성하는 것이었다. 그리고 교사는 또한 자기 평가를 작성할 수 있었다. 관리자 역시 동료들로부터, 자신에게 보고서를 제출한 교사들로부터, 그리고 학생 및 학부모들로부터 평가를 받을 수 있었다.

정책을 시행한 지 불과 1년 안에, 저널은 이 제도가 캘러머주 공립학교를 변화시켰다고 보고하였다. "학생들의 학업성취도가 상당히 향상되었다. 몇 년간 캘러머주의 학교들을 괴롭혀 왔던 인종적 폭력은 거의 사라졌다. 운영위원회 구성원들은 자주 미소지으며 즐겁게 일하며, 도시 학교에서 다수 납세자들의 돈을 낭비하지 않고 있음을 몇 년 만에 처음으로 확신한다."

교육감 코츠와 성과급 제도는 캘러머주에서 3년도 채 지속되지 않았다. 이 계획은 작성해야 하는 상당히 많은 양의 보고서에 지친 관리자를 포함해, 곳곳에서 즉각적 반발을 불러일으켰다. 시험 점수가 향상되긴 했지만, 실은 아주 미미한 수준이었다. 학부모들은 기뻐하기보다는 불만을 표했다. 교사들이 학생의 성적에 따라 등급을 받으므로 인해 수업 시간에 선다형 시험을 준비한다는 것이 불만의 원인이었다. 인종 간 폭력의 감소는 성과급 제도와 어떤 연관도 없었다. 1971년에 법원은 캘러머주의 학교에 인종차별 정책을 철폐하라고 명령했고, 흑인과 백인 아동은 초등학교를 함께 다닐 수 있게 되었다. 그 결과 아이들이 도시의 2개 고등학교에 입학할 즈음에는 인종 간 긴장도 누그러졌다. 학교구는 이전의 흑인 학교 교실을 개조하고, 흑인 교사를 더 고용했으며, 적극적으로 심화 교육과정에 흑인 학생들을 모집했다. 대다수가 백인인 학교위원회가 코츠를 고용하였는데, 이들은 법원의 인종차별 정책 폐지 명령에 반대한 이들이었다. 코츠는 자신이 고안한 기계론적인 교원평가제도가 학교구 학생들의 학업성취도를 높였다고 주장했다. 그러나 교장들은 그 주장에 동의하지 않았다. 캘러머주 중학교 교장은 "인종차별 폐지 정책이 인종 간 갈등을 해소하는 데 소요되는 비용을 없앴기 때문에 학교는 이제야 학업과 성과를 내는 일에 편히 집중할 수 있게 되었습니다"라고 미국의 시민권위원회에 말했다. "우리 학교는 이제 위기에 대처할 직원이 거의 필요하지 않습니다. 조용한 학교가 된 것입니다."

과중한 서류업무 부담은 교장들이 정치적으로 부과된 성과급 계획에 대해 회의적으로 돌아서도록 만들었다. 이러한 일들은 전국적으로 발생했다. 이는 1920년 뉴욕의 반체제 인사인 알렉산더 피치랜더Alexander Fichlander 교장이 복잡한 A-D 평가제도에 불평했던 것에 견줄 만했다.

피치랜더는 복잡한 평가제도가 교사의 개선을 돕는 데 거의 도움도 되지 않으면서, 시간만 낭비하게 만든다고 비판했다. 1984년 텍사스에서 발행한 지침서는 어떻게 교사의 책임을 평가할지를 다루고 있다. 이 지침은 63개나 되는 평가 항목을 제안했고, 각 평가 항목의 척도는 1점에서 5점 척도였다. 일부 항목들은 서로 상충되었다. 교사들이 학생의 '주의를 끄는' 행동을 무시하고 있습니까? 이러한 행위는 잘한 일로 평가되었다. 그러나 다른 평가 항목은 교사들에게 학생들이 나쁜 행동을 보이면 재빠르게 '부정적으로 반응하도록' 요구했다.

교사들에게 인기 있는 성과급 계획들은 공통된 특징이 있었다. 등급 수준이나 교수 과목에 관계없이 학교구 내 우수한 교사에게 보너스를 지급했다는 점이다. 그런데 이러한 방식은 『위기에 처한 국가』의 영향으로 도입된 성과급제 프로그램의 설계와는 거리가 있었다. 위기에 처한 국가에서 설계한 성과급제는 단지 일부 과목과 일부 등급의 교사들만 성과급을 받을 수 있는 정도의 낮은 수준에서 재정을 지원받도록 되어 있었다. 예를 들어, 테네시주는 주지사 라마 알렉산더Lamar Alexander의 성과급 계획에 따라 15%만이 성과급을 받았다. 플로리다주는 10%의 교사만이 성과급을 받았다. 극소수의 교사들만 성과급제의 혜택을 입자 성과급은 교사들 사이에 불화를 일으키고 의욕을 저하시키는 것으로 여겨졌다.

현재 주 교원노동조합인 테네시교육협회의 회장 게라 서머포드Gera Summerford는 1982년 성과급 프로그램이 시행되었을 당시, 내슈빌에서 중학교 1학년 수학 교사로 재직하고 있었다. 그녀는 "당시 저는 매우 이상주의자였어요"라고 회상했다. "저는 오랜 시간 교직에서 일하고 있는 일부 교사들보다 제가 더 우수한 교사라는 것을 증명할 수 있는 기회라고 느꼈어요. 하지만 성과급 제도를 겪은 후, 저는 큰 환멸을 느꼈어요."

서머포드는 동일 교과 교사를 포함하여 3명으로부터 평가를 받기로 되어 있었다. 그런데 학교구는 수학 교사가 아닌 경영 과목 교사가 그녀의 교실을 관찰하도록 했다. 그녀는 평가가 도움이 되지 않는다는 것을 깨달았다. 이 제도는 교사와 관리자 모두에게 적용되는 3등급의 평가로 보너스는 1,000~7,000달러 사이였다. 그런데 특별 수당을 신청한 교장들은 거의 모두가 재빠르게 3등급을 넘었던 데 반해, 교사들 중에는 13%만이 2~3등급에 도달했다. 교사들은 이 사실을 이내 알아차렸다. 이로 인해 교사들 사이에 분노가 일어났다. 성과급 제도에서 가장 인기 있는 부분은 방과 후 프로그램을 지도하거나 추가 수업을 한 교사에게 제공되는 초과근무 수당이었다. "그것은 정말 아이들에게 도움이 되었어요"라고 서머포드는 말했다. 그러나 상대적으로 적은 금액의 보너스는 불규칙적인 교실 관찰과 연계되어 결국 불합리해 보일 수밖에 없었다. '모욕적일 만큼 소액의 돈'이 노동 집약적인 과정을 통해 예측 불가능한 방식으로 배당되었다. 이 제도는 10년 내에 단계적으로 폐지되었다. 그 이유 중 일부는 전국교육협회의 반대가 계속되었기 때문이었고, 부분적으로는 주정부의 근로세가 인상 되지 않아 재정이 부족했기 때문이었다.

성과급을 둘러싼 이 모든 문제들은 미국의 평균 교사 연봉이 2만 3,500달러(현재는 4만 7,400달러)였던 시기에 발생하였다. 이 금액은 우편 배달부 연봉보다 적은 액수였고, 변호사나 회계사 평균 연봉의 절반 수준이었다. 교육개혁 운동의 대안 세력은 교사의 기본급을 인상하는 것이 직업의 명성을 훨씬 더 높인다는 메시지를 전달하고자 노력하였다. 카네기 재단은 25% 정도, RAND는 평균 5만 달러 정도의 인상을 권장했다.

그런데 영향력 있는 기업가들은 수당 중심의 교원 성과급을 열렬히 지지했다. 예를 들어, 로스 페로Ross Perot는 댈러스에 시험 점수로 교사를 평가하고 임금 인상분을 배분하는 성과급 계획을 시행할 것을 촉구했다. 정작 민간 기업은 1980년까지 사무직 근로자들에게 엄격한 생산성 척도에 따라 임금을 지급하려고 노력하지 않았다. 그러한 형식적 평가 프로그램을 만들고 시행하려면 비용과 시간이 많이 소요된다는 것을 알았기 때문이다. 이러한 사실은 모순적이었다. 관련 연구들은 성과급 제도를 실시하는 회사들이 성과급을 도입하지 않은 조직보다 재정적으로 더 좋은 성과를 내지 못하며, 직원들이 더 행복하지도 않다는 것을 보여 주었다. 대신에 경영 전문가들은 개별 관리자들이 총체적 기준으로 근로자를 판단할 것을 권유했다.

교원노조들이 공교육에 주관적 평가체제를 제도화하려는 시도에 맞서 오랫동안 투쟁해 온 역사에 주목하는 것은 중요하다. 뉴욕시의 교사들은 1968년, 관리자 로디 맥코이Rhody McCoy를 인정하지 않으려는 대규모 파업에 돌입하였다. 맥코이는 학교 교사와 직원들을 평가할 권리가 적절한 것이라 여겼기 때문이었다. 1980년대 전미교원연맹과 전국교육협회는 교과지식 관련 시험에서 교원 성적과 같이 '객관적인' 척도를 토대로 성과급을 도입한다면, 그 제도를 지지할 것이라고 공표했다. "저는 교장이 여러분의 교실로 들어가 누가 더 나은 교사인지를 판단하는 성과급 개념에 항상 반대했고, 여전히 반대하고 있습니다"라고 앨 셰인커는 말했다. 몇몇의 책무성 개혁자들은 셰인커의 회의론을 공유하고 있었다. 오랫동안 온건한 공화당 교육개혁 전문가였던 체스터 핀Chester Finn은 라마 알렉산더에게 교사 경력 사다리에 대해 충고하였다. 그리고 교실 관찰의 암울한 상황을 설명했다. "교장들은 이전에 체육 교사였거나, 교사의 질이나 성과에 대해 수준 높은 감독자 훈련을 받아 본 경험도 거의 없었습니다. 교장들은 형식적이고 형편없는 훈련을 받은 관찰자로, 정량적 자료가 없을 때 그들이 관찰한 것을 바탕으로 평가하곤 했습니다. 이후 교장들은 '내가 누굴 좋아하지? 내 사촌이 누구지? 내 여자 친구는 누구지?' 혹은 교실 효과성과 관련이 없는 다양한 여타의 요인들에 근거해 결정을 내리기가 매우 쉬웠습니다."

교장들에 대해 노동조합이 가진 의구심을 협상 테이블에 올려놓은 결과, 평가 시스템은 더 복잡하고 비용이 많이 드는 제도가 되었음을 몇몇 사례는 보여 준다. 테네시주가 그 사례 중 하나이다. 셰인커가 승인한 이 평가 시스템은 교장들의 평가를 교차 검토하고, 때로는 각 단위학교 밖의 외부 관찰자 팀이 평가 결과를 뒤집기도 했다. 성과급 계획들은 자금이 부족하거나, 인기가 없거나, 지나치게 관료주의적이었다. 결국 1980년대 말쯤, 『위기에 처한 국가』 시대의 거의 모든 성과급과 경력 사다리 계획은 사라지게 되었다. 학생 시험 성적에 근거한 보다 더 객관적인 교사평가 기준은 1990년대 후반의 전국집회National Coversation에서 등장했을 것으로 추정된다. 이는 상당 부분 노동조합 지도자들과 일부 개혁가들이 오랫동안 직원을 평가하는 교장에 대해 신뢰하기를 거부해 왔기 때문이다.

1980년대에 들어서자 성과급 제도는 실패했다. 또 다른 측면에서 본다면 레이건 행정부는 학교 인종차별 철폐에 대한 이전 시대의 노력을 대체함으로써 자신들의 교육 목표를 달성했다.

1984년 10월 8일, 재선을 위한 유세가 한창이던 당시, 레이건 대통령은 노스캐롤라이나 샬럿에서 수많은 백인 청중 앞에 섰다. 그는 이 도시의 유명한 통학버스 프로그램은 "무고한 아이들을 이웃에 위치한 학교로부터 빼내어 아무도 원하지 않는 사회 실험의 인질로 만들었습니다. 우리는 그것이 실패했다는 것을 알고 있습니다"라고 전했다. 놀랍게도 청중의 반응은 환호성이 아니라 냉랭한 적막이었다.

1971년 대법원 판결에 따라 샬럿-메클렌부르크 학교구는 인종차별 철폐 계획을 추진하였다. 학교구는 대다수가 백인인 지역의 유치원에서 3학년까지를 포괄하는 학교를 흑인 지역의 4학년에서 6학년까지 포괄하는 학교와 짝지어 주려고 계획하였다. 각 코호트의 아이들은 초등학교 기간 중 절반을 버스로 통학했고, 이 지역에는 학교 중 학생의 50% 이상이 흑인인 학교는 없었다. 레이건의 연설문 작성자들은 그 계획이 인기가 있고 학업적으로 효과적이라는 점을 깨닫지 못했다. 인종차별 철폐 이후 샬럿 지역의 모든 인종의 학생들은 지속적으로 시험 점수가 향상되었다. 학교구에 상당히 많은 재정적 지원을 하였으며, 경험 많은 교사들은 저소득층 지역의 학교로 이동하였다. 더 부유한 지역에서 통학 버스를 타고 다니는 중산층과 백인 학부모들은 이러한 학교구의 조치를 강력하게 지지하였다. 레이건의 발언이 있은 다음 날 〈샬럿 옵서버 Charlotte Observer〉 신문은 사설을 통해 학교구의 학교 통합 프로그램이 실제로 지역의 '가장 자랑스러운 성취'라고 표명했다.

　그것은 레이건 행정부가 적극적으로 깎아내리려던 업적이었다. 교사 책무성 운동을 이끌었던 초기 리더들은 인종차별 폐지 정책에 대한 재정 지원을 철회하였고, 동시에 이를 비합법화하려고 노력하였다. 1980년, 카터Jimmy Carter 대통령 당시 법무부는 22개의 학교에 인종차별 폐지 소송을 제기했다. 이듬해 레이건 대통령 때에는 단 10건의 인종차별 폐지 소송이 단행되었다. 1984년에 벨 장관은 레이건 행정부가 시카고와 같이 인종차별 폐지 명령을 이행하기 위해 고군분투하고 있는 학교구에 수천만 달러의 재정을 지원하겠다는 이전의 약속을 부인했다. 반면에 전국적으로 51개의 새로운 교사 성과급 계획을 도입하는 데에는 100만 달러의 자유재량 예산을 지출했다. 남아 있는 기록에 따르면, 벨은 학교 통합 전략으로 통학버스를 금지하는 연방법이나 헌법 수정안을 지지했다.

1981년, 레이건은 노스캐롤라이나주 서부의 미국 연방 지방법원에 로버트 포터Robert Potter를 임명했다. 한때 통학버스 반대 운동가였던 포터는 1999년 9월 백인이자 라틴계인 자신의 딸이 차별받고 있음을 주장하면서, 버스 통학 제도를 중단하고자 학교구를 고소한 샬럿Charlotte 아버지에게 승소 판결을 내렸다. 그 후 일어난 일은 비극적이었다. 노동 경제학자 키라보 잭슨Kirabo Jackson의 연구에 따르면 샬럿시의 학교들은 2002년에서 2005년 사이에 주변 지역의 인구통계로 다시 되돌아갔다. 이로 인해 주로 흑인 아이가 다니는 학교들은 양질의 교사를 잃는 고통을 겪었다. 양질의 교사는 학생의 시험 성적 향상, 교사의 다년간의 경험 및 교사자격시험 점수로 측정되었다. 흑인 교사가 백인 교사보다 흑인 학생이 많은 학교에 남아 있을 가능성이 높았다. 그리고 떠난 흑인 교사가 남은 백인 교사보다 더 효과적으로 가르쳤다. 특히, 흑인 학생의 학업성취도를 높이는 데 효과적이었다. 잭슨은 효과적인 교사들의 이러한 분포의 변화가 샬럿시의 흑인과 백인 학생 간 학업성취도 격차를 7.5%까지 설명할 수 있다고 추정했다. 경험이 많은 교사가 빈곤 지역의 학교를 떠나 다른 학교로 이동하는 것은 백인 교사의 인종주의적 태도에 대한 증거로 자주 인용되어 왔다. 그리고 인종차별은 교사의 이동을 부분적으로는 분명하게 설명해 주지만, 성과가 좋은 대다수 비백인 교사도 마찬가지로 통합 학교나 중산층 학생들이 다니는 학교에서 일하기를 선호하는 것으로 보인다. 빈곤층의 비율이 높고 대다수 학생이 소수 인종인 학교들은 행정적 이직률과 부실한 경영을 경험할 가능성이 높아 장기적으로 교사의 일자리 만족을 떨어뜨릴 수 있기 때문이다.

학교 통합이 학생들의 학업성취도를 향상시킬 수 있다는 여타의 증거는 풍부하다. 경제학자 스티븐 빌링스Stephen Billings, 데이비드 데밍David

Deming, 요나 로코프Jonah Rockoff가 수행한 샬럿시에 관한 두 번째 연구에 따르면, 학교가 다시 분리된 시기인 2002~2011년 사이 인종 간 수학 학업성취 격차가 확대된 것으로 나타났다. 유색인종 학생들의 유입을 경험한 샬럿 학교에 배정된 소수 인종의 학생은 인종 통합이 더 많이 이루어진 학교에 다니는 인구통계학적 특성이 동일한 학생과 비교하여 감옥에 투옥될 가능성이 더 컸다. 연방준비제도의 바이런 루츠Byron Lutz가 수행한 별도의 논문은 법원의 학교 통학버스 명령이 종결된 이후, 북부 학교구에서 흑인 고등학교 중도탈락률이 증가했음을 보여 주었다. 그러나 학교 통학버스 명령에서 해방된 남부 학교구는 중도탈락률에 변화가 없었다. 이는 북부 학교구가 남부 학교구보다 더 충실하게 인종차별 폐지 명령을 해석했기 때문일 수 있다. 그러므로 법원의 명령 제재가 풀린 이후, 학교 통합 정책이 각 학교에 미치는 영향은 더욱 심각하였다. 이는 내슈빌과 샬럿과 같은 몇몇 남부 도시들은 다수가 흑인인 학교에 대한 투자 확대를 통해 인종차별 폐지를 따르기로 서약했기 때문일 수 있다.

학교 통합과 학생들의 학업성취 간의 상관관계에 대한 가장 강력한 연구 중 하나는 세기 재단The Century Foundation의 헤더 슈워츠Heather Schwartz가 수행했다. 그녀는 저소득 가정이 거주할 공공주택 개발 지역을 무작위로 결정하는 메릴랜드주의 몽고메리 카운티를 연구하였다. 공공주택에 거주하는 유색인종 학생이 취약계층 비율이 50% 이하인 학교에 다닐 경우, 대다수가 취약계층인 학교에 다닐 때에 비해 100점 만점의 시험에서 수학은 8점, 읽기는 4점이 향상되었다. 1980년 미국의 학교 통합은 정점에 이르러, 전국적으로 다수 학생이 백인인 학교에 다니는 흑인 학생은 37% 정도였다. 레이건의 개입 이후 학교 통합은 진전되지 못하였다. 2000년까지 흑인 아이의 28%만이 백인 학교에 다녔다. 흑인과 라틴 학생들의 40%는 여전히 전체 학생의 90~100%가 가난하고 비백인인 인종 간 분리가 심한 학교에 다녔다.

통합이 실패하면서 교사 책무성 의제가 학교개혁의 다음 단계로 거론되었다. 지난 20년간 등장한 책무성 의제에는 엄격한 평가제도, 성과급, 고용보장의 약화, 미국을 위한 교육처럼 교사가 되는 대안적인 경로의 창안이 있다. 미국을 위한 교육의 설립자 웬디 콥Wendy Kopp은 2011년 『역사를 만들 기회A chance to Make History』라는 책에서 "우리는 국가의 모든 아이들이 평등한 교육 기회를 가질 수 있도록 1960년대와 1970년대에 학교의 인종차별 폐지를 위해 전념했습니다. 그러나 가난한 소수 인종의 학생들은 학문적으로 계속 뒤처지고 있습니다"[43]라고 기고했다. 미국은 학교 통합에 헌신적이지 않았기 때문에 인종차별 폐지가 실패했다고 결론내리는 것은 정당하지 않다. 1974년 미연방 대법원은 밀리켄 대 브래들리Milliken v. Bradley 판결에서 다수가 백인인 북부의 학교구는 물론, 심지어 빈곤으로 황폐화된 빈민가로부터 불과 몇 분 거리밖에 되지 않는 지역에 있는 전원이 백인인 학교구도 통합을 목표로 빈민가 학교와 협력할 책무가 없다는 판결을 내렸다. 인종차별 폐지는 남부 전역에서 결코 광범위하게 시행되지 않았다. 샬럿이나 몽고메리 카운티처럼 통합을 시행한 지역은 교사 책무성 개혁들이 이룬 것과 비교하여 비슷한 수준이거나 또는 더 많이 학생들의 학업성취도를 높이는 데 종종 성공했다.

지금도 통합 학교에 대한 수요는 여전히 존재한다. 보스턴과 하트포드와 같은 도시에서는 수만 명의 학부모들이 양질의 교외 지역 학교로 버스 통학을 하고자 대기자 리스트에 자녀의 이름을 올려두고 있다. 브루

---

43. 2013년 7월, 미국을 위한 교육(TFA)은 학교 통합에 관한 토론회의 사회자로 나를 초대했다. 그때, 콥은 최고경영자 자리에서 물러났다.

클린부터 애틀랜타, 로스앤젤레스까지 사회경제적으로 다양한 몇몇 차터스쿨은 아이들에게 엄청난 인기를 얻고 있다. 그러므로 미국 교육개혁에서 학교 통합과 교사 책무성의 두 가지 압박이 협력하여 작용하지 않은 것은 불행한 일이다.

1980년 이후 연방정부는 지역의 학교구가 인종적, 사회경제적으로 다양한 학교를 장려하는 데 아무것도 하지 않았다. 교사의 임금과 평가를 학생들의 시험 점수와 연계하거나 새로운 차터스쿨의 개교에 동의한 주와 지역에 수십억 달러가 보내졌다. 그러나 대부분의 학교들은 민권운동가들이 개혁의 대상으로 삼아 투쟁해 왔던 학교들과 마찬가지로 인종적, 사회경제적으로 동질적이었다.

'교육주지사' 빌 클린턴Bill Clinton은 대통령이 된 후 표준화와 책무성 운동을 더욱더 빠르게 추진하려고 노력하였다. 워싱턴은 1994년 두 가지 법안 「미국 학교 개선법Improving America's Schools」과 「교육목표 2000Goals 2000」을 통해 주정부에 타이틀 I 기금을 받으려면 새로운 교육과정 기준과 시험을 채택하라고 요구하였다. 클린턴은 타이틀 I의 오랜 결함에 대해 논하고 싶어 했다. 주와 학교구는 수준 높은 교육과정 자료를 개발하기에는 전문지식이 부족하다는 것이다. 그는 국가교육표준 및 개선협의회를 설립하고자 했다. 연구자들이 표준화 제도, 교과서, 시험을 개발하는 데 전력을 다하고, 그 결과를 주정부와 지역 학교가 선택적으로 채택할 수 있도록 하기 위해서였다. 그러나 1995년, 공화당이 장악한 의회가 이 프로그램에 대한 지지를 철회하면서, 프로그램은 시작도 하지 못하였다. 1990년 후반 『위기에 처한 국가』에 찬사를 보냈던 교육개혁가들은 실패한 학교에 대한 관리가 지속적으로 부재하다는 데 크게 좌절하였다. 각 주들은 새로운 검사 도구를 가지고 있었다. 그러나 시험 성적이 해마다 저조하다면, 어떠한 성과도 얻지 못하였다.

케이티 헤이콕Kati Haycock은 좌절한 개혁가들 중 한 사람이었다. 그녀는 1970년대에 캘리포니아 대학 제도를 위한 차별 철폐 조치 프로그램과 학생 봉사활동을 관리하면서 직장생활을 시작했다. 그녀는 이 경험으로 대학에서 백인과 소수 인종 아이들 간의 학업성취 격차를 좁히기에는 너무 늦다고 생각했다. 실질적으로 초등학교부터 고등학교까지 모두 개혁이 필요하다고 결론 내렸다. 1990년 헤이콕은 '어떤 아이도 낙오하지 않게 하라'라는 모토를 가진 시민권 단체인 아동 보호 기금Children's Defense Fund의 부사장직을 그만두었다. 그녀의 새로운 프로젝트인 교육신탁재단Education Trusts은 능력 있는 교사가 빈곤과 효과적으로 싸울 수 있다고 주장하기 위해 좌파 진영에서 오랫동안 수상쩍어했던 시험 성적을 활용하는 것과 달리, 이에 대한 죄책감을 전혀 느끼지 않는 새로운 종류의 진보적인 시민단체가 되었다.

이 단체는 공립학교가 심각한 어려움에 처해 있다는 것을 알리고자 했다. 이를 위해 교육의 질을 나타내는 지표를 선정하고, 지표별로 주정부의 순위를 매긴 방대한 자료집을 언론에 배포했다. 많은 지역에서 흑인 및 라틴계 아이의 절반이 고등학교에서 중도탈락하고 있으며, 전국적으로 흑인과 백인 아이 간의 학업성취 격차가 커지고 있었다. 교육신탁은 그 원인을 무엇이라 생각할까? 몇 년 후 헤이콕은 교실에서 종신직의 형편없는 교사들을 내쫓는 것에 대해 보다 명확하게 이야기했다. 그러나 1990년대에 그녀는 재정 지원의 불평등, 자격증 시험 점수와 같은 예비 교사자격, 다년간의 교사 경험에 주목하였다. 이러한 것들은 오늘날 책무성을 강조하는 강경파들이 경시하는 요인들이다. 1990년에 중산층 비율이 높은 백인 학교는 저소득층 비율이 높은 학교보다 학생 1인당 1,400달러 정도 더 많은 교육예산을 지출하였다. 당시 뉴욕에서 빈곤율이 높은 지역의 공립학교 전체 교사 중 3분의 1은 교원자격시험에 적어도 한 번 떨어진 경험을 갖고 있었다.

이와 비교하여 다른 주에서는 교사 20명 중 1명이 교원자격시험에 떨어진 것으로 나타났다. 대다수가 백인인 학교의 경우 과학 교사의 86%는 과학 과목의 교사자격이 있었지만 소수 인종의 학교는 54%의 교사만이 자격을 갖추고 있었다. 가난한 배경의 아이는 "경험이 부족한 교사를 위한 총알받이로 이용될 가능성이 두 배나 높다"고 교육신탁재단은 보고했다. 또 다른 문제는 교원노동조합이 높이 평가하는 학급 규모에 관한 법률과 관련된 것이다. 학교 규모와 관련한 연구는 16명으로 교실 규모를 낮추는 것이 아이들에게 이롭다는 것을 보여 주었다. 그런데 캘리포니아와 플로리다주 같은 주는 학급 규모를 16명으로 낮추지 않은 채 자격이 없는 교사를 채용하여 파문이 일었다.

백인인 헤이콕은 서글플 정도로 학생에 대해 낮은 기대감을 가진 무능한 도시 교사의 암울한 모습에 대해 자주 이야기했다. 예를 들어, 낮은 기대감을 가진 교사는 11학년 학생들에게 에세이를 쓰는 대신 〈앵무새 죽이기To Kill a Mocking bird〉 포스터를 색칠하라고 한다는 것이다. 1992년에 그녀는 위대한 사회 정책 프로그램인 타이틀 I의 지원을 받아 고용된 보조교사를 '단어를 반복해서 잘못 발음하는 반문맹인'으로 단정하며, 가난한 유색인종의 학생들을 잘못 가르치고 있다고 비판했다.

헤이콕은 동료 자유주의자들에게 학교와 교사에게 책임을 묻지 않으면 공교육 제도는 사립학교 바우처 요구로 인해 전멸하게 될 것이라고 경고했다. 1998년에 그녀는 "흑인들을 대상으로 시행된 바우처와 공교육에 대한 일련의 여론조사 결과들은 정부가 자신들의 속셈을 당신들이 알아차리지 못하도록 해 왔다는 것을 보여 줍니다. 그 게임은 견고히 조작되어 당신들이 어떤 수를 쓸 수도 없어 보입니다"라고 전했다. 헤이콕은 '가난한 아이들이 다니는 학교에 더 좋은 교사를'이라고 주장하는 주요 좌파의 핵심 노력인 지역사회 통제 운동의 유산에도 가혹하게 대했다. "20~30년 전, 사실 흑인이나 히스패닉 아이들은 부두교 교육이나 다문화 교육, 그게 무엇이든지 간에 뭔가 다른 교육이 필요했습니다. 제가 지금 생각하는 것은 분명합니다. 그들도 백인이나 교외 지역의 아이와 마찬가지로 양질의 교육이 필요하다는 점입니다. 양질의 교육은 자신이 할 일이 무엇인지를 아는 교사와 그 교사가 학생에게 높은 기대를 갖는 것을 말합니다. 이것은 풀 수 없는 문제가 아닙니다. 우리가 모든 아이들에게 양질의 교육을 제공할 수 없다는 근거는 없습니다."

헤이콕은 긍정적인 진보를 이루고 있는 주로 텍사스를 종종 인용했다. 『위기에 처한 국가』 이후 텍사스주에서는 시험 성적을 올리지 못한 학교는 재정 지원을 받지 못할 수 있는 주정부 책무성 제도를 고안했다. 예상대로 시험 성적은 올랐고, 개선은 '텍사스 기적Texas Miracle'으로 알려졌다. 조지 부시가 대통령 캠페인에서 전역에 타이틀 I 기금을 할당하는 데 유사한 접근 방식을 활용할 것이라 연설하자 헤이콕은 열광적으로 반응하였다. 1999년 헤이콕은 〈살롱Salon〉의 기자 조안 월시Joan Walsh에게 클린턴 내각과 민주당은 학교개혁에 너무 소심하고, 가난한 아이들의 필요에 초점을 맞추는 것을 두려워한다고 말했다. "교육에 대한 부시의 메시지는 저에게 더 큰 희망을 주었습니다. 가난한 아이들에게도 어떤 일이 일어날 수 있다는 희망입니다"라고 말했다.

부시가 선거에서 겨우 이기고 백악관에 입성했을 때, 그는 초당파적인 지지가 학교 책무성 법안을 통과시키는 열쇠가 될 수 있음을 알았다. 그리고 교육신탁재단이 진보주의 진영의 지지를 받도록 도와줄 수 있다는 것도 알았다. 부시 행정부는 헤이콕이 이전에 일했던 아동 보호 기금Children's Defense Fund의 슬로건인 학생낙오방지를 교육 계획안에 명시했다. 부시 대통령은 가난한 유색인종 아이들을 '교육적으로 성장할 수 없다는 편견'으로부터 해방시킬 수 있다는 아름다운 약속을 하면서 2001년,「학생낙오방지법No Child Left Behind」을 발표했다. 이는 케이티 헤이콕이 10년 넘게 이야기해 온 문제였다. 의회는 비이성적 낙관론을 기반으로 2014년까지 주정부의 새로운 표준 시험으로 평가했을 때 미국 전역의 모든 아이가 읽기와 수학에서 '능숙'해질 것이라고 선언했다. 모든 아이에는 가난한 아동뿐만이 아니라 영어가 모국어가 아닌 아이들도 포함되었다. 이 시험은 매년 3학년에서 8학년을 대상으로 실시했으며, 고등학교에서는 최소한 한 번 치러졌다.

학생낙오방지의 제재는 개별 교사가 아닌 학교에 초점을 두었다. 모든 학생들을 능숙하게 이끌어 내지 못한 학교들은 실패했다고 공개적으로 공표되고, 타이틀 I 기금을 지원받지 못하거나 주정부에서 학교를 인수할 수 있었다. 가난한 아동을 가르치는 교사들은 자신이 가르치는 과목을 전공해야 한다는 교육신탁재단의 권고에 따라,「학생낙오방지법」은 주정부에 저소득층 지역의 학교 교사를 포함하여 모든 교사가 '높은 능력'을 갖추고 자격증을 갖고 있어야 한다고 강조했다. 결정적으로 주정부는 아이들을 위한 자신들의 기준과 시험을 선택할 수 있고, 통과 기준이나 교사의 질, 자격기준도 결정할 수 있다.

정치과학자 데이비드 코헨David Cohen과 수전 모핏Susan Moffitt은 지방학교를 개선하려는 연방정부의 시도는 대부분 실패했다고 주장하였다. 헌법에 의해 분권화된 교육 시스템에는 정책을 '연결하는 매개체'가 거의 없기 때문에 지방 학교를 개선려는 연방정부의 시도는 대부분 실패했다고 주장하였다. 여기에서 정책 매개체는 양질의 시험이나 전국학교 감독관과 같이 주 및 지역에 그들이 연방정부의 지시를 수행하기 위해 필요한 전문 지식을 제공하는 것을 말한다.「학생낙오방지법」의 경우가 바로 이에 해당한다. 교육부는 성과가 저조한 수많은 학교들을 관리할 의지도 없고, 방법도 갖고 있지 않았다. 많은 주가 낙오방지법의 정신이 아닌 조문을 따라 학생들이 새로운 검사를 수월하게 통과하도록 시험 문제를 터무니없이 쉽게 만들었다. 텍사스주에서는 13%의 학생들이 능숙 수준을 달성하였다. 국가교육과정평가의 결과에서는 앨라배마 주 아이들의 28%만이 읽기 과목에 능숙한 것으로 보고되었다. 그러나 2009년에는 앨라배마주 4학년 학생의 86%가 읽기 과목에서 능숙한 것으로 보고되었다. 매사추세츠와 같은 몇몇 주는 엄격한 학업 표준과 높은 수준의 테스트를 채택하기로 결정하였다. 하지만 「학생낙오방지법」과 관련된 하향식 망신 주기의 위협은 느슨한 연방정부의 감독과 결합하여 엄격한 학업 목표에 도달하도록 이끌지 못하였다. 자녀의 학년 수준 성과가 국제 기준에서 훨씬 못 미침에도 학부모들은 자녀가 능숙하다는 안내를 받았다. 또한 이 법은 효과적인 교사들의 분포를 변화시키는 데 어떤 효력도 없었다. 아마도 '질적으로 우수한 교사' 조항의 가장 지속적인 성과는 미국을 위한 교육이 정치적 영향력이 세지 않았던 초기에 법조항의 허점을 노려 로비에 성공하였다는 것이다. 법 조항에는 교사가 전문성 발달을 제공하는 프로그램에 참여하고 있다면, 인증되지 않은 대안 경로 교사라도 '질 높은 교사'로 정의되어 있었다.

「학생낙오방지법」이 통과된 후 수년 동안 더 많은 학교들이 「모두를 위한 성공Success for All」과 같이 대본으로 짜인 교육과정 혹은 교사 입증 교육과정을 채택했다. 이 교육과정은 학교의 모든 교실에서 수업계획과 자료를 표준화하고, 교사가 따라야 하는 일정을 일별과 분별로 지시해 주는 일정표를 제공했다. 그러나 미국 역사상 처음으로 매년 시험을 실시하라는 지시였기 때문에 대부분의 교사들은 「학생낙오방지법」에 주목하였다. 이 법안은 50개 주의 3학년에서 8학년을 대상으로 하는 시험

계획을 채택할 것을 요구하였다. 초·중등학교 교실에서 시험 문제는 때때로 사실상의 교육과정이 되었다. 특히, 교육과정이 엄격하지 않고 저소득층 비율이 높아 점수를 올리라는 압력을 많이 받는 학교에서 더욱 그러했다.

교육 기자인 린다 펄스타인Linda Perlstein은 그녀의 저서 『시험을 치르다Tested』에서 이 현상을 설명했다. 그 책은 메릴랜드주 평가에서 저소득층 학생을 '능숙'의 수준에 도달하도록 하기 위해 부지런히 일하는 3학년 교사에 관한 내용이었다. 교사들은 이미 치러진 시험을 통해 학생들이 운, 절, 리듬과 같은 '시의 특징'을 알도록 요청받게 될 것임을 알았다. 학생들은 칠판을 보며 "나는 이게 시인 것을 알아요. 연과 운이 있기 때문이죠. 이 글은 절이 아닌 연이라는 것을 알아요. 들여쓰기를 하지 않았기 때문이죠…"처럼 문장들을 약간씩 변형하며 30번 이상 답안을 베껴 썼다. 이 수업은 실제 시를 세 번 썼다. 한 번은 일본의 하이쿠(전통 단시)였고, 두 번은 삼행시나 사행시 같은 것이었다. 「학생낙오방지법」은 과학 시험을 요구하지 않았기 때문에 과학 수업은 이루어지지 않았다.

연구 결과는 교육과정이 축소되었다는 펄스타인의 일화를 더욱 확고한 증거로 만들었다. 관리자 대상 설문조사에 따르면 모든 학교구의 65%와 적어도 한 학교라도 실패할 위험이 있는 학교구의 75%가 읽기 및 수학 과목의 수업 시수를 늘렸다. 사회, 과학, 예술, 음악, 체육 수업 시간은 축소했다. 심지어 쉬는 시간까지 축소했다. 왜곡된 조치의 흔적도 있었다. 어린 시절의 좋은 수업이 장기적으로 아이의 읽기 능력에 가장 큰 영향을 준다는 결과가 그 예이다. 그런데 학교는 가장 저학년에서 우수함을 보인 교사를 유치원에서 초등학교로 전근 보내거나, 시험 성적 결과를 바탕으로 3학년 교사를 8학년으로 배정하였다. 교사들은 능숙 수준 경계 바로 아래에 있는 '버블 아이'라고 불리는 학생들에게 관심을 가졌다. 그러나 시험에서 어떤 문제가 나오더라도 능숙 수준에 도달 가능한 고성취 학생들이나, 반대로 도달할 가능성이 거의 없는 저성취 학생들의 필요는 무시하였다. 부정행위도 있었다. 플로리다주의 학교에서는 학교 평균을 떨어뜨리지 않게 하기 위해 시험일 이전에 학업적으로 어려움을 겪는 학생들에게 정학 처분을 내리는 경향이 있었다. 2003년에는 높은 수준의 '텍사스 기적'과 소수 인종 아이들의 급격한 시험 성적 향상이 허위였던 것으로 밝혀졌다. 학교가 중도탈락률을 조작하거나 학업적 어려움을 겪는 학생의 시험 성적이 책무성 평가에 영향을 주지 않도록 특별한 교육 지침을 내렸기 때문이다. 그리고 몇몇 학생에게는 시험 당일 날 결석을 권고하기도 했다.

2005년 전국교육협회의 전국 교사 대상 설문 결과, 교사의 60%가 공교육의 가장 큰 방해 요인은 "시험 요구/시험 교육"이라고 생각하였다. 2009년, 부시 대통령은 교육 유산을 회고하는 고별 연설에서 「학생낙오방지법」의 시험에 반대하는 비평가들을 언급하였다. 그는 "측정의 핵심은 시험 보는 것입니다"라고 말했다. "그런데 우리는 왜 학생들에게 시험을 보게 해서는 안 되는지 책에서 모든 변명을 들었습니다. 『오, 너무 많은 시험이 있습니다Oh, there's too many tests』, 『당신은 시험을 가르칩니다You teach the test』, 『시험이 방해가 됩니다Testing is intrusive』, 『시험은 정부의 역할이 아닙니다Testing is not the role of government』와 같은 책들이 그 예입니다. 시험을 치르지 않으면 아이의 읽기 능력 수준을 어떻게 결정할 수 있겠습니까? 우리가 시험을 가르친다고 주장하는 사람들에게, 어-어, 우리는 아이들에게 읽을 수 있도록 가르친다고 전하고 싶습니다. 그래서 아이들이 시험에 통과해야 하는 것입니다. 시험은 문제를 해결하는 데 중요합니다. 먼저 문제를 진단하지 않으면 문제를 해결할 수 없습니다."

부시 대통령은 이 법이 가진 진짜 결점을 알아차리지 못했다. 그것은 낮은 수준의 학업 기준에 큰 관심을 두었다는 점이다. 「학생낙오방지법」이 남긴 가장 위대한 유산이 있다면 학업성취의 격차 문제를 전국적인 수준에서 처음으로 가시화시킨 것이었다. 이 법은 포괄적인 학업성취 자료를 수집한 뒤 그 결과를 인종, 계층, 영어 등급 및 장애 등급별로 나눠 볼 것을 각 주에 요구했다. 이로 인해 특정 그룹 학생들의 약점이 학교 전체의 좋은 시험 성적으로 가려지는 일은 더 이상 있을 수 없게 되었다.

대통령들이 지난 40년간 보여 온 교육에 대한 지도력은 학교가 불평등 격차를 좁히기 위해 무엇을 할 수 있는지에 대한 대중의 기대를 높여 주었다. 마침내 학생의 학업성취 자료라는 국가적 보물을 가지게 되었다. 인종차별 폐지, 학부모 리더십 및 다문화 교과과정과 같은 정책 아이디어는 사라져 버렸다. 현재는 표준화된 시험이 대신 자리를 잡고 있다. 그러는 사이, 재야의 비판적 교육 연구자 네트워크는 완전히 새로운 방식으로 학생들의 시험 점수를 활용하기 시작했다. 학교의 성공뿐만 아니라 개별 교사의 성공을 측정한 것이다.

제9장

TFA와 차터스쿨, 교사를 시험대에 올리다

새로운 세기를 위한 자료 기반 전망

2008년 워싱턴에서 촬영한 '미국을 위한 교육Teach for America' 협회에서 일하고 있는 3학년 교사의 모습이다. 칠판에는 학교개혁 운동에서 가장 우선시하는 표준화된 시험에서 높은 성적을 받는 것과 측정 가능한 형태의 학습 성장에 대한 내용이 적혀 있다.

브렌던 호프먼/에이피/코르비스

웬디 콥Wendy Kopp은 대학을 다니는 동안 어떤 동아리에도 가입하지 않았고 자칭 '이방인'이라고 생각했다. 하지만 이러한 생각과 달리 프린스턴 대학교에서 그녀의 이름은 잘 알려져 있었다. 다이애나 왕세자비 같은 금발을 지닌 텍사스 출신 웬디 콥은 전국적으로 대학생들에게 배포되는 잡지 〈비즈니스 투데이Business Today〉의 대표였다. 1968년 스티브 포브스Steve Forbes와 다른 두 명의 프린스턴 대학교 졸업생들이 창간한 이 잡지는 기업 관련 진로에 관심 있는 대학생들을 위한 글짓기 대회를 매년 개최하였다. 이 대회 수상자에게는 뉴욕의 컨퍼런스에 참석하여 기업의 중역들과 네트워크를 형성할 수 있는 기회가 주어졌다. 그녀의 자금 조달 능력은 탁월했는데, 콥은 출판사의 1년 예산을 30만 달러에서 140만 달러로 키웠다. 그녀가 이렇듯 높은 성과를 만든 비결은 따로 있었다. 관련 기업의 하급 직원들을 상대하는 데 영업사원을 보내기보다 본인이 직접 기업의 최고경영자들을 인터뷰하고, 그들이 직접 자신의 기업 광고를 구매하도록 만드는 것이었다. 정상에 있는 사람들을 직접 찾아가서 만나 협상하는 방법은 늘 효과가 있었다.

콥은 2학년 때 월스트리트의 컨설팅 회사에 취업할 길을 모색하고 있었다. 그러다 〈비즈니스 투데이〉의 1988년 가을 학회에서 전국적인 교사 부족 사태를 논의하는 세션에 참여했다. 콥과 다른 참가자들은 미국이 당면한 교육의 위기에 대해 배울 수 있었다. 전국 초임 교사의 12%가 교사자격증이 없으며, 무자격 교사들은 주로 도심 지역에 집중되어 있었다. 그들은 이렇게 자격 없는 교사들이 학교에서 계속 가르치도록 내버려 두는 것이 좋은지에 대해 토론했다. 많은 사람들은 토론 참가자들이 비록 교육학을 전공하지는 않았지만 '좋은 교육에 대한 아이디어'에 나름대로 개방적이라고 말했다. 프린스턴 대학교는 교사자격증 프로그램을 운영하지만 콥은 그런 것에 대해 이전에 들어 보지 못했다. 이 세션에 참여했던 대학생들은 무엇보다 돈에 매몰되어 '나만 아는 세대 Me Generation'로 비판받았지만, 그들은 공적 서비스에도 강한 관심을 기울였다. 콥은 이를 새로운 이상주의, 여피족[44]의 자발적 정신이라고 불렀다. 뉴욕의 은행가들이 무료 급식소를 지원하게 만드는 것처럼 말이다. 그런데 젊은 대학생들을 설득하여 뭔가를 더 하라고 하면 무슨 일이 일어날까? 길지는 않더라도 저소득층 자녀들이 다니는 공립학교에서 가르친다든지 하는 것처럼 말이다.

이러한 토론을 계기로 콥은 공공정책 개혁운동가로 변모하며 미국에서 교수활동에 대한 장기적인 논쟁을 이끌었다. 그녀는 졸업 논문을 작성하기 위해 수업도 빼먹으면서 그 세계에서 물러났다. 졸업 논문의 제목은 〈교사봉사단Teacher Corps의 설립을 위한 논쟁과 계획〉으로 매우 독창적이며 야심찼다. 그 논문은 『위기에 처한 국가』에서 비롯된 도덕적 공황을 은유하는 말들로 채워졌다. 일본에 비해 미국은 황폐화된 학교 시스템으로 고통받고 있었다. 모토로라나 제록스 같은 회사들은 문해력이 뛰어난 노동자를 찾기 어려워했다. 무능한 교육이 주요한 원인이라고 비난한 그녀는 논문에 교직과정을 제공하는 교육학 전공 입학에 요구하

---

44. Young Urban Professional의 첫 글자를 따서 붙여진 이름으로 도시에 살고 있는 젊은 고소득 전문직 종사자를 일컫는다.-역자 주

는 SAT 점수가 낮기 때문이라고 썼다.

논문에서 콥이 제안한 내용들은 작은 정부 시대에 걸맞은 것들이었다. 1966년부터 1981년까지 존재했던 교사봉사단 프로그램과 달리 그녀가 상상했던 교사봉사단 프로그램은 연방정부의 지원을 받기보다는 재단이나 기업적 기부자들의 지원을 받는 것이었다. 이는 19세기와 같이 캐서린 비처가 부유한 개인들로부터 돈을 받아 동부의 소녀들에게 보내고, 이 소녀들이 서부지역 변방 아이들을 가르치게끔 하는 것이었다. 기존의 교사봉사단Old Teacher Corps과 평화봉사단Peace Corps 같은 빈곤퇴치 프로그램은 정치적 논쟁에 휩쓸렸었다. 콥은 이러한 점을 비판했고, 교사봉사단 지원자들이 가난한 사람들과 함께 살도록 요구했다. 그녀의 교사봉사단은 급진적이라기보다는 실용적이었다. 기존의 교사봉사단이 문화적으로 연관된 독서목록과 같이 혁신적인 아이디어를 학교에 도입하는 데 목적을 두었다면, 콥의 교사봉사단은 더욱 단순하고 직접적인 노력을 기울이는 데 관심을 두었다. 가령, 여름 단기연수 기간 동안 습득할 수 있는 체계적인 방법을 통해 '실행 가능한 긍정적인 마인드,' '2년의 교육 기간 동안 가능한 한 가장 좋은 일'을 준비하도록 했다. 「고등교육법」 조항에 따라, 지원자들은 대학 학자금 대출금의 상환을 연기할 수 있었고, 이것은 저소득층이나 소수 인종 출신의 졸업생들에게 더욱 매력적이었다. 콥은 프로그램 참가자들이 교사를 장기적 직업으로 고른다면 더 멋진 일일 것이라고 생각했다. 몇몇은 실제로 그렇게 했다. 그러나 다수에게 그 프로그램은 정신없는 생활로부터 국가를 위해 봉사하도록 '휴식'을 제공하는 것이었다.

시간이 흘러, 변호사 혹은 기업체 운영자가 된 프로그램의 동문들은 열정과 책임감을 가지고 공교육의 중요성에 대해 이야기할 수 있게 되었다. 이는 범국가적인, 엘리트 주도의 학교 개선 운동의 씨앗을 뿌렸다.

더욱이 아이비리그 학생들을 가난한 학생들이 있는 교실로 보내는 데 대한 언론의 관심은 '교육이 성취감을 주면서 동시에 의미 있는 일이며, 도전적이고 중요하며 존중받을 만한 것이라는 신호'를 보내게 되었다.

콥의 논문은 교육과 자원봉사를 비교했다. 19세기부터 이러한 생각은 교사들에게 더 많은 임금을 지급하고 교직에 더 많은 남성과 보다 열정적인 여성들을 입직시키려는 노력에 반대하는 근거로 기능해 왔다. 교사가 보다 높은 명성을 누릴 만하다고 주장하는 것은 모두 옳다. 그런데 콥의 프로그램에 지원한 사람들은 몇 년 동안만 짧게 교실에 머무르는 단기 선교사 같았다. 정반대의 의견이 사실인 것만 같았다. 똑똑하고 야망 있는 사람들에게 교직은 영예롭지 못하며 실제 직업 경로를 위한 단기 휴식처가 되었던 것이다.

콥은 논문 작업을 하면서 전국교육협회와 샤론 로빈슨Sharon Robinson과도 인연을 맺게 되었다. 전국적인 규모의 노조 지도자인 로빈슨의 주장에 대해 콥은 조심스럽게 자신의 생각을 담아 편지를 적었다. 로빈슨은 새로운 교사 단체가 제안하려는 개념은 흥미롭지만, '평생직장으로서의 교직'을 택하려는 사람들을 교실로 끌어들일 수 있을 때에만 효과가 있다는 한계를 지적하는 답장을 보냈다. "단기 프로그램이 만족스러운 수준의 전문기술을 만들어 줄 것이라는 가정도 실제 현업에서 근무하는 사람들의 이야기와는 잘 맞지 않는다. 젊은 학생들이 교직을 원하고, 교직을 평생직장으로 가져야만 한다는 주장 또한 더욱 그렇다." 콥은 로빈슨의 답장을 받고는 논문에 교원노조의 협조가 중요하다는 점을 추가했다. 콥은 '전문적인 교사 훈련을 받은 경력 있는 교사가 부족하기 때문에 교사봉사단은 이에 대한 긴급 대응책은 될 수 있지만, 교사봉사단원이 경력 교사에 비해 더 우월하다거나 교사가 될 자격이 있다는 것을 의미하지는 않는다'고 적었다.

논문을 제출한 후, 콥은 기관 설립을 위한 자금을 모으기 위해 30쪽짜리 제안서를 작성했다. 〈비즈니스 투데이〉에서 갈고닦은 기술을 이용해 '미국을 위한 교육Teach for America'을 만들었다. 콥은 성과에 기반을 둔 급여 체제를 내용으로 댈러스 교육개혁의 지도자가 된 로스 페로Ross Perot가 자신의 미국을 위한 교육(이하 TFA) 설립 제안서를 분명히 보았을 것이라고 확신했다. 이 작업을 위해 화학품을 생산하는 카바이드 노조는 맨해튼의 사무실을 기부했고, 모빌 노조도 TFA에 처음으로 2만 6,000달러의 기부금을 냈다. 졸업 후 모금한 돈으로 콥은 두 명의 여성을 고용하여 브라운스톤 북서부지역에서 함께 살았다. 한 달에 지불해야 하는 임대료가 500달러였으나, 이들은 거의 집에 머물 시간이 없었다. 늘어나는 직원과 함께 콥은 규칙적으로 새벽 2~3시까지 사무실에 남아 있었다. 콥이 처음으로 고용한 사람은 휘트니 틸슨Whitney Tilson이었다. 그녀는 콥의 오빠 친구로, 노스필드마운드허먼 기숙학교를 졸업한 후 하버드 대학교를 졸업한 재원이었다. 틸슨의 파트너는 평화봉사단원Peace Corps이 되었다. 대니얼 오스카Daniel Oscar는 중국에서 교육받은 프린스턴 대학교 졸업생이었고, 이어 콥의 동료로 합류했다. 이들은 콥의 카리스마와 〈비즈니스 투데이〉의 인맥이 어우러진 집단으로 끈질기게 기금 마련에 몰두하여 성공했다. 페로가 결국엔 50만 달러의 기부금을 냈다. 이후 미국을 위한 교육 프로젝트는 150만 달러의 추가 기부금을 얻어 냈다. 초기 기부자들은 머크Merck, 크라이슬러Crylser, 모건스탠리Morgan Stanley, 허츠Hertz, 카네기 재단Carnegie Foundation과 켈로그 재단Kellogg Foudnation 등이었다.

1989년 11월, 160개 대학의 학생들이 지원하여 프린스턴 대학교에서 훈련받았고, 잠재적 TFA 지원자를 찾기 위해 100여 개 캠퍼스를 탐색하도록 파견되었다. 많은 대학생들은 전단지를 통해 처음으로 TFA를 접하게 되었다. 그 홍보물은 '생각하기 위한 무언가'라는 흥미로운 제목과 함께 기분 좋은 휴지기가 될 것을 약속했다.

졸업 후 당신의 계획에 조금의 망설임이라도 있나요? 초·중등학교와 TFA를 위해 2년간 헌신해 보시지 않겠습니까? 누구나 동등한 기회 속에서 민주적 학교의 끊임없는 지원이 이용 가능한, 더 경쟁력 있는 국가를 만들기 위해서 말입니다. 미국은 수학과 과학 분야에서 점점 과학기술의 경쟁력이 떨어지고 있습니다. 유색인종 출신의 학생들께서는 잘 생각해 보세요. 평등을 달성하기 위해 가장 중요한 지렛대는 바로 높은 수준의 교육이라는 점을 말입니다. 인문학을 전공하는 분들께서도 잘 생각해 보세요. 미국의 문해력 수준이 위험할 만큼 낮은 수준으로 곤두박질치고 있다는 점을 말입니다. 예일대 학생들이여, 잘 생각해 보세요. 우리가 어떤 위대한 특권을 누리고 있는지 말입니다. 그리고 고려해 주세요. 당신의 야심찬 경력을 시작하기 전에 우리 국가의 힘과 복지를 위해 2년 동안만 헌신하는 것을 말이죠.

로드아일랜드의 브라운 대학교 학생이었던 알렉스 펄Alex Pearl은 룸메이트를 통해 이 전단지의 내용을 전해 들었다. 펄은 대학 식당 및 유지보수 노동자들의 임금 인상을 위해 활동하는 학생회 소속 캠퍼스 활동가였다. 그는 지역 공립학교 학생들의 대부로 자원했고, 우익을 위한 편향적 행정에 항의하기 위해 엘살바도르를 방문하기도 했다. 그러나 그는 졸업 이후 무엇을 해야 할지에 대해 제대로 확신하지 못했다. 그래서 2,500명의 다른 대학생들과 함께 TFA의 첫 수업에 지원했다. 펄은 에세이를 썼고, 5분짜리 샘플 강의를 듣고 한 시간 동안 인터뷰도 받았다. 그와 더불어 거의 500명에 이르는 지원자들이 최종 선택되었다. 그로부터 1주간의 로스앤젤레스에서의 교육 실습을 포함하여 8주가 지난 1990년 가을부터 이들은 공립학교 교사로 일하기 시작했다.

'교사 연수'가 진행되는 동안 TFA 초기 설립자들과 알렉스 펄과 같은 사회운동 경력의 지원자들은 긴장 관계에 있었다. 심지어 이들 간에 충돌이 발생하기도 했다. TFA 참가자들은 남가주 대학교University of Southern California의 기숙사에 거주하고 있었다. 낮에는 교사나 교육 전문가의 일화가 담긴 강의를 듣고, 저녁에는 파티가 이어졌다. 그러나 유색인종 참여자들은 불만이 쌓여 항의를 하지 않을 수 없었다. 그들은 저소득층 교육을 위한 그룹 토론이 실생활을 제대로 반영하지 못하고 있다고 느꼈던 것이다. 대체로 젊은 백인이며, 상류층 출신 대학 졸업생들이 어떻게 가난한 유색인종 아이들과 이웃들을 이해할 수 있겠느냐는 것이 항의 내용이었다. '학생들이 교사를 선택해야 하는가?'라는 질문에 내포된 의미는 미국 교육에서 아주 고전적인 주제였지만, 콥이 고민하는 것의 본질과는 거리가 멀었다. 그녀는 항의자들의 비판을 피하기 위해 떨면서 방으로 숨어들었다.

사실 이러한 긴장은 이후에도 계속 이어졌다. 칼턴 대학교Carleton College의 교육학 교수인 데버라 애플맨Deborah Appleman은 TFA의 교육에 참여했으나 별로 인상적인 것을 찾아볼 수 없었다. 1990년 8월, 그녀는 〈크리스천 사이언스 모니터Christian Science Monitor〉 논평란에 〈미국을 위한 교육: 이상주의로 충분한가?〉라는 글을 투고했다. 애플맨은 8주간의 속성 교육 코스에 대한 아이디어가 터무니없다고 주장했다. TFA는 수업을 계획하는 방법을 익히는 것이나, 이중언어 학습자 혹은 특수교육 대상자들을 위한 수업을 준비하는 데에는 아무것도 하지 않는다는 점들을 지적했다. 이러한 지적에 대해 알렉스 펄도 생각을 같이했다. 컴튼Compton에 위치한 앤더슨 초등학교 3학년 교실에서 알렉스가 첫 수업을 시작한 지 몇 시간도 지나지 않아, 그는 스스로가 가르칠 준비가 되어 있지 않다는 점을 깨닫게 되었다. 그는 학급을 운영하고 학생들에게 지식을 나눠 줄 구체적인 전략이 하나도 없었다. 그가 퇴직하지 않고 견딜 수 있었던 것은 클레오파트라 던컨이라는 옆 교실 베테랑 흑인 교사 덕분이었다. 그녀가 교육계획을 공유하고 교실을 관리할 방법(사랑을 표현하는 몇몇 방법)을 가르쳐 주었기 때문이다.

TFA 첫 지원자들 중 80%가 2년 동안의 의무 복무 기간을 채웠으며, 42%가 2년 이후에도 교직에 남았다. 이는 전국 평균보다 높은 교원 이탈률이었지만, TFA 출신 교사들이 고용될 정도로 혼란스러운 저소득층 지역의 교사 이직률보다는 낮았다. 기자였던 마이클 사피로Michael Sapiro는 꽤 일찌감치 TFA에 대해 책을 썼는데, 그 책에서 그는 교사 연수의 훈련 강도가 적절하지 않았다고 평가했다. 그러나 다른 전통적인 교사 훈련 프로그램 또한 이와 별반 다르지 않다는 점도 강조했다. TFA의 초기 시절처럼 대학의 교직과정들은 매우 이론적이고 교육 현실과 교수계획에 맞아떨어지지 않았다. 어찌 되었건 TFA에서 교사가 되는 데 필요한 훈련과정이 전통적인 교직과정에서 요구하는 기간보다 매우 짧다는 것이 증명되었다. 사피로는 "TFA가 첫 여름에 이룬 것이라면 전통적인 교대나 사대가 5년간 펼쳐 놓은 동일한 단점들을 8주 동안으로 몰아넣은 것 정도였다"라고 썼다.

이러한 초기의 비판에도 불구하고, 이후 10년에 걸쳐 TFA는 젊은 미국인들의 가장 인기 있는 졸업 후 진로로 자리매김했다. 지지와 함께 지원이 계속 높아졌고, 프로그램은 언론의 관심을 더 잡아끌었다. TFA의 교사들은 국가에서 유능한 일꾼이 되었고, 연구자들은 이들의 직업 경로, 정책과 사회에 대한 자세, 이들에게 배운 학생들의 시험 점수 등을 추적했다. TFA가 제기한 교사의 준비와 전문적 교육에 대한 논쟁은 종종 악의에 차 있었다. 그러나 논쟁의 수준은 보다 깊어졌으며, 많은 증거를 기반으로 논쟁이 진행되었다. 적어도 미국이 공교육을 시작한 19세기에 비하면 말이다. 이것은 많은 TFA 동문들이 자신들의 경험을 솔직히 저술하고, 그들의 네트워크를 자신들의 비평과 프로그램의 보호가 잡지 기사와 책, 그리고 논평을 가득 채우게끔 활용하기 때문이다.

조너선 쇼어Jonathan Schorr는 TFA 내부에서 초기에 비판을 제기했던 사람들 중 하나이다. 쇼어는 예일 대학교를 포함하여 사립학교에서만 16년을 보냈다. 졸업 후 쇼어는 TFA 하계 훈련을 거쳤다. 이 기간 동안 그는 4명의 학생만으로 이루어진 반을 맡아 실습했다. 그의 열정은 순진함 그 자체였는데, 훈련 이후 LA 지역 파사데나 고등학교의 교사가 되었다. 초짜 교사 쇼어는 매우 힘든 학생을 배정받았고, 많은 시행착오를 겪어야만 했다. 여기에는 10대 부모와 장애 학생, 행동장애, 기타 법적인 문제들이 포함되어 있었다. "아무리 열정이 넘치더라도 경험 없는 교사를 가르치기 가장 힘든 교실에 배정하는 것은 매우 잘못된 것이다." 쇼어는 1993년 〈파이 델타 카판Phi Delta Kappan〉 잡지에 기고한 글에서 이렇게 언급했다. "당시 나는 이러한 문제를 인정하지 못했다. 나를 포함해 TFA의 대다수가 우리 학생들을 뒤떨어진 공교육으로부터 자유로이 하고, 내가 받았던 좋은 교육을 제공하려는 꿈으로 가득 차 있었기 때문이다. 그러나 나는 가르칠 준비가 되어 있지 않았다." 그는 카르도조 프로젝트나 전국 교사조직 프로그램에서 채택하고 있듯이, 모든 초임 교사들이 하루의 절반만 가르치고 나머지 절반은 다른 베테랑 교사들을 관찰하거나, 본인의 수업을 돌아보도록 하는 게 좋겠다고 제안했다. 그러나 콥은 이러한 제안을 거부했다. 그녀는 야심만만한 대학 졸업생들이 시작부터 바로 교실을 책임지기 원했다. 이것이 그녀가 세운 TFA의 인재상이었기 때문이다.

TFA에 끊임없는 비판을 제기하는 사람은 린다 달링-해먼드Linda Darling-Hammond 교수이다. 달링-해먼드 교수는 당시 컬럼비아 대학교의 존경받는 교수였다. 그녀의 1994년 에세이에는 TFA를 혹평하는 내용이 들어 있는데, TFA는 솔직히 '전도용 프로그램'으로, 가난한 학생들의 교육적 필요보다는 지원자들의 이력서 내용을 보충해 주고 있다고 했다. 교육학 연구자로서 달링-해먼드 교수는 의도적으로 TFA를 무시했다. 학생들의 학업성취에 교사가 미치는 영향에 대한 그녀의 연구에 따르면, 특정한 학급에는 그에 적절한 특정 방식의 교육과정(예컨대, 과학/수학의 교수)이 필요했다. 많은 교대나 사대의 프로그램이 수준 이하임을 달링-해먼드도 인정했다. 그러나 하버드, 벤더빌트, 미시간대 교육대학원의 졸업생들을 위한 교직 프로그램들은 역량 있고 매우 높은 인정을 받고 있다. 미국에서 대학 교직과정에 들어오는 10%의 학부생들은 SAT 점수 상위 20% 안에 들 만큼 학업 수준도 높다. 이 모든 것은 공교육 체계 내에서도 여전히 강한 신념을 가지고 뛰어난 역량을 발휘하는 교사들이 존재한다는 점을 시사한다. TFA에 쏟아지는 관심을 생각해 보면, 모든 전문가들을 눈에 보이지 않는 것처럼 보는 게 아닌가 싶다. 마치 전통적으로 훈련받은 교사들은 게으르고, 능력이 없는 사람으로 치부하는 것 같다. 게다가 학교는 웬디 콥과 그녀의 십자군들이 열정 가득한 주사라도 한 방 놔 주기만을 기다리는 수동적인 것으로 그리고 있는 듯하다.

학교개혁을 위한 모든 공적인 논쟁은 TFA 지원자들을 베테랑 교사들과 경쟁과 대립관계로 이끌었다. 여기서 경쟁은, 교사란 어떤 존재여야 하는지에 대해서 일반적으로 받아들일 수 있는 이미지를 두고 싸우는 경쟁을 의미했다. TFA 구성원으로 KIPP Knowledge Is Power Program라는 차터스쿨 네트워크를 창립한 데이브 레빈Dave Levin은 1990년대 후반에 다음과 같이 말했다. "우리는 완전히 새로운 교사 노동력이 필요해요. 몇몇 대단한 선생님들이 있지만, 너무 오랫동안 나쁜 요소에 물들어 버렸어요." 1년 뒤 마이크 블룸버그Mike Bloomberg 시장 휘하의 뉴욕 공립학교를 이끌었던 교육감 조엘 클라인Joel Klein은 "일반적으로 TFA 교사들은 변명을 덜 늘어놓고, 보다 모험적이고 창조적"이라고 말했다. 그러나 TFA에 대한 비판은 매우 가혹했다. "TFA 구성원들은 제대로 공교육에서 일하지 않고 있다." 캐서린 미쉬나Catherine Michna의 말이다. 그녀는 TFA 동문이자 교육학과 교수로서 TFA에 가고자 하는 학생들의 추천서 발급을 거부했다. "그들은 광범위한 개혁 의제에 복무하고 있다. 그런데 그 의제라는 것은 베테랑 경력 교사들의 커뮤니티를 파괴하고 공립학교들을 사유화하며, 통합적이고 자료에 경도된 문화를 독특한 역동과 도전을 지니고 있는 저소득 커뮤니티에 강요하는 것이다." 만약 TFA와 그 협력자들이 경력 교사들을 상대로 도덕적 공황을 조장했다면, 상대적으로 작은 기구였던 TFA는 그 비평가들을 상대로도 악의적인 도덕적 공황을 일으켜 왔다.

교육 기자로서 내 경험에 따르면, TFA는 공교육의 구세주도, 골칫덩이도 아니었다. 다만, TFA는 내가 인터뷰했던 다른 초임 교육자들과 마찬가지로 재능 있고 열정적인 상태로 시작한 교사들이 자신의 빛을 잃고 소진되는 상태로 변해 가는 공동체였다. 그들이 공유했던 것은 교육에 강력한 규율과 좋은 결과가 강조된 단기 교직 연수 프로그램이었다. 사만다 알피노Samantha Arpino는 뉴욕 브루클린 출신으로 눈썹과 코에 링을 한 검은색 곱슬머리의 자그마한 흑인이었다. 그녀는 올버니 뉴욕주립대학교를 2013년에 졸업했고, 여성학과 언론학을 전공했다. 사만다는 대학 시절 여학생 클럽에 다니는 친구들과 함께 '슬럿워크Slutwalk'라는 성폭행 반대 단체에서 활동했다. 배꼽티를 입은 그녀의 배에는 '그것을 요구하지 말아요'라는 문구가 쓰여 있었고, 그녀는 메가폰을 쥐고 소리치며 가두시위에 참여했다.

몇 달 뒤 사만다는 하이드 리더십 차터스쿨에서 유치원 서머스쿨을 가르치게 되었다. 이제 23번째가 된 TFA의 5주 단기 연수 프로그램은 11개 도시에서 동시에서 열렸고, 참가자 수는 6,000명을 넘어섰다. 사만다는 이 5주 동안 600명의 다른 참가자들과 함께 퀸스의 대학 기숙사에서 묵었다. 그녀와 다른 70명은 매일 버스를 타고 아침 7시까지 하이드 초등학교에 가야 했다. 그들은 아이들의 아침식사를 감독하고, 멘토들이 지켜보는 가운데 오전 수업을 진행했다. 이 멘토들은 보통 2~3년간의 학교 경험이 있는 TFA 동문들이었다. 이들은 예비 교사들에게 온갖 조언을 던졌다. "좀 더 목소리를 키워", "교실을 좀 돌아다녀", "수업계획대로 해". 사만다와 동료 참가자들은 오후에 영어 수업 워크숍에 참석했다. 멘토들로부터 손동작을 너무 많이 사용한다는 주의를 받았다. 그러고 나서 기숙사로 돌아와 내일의 수업계획을 짰다.

이런 식의 일정은 사람을 녹초로 만들었다. 오후의 한 워크숍에서 몇몇 참가자는 방 뒤에서 졸고 있었다. 그러나 가르치는 순간의 사만다는 도저히 그녀가 지쳤다는 사실을 눈치챌 수 없었다. 꽃무늬 옷을 입은 사만다는 하이드 초등학교 교복, 즉 카키색 바지와 푸른 폴로셔츠 교복을 입은 흑인 1학년생들 앞의 바닥에 살짝 무릎을 꿇었다. 사만다는 비음을 길게 끄는 뉴요커 스타일로 말했다. 사만다는 가족 중 처음으로 대학에 간 사람이었고, 그녀가 지금 가르치는 학생들도 그렇게 될 것이라고 믿었다. 그날의 수업 목표는 이야기의 시작과 전개, 결말이 존재한다는 것을 모든 아이들이 알도록 하는 것이었다. 그렇게 하기 위해서, 사만다는 아이들에게 비니와 잃어버린 곰이 등장하는, 학생들에게 독해의 기본 개념을 이해시키기 위해 잘 만들어진 이야기를 읽어 주었다. 배경(집), 인물(비니와 그녀의 동생), 시간의 흐름-사건(비니는 테디베어를 잃어버리고 다시 찾았다). 사만다가 새 아이디어를 소개할 때마다, 비니는 노래를 부르는 듯한 목소리로 반복하며 사만다가 자신에게 던진 질문에 답했다. 비니는 검지를 튕기며 "나는 이 일이 이야기 중간에 일어나고 있다고 생각해. 어떤 부분에서 이야기가 일어나고 있니? 중간에서, 중간에서, 중간에서"라고 말했다.

거의 점심시간이 되었고, 아이들은 하품을 하며 가만히 앉아 있지 못했다. 사만다는 아이들이 착석 규칙을 지키도록 하기 위해 몇 분씩 계속 멈춰야 했다. "나는 얌전히 잘 앉아 있는 모범생들을 기다리고 있어요"라고 이야기하며 아이들에게 집중할 것을 요구했다. "손을 뒤로 해서 가지런히 모으세요. 우리는 1학년다운 학생을 위해 뇌를 훈련시키고 있어요. 그런데 왜, 왜 우리가 뇌를 성장시켜야 하죠?"

"1학년을 위해서!" 멜빈이 대답했다.

"맞아, 그런데 더 큰 목표는?" 그녀가 되물었다.

"대학." 샤넬이라 불리는 소녀가 큰 소리로 대답했다.

"그래, 대학." 사만다가 반복했다. "그리고 우리는 우리 세계를 바꿀 거예요."

그 후에 타릭 웜슬리Tarik Walmsely의 4학년 수학 수업을 방문했다. 그는 홈스쿨링으로 청소년기를 보내고 워싱턴 소재 일류 대학을 졸업한 인재였다. 웜슬리는 수업 시간에 곱셈과 나눔이 역의 관계 작용에 있다는 것을 가르쳤다. 8×2=16, 16÷2=8. 그는 플라스틱 블록을 건네주었고, 학생들은 그것을 다양하게 분류해 보았다. 4개씩 4개의 그룹을 짓기도

하고, 8개씩 2개의 그룹을 짓기도 했다. 학생들의 행동은 매우 도전적이었다고 웸슬리가 말했다. 한 소녀는 때때로 자리에서 일어나 교실을 휘젓고 다니기도 했다. 특수아 진단을 받은 한 소년은 종이로는 대답을 할 수 있었지만, 친구들 앞에서 말로 대답을 하기는 어려워했다. 이 아이는 퀴즈를 볼 때마다 자기 선생님에게 메모를 적어 전달했다. "선생님, 저를 어리석다고 생각하죠? 저는 그렇지 않아요."

벽에는 벌점을 단계로 표시한 것이 사다리 그림처럼 걸려 있었다. 첫 단계는 경고, 세 번째 단계에서 학생은 교실로부터 격리된 의자가 있는 '얼음상자'로 보내진다. 다섯 번째 단계에 이르면, 부모에게 알리고 학생은 교실로부터 격리된다. 각 학생의 이름은 나무 명패로 고정되어 있었으며, 누군가 잘못된 행동을 비난하면 그 핀은 사다리를 올라갔다. 사만다가 유치원 자기 학급에서 그러했듯, 타릭은 4학년 아이들을 어떻게 타이를지 고민하며 많은 시간을 보냈다. 그들의 눈이 교사를 '쫓았는가?' 연필이 책상 위 필통에 고스란히 있었는가? 그는 잦은 주의산만에 벌점 주는 것을 고민하지 않았다. '초콜릿 우유에 대해 내가 어떻게 이야기했는지 기억해? 어떻게 우유와 초콜릿이 우리의 생산품이 될 수 있지? 그가 학생들에게 전날 곱셈 수업을 언급하며 물었다. 앤서니라는 소년이 '네'라고 대답했지만, 제대로 발표하지 않은 것에 대해 벌점을 부여받았다. 그 기간이 끝날 무렵, 앤서니의 점수판은 사다리에 가장 높은 곳에 있었고, 앤서니는 울면서 '얼음상자'로 보내졌다.

타릭은 수업이 끝나고 나서 내게 다음과 같은 이야기를 전했다. "저는 엄격한 환경에서 자라지는 않았어요. 하지만 때로는 엄격함이 필요하고, 이는 공정할 수 있다고 생각해요." 그는 자신이 어떻게 잘 가르칠 수 있는지를 배우고 있다고 생각했다. 그의 TFA 멘토는 타릭이 '전형적인' 교사처럼 행동한다고 말했다. 그가 가르치는 학생들은 TFA 기준에 따라

보건대 '인상적'이라거나 '도전적인' 학업성취 수준을 보이지는 못했다. 이 수준은 TFA가 궁극적으로 그 지원자들이 달성해야 할 목표로, 빈곤 학생과 부유 학생의 격차 감소를 의미하는 것이다.

TFA가 한때 수업계획이나 실제 교실을 관리하는 능력 함양에 부족함이 있다고 비판받았던 것과 대조적으로, 요즘 TFA는 참가자들에게 실제적 교수법과 교육에 대해 어떻게 생각해야 하는지에 대한 처방 목록을 제공한다. TFA는 종종 보수적인 교육대학과 사범대학 졸업생들의 대안으로 추어올려진다. 그러나 TFA의 핵심 아이디어는 잭 맥타이Jack McTighe와 그랜트 위긴스Grant Wiggins라는 두 이론가에게서 비롯된 것이었다. 두 이론가의 아이디어는 전통적인 교육대학과 사범대학에서도 역시나 인기를 끌고 있다. 맥타이와 위긴스는 그 아이디어를 역진 설계라고 불렀고, TFA 역시 역진계획이라고 불렀다.

『리더십으로서의 가르침Teaching as Leadership』이라는 자료집에 따르면, 백워드 교육과정의 첫 단계는 학교에 있든 사기업에 있든 간에, '크고도 측정 가능한 목표'를 설정하는 것이다. CEO에게 이러한 목표는 상품을 100만 개 파는 것이 될 수도 있다. 교사들에게 TFA는 '제 수업의 우등생은 일 년 안에 읽기 능력을 두 단계 끌어올리는 것' 혹은 '제가 가르치는 6학년 학생이 도시 내 경쟁력 있는 고등학교에 입학할 수 있게 하겠다'는 식의 목표를 제안한다. '학급의 피그말리온'을 언급하는 1968년 연구는 높은 기대를 가진 교사의 학생이 높은 성적을 얻는다는 것을 보여 주었다. 『리더십으로서의 가르침』 자료집에서는 지원자들에게 하위 학급일지라도 목표를 야망 넘치게 설정하는 것을 두려워하지 말라고 한다. 비록 그것이 정말 '미친 것'처럼 보일지라도 말이다. 요점은 크게 생각하라는 점이다. 이에 반해 '나는 내 영어 수업의 학생들이 평생 영어를 향유하도록 만들 거야' 혹은 '내 역사 수업 학생들을 훌륭한 시민으로 발전시킬 거야' 같은 의미 있어 보이지만 동시에 불명확한 목표를 세우는 것을 피하라고 한다.

다음 단계는 어떤 자료가 큰 목표를 달성하기 위해 수집되어야 하는지 결정해야 한다. 그 자료는 시험 점수가 가장 좋을 것이다. 점수는 보통 주별 표준화 평가나 학교구별 시험, 선생님이 스스로 활용하기 위해 실시하는 시험에서 수집될 수 있다. 6학년 담당 교사는 아마 학생들이 학기말 영어 시험에서 적어도 85점은 받아야 고등학교에 갈 경쟁력을 갖추었다고 판단할 수 있을 것이다. 교사는 지난해 시험 문제에도 신경을 쓰며, 앞으로의 수업계획이나 과제를 정하게 될 것이다. 그러면 능력 향상을 측정해야 하는 학생 평가는 시험을 잘 푸는 기술을 쌓는 것에 국한되고 말 것이다. 실적을 높이도록 해야만 한다면, 교사는 공짜 음식으로 학생들을 유혹하며 맥도날드에서 저녁 추가 학습 시간을 가질 것이다. 퀴즈에서 우수했던 학생들에게는 큰 소리로 칭찬하는 뉴스레터를 나눠 주게 될지도 모른다. 학생 집에 전화하거나 방문할 때 교사는 부모에게 큰 목표에 투자한 대가를 얻을 것이라고 말할 것이다.

TFA는 채용을 진행하면서, 자료를 기반으로 TFA의 계획을 역진적으로 분석할 수 있는 단원을 선발하고자 했다. TFA는 학생의 성적을 가장 많이 향상시킨 교사를 꾸준히 추적하며 그들의 교직 적성을 점검한다. 그런 다음 면담 과정에서 유사한 성취와 행동을 보여 줄 수 있는 새로운 지원자를 찾아 나선다.

TFA는 교사 부족 시기에 설립되었고, 높은 수요를 충족시키고 있다는 평가를 기반으로 발전했다. 오늘날 교사 감원을 포함한 높은 실업률 속에서 TFA는 단순히 이러한 기반만으로 스스로를 정당화할 수 없다. 더 나아가 기존의 경력 교사들보다 더 효율적으로 가르친다는 점을 분명하게 홍보해야 했다. 여러 TFA에 대한 연구들이 공통적으로 내놓는 결론은 다음과 같다. TFA 출신 교사들은 다른 경로를 통해 교사가 된 사람들과 성과 면에서 크게 다르지 않지만, 수학과 읽기, 쓰기에서는 더 우수하다. 수학정책 연구에서 진행된 2013년 10월의 연구에 따르면, TFA의 중·고교 수학 교사들이 다른 학교의 수학 교사들보다 100점 만점에 3점 정도로 좋은 성과를 보였다. 연구자들은 정확히 왜 그런 것인지에 대해서는 결론을 내리지 못했다. 이 연구는, 교사자격을 다룬 다른 연구와 마찬가지로, 교사들 각각이 어떻게 교사가 되었는지와 상관없이 수학을 전공했거나 선별적 대학에 입학한 교사들은 다른 교사들에 비해 더 나은 성과를 보이지는 않았고, 이력서 내용만으로 보았을 때 덜 열정적이기도 하다는 점을 발견했다.[45] 그래서 TFA 출신 교사들이 잘한다는 것을 '최고라 할 만한' 이론으로 설명하지 못하고, 또 전통적인 대학 학위로도 설명이 안 된다면, 도대체 TFA 구성원들의 성공을 어떻게 설명할 수 있을까?

존 하티John Hattie의 연구는 이 질문에 대해 몇 가지 답을 제공한다. 그는 뉴질랜드 교육 연구자로 5만 개의 교육 연구 결과를 요약한 800개의 논문을 분석했다. 하티는 교사 전체로 확대하기는 어렵지만 TFA가 강조한 교사의 특정 행동이 학생의 성취에 매우 큰 영향을 미친다는 것을 발견했다. 많은 연구를 통해, 교사가 학생을 위해 할 수 있는 최선의 행동은 높은 기대감을 개별화하여 제시하는 것임을 알 수 있다. 학생의 과거 성취 정도가 어떠한지, 혹은 출신 계층이 어떤지, 특수교육 대상 혹은 학습장애 유무와 무관하게 말이다. 효과적인 교사들은 모든 학

---

45. 존 하티는 그의 책 『가시적 학습Visible Learning』에서 다음과 같은 사실을 강조한다. 연구자들은 교사의 어떤 지식이 학습자의 성취 결과에 실질적 영향을 주는 것인지 파악하는 데 어려움을 겪는다. 반면, 선생님의 일반 지적 능력, 특히 어휘력이나 의사소통 능력은 학생의 성과와 긍정적인 상관관계를 맺는다는 다양한 증거들이 존재한다. 그러나 이러한 능력은 교육대학, 일반 대학의 경쟁력과 어떤 수업을 들었는지와는 무관하다.

생이 배울 수 있다고 믿는다. TFA의 철학도 이와 같다. 그리고 지성이란 타고나는 선천적인 특성이 아니라 모든 학생에게 교사가 길러 줄 수 있는 것이라 생각한다. 일반적으로 학업성취에서 효과가 낮은 교사들은 목표를 너무 낮게 잡는 경향이 있다. 이런 교사들이 가르치는 것 중 반 이상은 학생들이 이미 알고 있는 것이었다. TFA는 형성평가를 장려했다. 학생들이 사전에 알고 있는 것을 가르치는 것을 피하기 위해서, 교사는 학생들을 학년 초와 수업 초기에 평가하고 그들의 강점과 약점을 파악한다. 학생들은 수업이 끝날 때(학기말) 개념과 기술이 성공적으로 습득되었는지를 파악하기 위해 재차 형성평가를 보게 한다. 인지과학자들이 밝혀낸 사실에 따르면 표준화 검사에서의 고득점 학생들은 주기적으로 형성평가를 본 학생들이었다.

교육 연구의 결과는 TFA의 실행 및 정서적 토대가 훌륭하다고 하는 듯 보이지만 TFA가 학생 훈육과 어떤 관련성을 갖고 있는가에 대해서는 아직 제대로 된 답변이 없다. 사만다 타릭이 그러했듯이 TFA는 교사들에게 필요한 학생 통제 및 대응 방식을 제공함에도 불구하고, 이들은 소중한 시간을 낭비하고 있었다. 그 소중한 시간에 학습-인지적 개념과 관련하여 피드백이 제공되었다면 학생들의 학업성취에 더 도움이 되었을 것이다. 하티가 새로운 교사를 양성하는 과정에서 마주친 도전 중 하나는 교사들에게 '학생들의 행동을 통제하려는 교사의 욕구를 발전시키는 것은 교육의 개념적 접근을 실행하는 것과는 맞지 않는다는 점'을 납득시키는 것이라고 쓰고 있다.

또한 '예외를 두지 않는' 교수 전략이 옳은 것인지 확신할 만한 연구는 거의 없다. 불관용 교수 전략은 모범적 행동과 고득점에 피자를 주는 것과 같은 보상 제도라든가, 교사가 가르치거나 읽을 때 학생들의 자세와 눈 맞춤을 중시하는 것, 학교 교복 착용 및 조용한 복도 유지에 초점을 맞추는 전략을 의미한다. 아직 이러한 방식의 교육이 폭발하기 이전인 1990년대 중반부터 KIPP 차터스쿨은 이상의 교수 전략을 주요하게 활용해 왔다. 그리고 많은 수의 TFA 수료자가 자리 잡게 되는 차터스쿨에서 이 전략들을 채택하게 되었다.[46]

KIPP 학교들은 미국에서 가장 찬양받는 학교들이다. TFA의 두 동문인, 레빈Dave Levin과 마이크 파인버그Mike Feinberg가 1994년에 KIPP 차터스쿨을 세웠다. 이들은 휴스턴에서의 초임 교사 시절 해리엇 볼 Harriet Ball의 학습 전략을 알게 되었다. 해리엇은 매혹적이면서 키가 큰 여교사였는데, 그녀는 4학년 흑인 여학생들에게 마치 기적을 일으키는 것처럼 보였다. 그녀의 반 학생들은 생동감 있게 노래를 불렀다. 그 노래에는 학생들이 배운 것을 되뇌게 하는 지식과 왜 그것을 배워야 하는지에 대한 훈계("지식은 힘이고, 힘은 돈이고, 난 그걸 원해" 등)가 포함되어 있었다. 그런데 해리엇이 손가락을 튕기면 순간적으로 아이들은 쥐죽은 듯 조용해졌다. 학생들이 방방 뛰거나 숙제를 해 오지 않으면, 해당 학생을 다른 교실로 보내 버리겠다고 위협하기도 했다. 학생들에게 이렇게라도 말할 수 있도록 하는 교사를 가졌다는 점에서 이 학생들은 운이 좋았다. 아이들은 이 기회를 낭비하지 않게 되었으니 말이다.

교육은 특권이고, 글을 읽고 쓸 줄 아는 능력은 곧 돈을 많이 벌게 되는 지름길이라고 해리엇은 강조했다. 이는 미국 흑인 사회의 길고도 자랑스러운 역사와 함께한 이데올로기로 부커 워싱턴Booker T. Washington에까지 거슬러 올라가는 것이었다. 학생들에 대해 그녀가 보여 주는 높

---

46. 2007년 TFA는 13%의 수료자들을 차터스쿨에 보냈다. 2013년에는 학교구의 고용예산이 삭감되는 경향에 따라 3분의 1가량의 수료자가 차터스쿨에 고용되었고, TFA 전체 동문의 절반 이상이 차터스쿨에 근무하게 되었다. 모든 차터스쿨이 불관용 정책을 취하는 것은 아니었다. 할렘가의 국제적 지역사회나 브루클린의 풀뿌리 지역주의와 같은 몇몇 학교들은 프로젝트에 기반을 둔 학습과 진보적인 교육을 강조했다.

은 기대는 오션힐-브라운스빌 교육감인 로디 맥코이Rhody McCoy의 약속을 떠올리게 한다. 맥코이 교육감은 교사가 제대로 된 기준을 정하기만 하면 학생들은 알아서 배울 것이라는 믿음을 보여 주었다. X세대를 향한 1990년대 교육개혁가들은 이러한 전략들을 채택하고 적극적으로 홍보하기 시작했다. 레빈과 파인버그는 해리엇이 만들어 부르게 한 노래 후렴구의 일부를 따서 자신들이 세운 학교를 KIPP(Knowledge Is Power Program: '지식은 힘이다'라는 격언을 줄여 명명)라고 이름 붙였다. 해리엇의 불관용 정책은 학생들의 학업성취를 높이는 교사들의 방책으로 곧 학생들의 학업에 대해 교사의 책임을 인정하는 것이었다. 콥이 '교육은 가난을 이긴다'고 이야기한 바와 마찬가지로, 이 전략은 대체로 옳다고 받아들여지게 되었다. 『리더십으로서의 가르침Teaching as Leadership』은 덧붙여 우리(부모도 아니고, 이웃도 아니며, 학교 재원이나 건강보장이나 인종주의나 주거 안정도 아닌 것)가 '학생들의 성공과 실패를 좌우한다'고 강조하고 있다.

교사 개인은 전능한 권위를 가지고 측정 가능한 방법을 동원해 학업성취를 높이도록 하는 데 책임을 가지는 유일한 존재로 인식되었다. TFA나 KIPP와 같은 소규모 스타트업들은 이러한 이상에 토대하여 오바마 재임 기간 동안 국가교육정책을 수립하도록 하는 데 주요한 선구자가 되었다. 그 결과로 부가가치 평가로 불리는 새로운 학교, 교사평가 방식의 도입이 크게 촉진되었다.

2003년 5월 20일, 교육신용재단의 케이티 헤이콕Kati Haycock이 국회에서 「학생낙오방지법」을 홍보하기 위해 나섰다. 케이티는 학생낙오방지법안을 추진하는 데 꽤 중요한 인물이었다. 의회 의원들 앞에서 그녀는 새로운 메시지를 전달하려 했다. 케이티는 교사는 학업표준이나 학교 그 자체보다 '학생의 성취도를 높이기 위해 교사가 가장 중요한 요인이 된다'는 점을 명백히 했다. 그녀는 윌리엄 샌더스William Sanders라는 테네시 대학교 통계학자의 연구를 인용했다. 샌더스는 부가가치 평가라고 불리는 기법을 이용해서 좋은 교사에게만 배운 아이들은 100점 중 50점의 성적이 교사 요인 때문이라고 설명했다. 이러한 결과를 바탕으로 그녀는, "이 차이는 맥도날드에서 평생을 보내는 것과 명문대에 입학하는 것과의 차이만큼이나 큰 것"으로, 교사는 자신들이 "학생의 지적 성취를 얻을 수 있도록 하고 있는지"를 기준으로 평가되어야 한다고 말했다.

샌더스의 주장은 강력했다. 주로 인용되는 1950~1960년대의 교육 연구는 측정평가 전문가보다 심리학자 혹은 사회학자들에 의해 수행되었다. 케네스 클락Kenneth Clark과 제임스 콜먼James Coleman은 학생의 학교 학업성취와 학생의 전반적인 삶의 질에 영향을 미치는 사회적 요인들을 관찰했다. 부모가 얼마나 많은 책을 소유하고 있는지, 어떤 장난감을 가지고 놀았는지, 학교가 과학실과 도서관을 갖추고 있는지와 같은 것들 말이다. 연구진의 구세대가 성공적인 교사를 만드는 무언가를 찾으려고 할 때 그들은 종종 온정, 외향성, 끈기와 같은 개인적인 특성을 탐색하곤 했다. 그러나 1970년대 이후 주별 시험 프로그램의 폭발적 확산은 샌더스 같은 연구자에게 전례 없는 정보와 자료 더미를 제공해 주었다. 통계학자 및 경제학자들은 이러한 학업성취도 정보를 가지고 아주 구체적인 질문을 던졌다. "도대체 어떤 선생님이 학생의 시험 점수를 높이는가, 혹은 낮추는가?"

연구자들이 대답을 찾기 위해 만들어 낸 방법이 바로 부가가치 평가였다. 도입 초기의 부가가치 평가는 가공이 별로 이루어지지 않았었는데, 주로 학생들의 연말 표준화시험 점수로 이듬해 연초 시험 점수를 예측하는 데 이용되었다. 예상 점수보다 더 높은 점수를 받은 학생의 담당 교사는 추가 점수를 받았다. 예를 들어 사라는 3학년 수학에서 89점을 얻었다. 89점을 얻은 전형적인 학생은 이듬해 시험에서 91점을 얻어야 하지만, 사라는 4학년에서 93점을 받았다. 예측치보다 추가적으로 상승한 2점은 그녀를 가르쳤던 4학년 선생님의 공으로 돌려지고, 그 교사의 가치 평가는 더 올라가게 된다.

이보다 조금 더 민감한 방식으로 부가가치 평가가 1990년대 중반 댈러스에서 발전하게 되었다. 댈러스의 저소득층 학생들은 아무리 좋은 교사와 함께 공부해도 중산층 학생보다 학업 발달 속도가 느리다고 보고되었다. 이는 가난한 학생들이 학교 밖 문제 상황에 더 많이 노출되는 경향 때문이었다. 여기에다 영양 부족, 잦은 이사, 노숙 경험 등도 역시나 학습에 영향을 미쳤다. 댈러스 연구팀은 학생 부모의 소득이나 영어 구사 정도와 같은 인구학적 특성을 반영하는 부가가치 평가를 만들었다. 이는 소외 계층 학생들을 가르치는 교사들에게 보너스 점수를 주기 위함이었다. 이러한 기법은 학생의 시험 점수에 미치는 교사의 영향력을 축소시킨 것처럼 보이게 했다. 사실은 여전히 컸지만 말이다.

부가가치 평가는 학업성취도를 둘러싼 국가적 논제 양상을 크게 바꿔 놓았다. 학교의 학업성취 혹은 쇠퇴를 평가하기 위해, 「학생낙오방지법」은 전년도 3학년 학생들과 올해 3학년 학생들의 연말 수학 시험 점수를 '단순' 비교했다. 이렇게 일회성의 단편적인 성적 비교는 빈곤층 학생을 가르치는 교사와 학교를 더 나쁘게 보이도록 했다. 이들 학교의 시험 점수는 해를 거듭할수록 낮아지는 경향이 있기 때문이었다. 단편적 결과들은 개별 학생들이 점점 더 잘하는지, 못하는지에 대해서는 제대로 알려 주지 않았다. 부가가치 평가와 같이 한 그룹의 학생들을 몇 년 동안 추적하는 성장도 측정은 이야기해 줄 것이 더 많은 그림을 그려 냈다. 그러나 2001년 「학생낙오방지법」이 구안되던 당시 워싱턴의 많은 정책 입안자들은 부가가치에 대해 들어 보지 못했다. 「학생낙오방지법」이 전국에 걸쳐 학교에 실제적인 결과들을 만들어 내고 있는 동안에도 부가가치 평가는 점점 더 정교화되어 갔다. 경제학자들은 한 학교에 무작위로 배정된 학생들을 다양한 교사에게 보냈고, 시험 점수 성장에서 일어나는 측정치를 관찰하는 실험을 만들어 냈다. 이러한 방법은 특정한 교실에서 제일 힘든 혹은 제일 유망한 학생들을 구분지어 온 편견을 제거한다. 연구자들은 또한 학생들의 점수에 영향을 미치나 교사들의 교육적 성취와는 무관한 변인들을 예민하게 통제한다. 위스콘신 대학교가 뉴욕시의 의뢰에 의해 만든 부가가치 모델에는 다양한 통제변인이 포함되어 있다. 가계 수입 정도, 영어 유창성, 그리고 학생의 인종, 성별, 불평등 상태와 학교 출결 상황, 여름학교 등록 유무, 이사 빈도, 정학 당한 빈도, 유급 유무 등까지 포함되어 있다. 뉴욕의 부가가치 평가 모델은 또한 교사 간 비교를 포함하고 있는데, 교사 간 비교는 유사한 규모의 학급에서 교육 경력이 비슷한 교사들만을 대상으로 하여 이루어졌다.

이러한 방법을 사용해서 노동경제학자들은 광범위한 연구를 진행했다. 이것은 학급에서 교사들이 교사가 된 직업 경로인 교대나 사대를 나왔는지, 졸업생 수준에서 교직 이수를 했는지, 혹은 TFA와 같은 대안적 프로그램에 참여했는지는 학생의 학업 성적을 높이는 것과 무관하고, 그들의 전공과도 무관하다는 점이 밝혀졌다. 뉴욕시 전체 학교구를 대상으로 할 경우 학교 간 차이보다 학교 내의 교사 간 부가가치 평가 점수가 더 큰 차이를 보였다. 이러한 결과는 많은 도시 교사들이 오랜 기간 주장해 온 것으로 희망적인 메시지를 전해 주었다. 이러한 결과는 다음과 같은 교육개혁의 흐름을 제안하고 있었다. "'실패해 가는' 학교도 몇몇의 유능한 교원을 고용한다. 초임 교사들은 썩 좋지는 않지만, 교직에 입문하고 3년 가까이 될 때면 교사들은 전공과목에서 효율적으로 학생들의 성과를 높이는 데 성공한다. 초임 교사들은 5년에서 10년 동안은 지속적으로 발전해 나간다. 그 이후에는 측정 가능한 성과가 일정 수준에서 고정되거나 평준화된다."

사회과학자들의 말에 따르면 이러한 실험의 결과들은 '논쟁적이다'. 부가가치가 1년 동안의 시험 결과만을 이용해 교사평가에 반영되었을 때 오류 비율은 35%에 달했다. 이는 3분의 1의 평균적 성과를 보이는 교사가 좋거나 나쁜 성과를 내는 것으로 잘못 분류되고 있었다는 것을 의미한다. 또한 교사의 3분의 1은 성과가 좋거나 나쁨에도 평균적인 상태로 잘못 분류되고 있었다. 3년간 축적된 자료를 활용해도 자신의 성과를 제대로 평가받지 못하는 교사가 25%에 달했다. 한 교실에서 팀을 이뤄 일하는 교사들이나 시험 교과목이 아닌 교과를 담당하는 교사들의 부가가치 평가 점수를 정확하게 산출해 내는 것은 불가능하지는 않았지만, 사실 팀을 이뤄 일하도록 하는 방법은 호감을 얻은 동시에 급속히 확산되어 왔다.

부가가치 평가를 옹호하는 사람들은 이러한 문제들을 그다지 중요하게 생각하지 않는다. 그리고 평가 기술을 기반으로 더욱 광범위한 설명을 제시한다. 스탠퍼드 대학교 경제학자인 에릭 하누셰크Eric Hanushek는 보수적인 후버 연구소의 펠로우로 학교 재정 지원 삭감을 적극 지지한다. 그는 가난한 학생이 부가가치 평가 상위 15%에 속하는 우수 교사 5명을 연속해서 배정받는다면, 학생 간 계층에 따른 교육 격차를 줄일 수 있으리라는 가정을 옹호한다. 브루킹스 연구소의 2006년 논문에서 세 경제학자, 로버트 고든Robert Gordon, 토머스 케인Thomas Kane, 더글러스 스타이거Douglas Staiger도 비슷한 연구 방법과 논리를 사용했다.

이들은 부가가치 평가 정보에 근거하여 하위 25%의 초임 교사들을 해고하면, 가난한 학생들에게 더 높은 점수를 얻게 해 주는 교육을 제공하고 더 나은 직업을 얻게 함으로써 연간 2,000억에서 5,000억 달러의 경제 성장 효과를 거둘 것이라고 주장하였다. 이러한 주장을 이해하는 데 가장 중요한 것은 미디어에서도 잘 지적되고 있지만, 제대로 시도된 적이 없었다는 점이다. 학계를 선도하는 툴레인 대학교의 경제학자 더그 해리스Doug Harris는 가난한 학생들에게 부가가치 평가상 좋은 교사들을 더 많이 배정하는 것이 교육 격차를 해소할 것이라는 주장을 실제로 시험해 본 적이 없다고 말했다. 그는 "이건 아직까지 순전히 가정에 근거한 겁니다. 그리고 이것은 실제로 실현하기 너무 힘든 실험이죠"라고 말했다. 이러한 실험이 실제 일어난다고 해도 해리스는 교사가 학업성취의 격차를 줄일 수 있을 것이라는 가정을 증명하는 데 실패할 것이라고 추측한다. 이론적으로 5명의 교사가 각 10점씩 40% 대에 위치한 학생을 90% 대의 위치로 5년간 이끌어 줄 것이다. 그러나 실제로는 부가가치 평가에서 측정된 점수는 시간이 갈수록 옅어지는 경향이 있다. 평균 수준의 학생은 내년에 올해 얻어 낸 시험 점수의 50%를 상실한다. 그리고 3년 후에는 75%를 상실한다. 해리스에 의하면 이는 평균 이상의 교사를 여러 명 가지는 학업적, 경제적 효과가 반 이상 과장된 결과를 유도한다. 효과적인 교사는 미국 사회의 소득과 부, 인종 간 불평등을 반영한 학업성취와 취업률 격차를 줄일 수는 있어도 없앨 수는 없다.

이러한 현실은 가장 많이 찬사를 받는 부가가치 연구에 의해 설명된다. 경제학자 라즈 체티Raj Chetty, 존 프리드먼John Friedman, 요나 로코프Jonah Rockoff는 학생의 학업성취를 높이는 교사가 실제로 학생들의 장기적인 삶의 결과를 개선해 주는지 규명하고자 했다. 부가가치 평가에서 좋은 결과를 얻은 교사가 학업성취 개선 외에 교사가 실현해야 한다고 보는 목표들까지 달성하는지 아닌지를 보고 싶었던 것이다. 그들은 세금 환급 및 대도시의 교육청 기록을 이용해서 100만 명이 넘는 학생들과 교사들의 20년간의 기록을 검증했다. 주로 3학년부터 성인 초기까지의 기록을 추적한 것이다. 이 연구로 이들이 찾아낸 것은 현재의 학업성취도 격차는 학교 내 요인보다는 학교 외 요인에 의해 유발된다는 것이었다. 교사의 질적 수준의 차이는 학생들 학업성취도 격차의 7% 정도밖에 설명하지 못한다. 그러나 단 한 명의 높은 부가가치 평가 교사(평균보다 교사 효과성 표준편차가 1 높은 교사로 정의)에게 배정된 학생 집단은 관찰 가능한 시기 동안의 생애 동안 성과에서 그다지 큰 차이를 보이지 않았다. 이들 학생들은 연봉은 1.3% 정도 더 높았으며, 이는 2만 5,000달러와 2만 5,325달러의 차이다. 대학 진학률에서는 2.2% 정도 더 많았으며(20대 기준), 10대에 엄마가 되는 정도는 4.6% 정도 적었다.

연구자들은, 부가가치 평가에서 높은 점수를 받는 교사들을 환경이 열악한 학교로 보낼 수만 있다면 73%에 달하는 학업성취도 격차를 해소할 수 있을 것이라 믿는다. 그러나 정책 차원에서의 실현 가능성이 현저히 낮다. 교육부와 매스매티카Mathematica가 부가가치 평가에서 좋은 성적을 받은 1,000명이 넘는 교사에게 저소득층 학교로 전근을 갈 경우 2만 달러를 주겠다는 제안을 했으나 실제로 그 제안을 받아들인 교사는 25%도 되지 않았다. 앞서의 세 경제학자도 인정한 또 다른 중요한 사항이 있다. 대다수의 부가가치 평가 연구 결과가 그러하듯, 이러한 결과들은 저부담 상황, 즉 교사들이 학생의 점수 때문에 평가받거나 보너스를 받지 않는 상황에서 일어난다. 고부담 상황에서 이러한 점수 예측 정도와 효과는 상실될 수 있다. 예컨대, 학생들의 실제 학업성취 대신 시험을 위한 교육 혹은 조작을 감행할 수 있는 것이다.

부가가치 평가는 유용한 연구 도구로 증명되었다. 이제 문제는 정책도구로서 이것이 활용될 수 있는지 여부이다. 선택하고 장려하고 연수하고 보상을 주며, 교사를 해고하는 일들에 말이다. 교육 역사와 경제학자들은 이에 대해 주의를 촉구한다. 「학생낙오방지법」은 각 주가 표준과 학업 우수를 판별하는 점수 기준을 낮추는 것을 촉발했다. 따라서 가르쳐야 할 교육 내용이 줄고, 시험을 위한 교육이 증가했다. 이러한 경향은 교육심리학자 에드워드 캠벨Edward Campbell의 이름에서 유래한, 자주 인용되는 '캠벨의 법칙'의 지혜가 옳다는 것을 보여 준다. "양적인 사회 지표가 사회정책 결정에 많이 이용될수록, 부패한 압력에 굴복할 개연성이 증가하고, 감시되어야 할 사회적 과정이 뒤틀려지고 부패할 가능성이 커진다."

세 경제학자가 부가가치 평가를 고부담 상황에 적용하는 것에 대해 우려 섞인 발표를 냈음에도, 이 평가 도구는 이미 연구실을 빠져나와 상당히 성공적으로 현장으로 옮겨졌다. 국회는 「학생낙오방지법」을 수정 보완하는 데 전혀 관심을 보이지 않는다. 그런데 빌 게이츠Bill Gates가 이 문제에 뛰어들었다. 교육에 대한 기술 재벌의 초기 관심은 학교에 컴퓨터를 보급하는 데 초점이 맞추어져 있었다. 그러나 그 이후에는 큰 학교를 작은 학교로 쪼개는 것으로 나아갔다. 게이츠는 이러한 개혁의 성과가 뒤섞인 것에 좌절했다. 그들은 고등학교 졸업률에 도움을 줄 수 있었을지도 모른다. 그러나 그들은 시험 점수의 상승에만 목을 맸다. 2007년 게이츠는 부가가치 평가 전문가인 토머스 케인과 로버트 고든을 만나게 된다. 그들은 이미 사전에 뉴욕 교육감 조엘 클라인과 부가가치 평가에 대해 이야기를 나누었다. 게이츠는 이 아이디어를 좋아했다. 1년간 그는 부가가치 평가 도입에 찬성하는 교육청들을 위해 1억 달러의 보조금을 내놓았다. 게이츠는 자료를 사랑했고, 노동자 평가와 인센티브의 중요성을 알고 있었다. 마이크로소프트사의 CEO로서 그는 상대평가라는 제도stack ranking를 실행해 왔다. 이는 모든 관리자가 자신들이 관여한 사업 성과를 최악과 최선의 두 종류로만 분류하게 하는 것이었다. 하나는 올해의 성과로 하나는 언젠가 개선될 것으로, 이 시스템은 현금 보너스와 스톡옵션, 때때로 대규모 정리해고를 위한 자료로 사용되었다.

빌 게이츠의 후임자 스티브 발머Steve Ballmer는 "점수 매겨 쫓아내기rank and yank"[47]라 불리는 제도를 만들었다. 새로운 평가제도는 훨씬 더 엄격하고, 한 가지 자료만을 활용하여 직원들의 실적을 평가하였다. 2012년 8월, 〈베니티 페어Vanity Fair〉는 마이크로소프트사의 직원평가 문제를 거론하여 관심을 불러일으켰다. 기사의 핵심은 서열화 제도가 직원들을 서로 협력하도록 하기보다는 팀원 간에 경쟁을 시키는 데에 치중하게 되리라는 것이었다. 기업들은 1990년대에 일본의 관리 시스템, 즉 도요타와 소니에서 사용하는 지속적인 품질 개선 방식을 도입하였다. 지속적인 품질 개선 시스템에서는 개인들의 서열이 아니라 부서의 약점을 확인하고 약점의 해결을 위해 관리자와 조직원들이 협력하여 함께 성능 자료를 확인한다. 심지어 일본 학교 역시 이러한 방식을 따랐다. 교사들은 수업을 구상하기 위해 수업연구를 통해 협력하고, 수업을 보다 잘하기 위해서 수업을 관찰하고 의견을 공유한다.

많은 교육 지도자들이 걱정하는 바는 개별 학생을 개별 교사에게 묶어 놓는 고부담 평가 방식이 경쟁을 도입했던 마이크로소프트사의 문제를 교직에 불러들이는 것 아니냐는 점이었다. 대부분의 전문가들이 동의하는 바대로 이 방식은 학생들이 협력하지 않도록 했다. 점차 많은 미국 학교에서 학습을 위해 그룹이나 짝, 모둠별로 학습 계획을 세우도록 한다. 그러나 경쟁을 강조하는 구조에서는 한 교사와 한 학생 사이의 관

---

47. 점수 순으로 사람들을 세우고, 끄트머리에 있는 사람들을 교체한다는 의미이다.

계에서 성적을 지나치게 강조하게 된다는 역효과가 나타날 수 있다. 현재는 초등학교 수준에서도 다른 많은 교사들이 개별 학생의 학습에 영향을 미치고 있다.

뉴욕시 교원노조 위원장인 랜디 와인가르텐Randi Weingarten은 2005년에 "올바르게 실행된 부가가치 시스템에 관심이 있다"고 말했다. 와인가르텐은 200여 개에 이르는 뉴욕시 학교 교사들이 부가가치 평가를 통해 시험 점수가 높아진다면 보너스로 3,000달러까지 받을 수 있도록 하는 실험에 동의하였다. 이는 개인이 아니라 공동, 집단의 부가가치 계획이었다. 만약 점수가 올라간다면 기여도가 얼마나 되었든지 간에 모든 교사들은 같은 금액의 돈을 얻게 될 것이다. 이는 앨 셰인커가 죽기 바로 직전, 학생들의 성적과 연계된 성과급에 대해 노조가 취해야 할 바른 길이라며 제시했던 청사진과 맥을 같이했다. 그의 청사진에 따르면, 교사 및 학생들 간의 협동을 촉진하기 위해 학생의 성취도는 반드시 교실 전체 학생을 대상으로 한꺼번에 측정될 때에만 부가가치 평가를 받아들인다는 것이 조건이었다. 와인가르텐은 자기 교실의 학생 성적과 연계되어 평가되는 교사 책무성 계획에 대해 거부 입장을 분명히 했다. 그녀는 부가가치 산정과정에서 오류 발생률이 높고 잡음이 많다는 점을 인용했다. 그러나 와인가르텐은 그녀가 저항하는 대상의 수장이 미국의 대통령인 상황에서 부가가치 평가를 둘러싼 전쟁에서 질 수밖에 없을 것이다.

2008년 민주당 전당대회의 토론에 참여하는 것은 가장 명예롭고 대중의 인기를 누릴 수 있는 기회였다. 행사는 화려한 덴버 미술관에서 개최되었다. 이 토론에서 다루어진 주제 중 하나는 부가가치에 기반을 둔 교원평가와 차터스쿨을 지지하는 비영리연합 단체를 설립하자는 것이었다. 이 토론의 주요 연사는 워싱턴 D.C. 시장 에이드리언 펜티Adrian

Fenty와 뉴어크 시장 코리 부커Cory Booker로 당의 후보자인 버락 오바마Barack Obama와 관련 있는 두 명의 젊은 흑인이었다. 펜티는 교육감인 미셸 리Michelle Rhee를 치켜세웠다. 미셸 리는 TFA의 출신으로 부가가치 평가와 엄격한 수업 참관을 기반으로 성과급을 지급하되 정년보장 권한을 약화하도록 했다. 수가 많지는 않겠지만 워싱턴 D.C.의 몇몇 교사들은 13만 달러에 이르는 눈이 튀어나올 정도의 연봉을 받게 될 것이었다. 내 생각으로는 워싱턴 D.C. 컬럼비아 학교구에 아무런 것도 해 준 것이 없는 전미교원연맹AFT은 나서서 이런 조치에 즉각 반대했다. 토론에서 펜티 시장은 "교원노조 지도자들에 대해 제가 생각할 수 있는 게 있다면, 이들은 단지 자기 일을 계속하고 싶어 한다는 거죠"라고 말을 맺었다. 이에 더해 부커 시장은 "10년 전 제가 학교 선택에 대해서 이야기할 때, 말 그대로 저는 온갖 모욕을 다 당했죠. 전미교원연맹 사람들이 저를 진짜 청소함으로 끌고 온 것 같았어요. 이 사람들은 제가 계속 차터스쿨 이야기를 하면 결코 선거에서 이기지 못할 것이라고 했어요"라고 말했다.

교원노조 소속 교사들이 민주당 내 선거위원의 10%에 이르는 상황에서 전도유망한 민주당원이 나서 이토록 당당하게 교원노조를 비판한 적은 없었다. 덴버에서 열린 전당대회는 교원노조에 대해 새로운 방식으로 이야기하는 계기가 되었다. 예를 들어 스토클리 카마이클Stokely Carmichael, 아미리 바라카Amiri Baraka와 같이 나이 든 흑인 정치인들이 레이건 이후 민주당의 온건하고 기술주의적인 정치를 향해 분노를 토해 내는 것이었다. 오바마, 부커, 펜티와 같은 젊은 세대 흑인 정치인들은 이러한 변화를 보여 주는 전형으로 자리 잡게 되었다.

일리노이주 상원의원이던 오바마가 교사의 책무성을 개선시키는 법안을 통과시키자, 시카고 교원노조와 시카고 교육위원회는 교원노조가 허용되지 않는 차터스쿨의 수를 늘려 버렸다. 2005년에 오바마가 연방 상원의원으로 첫 임기를 보내고 있는 동안, 그는 '교육개혁을 위한 민주당원들Democrats for Education Reform, DFER'[48]의 일원으로 이 모임을 시작하는 행사에 참석하였다. DFER은 금융계에서 일하고 있는 차터스쿨 자선사업가들이 세운 정치행동위원회로, 이들은 교원노조에 대해 거침없이 비판을 쏟아냈다. 이 중에 휘트니 틸슨Whitney Tilson이라는 헤지펀드 기업가가 있었다. 기억할지 모르겠는데, 휘트니는 TFA 최초의 피고용자였다. 행사 시작 전 만찬에서 오바마는 아주 성공적인 한 시카고 공립학교를 방문한 이야기를 통해서 DFER 설립자들에게 깊은 인상을 주었다. 오바마는 교사들이 자신에게 '전통적인' 학교의 너무 많은 동료 교사들이 '이 가난한 아이들'은 '배울 수 없다'는 태도를 갖고 있다며 불평한다고 했다. 그러고는 다음과 같이 말을 이어 나가면서 DFER 사람들로부터 환호를 이끌어 냈다. "누군가 제게 민주당의 교육개혁의 입장이 무엇인지 묻는다면, 부디 제게 그것이 무엇인지 살짝 알려 주시기 바랍니다. 아직 저는 그것을 알아내지 못했거든요. 우리 당은 이 문제에 대해서 더 관심을 기울여야 합니다."

2년 뒤 오바마는 민주당 대선 후보로 나오게 되었다. 그는 교원노동조합 행사에 참가해 교원 성과급을 긍정적으로 언급하였는데, 곧이어 교사들로부터 야유를 받게 되었다. 사실 전국적으로 가장 큰 두 교원노조는 버락 오바마 대신 힐러리 클린턴을 지지했다. 존 매케인과의 TV 방송토론에서 오바마는 미셸 리가 워싱턴의 '멋진 교육감'이 될 수도 있을 것이라 언급했다. 오바마는 그녀가 마치 교원노조의 주요 적이 되

---

48. DFER은 금융계에서 일을 하고 교원노조에 대해서 거의 비판을 하지 않는 자선사업가들에 의해 설립된, 정치적인 행동을 하는 위원회이며, 그들 가운데에는 헤지펀드 기업가로 TFA 제일의 직원이었던 휘트니 틸슨Whitney Tilson도 포함되어 있다.

고 있다는 사실에 별로 영향을 받지 않는 것처럼 보였다. 토론이 있고 몇 주 뒤, 미셸 리는 교실에서 빗자루를 들고 선 모습으로 〈타임Time〉 표지 인물로 등장하였다. 그 사진은 그녀가 노조와 대결하여 무능력한 정년보장 교사들을 워싱턴 D.C.에서 내보내겠다는 말을 함축하고 있는 것이었다.

오바마 대통령은 교육부 장관 후보군에서 린다 달링-해먼드Linda Darling-Hammond 교수를 제외시켰다. 그녀는 오바마 선거운동에서 중요한 자문기구였던 TFA를 비판했고, 교사연수 전문가로 교원노조 입장을 옹호했기 때문이었다. 대신 아른 던컨Arne Duncan을 교육부 장관 후보로 지명하였다. 그는 DFER의 조언을 받아들여 시카고의 관리자로서 성적이 낮은 학교를 없애 버리고 새 차터스쿨을 열었으며, 교사의 부가가치 평가에 근거해 성과급 실험을 진행했다. 사실 RAND는 부가가치 평가에 대해서 "부가가치 평가를 허용할지 결정하기에는 현재의 조사 자료들이 충분하지 않다"고 썼다. 여러 전문가들이 교사의 책무성에 대한 부가가치 평가를 사용할 때에는 주의해야 한다며 경고하고 있지만, 부가가치 평가는 '최고를 위한 경주Race to the Top'라고 불리는 오바마 정부의 교육정책 의제의 핵심 항목이 되었다. 오바마가 대통령 경선에 나서겠다고 선언한 당일, 대통령으로서 그가 달성해야 할 목표 중 하나는 나쁜 교사들을 해고하는 것임을 재차 강조하였다. 히스패닉 사람들로 구성된 상공회의소 모임에서 오바마는 "우리 확실하게 짚고 넘어갑시다. 만약 어떤 교사에게 두세 번의 기회를 주었음에도 불구하고 향상된 모습을 보이지 않는다면, 그 사람이 교사를 계속할 이유가 없다고 생각합니다. 저는 실패했음에도 이에 보상하고 결과에 상관없이 사람을 보호하려는 제도를 단연코 거부할 것입니다"라고 말했다.

'최고를 위한 경주'는 의회에서 통과되었던 교육정책 의제로, 원래 교원의 수를 유지하고 학교 건물을 개선하는 등 상대적으로 논란이 적은 학교 개선 사업에 대해 자금을 제공하여 2009 경제 진흥을 목표로 두고 있었다. 따라서 처음에는 개별 교사들에게 집중되었던 개혁안을 실행하는 데에 동의한 학군 및 각 주들에게 40억 달러 이상의 자금을 제공했다. 그런데 자금 지원을 원하는 주들은 측정 가능한 자료를 바탕으로 교사가 학생들의 성취를 얼마나 효과적으로 향상시켰는지 자료를 제출하고, 이에 따라 정년보장 권한을 재평가해야 했다. 그렇다고 연방정부의 지침이 '부가가치'라는 단어를 포함하고 있지는 않았다. 그러나 연방 교육부에 따르면 '학생 성취도'란 '주 단위 시험을 기반으로 학생 점수(종료평가)와 여러 교실을 대상으로 한 비교 가능하고 엄격한 평가 수단을 기반으로 한 학생 점수'로 정의된다. 그리고 '학생 성장'은 '일정한 기간 동안 학생이 성취한 2점 이상의 점수 변화'로 정의된다. 이것이 바로 부가가치 평가이다. '최고를 위한 경주' 프로그램은 또한 교장이 매년 직접 모든 교사들을 평가하기를 요청한다. 이는 각 학교 교장에게 엄청난 새로운 부담으로 작용한다. 대부분의 교장이 3년이나 5년에 한 번 모든 교사들을 형식적으로 평가하는 데에 익숙해져 있기 때문이었다. 이전에 교사들은 옷차림은 단정한지, 시간은 잘 지키는지, 교실을 깨끗하고 조용하게 관리하는지 등의 다소 단순한 요소들에 의해서만 평가받았다. 그러나 '최고를 위한 경주'를 담고 있는 법은 각 주들이 정년을 보장받은 교사들을 포함하여 실적이 나아지지 않는 교사들을 합법적으로 해고할 수 있도록 규정하고 있다. 매우 낮은 성적을 보이고 있는 학교들을 개선시키려는 '최고를 위한 경주' 프로그램은 정년보장 교사들을 포함하여 그 주의 교사들 절반 이상을 해고할 수도 있다.

교원노조, 특히 전미교원연맹의 강력한 새 의장 와인가르텐에게 기울어 있는 상황에서, 각 주의 교원노조들이 주정부의 계획에 반대하게 되면 주정부가 이들과의 싸움에서 질 것이 뻔했다. 와인가르텐은 세상 물정에 익숙한 뉴욕 정치인으로 앨 섀인커 및 이후의 노조 지도자들에 비해 교사 책무성 정책에 호의적인 입장을 취하고 있었다. 물론 마이크 블루머Mike Bloomber와 미셸 리와의 협상에서는 이 부분에 굳이 속박되지 않았지만 말이다. 그러나 교원노조가 격렬하게 반대하는 것들을 시행함으로써 각 주정부가 얻을 수 있는 이점이 있었다. '최고를 위한 경주'에는 교사와 관련이 없어 보이는 중요 항목들이 있다. '최고를 위한 경주' 재원을 지원받고자 하는 주들은 계속 실패하는 학교들의 문을 닫게 하거나 수준 높은 차터스쿨을 열 수 있었다. 혹은 기준을 높여 만들어진 표준 교육과정을 채택하도록 했다. 교원노조, 자선가, 정부 관계자의 노력에 의해 탄생된 영어, 수학 과목에 대한 공통 교육과정은 미국 역사상 처음으로 정치적으로 실행 가능한 전국 수준의 교육과정 개혁이었다.

'최고를 위한 경주' 프로그램은 대공황 이후 최악의 경제 불황을 거치는 과정에서 제시된 정교한 계획이었다. 경제적으로 힘든 주들이 연방기금이라는 거부할 수 없는 보상을 통해서 재정을 얻기 위해 서로 경쟁하도록 만들었다. 연방 교육부가 재정을 지원하는 다른 프로그램들도 교사 책무성에 대해 비슷한 우선순위를 채택하였다. 그래서 연방정부 차원의 전체 교육개혁안은 완전히 비슷한 맥락에서 운영되었다. 한마디로 교육개혁운동이 정치적으로 운영된 것이다. 최종적으로는 19개 주만이 '최고를 위한 경주' 승인을 얻었지만, 기금을 따기 위한 경쟁 때문에 전체 주의 3분의 2가 공립학교 교사 관련 법을 개정하였고, 절반가량의 주들이 학생들의 시험 성적이 교사의 평가에 포함될 것이라고 선언하였다. 또한 18개 주가 정년보장 보호 체계를 약화시켰다. 이러한 맥락에서 카리스마 넘치는 콜로라도의 젊은 주지사 마이크 존스턴Mike Johnston은 분명하게 자신의 입장을 보였다. TFA 동문인 존스턴 주지사는 교실을 관찰하여 교사들을 평가하는 것보다 학생 성취도에 대한 자료에 토대한 평가 점수가 교사 능력의 51%를 설명한다고 법안에 명시하고자 했다. 만약 콜로라도주의 교사가 안 좋은 평가를 2번 연속해서 받는다면, 정년보장권을 잃게 될 것이었다.[49]

뉴욕시에서는 학생의 성취도 성장이 교사평가 점수의 40%를 차지하게 되었다. 11개의 주는 실적에 상관없이 정년보장권을 가진 교사들보다 경험이 없는 교사를 먼저 자르게 하는 "신입 교사 우선해고Lsst in, first out" 정책을 폐지했다. 예산 삭감으로 인해 발생하는 문제들 때문에 많은 학교구에서 인력 감축을 심각하게 고려해야 했다. 플로리다, 노스캐롤라이나는 정년보장권을 동시에 없애 버렸다. 위스콘신, 미시간, 인디애나주는 단체교섭을 통해 교원노조가 다룰 수 있는 협상의 범위를 제한했다. 매사추세츠는 실적이 낮은 학교 교사들에게만 이러한 정책을 시행했다.

교원노조는 교사 책무성에 대한 개혁가들과 교착 상태를 보이면서 점차 그 세력이 약화되고 있다. 센트럴 폴즈는 로드아일랜드주의 작은 마을로, 지역의 제조업이 떠나면서 파산한 지역이었다. 이곳의 고등학교에는 학생 중퇴율이 50%가 넘었다. 결국 '최고를 위한 경주' 정책을 받아들여 혁신을 위한 전환 학교가 되었다. 2010년 3월 지역 교원노조는 교사들이 추가 수당 없이 연장 근무를 해야 한다는 조항을 받아들일 수 없다고 했다. 그러자 교장 프랑세스 갈로Frances Gallo는 학교 교사 전체를 해고하려 했다. 이러한 극단적 결정에 대해 백악관은 오히려 긍정적

---

49. 시험 점수를 기반으로 하여 학생 성적 책임을 묻는 것에 대한 존스턴의 관심은 시대가 변하고 있다는 신호이다. 10년이 채 되기도 전에, 그는 TFA의 일원으로 미시시피 삼각주에서 '엄청난 정부 주도의 시험 기간'과 '시험 점수를 향상시키려고 노력하는 데에 대한 광적인 집착'에 대해 불평하면서 일했던 경험에 대한 슬픈 회고록을 출판하였다.

인 반응을 보였는데, 오바마 대통령은 이에 대해 "교사들은 책무성이 무엇인지 알아야 한다"고 말했다.

2010년 6월 랜디 와인가르텐과 미셸 리 사이에서 역사상 가장 격렬한 노사협상안이 진행되었고, 결국 합의가 이루어졌다. 이 과정에서 워싱턴 D.C. 전체 교사의 80%가 투표에 참여하였다. 이 협상안에는, 교사 임금을 20% 인상할 것, 정년보장 교사의 사직 처리를 빠르게 해 줄 것, 성과급과 함께 정년보장권을 포기할 것 등의 조항이 담겨 있었다. 교사들은 정년보장 권한을 포기하게 되면 매년 3,000~2만 5,000달러의 성과급을 받을 수 있었다. 성과급은 외부 기부금에서 6,450만 달러가 지불될 것이고, 수업 관찰 및 부가가치 점수를 기반으로 한 새 평가 시스템에 따라 분배될 것이었다.

워싱턴 D.C. 교육개혁을 재정적으로 지원했던 기부자들 중 일부는 2010년 다큐멘터리 영화 〈슈퍼맨을 기다리며Waiting for Superman〉에 자금을 대기도 했다. 이 영화는 경쟁률이 치열한 차터스쿨에 입학하기를 희망하는 아이 5명의 이야기를 담고 있다. 오프라 윈프리는 이 영화의 감독인 데이비스 구겐하임Davis Guggenheim을 면담하였고, 토머스 프리드먼Thomas Friedman은 〈뉴욕타임스〉에 영화를 호평하는 글을 작성하였다. 〈뉴욕 매거진〉의 표지에는 "작은 영화 한 편이 미국의 학교들을 구제할 수 있을까?"라는 제목이 달렸다. 『슈퍼맨을 기다리며』는 도심의 모든 학교들을 무능력한 교사들로 가득한 황폐한 공간으로 묘사했고, 이에 대한 해결책으로 교원노조가 조직되어 있지 않은 차터스쿨을 제시했다. 그러나 이 영화는 교원노조가 있음에도 불구하고 높이 평가받는 그린닷스쿨Green Dot School과 같은 차터스쿨이나, 일반 공립학교보다 낮은 성적을 보이는 전체 차터스쿨의 4분의 1가량의 학교들, 빈곤율이 높은 지역에서도 성공한 전통적인 공립학교를 보여 주려 하지 않았다. 와

인가르텐이 화면에 등장할 때 불길한 음악이 등장한다. 이 영화는 와인가르텐이 '신입 교사 우선해고'와 같은 인기 없는 정책을 방어하는 장면에 집중하고 있다. 그러나 전미교원연맹이 정년보장권을 약화시켰고, 학생 성적을 반영하여 마련된 획기적이고 새로운 교사평가 계획을 승인했다는 사실은 보여 주지는 않았다.

와인가르텐은 교원노조가 왜 공격을 받는지에 대해 현실적인 이유를 잘 알고 있었다. 교사의 정년보장권은 직업적 안정성을 제공하는 것으로, 미국의 실직률이 10%를 웃도는 불경기 속에서 간신히 버티고 있는 대부분의 노동자들로서는 생각조차 할 수 없는 것이었다. 그녀는 "7%의 미국 노동자들만이 노동조합에 가입되어 있습니다. 미국이 우리를 특권층이라 여기는 것도 무리가 아니죠"라고 말했다.

그러나 교사들의 정년보장권이 미국 교육의 큰 문제라며 해결책으로 교사 해고를 강행하거나, 부가가치 평가를 반드시 반영해야 한다는 정책에는 문제가 있다. 이러한 정책들은 해당 정책으로 인해 발생하는 학교교육의 변화로 인해 아이들이 실제로 어떤 영향을 받게 되는지 제대로 다루지 않는다. '최고를 위한 경주' 정책으로 인해 나타날 가장 큰 파장이라면, 교사평가에 사용될 자료를 수집하기 위해 학생들이 시험을 치러야 한다는 것이다. 학생들이 치를 시험과 평가의 수, 유형은 점차 많아질 것이다. 전미교원연맹AFT은 2013년 대도시 두 곳의 학군에서 학생들이 치르는 시험에 대해 연구를 수행했다. 이 연구에 따르면, 학생들은 시험 전략을 배우고 시험을 연습하는 데에 30일을 보냈다. 이는 시험을 치르기 위해 학생들이 2주 동안 책상에 앉아 있는 것과 같다. 학생들은 16일을 연습하고 3일 동안 시험을 치렀다. 나는 콜로라도스프링스의 해리슨 제2학교구를 방문한 적이 있는데, 이 학교구의 학생들은 학교를 다니는 1년 동안 적어도 25가지의 시험을 보았다. 이는 교사들이 아이들을 지도하는 시간, 학생들의 현장 체험학습 및 그룹 프로젝트, 시험 이외의 다른 교실 활동 시간을 없애 버리는 것과 마찬가지였다.

새로운 지침에 따르면 미술 교사조차도 학생들의 점수에 의해서 평가받게 된다. 따라서 콜로라도스프링스의 체임벌린 초등학교Chamberlin Primary 교사인 사비나 트롬베타Sabina Trombetta는 자신이 담당하는 1학년 미술교실에서 시험 날 피카소의 〈우는 여인〉이라는 작품을 감상하도록 한다. 이 작품은 예술가들이 좋아하는 1930년의 입체주의 초상화로서, 여자의 얼굴을 타고 내리는 눈물을 그려 낸 작품이다. 그런데 문제는 단지 6살짜리 아이들이 작품 감상의 주체라는 점이다. 교사는 선명한 초록색, 푸르스름한 자주색, 노란색으로 그려진 우는 여인이라는 작품을 설명한다. 이 작품에 대해 설명하면서 피카소가 '여성은 고통받는 기계'라고 한 말을 덧붙인다.

우는 여인이라는 작품을 보고서 1학년 학생들에게 던져진 시험의 질문은 이렇다. "그림 속에서 감정이나 느낌을 표현하기 위해서 피카소가 사용한 세 가지의 색을 쓰시오." 또 다른 질문은 "아래의 상자를 보고, 피카소가 감정이나 느낌을 표현하기 위해서 사용한 서로 다른 세 가지의 모양을 그리시오"였다. 다른 질문을 보면, 학생들에게 마티스의 그림에 대해 한 문단의 글을 작성할 것을 요구했다.

연방 교육부는 '최고를 위한 경주' 정책에 따라 전국 교사의 3분의 2에 해당하는 유치원 교사, 예술 공연 및 사회 교과 교사들의 평가를 위한 학생 성장 자료를 수집하는 방식을 정확하게 찾지 못했다. 이들이 담당하는 과목들은 시험을 보기 힘든 과목이나 성적을 매기기 힘든 것들이기 때문이었다. 결국 「학생낙오방지법」 정책은 수학, 읽기, 과학에서만 시험을 볼 것을 요구했고, 3학년 이상의 학생들에게만 시험을 보게 했다. 이는 주정부와 교육청이 진행하라고 촉구한 정책과 집행 사이에 큰 간극을 만들어 냈다. 모든 학년의 학생들에게, 지필 평가를 전 과목에 걸쳐 실시하겠다고 했던 애초의 정책이 지닌 문제를 수정해야 했다. 이 일을 수행하는 데 선구자, 개척자로 여겨지는 인물이 있다. 가난한 히스패닉 학생들이 다니고 있는 체임벌린 초등학교 교장인 마이크 마일스 Mike Miles다.

마일스 교장은 1학년 학생들에게 일 년 동안 예술 시간에 7개의 지필 평가를 보게 하였다. 트롬베타를 포함해 교육청으로부터 우수교사상을 받은 교사 등 10년 이상 경력 교사 38명을 평가하기 위한 시험이었다. 트롬베타는 예술의 요소들에 대해서 수업을 하면서 1학년생들에게 콜로라도의 기본 미술 교육과정의 중요 사항들인 색, 선, 형태와 같은 내용을 전달하고자 했다. 마일스 교장의 지시에 따라 시험을 준비시키기는 과정이었다. 2학년생들의 체육시간에서도 유사한 일이 벌어졌다. 예를 들어 체육 교사는 "머리 위로 오는 공을 잡기 위해서 손을 어떻게 하고 있어야 하는지를 그리시오"와 같은 문항을 담은 시험을 보게 하였다.

2010년 11월 오후 나는 트롬베타의 쾌활하고 다채로운 교실을 방문했다. 적어도 그녀는 나와 진심으로 대화하고 싶어 했다. 우리는 텔레비전을 보면서 함께 간단한 점심을 먹었다. 트롬베타는 어린 학생들이 다양한 경험을 하도록 하고 싶다고 말했다. 그녀가 담당하는 학생 대다수는 미술 작품, 걸작을 보기 위해서 미술관에 가 본 적이 없었다. 그럼에도 불구하고 학생들에게, 어두운 색은 불행, 밝은색은 행복을 의미한다는 식의 반쪽짜리 지식을 가르치게 되는 것, 시험을 준비하게 하는 것에 대해 불만을 토로했다. 그녀는 "학생들에게 예술에 대한 경험을 하게 해주는 것보다 개념이나 용어를 어떻게 퍼부을까 고민하고 있다"라고 말했다. 그러고는 "학생들이 제게 와서 '오늘은 무엇을 하나요?'라고 물으면, '아마 예술에 대해서 글을 쓸 것 같아'라고 말을 해야 한다는 게 힘들다"고 덧붙였다. 그녀는 이러한 지역에서 계속 일을 하는 것이 그녀가 원하는 것인지 확신이 서지 않는다고 털어놓았다. 말할 것도 없이 트롬베타는 한 해가 끝날 때쯤에 일을 그만두고 오스트리아의 비엔나로 옮겨 갔다. 그녀는 그곳의 한 국제학교American International School에서 가르치게 되었다. 그 학교에서는 그녀의 학생들이 오로지 그들이 만들어 낸 예술 작품들로만 평가를 받았다.

이 점에서 부가가치 경제학자라 할 수 있는 더글러스 해리스Douglas Harris의 경고에 귀를 기울일 필요가 있다. 그는 자신의 책에서 "평가를 더 많이 시행하는 데에는 그럴 만한 이유가 있겠지만, 단순히 교육자들의 실적을 평가하기 위해서 평가를 하는 것은 엄청난 실수를 하는 것일 수도 있다"고 전했다. 표준화시험을 도입하자는 판단은 특정한 교과에 대한 능력을 측정할 수 있고 평가할 수 있다는 관점과 함께, 이런 표준화시험이 교사들의 가르침을 왜곡하지 않을 것이라는 확신에 근거한 것이다. 여러 주정부 및 교육청들에서는 워싱턴으로부터 지침에 상관없이 빠른 속도로 새로운 평가를 만들어 내고 있었다. 해리슨 제2학교구는 현재의 지필 평가 방식을 전문가들이 '수행평가'라고 부르는 것으로 보완하고 있다. 초등학교에서 체육 수업을 듣는 학생들은 반드시 그들이 농구공을 드리블할 수 있다는 것을 보여 주어야만 한다. 고등학교 음악 수업에서 학생들은 3개의 노래를 불러야 한다. 그리고 미술 수업에서는 한두 가지의 관점을 기술하고 이들의 차이를 서술해야 한다. 컴퓨터를 통해 진행되는 사우스캐롤라이나의 4학년 음악시험에는 "친구와 함께 노래를 부를 때, 어느 정도로 적극적으로 불러야 하는가?"와 같은 문제가 등장한다. 보기로는 "A) 친구보다 크게, B) 너무 크지도 너무 약하지도 않게, C) 친구보다 약하게, D) 친구와 비슷하게." 정답은 D번이다. 다음 문제는 녹음된 음악을 듣고 일치하는 악보를 찾아내는 것이었다. 플로리다주에서는 모든 학년의 모든 과목의 새로운 시험을 만들어 낼 계획을 세웠다. 물론 구체적인 검증이 이루어진 것은 아니다. 빌 게이츠는 2013년 인터뷰에서 이 계획에 대해 성급하고 "미쳤다"는 말까지 했다.

창의력이 측정될 수 있을까? 이와 같은 고부담 평가 프로그램의 긍정적인 면은 예술이 중요하다는 것을 교사, 학생, 학부모에게 알릴 수 있다는 점이다. 그리고 단점은 교사와 교장이 해야 할 서류작업과 학생들이 시험을 보는 시간이 계속 증가한다는 점이다. 고급 수준의 성취평가는 이전의 평가 방식보다 시행하기 점점 어려워지고 점수를 매기기도 어려워졌다. 그래서 몇몇 지역과 여러 주들은 성취를 측정하기 위한 더 쉽고 더 효율적인 방식을 찾으려고 하였다. 뉴욕시에서는 유치원 교사 및 음악과 같이 시험을 보지 않는 과목 교사들이 종종 주요 과목에서 학교 전체의 시험 점수에 따라 평가받는다. 이는 학교의 모든 교사들이 도달해야 할 목표에 집중하도록 할 수 있다. 어떻게 사회 과목 교사들이 그의 과목에서 에세이 작성을 더 자주 시키게 되는지 쉽게 상상될 것이다. 그리고 이러한 것들은 학생들이 영어 시험을 더 잘 보게 한다.

초크비트 뉴욕Chalkbeat New York이라는 웹사이트에서는 2013년 9월 칼럼을 통해 뉴욕의 몇몇 교장들이 좋은 점수를 위해 시험 보는 영역을 어떻게 선택하고 있는지 기술하며 그들의 시스템 운영 노하우를 보여 주고 있다. 플로리다, 테네시를 비롯한 몇몇 주에서는 유치원, 초등학교 1~2학년 교사들에게 3학년 시험 점수를 책임지도록 한다. 그들이 가르친 학생들의 성적이 아니라고 할지라도 말이다. 플로리다주 앨라추아 교육청 소속 어비Irby 초등학교의 1학년 교사 킴 쿡Kim Cook에게서 비슷한 예를 찾아볼 수 있다. 그녀는 교장으로부터 100점 중 88점에 해당하는 업무 평가를 받았고, 수업 연구에 대해서는 만점을 받았다. 킴은 동료들이 선정하는 '올해의 교사'로 뽑히기도 하였다. 그러나 그녀는 만족스럽지 못한 평가 결과인 '불만족' 등급을 받았다. 왜냐하면 쿡 교사가 근무하는 학교의 3학년생 시험 성적이 좋지 못했기 때문이다. 만약 다음 해에도 '불만족'이라는 평가를 받는다면 그녀는 해고될 수도 있다. 교사들이 만난 적도 없는 학생들의 시험 성적을 바탕으로 평가받는 것과 같은 상식에서 벗어난 행동으로부터 교사들을 보호하기 위해, 전국교육협회NEA는 쿡과 다른 6명의 교사를 대표하여 플로리다주 교육위원회를 고소하였다.

노조에 비판적인 사람들은 오늘날 젊은 교사들이 자신들의 직업을 조직된 노동이라 여기지 않기를 바란다. 이들은 2010년 뉴욕에서 수월성을 위한 교사연합Educators 4 Excellence을 출범시켰는데, 이 단체는 교원노조에 반대하고 책무성 기반 교사평가를 지지하는 교사들에게 힘을 실어 주기 위한 단체였다. 게이츠 재단은 이 단체 출범을 위하여 자금을 지원하였고, 곧 다른 지역, 로스앤젤레스, 코네티컷, 미네소타에까지 확장되었다. 만 명의 미국 교사들을 대상으로 실시된 2012년도 조사연구에 따르면, 교사 책무성에 대한 개선이 꾸준히 진행되는 동안 교사들의 교직 인식에 대한 변화가 나타났다. 응답자들은 정년보장권이 지금은 전국적으로 3.1년 후에 부여되지만, 앞으로는 일을 하기 시작한 지 5.4년 뒤에 부여되어야 한다고 응답했다. 다른 조사에 따르면 공립학교 교사의 3분의 1 정도가 50세를 넘는 경력 교사인 것에 비하여, 표본으로 조사한 35개 차터스쿨의 교사 절반 이상은 나이가 훨씬 어렸다. 그러나 전반적으로 미국의 교사들은 교원노조에 남아 있으려고 하는 경향이 강했다. 교사들의 80% 이상이 교원노조의 단체교섭을 지지하였고, 대다수가 단체행동권의 하나인 파업 권리를 인정하고 있었다.

교사 책무성을 개선하겠다는 오바마 대통령의 교육개혁 의제는 교원노조에게 공이 넘어갔다. 하지만 교원노조는 정치적 엘리트들에게 적대적으로 인식되는 만큼 대중들에게도 적대적이라 여겨졌을까? 2010년 말, 워싱턴 D.C.의 시장 에이드리언 펜티는 재선에 성공하지 못했다. 선거 결과는 펜티 시장의 교육개혁안을 지지하지 않았다는 것을 보여 주었다. 워싱턴 D.C.의 흑인 중산층들은, 미셸 리의 성급한 교육청 운영 방식, 성적이 낮은 흑인 거주 지역 학교들의 폐쇄, 121명에 이르는 교육청 직원 및 교사들 해고에 실망하였다. 학생들의 시험 성적은 미셸 리의 집권 시기에 점차 상승하였다. 하지만 워싱턴 D.C.의 유권자들은 공립학교가 성적 향상에만 매달리는 공장과 다를 바가 없다고 보았다. 그들에게 학교는 이웃들끼리 만나는 장소였을 뿐만 아니라, 인종적 자부심과 공동체의 역사의 보고이자 직장이었다.

위스콘신 주지사 스콧 워커Scott Walker가 2011년 2월 연금을 줄이고 공공 부문에서의 단체교섭권을 제한하려 했다. 이때 교원노조는 대중의 지지 속에 예상치 못한 후원을 받게 되었다. 교사들은 매디슨시 중심가에서 노조가 기획한 집단 시위에 동참했다. 더불어 위스콘신 주민의 70%가 공립학교 교사들에게 호의적이라는 조사가 발표되었다. 갤럽과 〈USA 투에이USA Today〉가 진행한 전국 수준의 여론조사에서 미국인의 61%는 워커가 제안한, 교사들의 단체교섭권을 제한하는 법안에 반대 의사를 표시하였다. 그러나 교원노조는 시위에 들어가기 전 주정부에서 제시한 부가가치 평가, 정년보장권 약화, 연금과 복지에의 기여 등과 같은 상당수의 교사개혁안에 동의했었다. 개혁안들 중 어느 것도 공화주의적 성향을 띠는 주의회 의원들의 마음을 바꾸지 못했다. 결국 이들은 워커 주지사의 법안을 통과시켰다.

2012년 9월, 시카고에서는 대중들을 놀라게 할 만한 교사 파업이 이어졌다. 시카고 시내의 학생들은 7일 동안 학교를 가지 못했고, 부모의 일과 아동 보육은 혼란에 빠졌다. 그럼에도 불구하고 보고된 조사에 따르면 흑인 및 라틴계 부모들 대부분은 교원노조를 지지했다. 이들은 2년 전 현대적이고 개혁적인 랜디 와인가르텐과 노조의 정책을 거부했고, 와인가르텐에 반대 성향을 가진 카렌 루이스Karen Lewis를 시카고 교원노조의 대표로 선출했다. 루이스는 시카고 시장인 람 이매뉴얼Rahm Emanuel의 개혁안을 "공교육에 대한 공격이다. … 이제 전쟁이 시작될 것"이라며 엄포를 놓았다.[50] 시장의 개혁안 중에는 가난한 지역의 50개 학교를 폐쇄하되 여기에 학생 시험 점수를 반영할 것이고, 교원노조 없는 차터스쿨로 공립학교를 대체해 버리겠다는 내용도 포함되어 있었다.

이매뉴얼과 '아이들의 편에서Stand for Children'를 포함한 교사 책무성 개혁가들은 노조 단체행동권을 제한하도록 법안을 수정하려고 했다. 기존에는 노조 파업에 소속 교원 51%의 승인이 필요했지만, 이를 75% 이상의 승인이 필요하게끔 수정함으로써 파업을 하는 교사들을 힘들게 만들려는 것이었다. 이들은 일리노이 주의회에 적극 로비를 펼쳐 이를 실현하였다. 그러나 시카고 교원노조의 90%가 2012년 파업에 찬성하였다. 결국 이들 간의 전쟁과도 같은 갈등은 화해로 이어졌다. 이들 간에 맺어진 협약에 따라 높은 빈곤율을 보이는 학교에 생활지도 교사와 사회복지사 지원 및 수업 시간 연장 등을 포함하여 3% 이상의 추가 자금을 제공하였다. 이에 대응하여 교사의 봉급과 성과급은 담당 교실의 성적 향상 정도와 관련지어졌고, 노조는 시험 성적을 포함한 학생들의 학습 증거를 평가 내용에 포함시키자는 내용에 동의하였다. 교사들의 해고 문

---

50. 학교 폐쇄는 교육개혁에서 가장 논쟁이 되는 문제들 중 하나로 등장하였다. 학교 폐쇄는 아이들에게 더 좋은 학교로 갈 수 있는 길을 제공하는 방법 중의 하나이다. 그러나 시카고 학교 조사에 따르면, 폐쇄된 학교에 다녔던 시카고 학생들 중 6%만이 상위 25%에 드는 학교에 등록하였고, 40%의 학생들은 결국 학업 성적으로 감시를 받는 학교에 등록하게 되었다.

제에 대해서는 높은 실적을 보여 주는 교사들의 경우에만 보호하기로 하였다.

다음 해 봄, 시카고시 교육청은 예산 부족을 이유로 1,000명의 교사들을 해고했다. 좋은 평가 점수를 받은 161명의 교사들은 학교가 문을 닫았기 때문에 별도의 학교 배정을 받지 못하고 떠나야 했다. 이러한 위기에도 불구하고 TFA는 전기를 맞았다. 어려움을 겪는 지역에 160만 달러의 비용으로 시카고의 차터스쿨과 공립학교에 500명의 TFA 출신들을 배치하였기 때문이다. 2013년 7월 디트로이트에서 열린 모임에서 흥미로운 이야기가 던져졌다. 몇몇 시카고 출신의 TFA 동문들은 경험 많고 훈련받은 공립학교 경력 교사들이 탐나는 차터스쿨의 교사에 지원하기 위해 TFA와의 연관성을 만들고자 TFA에 지원한다는 이야기였다. 차터스쿨들은 교육청의 고용문제에 영향을 받지 않고 TFA와 연계된 지원자들을 선호하는 경향이 있다.

TFA 동문들 중 강경파들은 이러한 TFA와 차터스쿨과의 밀접한 관계를 비판하였다. 이들은 교사 수 감축을 단행하는 교육청이나 이미 높은 시험 성적을 내고 있는 차터스쿨들에 TFA 출신들을 보내는 것은 TFA 설립자인 웬디 콥의 원래 취지, 즉 검증된 교사들이 부족한 학교에 젊고 경험 있는 교사들을 보내자는 아이디어를 퇴색시키는 것이라고 보았다. 이러한 비판을 제기하는 TFA 출신 중 한 명인 스티브 짐머Steve Zimmer는 로스앤젤레스 교육위원회의 위원이다. 그는 교원노조와 교사 책무성 개혁가들 사이에서 중도의 길을 만들고자 노력하는 사람이기도 하다. 그가 교원노조로부터 지지를 받은 후에는 개혁적인 자선가들도 그의 정치적 도전에 자금을 지원하기 시작했었다. 비록 2013년 선거에서 패배하였지만 말이다. 그는 시골 지역을 언급하면서 "미국에는 여전히 학교에 직원을 충원시키는 것이 어렵거나 불가능한 지역들이 있다. TFA가 있어야 할 곳은 차터스쿨이 아니라 그런 곳이다"라고 말했다.

로버트 슈워츠Robert Schwartz는 이에 동의하였다. 그는 1994년에 TFA 가 그를 배정한 곳인 로스앤젤레스 동부의 스티븐슨 중학교Stevenson Intermediate School에서 7년을 가르쳤고, 이후 차터스쿨로 옮겼다. 종국에 는 도심의 교육재단ICEF 교무처장이 되었다. 그는 교육재단에서 TFA 동 문들을 교사로 종종 고용했다. 그들은 도시의 열악한 학교들에서 2년을 가르쳤고, 계속 교직에 남아 가르치고자 했다. 그들은 또한 교육재단에서 중시하고 있는 학생 성적 자료 분석법을 알고 있었다. 그러나 슈워츠는 교직 실습 중인 1년 차 교사들 혹은 긴 기간 교직에 머물러 있으려 하 지 않는 사람들은 피하고자 했다. TFA 동문이라고 예외는 없었다. 5주 간의 훈련만 받은 신규 교사들은 열악한 학교에서 일을 해야만 한다고 그는 믿고 있었다.

차터스쿨의 노동조합 형성과 같은 예상치 못한 상황에서 TFA 동문들 을 볼 수 있었다. 롭 팀버레이크Rob Timberlake는 TFA 출신 교사 중 한 명으로 디트로이트시에 위치한 4개의 시저 차베스Cesar Chavez 차터스 쿨에서 2010년 노동조합을 설립하는 데 지도자 역할을 하고 있었다. 시 저 차베스 차터스쿨은 5개 주에서 영리를 추구하는 활동을 하는 레오 나Leona 민간 기업에 속해 있었다. 팀버레이크의 학교 교장은 매년 '한 두 명의 교사를 예고 없이' 해고했다. 평가보고서가 작성되는 과정에서 교장이나 교감이 교실에 수업 관찰을 하러 들어온 적이 없다고 했다. 이 는 학교 측이 교사들에게 어떻게 평가를 받고 승진을 하는지에 대해서 명확한 기준을 제시하지 못했다는 것을 의미한다. "학교가 실적이 낮은 교사를 해고만 할 게 아니라 교사들이 더 좋은 교사가 되기 위해 노력 하는 과정에 관심을 가져주기를 바라는 겁니다. 저는 디트로이트에 오 기 전에 이런 종류의 대화가 교원노조와 TFA 간의 싸움이라고 생각했습니다. 그러나 누구와의 대결 구도를 분명히 구분하기가 어렵다는 것을 깨달았습니다. 사람들은 TFA나 노조가 내세우는 사회정의적 측면에 매료되어 있지만, 이제는 교사들이 학교 제도에서 발생하는 문제점을 바로 잡는 것에도 관심을 가져야 한다고 생각합니다.”

차터스쿨의 12%가 현재 노동조합을 가지고 있으며, 그 수 역시 빠르게 증가하고 있다. 뉴욕, 디트로이트, 로스앤젤레스, 필라델피아는 모두 차터스쿨을 설립할 때 여러 차례 마찰을 경험하였다. 최근 들어 교사들이 한바탕 전쟁을 치르고 있는 시카고에서는 차터스쿨(교사들)의 4분의 1을 현재 전미교원연맹AFT이 대리하고 있다. 차터스쿨은 교사들이 하루에 12시간 일을 하고 시험 준비 기간에는 주말에도 일을 하도록 한다. 그리고 모든 교사들이 항상 이메일이나 핸드폰으로 연락 가능한 상태를 유지하기를 원하고 있다. 이러한 학교들 대다수의 ‘예외를 두지 않는’ 정책은 특히 앞으로 몇 년간 교직에 있을 교사들이 노조 대표자를 찾도록 자극하고 있다. 전국교육협회NEA의 전 회장인 데니스 반 로켈Dennis Van Roekel은 내게 “교사들도 가족과 함께하거나 교회를 갈 시간이 필요하지만 너무나 많은 시간을 일하는 데 쓰고 있답니다. 일하면서 자녀를 키우기도 어렵지요”라고 말했다.

여러 주에 대해서 차터스쿨과 계약을 진행하는 교원노조 간부들에 따르면, 많은 차터스쿨 학교에서 교사들은 학생들에게 자습 시간을 주지 않는다고 한다. 다른 학교에서는 교사가 전화로 병결을 알리면, 그 학교는 대체할 교사를 고용하는 것이 아니라, 다른 교사가 그 시간 동안 수업을 진행하게 한다. 시카고의 한 차터스쿨에서는 교사가 화장실에 들를 시간도 없을 정도로 자유시간이 없다며 불평했다. 잘 알려진 차터스쿨 및 TFA의 후원자들은 교육정책에 대해서 교원노조의 영향력을 약화시킨다는 이유로 이러한 학교 모델에 관심을 보인다.[51] 힘든 노동 환경,

심지어 불쾌하기까지 한 학교를 만듦으로써, 몇몇 차터스쿨들은 교원노조를 보호하려는 새로운 세대의 교사들을 오히려 양산하고 있다.

2011년에 부가가치 평가를 개선하기 위한 노력의 결과가 서서히 나타나고 있다. 밴더빌트 대학교Vanderbilt University 연구소에서 수행한 성과급 관련 연구에 따르면 교사가 부가가치 평가에 따라서 성과급을 받을 수 있다는 것을 안다고 해서 학생들의 성적이 향상되지는 않았다. 교사가 3,000달러까지 성과급을 받을 수 있는 미국 텍사스주 오스틴에서는 교사의 3분의 1만이 성과급에 따라 자신들의 행동이 변화하였다고 응답하였다. 성과급에 대한 이전의 실험 연구들에서는 이 정책의 기반을 이루는 전제가 잘못되었었다. 실적이 낮은 교사들은 그들이 게으르다거나 저임금에 불만이 있어 사용할 수 있는 일련의 기술들을 숨기고 있는 것이 아니다. 이들은 이미 자기가 할 수 있는 최대한의 노력을 기울여 학생들의 학업성취도를 높이기 위해 전력했다. 문제는 이들에게 이 일을 잘할 수 있도록 하는 기술이 없다는 것이다. 즉, 교사로서 전문성을 개발하는 노력 없이 단지 성과급을 지급하는 것만으로는 학생들의 성적을 올리는 데 별 효과를 거두지 못할 것이라 여겨진다.

그러나 교사가 평가받는 방식을 바꾸려는 노력은 교사들의 노동 시간에 영향을 미치고 있다. 학교의 교장들은 이전에 비해 교실에서 더 많은 시간을 보내고 그들이 관찰한 것들을 문서로 기록하는 데에 훨씬 더 많은 시간들을 보낸다. 2012년 블룸버그Bloomberg 시장의 영향력이 거세던 시기, 뉴욕시 교육청은 정년보장을 신청한 교사의 절반가량에게

---

51. 월마트Walmart를 창립한 월턴Walton 가문은 TFA의 기금을 지원하고 있을 뿐만 아니라 노동조합 결성에 반대하는 국립법률방위재단National Right to Work Legal Defense Foundation에도 후원하고 있다.

정년보장을 승인하지 않았다. 이들 중 3%는 해고당했으며, 비록 해고를 당하지 않은 교사들의 경우에도 예의 주시 대상으로 찍혔다. 5년 전까지만 해도 정년보장을 신청한 교사들의 97%가 신청을 허가받았다는 사실과 대비되는 대목이다.

2012년 워싱턴 D.C.에서는 교원노조 소속 교사의 10%가 실적 평가로 인해서 해고를 당했다. 워싱턴 D.C.의 경우를 더 자세히 살펴보자. 교사들에 대한 미셸 리의 개혁 의제는 '최고를 위한 경주' 정책이 전국적으로 널리 퍼지게 될 것을 예상하였기 때문이다. 학생들의 성적을 올리는데 성과급이 별 효과 없다는 연구 결과에도 불구하고, 미셸 리가 교육감으로 있던 컬럼비아 교육청은 이 방안을 고수했다. 매해 600~700명의 교사들이 1만 5,000달러 미만의 보너스를 받았다. 교사들의 20~30%는 정년보장권을 지키고자 임금이 깎이고 있음에도 불구하고 말이다. 그 도시의 평균 교사 임금은 7만 7,512달러로 상승했고, 이 금액은 근교나 교육청 내 차터스쿨보다 더 높았다. 그런데 4,000명의 교사들 중에서 단 1~2명의 교사만이 2만 5,000달러의 성과급을 받았다. 이보다 더 큰 문제는 워싱턴 D.C.가 이렇게 막대한 보수를 지불할 여력이 있는지 여부에 대한 것일 것이다. 프로그램에 대한 자산가들의 자금 지원은 바닥이 났고, 교육청마다 매해 600만 달러의 비용이 들기 때문이었다.

그렇다면 워싱턴 D.C.의 교육은 향상되었는가? 이에 대해 2013년 연구는 희망찬 결과를 내놓았다. 교직에 머물기로 결정을 내린 실력 없는 교사들은 다음 해에 학생들의 성적을 개선하도록 했다. 그러나 상당수의 교사들이 컬럼비아 학교구를 떠나겠다고 했다. 새교사 프로젝트The New Teacher Project 의 연구 결과는 이보다 복잡하다. 이에 따르면 실력 있는 교사들 중 88%가 머물기를 선택하였다. 실력 있는 교사로 높은 평가를 받고도 떠나겠다는 교사들에게 왜 떠나는지를 물었다. 이들은 자신들이 다른 지역 교사들보다 불행한 이유로 평가 체계를 지목했다. 교사들은 개선의 여지가 있는 행동에 대한 의견을 거의 받지 않았다. 낮은 성취를 보이는 교사들 중 3분의 1과 높은 성취를 보이는 교사들 중 4분의 1만이 자신들의 행동에 대해서 구조화된 답변을 받았다고 응답하였다. 이보다 더 심각한 문제가 있다. 경험이 부족하고 낮은 평가를 받는 교사들일수록 컬럼비아 교육청 관내에서 가장 가난한 지역인 애너코스티어강 동쪽 학교들에 있다는 점이다. 확실하지는 않지만 워싱턴 D.C.에서 나름 잘 가르친다는 교사들은 빈곤율이 높은 지역의 학교를 피하고 있거나, 중산층의 학교에서 일하는 경우에 더 좋은 평가를 받기 때문일 것이다.

2012년 미셸 리를 이어 교육감이 된 카야 핸더슨Kaya Henderson은 이러한 문제를 해결하기 위해서, 높은 빈곤율을 보이는 학교의 교사들이 학생들의 성적에 따라서 성과급을 받을 수 있도록 하는 데에 박차를 가했다. 교사들이 성과급을 받기 위해 이러한 학교에서 일하는 것을 선호할 수 있도록 말이다. 핸더슨 교육감은 교사평가 점수에서 부가가치 평가 비중을 50%에서 35%로 줄였으며, '학교에 헌신하는' 교사들에게 보상을 주기 위해 새로운 평가 항목을 추가하였다.

교사평가에 대한 전체적인 시스템의 변화는 〈USA 투데이〉의 잭 길럼Jack Gillum과 마리솔 벨로Marisol Bello의 폭로에 의해서 의미가 퇴색되었다. 미셸 리가 교육감으로 있는 동안, 시험 제작사 맥그로힐CTB/McGraw-Hill은 어른들이 학생들의 오답을 수정한 자료를 내놓았다. 해당 사는 국가의 시험에서 통계적으로 특이한 답을 삭제한 사례들이 워싱턴 D.C.의 수백 개 교실에서 발견되었다고 보고하였다. 평균 수준의 학생은 선다형 문제에서 0~2 정도의 답안을 지웠다. 워싱턴 D.C.에 있는 노예스 학교Noyes education campus에서 발견된 전형적인 답안지에는 교실에 따라

5~12개의 답안이 삭제되었다. 결국 그 학교 교장 웨인 라이언Wayne Ryan 은 불명예를 안고 사임했다.

노예스 학교는 드문 사례 중 하나가 결코 아니다. 상당한 수의 비도덕적 관리자와 교사들이 평가, 성과급, 공개 자료로 인해 국가 수준의 표준화시험에서 부정행위를 저지르고 있다. 워싱턴 D.C.의 부정행위를 폭로한 〈USA 투데이〉 조사팀은 다른 6개 주에서도 같은 조사를 벌였고, 결과적으로 2002년과 2010년 사이 1,600개의 시험 점수 조작 사례를 발견했다. 예를 들면, 플로리다주 게인즈빌Gainesville의 한 초등학교는 3년 사이에 수학 성취도가 5%에서 91%로 상승하였다. 〈애틀랜타 저널 Atlanta Journal-Constitution〉이 진행한 후속 연구에서는 전국적으로 196개의 학교구에서 의심스러운 성적 향상을 보였다고 한다.

애틀랜타는 가장 최악의 부정행위가 일어난 곳이었다. 이 일로, 2013년 3월 29일, 35명의 애틀랜타 교사와 전임자 베벌리 홀Beverly Hall을 포함한 관리자들이 기소되었다. 대배심 보고서는 부정행위의 내용들을 적시하고 있다. 2009년 '올해의 행정가'였던 홀은 내부 고발자들을 해고하였다. 의도적으로 시험에서 부정행위를 장려하기 위하여 높은 성적의 아이들 옆에 성적이 낮은 아이들을 앉히는가 하면, 채점하기 전에 객관식 답안지들을 수정하기 위해서 방과 후에 '오답을 삭제하는 학생들을' 모으도록 했다. 그 결과 애틀랜타의 교사와 교장은 점수 향상에 따라 성과급을 받을 수 있었고, 홀 또한 58만 달러의 성과급을 챙겼다.

이를 두고 애틀랜타주 수천 명의 가난한 흑인 학생들이 대단한 학업 성취를 이루어 냈다고 말하는 것은 끔찍할 정도로 도덕적인 실수이다. 이를 접한 교사 책무성 개혁가들은 고부담 표준화시험 정책을 거부하였다. 연방 교육부 장관 아른 던컨은 〈워싱턴 포스트〉와의 인터뷰에서, "이러한 시험에서의 부정행위는 시험의 장점과는 아무 상관없다"고 말했다. 빌 게이츠는 부정행위가 표준화 평가에서 반올림 오차 정도만을 나타낸다고 말하였다. 그는 부정행위가 성과에 따른 보상을 제공하는 정책과 별 상관없다는 점을 분명히 하고자 했다. 동시에 시험에서 부정행위를 한 사람들을 비난하는 것에는 동의하였다.

시험에서의 부정행위가 전체에 영향을 미치지는 않았다고 할지라도 새로운 교사평가 계획에 대해 실망하는 분위기가 팽배하게 되었다. 뉴욕시는 2012년에 각 개별 교사에 대한 부가가치 평가 자료들을 게재하였고, 〈타임〉지를 비롯한 교육 관련 단체들은 교사의 이름으로 검색 가능한 제도를 구축하였다. 오차 범위는 영어 교사가 100점 만점에 53점, 수학 교사가 100점 만점에 35점이다. 이 숫자들은 빌 게이츠, 웬디 콥, 더글러스 해리스를 포함하여 교사 책무성 개혁 지지자들이 오히려 자료 공개에 반대하도록 했다. 케이티 헤이콕은 교사 책무성 개혁가들을 향해 "부가가치 평가가 이 모든 것들을 지지할 만큼 강한지에 대해 우려하는 사람들을 함부로 다룬다. 개혁가들 중 '어찌 됐든 해 봐라! 순간일 뿐이다!'라고 말하는 사람들이 있다. 그 사람들이 맞을 수도 있지만, 이 제도를 다루려고, 문제를 해결하려 하기보다는 빨리 결정을 내리려고 하는 상황에 더 화가 나는 것 같다"고 말했다.

레이건 정부의 교육부 차관이자 공화주의적인 성향을 띤 개혁가인 체스터 핀Chester Finn은 이러한 헤이콕의 주장에 동의하였다. "우리는 앞으로 10년이 지난 뒤에야 아마 상당한 정도의 신뢰도를 가지고 교사성취를 양적으로 평가를 할 수 없다는 것을 알게 될 것이다"라고 말했다. 이는 나쁜 교육에 대해 도덕적인 공황이 불러일으킨 미국 교육개혁의 환상일 뿐이다.

과거의 평가제도가 이미 실패한 것과 같이 새로운 제도인 '최고를 위한 경주' 평가제도도 더 나은 교사를 만들어 내는 데에 실패했다는 증거가 쌓이고 있다. 2012년 미시간주 및 테네시주 교사들의 98%는 더 효과적이라거나 더 낫다는 평가를 받는다. 플로리다주에서는 95%가, 조지아주에서는 94%가 동일한 경향을 보이고 있다. 비록 비중을 위해 백분율을 이야기했지만, 실제 해당되는 교사의 숫자는 과거의 평가 체계에서와 크게 다르지 않다.

이러한 상황이 벌어진 이유를 확정하기는 어렵지만 몇 가지 추측을 제시할 수는 있다. 과거에는 교장이 교실의 모든 교사들을 온전히 평가하는 데에 시간을 쓰지 않았다. 교장이 교사를 어떻게 평가해야 하는가에 대해 제대로 배우지 못했거나 위로부터의 강요 때문에 평가를 시행했기 때문이다.

교원노조 지도자들에 따르면 비효율적인 교사의 비율이 낮은 이유는 교사의 아주 적은 일부만이 그들의 일을 제대로 하지 못하기 때문이다. 이러한 노조의 반응을 자기 실속만 챙기는 것이라 치부하기 전에 우리는 다음 내용을 고려해야만 한다. 콜로라도의 주지사 마이크 존스턴Mike Johnston과 같은 강경파 개혁가들은 매해 해고되는 하위 평가 5~10% 교사들을 면밀히 보아야 한다고 말한다. 경제학자 에릭 하누셰크Eric Hanushek는 '미국 교사들의 대다수는 효율적이다. 그들은 사실상 전 세계 어느 나라의 교사들과도 경쟁할 수 있을 정도'라고 말했다. 만약 교사들의 극소수만이 비효율적이라면, 평가 시스템에 따라 각 주의 교사 2~6%를 문제 있다고 표시하거나 워싱턴 D.C.의 교사 10%를 해고할 것이다. 혹은 자신의 직무에 대해서 더욱 책임을 지게 하도록 뉴욕시의 정년보장 신청 교사들 중 50%를 거부하거나 혹 정년보장을 유예할 것이다. 이러한 일들은 교직을 보다 더 강한 책무성을 가진 직업으로 만들게 될 것이다. 뉴헤이븐New Haven에서는 새 교원노조 협약이 교사들의 정년보장 권한을 없앴다. 매년 교사의 2%가 '비능률적'이라고 평가받기 때문이다. 교사 책무성 개혁가인 교육감 가스 해리스Garth Harries는 이 결과에 만족하였다. 그는 "나는 2%의 교사들이 상당히 큰 숫자라고 생각한다. 큰 숫자가 문제가 아니라 이러한 교사들이 실적 평가를 이유로 떠나고 있다는 것이 나머지 교원 인력에 상당한 영향을 미친다고 본다. 사람들은 '신이시여 감사합니다!'라거나 '그들은 진지하다. 나는 내가 효율적으로 일하기 시작하였다는 것을 확신해야 한다'고 말한다. 만약 교직을 진정으로 전문적인 직업으로 삼으려 한다면, 우리가 해고한 교사들이 상당한 숫자라고 보지 않는다. 적어도 2% 미만으로 충분하다고 보지 않는다. 그러나 2%로도 행복할 것 같다"라고 말했다.

학창 시절의 시험 성적과 소득의 상관관계를 분석하는 부가가치 연구자인 로코프Jonah Rockoff는 시험을 준비하도록 하는 교수법의 문제 때문에 앞으로 이루어질 연구 주제는 교사들의 영향을 새로운 방식으로 측정하는 것이 될 것이라 본다. 이런 연구는 어떻게 교사가 학생의 행동, 출석, 학점에 영향을 미치는지를 조사함으로써 목표를 달성할 수 있다. 로코프는 "우리는 모두 시험 점수가 정확성이나 영향력에서 문제가 있는 것이 아니라, 학교에서 교사가 가르쳤으면 하는 것들을 제한하고 있다는 점이 문제가 된다는 것을 알고 있다. 만약 우리가 교육에 대해 전체적인 관점을 가지고 있다면 더 좋을 것이다. 물론 아무거나 해도 된다거나 혹 '네가 원하는 것은 뭐든 가르칠 수 있어'라는 입장을 의미하지는 않는다. 우리가 아이들의 학습에 대해서 신경 써야 할 것이 단 한 가지만 의미하는 것이 아니라는 점이다. 우리는 아이들의 사회/인지적 성장이 어떠한지를 측정하고 그에 따라 교사에게 보상할 것이다."

그러나 아른 던컨 장관은 각 주가 '최상위로 가는 길을 자극하기 위해' 부가가치 평가를 사용할 수 없다는 것을 인정했다. 시험 점수가 학생의 학습과 교사의 질이 완벽하다는 것을 보여 줄지라도, 형편없는 교사를 대체한 새로운 교사가 더 낫다는 것을 보여 줄 증거는 어디에도 없다. 직업을 얻는 방식이나 성적, 인구통계학적인 특징을 통해서 누가 효과적인 교사가 될 것인지를 예측하는 것은 사실상 불가능하다.

지금까지의 연구 결과와 경험에 따르면, 교사의 정년보장권 및 직업 안정성은 재직 연한보다 실력과 연관시켜야 한다는 것이 보다 분명해진다. 현재 우리가 어떻게 교사의 정신과 행동이 아이들의 학습에 영향을 미치는지에 대해서 알고 있다는 점을 환기해 보면, 1960년대와 1970년대의 교사 계약 조항들은 도무지 이해 가지 않는 구석이 많다. 그러나 미국 공교육의 역사를 돌아보면, 교사들이 일의 특성과는 상관없이 독특하게 정치적 압력과 도덕적 공황 상태에 취약하다는 점을 발견하게 된다. 심지어 미셸 리는 해고로 인한 고통스러운 과정이 빨리 지나가도록 하는 한, 이를 시행하는 정당한 절차가 있다고 믿었다. 그녀는 "비효율적인 관리자들이 좋은 교사들을 몰아붙이는 수많은 상황들을 봐 왔다. 그러한 좋은 교사들이 적절한 때에 평가를 요청할 수 있도록 구조를 갖추어야 한다"라고 회고록에 썼다.

만약 대량 해고나 노동조합 파괴로 조직 전체의 개선이 이루어지지 않는다면, 남아 있는 방법은 평범한 교사들을 전문가로 변화시키는 것이다. 로코프는 이를 두고 교직의 '큰 중간층을 이동하는 것'이라고 일컬었다. 그러한 노력은 정보 이상의 것들을 필요로 한다. 이러한 노력에는 훌륭한 교사들처럼 공유된 비전, 현명하고 성실한 조언자, 교사들이 받는 연수를 필요로 할 것이다.

제10장

교사 전쟁, 그 끝을 희망하다

교사의 권한을 강화하는 방향으로의 개혁

미국의 많은 교사들에게 부가가치 평가로 압박해 온 지난 10여 년 동안의 교육개혁은 밖에서 혹은 위로부터 강요된 것이라는 느낌이 든다. 이런 강요에 앞장선 사람들은 거의 교사 경력이 없는 정치인이거나 기업이라는 거푸집에서 교육을 새롭게 만들어 보겠다는 염원을 내세운 기업 자선가, 교직을 과학보다는 기술이 덜 요구된다고 보는 경제학자들이었다. 스콜라스틱&게이츠 재단Scholastic & the Gates Foundation에서 수행한 2013년 설문조사 결과에 따르면, 대다수 미국 교사들은 교육정책 결정에서 소외되어 있다고 느끼고 있다. 교사들 중 3분의 1은 교육청 수준에서 자신의 의견이 나름 받아들여진다고 보고하고 있으며, 5%의 교사들은 자신의 의견이 주정부 수준에서, 그리고 단 2%의 교사들만이 자신의 의견이 국가 차원에서 나름 의미 있게 받아들여진다고 느낀다. 이러한 교사들의 절망감은 관련된 대중 논쟁에 파열음을 만들어 내기 시작했다. 정부 의견에 반대하는 교사와 노조들은 학부모 활동가들의 지지를 받고 있다. 이들은 표준화시험에 반대하고, 시험 준비에 투입되는 시간이 점차 늘어 가는 대신 프로젝트수업, 야외수업, 예술 및 음악 시간이 줄어드는 것에 반대한다. 시험은 기능주의적 교육 시스템의 일부분이다. 그러나 최근 학교 개선이라는 말을 이용하여 교사평가에 쓰일 학생 자료, 즉 학생들의 시험 점수를 수집하고 있다.

한편 책무성 개혁가들은 새로운 교사평가제도가 만병통치약이 아니라는 점을 점차 인정하고 있다. 교사들 중 아주 적은 수만이 실력이 없다는 점, 그리고 교사의 능력이라는 것이 실제 지속적으로 개선되리란 것을 확신하기 어렵다는 점을 알게 되었기 때문이다. 평가를 보다 많이 시행하는 것이 학생들의 학력을 높이리라는 희망은 마치 체중계를 산다고 곧 체중 감량으로 이어질 것이라 희망하는 것과 마찬가지다. 우리는 이제 어렴풋이나마 뭔가 잘못되었다는 생각을 뒷받침할 만한 무수히 많은 것들을 손에 넣었다. 그러나 적어도 학교 교실에서 교수-학습 방법의 개선을 시작하지 않는다면, 이러한 많은 시도들이 변화를 만들어 내지는 못할 것이다.

'예외를 두지 않는' 전략은 교수법 개혁의 하나의 방법은 아니다. 글로잘 정리된 수업계획서와 제한적인 교수법 기술을 내세우는 고부담 표준화시험과 결합된 개혁 프로그램은 야망 있고, 창의적이며, 탁월한 능력을 지닌 사람들에게 교직을 덜 매력적이게 보이도록 한다. 전직 교사들을 대상으로 한 설문조사 결과가 그 이유를 확인해 준다. 첫째, 교사들은 자신의 수업에 대해서 그 어떤 의견도 받지 못했다. 둘째, 교사들은 창의적으로 생각하거나 다른 동료들과 협력해 일할 시간이 없었다. 셋째, 교사는 자신에게 부여되는 책임감을 꺼안거나, 이를 통해 전문성을 향상시킬 기회를 갖지 않았다. 따라서 미국 교육개혁의 다음 단계는 최악의 교사를 찾아내 자동인형으로 만들려는 하향식 노력을 줄이고, 최고의 교수-학습 실천을 확산하도록 하는 교실 내 활동 지원에 보다 집중하는 것이 필요하다. 오늘날 전국의 교육개혁가들은 교사의 권한을 강화하는 실험을 실시하고 있다. 여기에는 동료 교사들 간에 서로 지도하고, 교사교육을 새롭게 디자인하며, 교육과정상의 학습 자료를 창의적으로 만들어 내도록 하는, 그래서 학교교육의 방향을 전환하도록 하려는 노력들이 포함된다. 이러한 활동들은 오랜 경력을 가진 교사들을 부담스러운 부채가 아닌 빛나는 자산으로 여긴다. 과거의 경험에서 볼 수 있듯, 실용적 입장을 취하는 것은 개혁 프로그램이 지속되게 하는 데 매우 중요하다. 교사들은 학교현장에서 이러한 입장을 기반으로 한 개혁 프로그램을 수행해야 한다.

'최고를 위한 경주Race to the Top'는 교사평가 과정에 상당한 주의를 집중하고 있다. 특히 학생들의 학업성취도가 교사평가에 어떻게 활용되어야 하는가에 관심을 기울이고 있다. 그러나 대체로 모든 주에서 교사평가 점수는 여전히 교실수업 관찰 결과가 일부 포함한다. 물론 가장 큰 부분을 차지하지는 않지만 말이다.

수업 관찰은 일반적으로 상당히 어려운 작업이다. 주관적으로 판단될 수 있기 때문이다. 윌리엄 맥스웰William Maxwell이 기억나는가? 그는 세기 전환기에 뉴욕시의 교육감을 했던 인물로, 교사의 99.5%가 '양호' 등급을 받았다고 불만을 토로했다. 그는 A부터 D까지로 구분되는 복잡한 교사평가제도를 새롭게 만들었다. 여기에는 교장에 의한 교사들의 수업 관찰과 평가가 주된 평가 근거였다. 그런데 그 결과는? 대부분의 교장들은 이 일을 처리하는 데 급히 서둘러 모든 교사들에게 B⁺ 등급을 부여했다. 지난 100여 년 동안 교실수업 관찰을 통해 교사들 간 능력을 평가하려는 시도는 실패했다. 그렇다면 도대체 어떻게 바꾸겠다는 말인가? 수업 관찰이 어떻게 사람들이 알고 있는 바를 드러낼 수 있도록 할 것인가? 어떤 교사들이 다른 교사들보다 탁월한지 말이다. 또한 사람들이 아직 채 알지 못하는 것들을 변별해 낼 수 있도록 할 것인가? 이 일은 어떻게 성공적으로 실현될 수 있을 것인가?

교사가 학생들과 어떻게 가르치고 배우는지를 조심스럽게 살펴보는 것으로 부가가치 평가 방식을 넘어서기 위한 시도를 한다. 이러한 접근의 중요성은 많은 교실에서, 특히 저소득층 학생들이 많은 학교 교실의 수업을 보고한 최근 연구들에서 강조되고 있다.

2009년 경제학자인 토머스 케인과 빌-멜린다 게이츠 재단은 MET Measures of Effective Teaching 프로젝트라 알려진 교사 효능감 연구에 착수하였다. MET는 현직 교사 1,333명의 수업현장을 동영상으로 촬영하였고, 이를 분석하기 위해 평가 전문가에게 보냈다. 평가 전문가들의 진단에 따르면, 교사들 중 단 3분의 1만이 단순암기식 학습을 넘어서 지적 성장을 유도하는 교수학습을 실행하고 있었다.

이러한 결과는 이전 연구들과 궤를 같이한다. 2011년 볼티모어의 한 초등학교 교실을 관찰한 연구에 따르면, 교사들은 대부분 학생들을 지적으로 자극할 만한 어휘를 사용하지 않았으며, 개념을 심도 있게 이해할 수 있도록 돕는 질문을 던진다거나 학급 전체가 토론에 참여할 수 있도록 이끄는 행동을 하지 않았다. 연구 결과에 따르면, 표준학력평가가 치러지기 전 몇 주 동안 볼티모어의 교사들은 교실에서 해야 하는 활동들을 평소보다도 더 적은 빈도로 시행했으며, 학생들과의 개별 면담 횟수도 줄어들었다. 오히려 교사들은 교실에서의 많은 시간을 '비판적 사고력이나 협동심이 필요하지 않은 지필고사를 보는 방법을 지도하는 데 보냈다.' 미 전역의 수천 개 학교 교실을 대상으로 한 몇몇 연구를 포함하여 교사들의 교수-학습에 관한 2009 선행연구 검토 내용을 살펴보면, 취약계층의 학생들은 낮은 수준의 학습 내용인 단어를 틀리지 않고 쓰거나 또는 품행이 좋지 않은 아이들을 혼내는 교사들을 쳐다보며 많은 시간을 보내는 경향이 있다.

아마도 그 어떤 것도 중요하지 않을 수 있다. 객관식 모의고사로 학생들이 뭔가 배운다고 한다면 말이다. 그러나 일련의 연구들은 교사들이 학생들 간의 상호작용을 촉진하고, 객관식 시험에서 제시되는 것보다 더 광범위하고 도전적인 개념들에 집중할 때, 직접 쓰기가 요구되는 등의 고급 수준의 평가에서 실제 학생 성적이 높아졌다. 엄격하고 상호작용하는 교실이 학생들의 성취도를 더 향상시킨다.

나는 모든 학년의 모든 과목에서 표준화 평가를 도입한 콜로라도 교육제도가 적용된 해리슨 제2지역 교육청을 방문한 적이 있다. 이때 십자군과도 같은 마이크 마일스Mike Miles 교육감과 함께 폭스 메도우 중학교Fox Meadow Middle School를 한 바퀴 돌며 교실수업을 관찰했다. 해리슨 학교구에서는 단체교섭이 없어 마일스 교육감은 교사들의 근무환경을 조성하는 데 믿기 어려울 정도의 권한을 갖고 있었다. 모든 교사들은 수업 시간에 교실 문을 열어 놓아야 했다. 교사들은 한 학기 동안 적어도 16차례의 미공지 수업 관찰이 교장이나 교감, 교수법 강사, 혹은 외부 컨설턴트 등에 의해 이루어질 것이라 통지받았다. 당연한 이야기겠지만, 교사들은 늘 감시당하는 느낌이 든다고 말했다. 일반적으로 마일스 교육감의 책무성 노력을 지지하고 있는 TFA 파견 교사들은 해리슨 학교구를 '근무하기에 가장 긴장감이 높은' 곳이라고 말했다.

이러한 예는 약간 극단적이라 여겨진다. 교육청에서 실시하는 예술 및 체육 과목의 지필고사의 질에 대해 그다지 큰 인상을 받지 않았기 때문에 나는 교실의 수업 관찰에서 본 것에 그다지 놀라지 않았다. 그러나 이 점에서 내가 틀렸다. 각 반별로 15분 정도씩 교실에서 수업 관찰을 하면서 마일스는 교사들의 수업에 통찰력 있는 조언을 제시할 수 있었다. 그는 행정가 및 컨설턴트 등 6명으로 구성된 팀과 함께 건물 복도를 따라 이 교실 저 교실을 돌아다녔다. 함께 다닌 사람들 중 일부는 이러한 수업 관찰 방법을 새롭게 훈련받은 사람들이었다. 수업 관찰팀이 20대 초의 과학교사가 담당하는 교실에 발을 들여놓았을 때, 이 젊은 여성은 살짝 몸을 떨기 시작했다. 그녀는 '가설, 도표, 그리고 자료'에 관한 수업을 진행하고 있었다. 그러나 7학년에게 도표를 읽고 그 표에 담긴 수치들의 의미를 묻는 질문에 답변하도록 하는 활동은 가설과 상관이 없는 것이었다. 마일스 교육감에게 가설에 관한 개념은 이 수업에서 가장 중요한 것이라 여겨졌다. 교육감은 교실 바깥의 복도로 나와 팀의 다른 요원들과 함께 자신이 발견한 사항에 대해 의견을 나누었다. "이 선생님은 가설을 세울 수 있도록 자료를 활용했던 것일까요?"라고 물었다. "아니요." 교육감은 또한 학생들이 소그룹 활동을 하는 동안 교사가 교실을 돌아다니며 모든 학생들이 잘 참여하고 있는지 확인해야 한다고 말했다.

사회과 수업에서 마일스 교육감은 교사가 학생들에게 부여하는 과제가 맘에 들지 않았다. "지리적 사실을 활용하여 다음 질문, 즉, 서유럽 국가 중 콜로라도주와 가장 비슷한 국가를 찾으시오"라는 질문은 모호한데다가 지루하며, 심지어 답하기조차 쉽지 않다. 게다가 자신들이 배우는 것을 시각화할 수 있는 유럽 지도조차 걸려 있지 않아, 한 번도 콜로라도주를 떠나 본 적 없는 대부분의 학생들이 이 문제를 어렵게 생각하게 했다.

원 둘레의 길이(원주)에 대해 수업을 진행하고 있는 수학 교사에 대해서 교육감은 단순히 칠판에 공식을 써 주는 것 대신에 교사가 야구와 같이 실제 사례를 들어 개념을 설명해 주는 것이 좋겠다고 제안했다. 두 번째 보게 된 수학 교사는 분수의 아랫부분에 있는 '분모'라는 단어를 설명하는 데 장장 10분씩이나 할애했다. "이 여선생님은 슈퍼스타가 아니야"라고 교육감은 말했다. 그는 이 여교사가 반드시 참고해야 할 모범적인 수학 교사를 알고 있었다.

그날 폭스 메도우 중학교를 나서기 전에 마일스 교육감은 평가전문가들과 평가하는 시간을 잠시 가졌다. 각 교사들에 대해 교장이나 교감 및 장학사가 작성한 노트들을 훑어보면서, 그는 "제 눈에는 그다지 쓸 만한 조언이 보이지 않네요. 저는 제가 살펴본 모든 교실에서 나름 긍정적인 모습들도 보았습니다." 그 후 교육감은 그 학교에 두세 명의 "탁월한 교사(교육청에서 가장 높게 인정하는 호칭)"와 당학년도가 마칠 때쯤 해고될 교사들 4명(여기에는 정년보장을 받은 교사 한 명 포함) 정도가 있다고 생각한다고 말했다. 30여 명의 교사가 있는 학교에서 약 14% 정도의 형편없는 교사들이 있는 것이었다.

교장이나 교감이 교사의 교실수업을 아주 자세히 관찰한다는 생각은 그리 새로울 것이 없다. 진보주의 시대 개혁가들은 '효율성' 관찰을 촉진시켰다. 장학관은 효율성 관찰을 하면서 지각한 학생은 몇 명이나 되는지, 실습지를 나누어 주는 시간은 얼마나 걸리는지 등의 질문을 토대로 교사들의 순위를 매기는 긴 항목들을 사용했다. 제2차 세계대전 이후, 교사의 교실로 '장학 방문'을 하는 것은 '민주주의적 이념'을 수업에서 충분히 잘 가르치고 있는지에 대해 판단하고자 하는 목적 때문이었다. 1980년이 될 때까지 많은 학교 교장이나 교감들은 교실수업을 관찰하기 위한 진단 모델을 사용했었다. 이것은 병원에서의 회진에 근거한 시스템으로 하버드 대학교 교육대학원 교직과 교수인 로버트 골드해머Robert Goldhammer가 확산시켰다. 이 제도에 따라 교장은 교사들의 수업, 개선 영역, 그리고 장기목표 등에 대해 성찰할 수 있도록 교사들과 두 차례의 수업 관찰, 사전 관찰과 사후 관찰을 실시해야 했다. 골드해머 교수는 효과적인 교수법의 자세한 특성들을 열거하지 않았기 때문에 이 모델을 사용하고자 했던 교장들은 대체로 교사들에게 자세하고 도움이 될 만한 의견을 줄 수 없었다.

나중에 메들린 헌터Madeline Hunter가 개발한 보다 처방적인 시스템인

'수업 디자인'이 유행하게 되었다. 교장은 교사들의 수업에서 몇몇 핵심 요인들이 포함되어 있는지 여부를 확인하였다. 예를 들어, 교사가 수업을 진행하면서 칠판에 수업 목표를 적어 놓았는지, 성공적인 수업을 위한 '모델'을 갖고 있는지, 그리고 학생들이 수업에서 새로운 개념을 배울 기회를 갖게 되는지와 같은 것 말이다. 마이크 마일스 교육감은 분명히 헌터 시스템에 영향을 받았을 것이다. 이 방식은 직접 가르치는 것과 학생들의 그룹 활동을 결합한 것으로 TFA에 의해 교사들이 수행하도록 훈련받은 내용과 유사하다. 헌터를 비판하는 사람들은 그녀가 지나치게 교사 주도적인 활동에 집중하고 있다는 점을 지적한다. 이는 교사가 학생들 스스로 자기주도학습자가 되는 것을 방해하기 때문이었다. 요즘은 교사평가 개선을 강조하고 있는 '최고를 위한 경주' 때문에 좀 더 민감한 교실수업 관찰 도구가 될 수도 있는 것들이 등장했다. 이러한 방법들은 전국적으로 수천 개의 학교 교실에서 수용, 적용되고 있다. 이 중 버지니아 대학교에서 개발한 교실평가측정 시스템Classroom Assessment Scoring System, CLASS이 있다. 이 시스템에 따르면 교사들은 학업성적과 관련되어 있는 행동을 보였는지 그렇지 않은지에 근거하여 순위가 부여된다. 예를 들어, '학생이 하는 이야기를 확장시켰는가'는 아동이 교사에게 한 말을 다시 반복하거나, 말의 문법적 오류를 바로잡아 주거나, 혹은 보다 정교한 단어를 사용하도록 하는 등의 행동을 의미한다.

정교하게 계획된 수업 관찰 모델로 잘 알려진 또 다른 것이 샬럿 대니얼슨Charlotte Danielson의 분석틀에 포함되어 있다. 이는 1996년 처음 개발되었다. 대니얼슨은 워싱턴 D.C.의 공립학교로 근무하다가 이후 교육 연구자가 되어 시험대행기관인 ETSEducation Testing Service에서 근무하였다. 그녀는 1970년대 '역량'의 광기가 판을 치던 시기 학생들에게 '고차원적인 질문'을 던지는 것에 관해 모호한 논쟁들이 있다는 점을 잘 알고 있었다. 대니얼슨은 교사들이 일하는 모습을 지켜보고, 학생들의 수업 참여를 눈여겨보고, 도대체 효과적이고 고차원적인 교수 방법은 어떤 것인지에 대해 정확히 알고 싶었다. 그녀가 발견한 바에 따르면 효과적인 수업 토론에서의 질문은 단 하나의 답변만을 유도해서는 안 된다. '히틀러가 권력을 차지한 것은 언제입니까'와 같은 질문이 아니라, '독일의 어떤 사회적, 정치적, 경제적 요인이 나치당의 권력 장악을 가능하게 했을까요?' '이들 중 어떤 요인이 가장 중요하다고 생각합니까?' '왜요?'와 같은 질문이어야 한다. 대니얼슨은 훌륭한 교사는 학생들에게 진저리날 정도로 자신이 한 이야기를 반복하는 대신, 개념들을 설명하도록 질문한다는 점을 알게 되었다. 서로 다른 영역 간의 연계가 중요하다는 점을 강조했다. 예를 들어, 셰익스피어 희곡을 가르치기 전에 엘리자베스 여왕 시대의 영국에 관한 배경 정보를 학생들에게 먼저 주는 것이다. 그래서 그녀는 아주 광범위한 문화적 소재들에서 학생들이 환호할만한 읽을거리와 예술작품을 선택했다. 자기 학급의 학생들에게 논쟁을 해 보도록 했고, 자기주장을 내세울 경우에는 근거를 제시하도록 요구했다. 교사가 이런 수업 진행에서 진짜 능숙하다면, 학생들은 교사가 일일이 개입하지 않아도 손쉬운 주제에 대해 꽤 긴 시간 동안 대화를 이어 갈 수 있다. 그녀는 자기 학생들을 하나의 단위로 평가했다. 시작과 끝에서만이 아니라, 질문을 제시하고, 학생들이 교실을 나가기 전에 반드시 풀어야 할 간단한 문제들을 내주었다.

뉴욕시에서는 교장들에게 대니얼슨 분석틀을 활용하여 각 교사별로 1년 동안 적어도 한 학년마다 4회 이상 교실 참관을 실시하고, 교사들이 교사전문성을 키울 수 있도록 협의하는 시간을 갖도록 했다. 이처럼 현장 지향적인 시스템에서는 거의 모든 연구를 위한 수업 참관 시 교장이나 교감들이 평가 항목으로 엄청나게 많은 역량들, 대니얼슨 분석틀의 경우에는 22개에 이르는 역량들을 채워 넣도록 요구한다. 역사적으로 많은 시간을 들여 보고서를 작성해야 하는 부담을 안기는 평가시스템은 오래가지 않는다. 왜냐하면 교장들은 대체로 다음 두 유형, 즉 교사들 간 유의미한 차이를 만들어 내지 않고 보고서를 작성하여 제출하든지, 아니면 평가 항목 중 주관적인 지표들을 최대한 활용하려는 방안을 찾든지 하기 때문이다. 예를 들어, 교장들은 대니얼슨 분석틀에 들어 있는 '행위규정 준수' 같은 항목에 대해서 교사들의 수행을 보다 객관적으로 평가하는 것과 관계없이 좋아하지 않는 교사들의 해고를 목적으로 활용하게 된다.

나는 해리슨 제2학교구 및 다른 학교구를 방문했을 때, 교사들로부터 교실수업 관찰에 대한 여러 가지 불평을 들을 수 있었다. 교사들의 가장 빈번한 불평 중 하나는 수업 관찰을 수행하는 컨설턴트와 비교사 참관인들의 경우 교육과정 내용에 대한 이해가 낮다는 점이었다. 따라서 이들로부터 적절한 피드백을 제공받기는 난망하다. 수업 관찰을 위해 존경할 만한 교사들이 동료 코치 겸 평가자로 참여하게 된다면, 교장이나 교감의 업무 부담을 가볍게 해 줄 뿐만 아니라 교사들의 사기를 크게 높여 줄 수 있다고 했다. 이로 인해 책무성을 내세우는 개혁가들과 교원노조들은 1981년 톨레도Toledo에서 처음 선보인 행위인 교사들 간의 동료평가를 시행하게 된 것이다.

50대의 비쩍 마르고 키 작은 밥 로위Bob Lowe는 약간 초조해 보였다. 비가 내리는 6월 어느 날 아침, 그는 자신이 속한 교원노조인 몽고메리 카운티 교육협회The Montgomery County Education Association 건물에 막 도착했다. 로위가 노조를 찾은 이유는 33년 동안의 교사 경력을 계속할 수 있도록 싸우기 위해서였다.

로위는 소속 노조와 카운티 해당 학교구가 전문가로 선정한 8명의 교사와 8명의 교장으로 구성된 심사위원 앞에서 스스로를 변호해야 했다. 심사위원들은 이미 문화적 다양성을 가진 교외 지역 고교의 교장으로부터 로위와 관련한 내용을 청취했다. 교장은 로위가 교사로 역량을 향상시켜 나갈 수 있도록 할 수 있는 모든 것을 했다고 말했다. 심지어 교감 1인을 로위의 교실에 보내 하루 일과 중 거의 60%에 이르는 시간을 보내도록 했다. 그러나 로위는 엉망이었다. 학생들에게 성적을 늦게 알려 주었고, 심지어 학생들이 제출한 숙제를 잃어버리기까지 했다. 가끔은 수업 시간에 아이들을 웃기는 역사 속 일화들을 이야기하면서 강의했다. 그는 수업의 목표를 제시해야 한다는 생각이 없었고, 학생들이 작문 시험test을 치를 때 무엇을 어떻게 해야 잘하는 것인지에 대해 알려 주지 않았다. 학생들은 집중하지 않았고, 교실을 건들거리며 돌아다녔다. 심지어 그가 우수하다고 했던 학생들은 기말고사에서 형편없는 성적을 받았다.

학교 교장으로서 로위를 해고하려는 것은 쉽지 않았다. 그는 학교라는 공동체에서 큰 역할을 담당하고 있었다. 그는 매년 메릴랜드주를 방문하는 러시아의 한 고등학교와 문화 교류를 진행해 왔다. 교장은 "그는 상당히 훌륭한 사람이에요. 정말로 좋은 사람이지요"라고 말했다. "학생들은 대체로 그를 좋아해요. 열정도 있고, 자기가 가르치는 영역에 대해 지식도 깊어요. 그런데 학생들에게 가르치는 방법을 몰라요."

심사위원들은 로위에게 '컨설팅한 교사Consulting Teacher, CT'의 보고서도 청취했다. 교사 컨설팅은 동료 지도의 한 부분으로 몽고메리 카운티의 모든 초임 교사들과 교장이 지명한 성과 낮은 경력 교사들을 대상으로 했다. 교사 컨설팅은 전임 코치와 평가자가 되어 3년 동안 컨설팅을 수행한다. 월 급여는 5,000달러 정도로 교사의 평균연봉보다 약간 높다. 그 후 다시 평교사로 돌아온다. 로위를 관찰한 보고서에는 로위가 수업에서 했던 말들이 포함되어 있었다. 물론 그리 듣기 좋은 것들은 아니었다. 로위가 학생들에게 지시하는 것들은 너무도 애매모호해서 과제 하나를 내는 데 세 번에 걸쳐 설명을 해야 했다. 수업을 시작하기 전 5분 동안 활동을 진행하면서 그는 학생들에게 주의를 집중하라는 말을 7차례나 했다. 수업 중 새로운 활동을 하기 위해 책상을 재위치시키는 데 9분을 썼다. 뿐만 아니라 그다지 학업성취가 높지 않은 학생들에게 굳이 토론에 참여하지 않아도 된다고 했다. 컨설팅이 이루어지는 동안 로위는 자신의 교수법에 문제가 있다는 지적에 대해 비극적인 가족사와 건강문제를 들먹이며 변명하고자 했다.

로위가 자기를 변호하고자 나타나기까지 상황은 로위에게 상당히 부정적으로 보였다. 그는 미국의 공립학교 시스템에 대해 애정이 얼마나 깊은지에 대해 말을 꺼냈다. 그는 공립학교를 다녔었고 자신의 자녀들 또한 공립학교를 졸업했다. "저는 교사 이외의 다른 직업을 꿈꿔 본 적이 없습니다. 교사가 아니라면 제가 도대체 무엇을 할 수 있을지 도무지 알지 못합니다." 그러나 로위가 있는 학교에서 그에게 요구하는 기대수준이 높아졌고, 그는 이에 제대로 부응하지 못했다. 그가 교사로 재직해 온 지난 시기 동안 학생추적 자료는 필요하지 않았다. 수업계획을 구체적인 교과 기준에 맞추는 것도 요구되지 않았다. 그의 표현에 따르면 자기 수업은 "임시변통ad hoc"이었다. 그렇다. 그도 인정하고 있듯이 지난 6년간의 자료에서 어느 때보다 올해 실패한 학생 수가 많았다. 그는 이 결과의 책임을 학생들에게 돌리는 듯했다. 그는 "제가 뭘 모르는 건가요? 아니면 아이들이 불빛에 노출된 사슴들인 건가요?"라고 말하고는 잠시 생각에 잠겼다. "어떤 아이들은 거의 대부분의 시간을 그렇게 보냅니다." 그는 자기 온몸을 뻣뻣하게 하고 부릅뜬 눈을 멀리 응시하면서 잔뜩 겁에 질린 사슴을 그려 보여 주려 했다. 종국에는 거두절미하고 자비를 베풀어 달라고 빌었다. "저는 명예롭게 제 경력을 마칠 수 있기를 바랍니다."

자기 이야기를 마친 후 로위는 방을 나갔다. 같은 학교의 교장과 로위의 딸을 가르쳤던 심사위원들은 판정에서 제외되었다. 이제 14명의 판정단이 남아 학생들의 성적, 평점, 학부모로부터의 이메일, 교장이 찍은 지저분한 교실 상황과 같은 로위와 그의 학생들에 관한 정보들을 살펴보기 시작했다. 심사위원들은 '로위의 학급에서 몇 명이나 특수교육을 받아야 하는 학생들로 구분되나'에 대해 토론을 벌였다. '이 상황이 로위가 교사로 복무하는 데 너무 과한 환경은 아니었는지?' 로위는 5년 전에 동료평가를 한 번 받았다. 그 이후 로위는 나름 개선된 바가 있는가?

한 젊은 교사는 판단을 내린 듯했다. "좀 더 두고 본다고 더 나아질 것 같지 않은데요?"라고 그녀는 말했다. "로위는 학생들을 충분히 강하게 이끌지 못했어요. 앞으로 개선될 여지를 위한 전략이나 방법을 도무지 찾기 어렵습니다." 교장 한 명은 이에 동의했다. "그는 그냥 어슬렁거린 거예요. 만약 그가 여기에 보고된 것처럼 가르쳤다면 학생들에게 명쾌함이라는 것이 생길 수 있겠어요?"

결국 심사위원들은 만장일치로 로위의 해고를 결정했다. 호리호리한 중학교 교사로 노조 부위원장인 크리스토퍼 로이드Christopher Lloyd가 위층으로 올라가 로위에게 결과를 알려 주었다. 몽고메리 카운티에서 그의 경력은 이제 끝났다고. 로이드가 회의장에 돌아왔을 때, 그의 얼굴은 한껏 침울했다. 그러나 동료 검토 심사위원들에게 그는 격려의 연설을 늘어놓았다. 톨레도에서 교사들은 동료평가제도 내에 무기한 머물 수 있다. 물론 작더라도 일종의 개선이 이루어진다는 조건하에서 말이다. "이는 우리 제도의 철학이 아니죠." 로이드가 말했다. 고군분투하는 저성과 교사들은 적어도 1년 동안 수업계획, 학생자료 활용법, 학급 경영에 대해 집중적인 장학을 받도록 되어 있다. "교사는 스스로 자신에게 필요한 것을 찾아 개선할 수 있어야 해요. … 우리 제도는 이러한 과정을 전제합니다. 우리는 교사들의 조합으로 이 점이 아주 중요하다고 봅니다. 우리는 교직을 보호해야만 합니다. 단지 숨만 쉬고 있는 것들을 보호하자는 이야기는 아닙니다."

동료평가는 가끔 교원노조 측 최전선으로 그려져 왔다. 가장 비근한 예로 책무성 계획을 사기라고 간주하는 것이다. 노조 지도자들은 이를 교사들의 정년보장을 끝내도록 요구하고 학생들의 성적을 교사평가 도구로 활용하려는 정책결정자들에게 대응하는 데 사용한다. 9,000명 이상의 교사가 근무하는 몽고메리 카운티 교육청으로 한정해 보면, 지난 2013년 동료평가로 직접 해고되거나 권고 사직된 교사들은 단 41명에 불과했다. 이 중 8명은 정년이 보장된 교사들로 로위도 이들 중 한 명이었다. 동료평가 과정을 거쳐 교직을 떠나는 교사들의 숫자가 작은 것은 전국적으로 오랜 동료평가제도를 갖춘 교육청들에서 일어나는 아주 전형적인 현상이다. 존 메로우John Merrow라는 기자는 2010년 톨레도에서 통계자료를 살펴보았는데, 전국에서 최초로 그리고 가장 두드러진 동료평가제도를 갖춘 교육청이 매년 임용 1년 차의 교사들 중 8%를 내보내고 있었다. 이 수치는 해고되는 1년 차 교사들을 기준으로 10명 중에 2명, 정년보장 교사의 1%에 해당하는 교사들만이 해고되는 것과 비교된다. 이는 해당 교육청에서 실력 없는 경력 교사들의 실제 숫자에 비해 터무니없이 작은 숫자이다.

2004년 몽고메리 카운티 교육청은 동료평가에 관한 외부자 조사를 실시했다. 여기에는 교장들을 대상으로 한 설문조사도 포함되어 있었다. 교육청이 궁금했던, '도대체 왜 매년 동료평가 과정에 호출되는 정년보장 교사들의 수가 그토록 적은가'라는 질문이 있었다. 이에 대해 많은 수의 교장들은 서류 작업이 너무 힘들고 교사명단 제출 기한을 종종 넘기게 된다고 답했다. 다른 교장들은 실력 없는 교사들을 처벌하는 것에 감정적으로 반발하기도 했다. 이들은 연구자인 줄리아 코피치Julia Koppich에게 "크게 고민됩니다. 이 교사들은 낯선 이들이 아니에요. 그들의 사정을 알고 있잖습니까? 결코 악한 사람들이 아니라니까요"라고 말했다.

교장이 교사를 해고하기 원치 않는다고 보고한 연구자는 코피치만이 아니다. 경제학자인 브라이언 제이콥Brian Jacob에 따르면 30~40%의 교장들은 단 한 명의 교직원도 해고하지 않았다. 시카고 교육청이 각급 공립학교에서 아직 정년보장 권한이 없는 교사들을 해고하는 데 필요한 서류작업을 대폭 줄여 주었음에도 불구하고 말이다. 왜 그랬을까? 아마도 교장의 교사 교체로 인한 두려움이 해고된 교사들의 무능력과 별반 다르지 않았을 것이기 때문일 것이다. 교육신탁재단The Education Trust의 이사장인 케이티 헤이콕은 이에 대해 다른 논리를 듣게 되었다. 그는 "아마도 당신의 교장은 한 명의 아이라도 포기하고 싶지 않았을 거예요. 마찬가지로 한 명의 교사라도 포기하려 하지 않았던 거지요"라고 말했다.

동료평가를 지지하는 사람들은 단지 얼마나 많은 교사들이 해고되는가의 기준으로 이 제도를 판단하는 것은 실수라고 말한다. 대신 이상적인 결과는 저성과 교사들을 도와 보다 유능한 교사가 되도록 하는 것이어야 한다고 본다. 전 전국교육협회 회장인 데니스 반 로켈Dennis Van Roekel은 "할 수 있는 일 중 최악은 해고하는 것입니다. 교사를 해고한다는 것은 임용하고 훈련하면서 해 왔던 투자를 몽땅 잃게 된다는 것이기 때문입니다"라고 말했다.

동료평가에 대한 비판은 학생들의 학습 성과에 너무나 신경을 쓰고 있지 않는다는 점에서 제기된다. 몽고메리 카운티 교육청은 처음부터 '최고를 위한 경주' 기금 수혜를 받지 못했다. 교육청의 정책이 부가가치 성적을 교사평가 과정에 일정한 비중으로 반영하기를 거부했기 때문이었다. 그러나 '자료'는 동료평가 심의가 이루어진 6월 어느 날의 회의에서 가장 많이 언급된 말이었다. 정년을 보장받은 유치원 교사는 학부모들에게 배경 자료를 제대로 제시하지 않은 채 특수교육 대상 학생들의 학습계획을 수정했다. 이는 아주 큰 문제였다. 동료평가 패널은 다음 학년도에 해당 교사를 동료평가를 받도록 했다. 이를 통해 학생평가에 관한 기술을 향상시켜 보도록 했다. 만약 아무런 진전의 기미가 보이지 않으면 그녀는 해고될 수도 있었다.

다음 사례는 4학년 언어통합 프로그램의 교사로 아직 정년보장을 받기 전의 교사였다. 스페인어를 모국어로 하는 30대 중반의 여교사는 메릴랜드주의 다른 교육청에서 몽고메리 카운티 교육청으로 옮겼다. 학교의 교장은 그녀 반 영재 학생들의 읽기 능력이 단지 1.84점 수준밖에 향상되지 않았다고 보고했다. 이 수준은 교장이 적절하다고 볼 수 있는 수준 이하였다. 더욱이 그녀 학급의 영재 학생들 중 26%는 수학 교과에서 아무런 진전을 보이지 못했다. 따라서 교사 면담을 실시하고, 교장은 작성한 자료들을 면밀히 검토한 후 심사위원단은 이 교사를 일반 교사 자리로 다시 돌려보냈다. 그 교사가 특별히 29명이나 되는 큰 규모의 5학년 학급에 배정되었으며, 여기에는 해당 학년에서 특별교육을 받아야 되는 학생 전부 및 학부모들이 특별히 그녀에게 배정해 달라고 요구한 아이들이 포함되어 있었다. 그녀는 선택적으로 벙어리 증상을 보이는 한 남자아이를 성공적으로 다루었던 것이다. 사실 그 아이는 일반적인 학급환경에서는 아무런 말도 하지 않으려 했었다. 그 아이는 이

제 수업 토론에서 적극 참여한다. 그 교사는 "이 아이의 변화에 대해 저는 무척 행복합니다"라고 말했다. 그런데 이 교사는 자기 학급이 장애아와 영재 모두를 포함하고 있는 특수학급으로 많은 문제가 있었다고 했다. 이것이 심각한 문제라는 점을 잘 알고 있었지만 그녀로서는 어쩔 수 없었던 것이다. 그녀가 정년보장을 받을 것이라는 보장은 없었지만 앞으로 정년보장을 신청할 기회를 갖게 되었다.

교사의 역할에 대한 기대가 지난 수십 년간 변해 오면서, 교사는 더 높은 성적을 낼 수 있는 기술자가 되기를 요구받고 있다. 그러니 경력 교사라 해도 학생의 학업성취 향상을 위해 별도의 훈련을 받는 것이 당연해졌다. 학교 내에서 도움이 필요한 교사들을 위해 동료평가와 같은 제도가 마련되어 있지만 실제로 이러한 지원을 해 줄 능력이 있는 학교 관리자는 거의 없는 실정이다. 역사적으로 교장은 학교 건물과 인사관리를 담당했고, 교사들은 스스로 교수-학습과 관련된 거의 모든 결정을 내려 왔다. 교사양성기관과 개별 교실에서의 '자율성'은 전문가로서 교사가 갖추어야 할 핵심적 특질ethos이었다. 문자 그대로 받아들였을 때 자율성은 교실을 소위 '암흑상자'로 만들어 버리는 상황을 연출한다. 암흑상자로서의 교실에는 외부인의 관찰과 건설적인 비판이 끼어들 틈이 없어진다. 이제 교장들은 오랜 관리자로서의 업무와 함께 아이들이 무엇을 어떻게 배우고 있는지에 대해 교사들의 교수법을 검토해야 한다. 눈덩이처럼 불어난 교장의 책임은 부담이 될 수밖에 없다. 미국의 평균적인 교장과 교감이 20~40명의 교사들을 관리한다고 볼 때 말이다. 이는 다른 직업들이 관리할 수 있는 피고용자의 범위를 8~10명 정도로 상정하고 있다는 점과 비교된다. 동료평가를 활용하고 있는 몽고메리 카운티, 톨레도, 로체스터, 그리고 다른 지역 교육청들에서는 매년 10~20명의 교사들에게 컨설팅을 제공하고 있다. 이 숫자도 상당히 많은 일이기는 하지만 교장들과 달리, 이들은 100% 교사들의 교수법을 향상시키는 데 초점을 두어 컨설팅을 한다.

동료평가는 최고의 교사들에게 멘토의 역할을 맡김으로써 일정한 보상을 할 수 있는 기회를 교육청에게 주고 있다. 물론 이렇게 함으로써 예산도 절약하게 된다. 교육청에서 교사를 교체하는 데 드는 비용은 평균적으로 1만 달러가 되는데, 여기에는 선발, 임용과 훈련 비용이 포함된다. 그러나 동료평가 한 건에는 4,000~7,000달러 정도가 든다. 최근 도입되는 동료평가제도는 몽고메리 카운티 교육청에서의 것보다 훨씬 공격적인 특징들을 갖고 있다. 뉴어크시 교육청은 부분적으로 부가가치에 바탕한 새로운 교사평가 과정을 통해 시 전체 교사들 중 20%의 교사들에게 '실력 없음' 혹은 '부분적으로 실력 있음' 등급으로 구분하겠다고 선언했다. 낮은 등급을 부여받은 모든 교사들은 동료지원 혹은 동료평가를 받아야 하며, 재직 연한을 연장할 권한을 잃게 된다. 볼티모어시 교육청에서는 모든 교사들에게 선임특권을 없애는 획기적인 계약이 도입되었다. 이 계약에 따르면 교사들은 재직 연한이 아니라 표준적이고 전문적이며 멘토를 제공하고 지도하기를 요구하는 교직 성과와 관련된 일련의 단계에 따라 움직이게 된다. 수업을 촬영한 동영상을 검토하는 동료평가자들은 교사들이 일정한 정도의 점수를 얻도록 하는데, 이로써 교사들은 단계 과정에 따라 승진한다. 승진에 필요한 다른 점수들은 방과 후 튜터 여부 등의 별도의 책임에 따라 교장이나 교감이 제공한 보상 등으로 결정된다.

세인트루이스에서는 성과가 낮다고 평가된 정년보장 교사들에게 정년보장 권한을 유지할 것인지, 포기할 것인지 결정하도록 한다. 만약 교사가 정년보장 권한을 유지하기 원한다면 교실에서의 교수법 향상이 이루어졌는지 18주 안에 증명해 보여야 한다. 교육청은 이후 해고를 위한 청문회를 열 수 있다. 만약 교사가 정년보장 권한을 포기한다고 선택하면 일 년의 시간을 주고 동료 코치와 함께 가르치도록 한다. 이 기간 동안 향상된다면 다시 정년을 보장받게 되지만, 그렇지 않을 경우 교사와 교장으로 구성된 회의에서 해고될 수 있다. 세인트루이스 교육청은 임기 첫해를 맞는 신참 교사들에게 동료 멘토링 및 동료 검토에 참여하도록 하여 교직의 아주 중요한 2년 차 시기에 잔류할 수 있도록 독려한다. 연구 결과에 따르면 이 시기에 교사들의 효능감에 큰 도약이 이루어진다. 2011~2013년 사이에, 이러한 제도에 따라 세인트루이스 교육청 소속 교사들 중 7%가 교직을 떠났다. 그러나 전미 교원노조 위원장인 랜디 와인가르텐은 '이 나라에 있는 권력은' 세인트루이스 계획The St. Louis Plan을 교원노조와 학교 관리자 간 협력의 중요한 모델로 치하해야 한다고 말했다.

　한때 동료평가를 교사를 다루는 너무 약한 방법이라고 보았던 책무성 개혁가들은 점차 이 방안에 대해 공감을 표시하고 있다. 이는 부분적으로 교사들의 실행을 포함하고 있다는 점 때문에 세인트루이스나 뉴어크, 볼티모어 등의 교육청들이 선임특권을 관철하고자 하는 교원노조와 일종의 큰 양보를 얻어 내도록 했다는 점 때문이다. 게이츠 재단에서 실시한 MET 연구에 따르면, 교장과 동료 교사들이 공히 교사들을 관찰하는 경우 그 관찰 성적은 교장 혼자 관찰했을 때보다 부가가치를 보여 주는 순위와 보다 잘 맞아 떨어지는 경향을 보인다. MET 프로젝트의 결론을 담고 있는 보고서는 독특한 순환 논리를 보여 준다. 모든 교사평가 방법들은 각 교사들이 부가가치 성적과 얼마나 강한 상관성을 보이는가에 따라 평가된다. 부가가치 성적을 측정하는 방식이나 교사들의 실행과 밀접하게 관련되어 있다. 게이츠 재단이 측정 가능한 학생성취의 향상에 오랫동안 매진해 왔다는 점을 상기해 보면 이는 그리 놀랄 만한 일이 아니다. 그러나 연구 결과에 관한 다른 해석에 따르면, 수업 관찰과 부가가치 성적은 실제로 성공적인 교수법의 서로 다른 요소들을 측정하고 있기 때문에 이 둘은 서로 분리되거나 특별한 경우에만 사용되어야 한다. 심지어 이 둘이 서로 다른 결과를 보여 주는 경우에 말이다.

진지하게 수업 관찰을 실시할 때 얻을 수 있는 명백한 이점이 있다. 장학관이나 동료 코치가 유능한 교사들의 전략을 확인한다고 할 때, 교사들이 이를 배울 수 있다는 점이다. "당신이 하는 모든 것이 시험 결과에 따라 교사들을 심사하는 것에 국한된다면, 당신은 달리 행동해야 하는 그 뭔가가 무엇인지를 절대 알 수 없게 된다." 수업 관찰의 선구자라고 할 수 있는 샬럿 대니얼슨의 말이다.

교직에 임하는 최고의 교사들을 바라보는 것은 마치 마술쇼를 보는 듯한 느낌을 갖게 한다.

애빙턴가Abington Ave. 학교는 뉴어크시에서도 빈곤율이 가장 높고 대부분이 히스패닉 가정 배경을 가진 아이들이 다니는 공립학교이다. 이 학교 교사 레노르 퍼먼Lenore Furman이 담당하는 학급의 유치원생 17명은 퍼먼이 기타를 치며 영어와 스페인어로 부르는 노래를 넋을 빼고 듣고 있다. 그러고는 이야기 시간이 되자 원 모양으로 둘러앉았다. 퍼먼은 드니스 플레밍Denise Fleming이 쓴 『잘 시간이야Time to Sleep』라는 책을 선택했다. 수풀이 우거진 그림으로 가득 찬 이 책은 동물들이 가을을 지나 겨울이 되는 동안 어떤 과정을 경험하는지 보여 주는 것으로 아이들에게 11월의 추운 날씨를 이야기하기 딱 어울리는 주제였다. 퍼먼은 책을 읽으면서 동물들의 '동면hibernation'과 관련된 몇몇 단어(예를 들어 '은신동굴burrow' '횃대perch', '무거운 발걸음trudge', '주르르 미끄러지기

slither' 등)를 설명하기 위해 읽는 것을 멈추었다. 그녀는 "거북이가 언덕을 터벅터벅 걸어 올라갔어요. 이 말은 거북이가 아주 천천히 걸었다는 뜻이야. 거북이한테는 언덕을 오르는 일이 힘들었나 봐. 거북이 발이 작잖아. 그래서 거북이가 터벅터벅 걸어 올라갔어." 다른 페이지로 넘겨가서 그녀는 '벌레worm'와 '벌레들worms'의 차이에 대해 아이들이 주목하도록 했다. 퍼먼이 단어들을 가리키면 아이들은 다른 두 단어의 발음을 연습했다. 책의 중간에 이르러 그녀는 '몸을 돌려 말하기turn and talk'를 위해 잠시 멈췄다. 이 부분에서 아이들은 각각 짝을 정해 이야기가 어떻게 전개되고 있는지, 무슨 일이 일어나고 있는지, 그리고 무슨 일이 일어날 것인지에 대해 토론하였다.

이야기 시간이 끝나자, 퍼먼은 아이들에게 '누가 자기 이야기'를 들려줄 것인지 물었다. 일제히 손들이 올라갔다. 한 주 동안 배워야 할 5개의 단어가 있었다. 모든 단어는 아주 쉬웠다. 아이들은 문장을 말하고 쓰면서 이 말을 사용하는 연습을 하고 있었다. '엄마', '아빠', '내게', '가다', '이것'. 한 아이가 일어나 "자기 발이 크게 부딪혀 아빠가 밴드를 발에 붙여 주었다"고 말했다. 퍼먼과 그의 지도 조교가 학습지를 나누어 주자 반 아이들은 곧 두 개의 완전한 문장을 각자 쓰도록 안내되었다. 이둘은 학생 한 명 한 명을 돌아다니며 지도했다.

유치원 교실에서 교사가 주도하는 수업과 동료들 간의 대화, 그리고 독립적인 연습이 이토록 전략적인 조화를 이루는 경우를 찾아보기 어렵다. 퍼먼이 두 단계, 즉 '동면'과 관련된 단어들을 가지고 진행하는 높은 수준의 수업과 한 음절 단어를 학습에 초점을 두고 실시하는 아주 기초적인 수업을 동시에 진행하는 모습은 정말 신기하게 보였다. 그녀의 전문성 있는 노련함은 잘 가르친다는 것이 얼마나 복잡한 것인지 잘 보여 주었다. 그러나 그녀의 수업은 결코 마술이 아니었다. 더욱

이 타고난 교수 능력에 온전히 의지하는 것도 아니었다. 그 교실에서 내가 발견할 수 있었던 것은, 그녀가 필라델피아 비영리단체인 아동문해구상Children's Literacy Initiative, CLI에서 연구하여 개발한 유아 읽기 전략의 총체였다. 이 전략에서 강조되는 방법들은 간단하다. 아이들은 새로운 말을 배우기 전에 적어도 세 번 정도는 그 말을 만나야 한다. 노래하고 따라하는 것은 단지 재미있기 때문만은 아니다. 아이들이 단어를 기억하기 좋도록 만드는 것이라 밝혀졌다. '몸을 돌려 말하기'는 연구자들이 '동료 효과'라 부르는 것의 이점을 잘 활용하는 것을 의미한다. 동료들과 새로운 생각거리를 토론하는 것은 교사가 그 내용을 반복하고 반복하는 것을 듣는 것보다 더 효과적인 학습 전략이 된다. 내용을 연계한 단어, 즉 사회과나 과학 수업에서 개념을 설명하는 단어들, 예를 들어 '동면hibernation'이라든가 혹은 변태metamorphosis 등의 단어들을 통해 아이들은 학술적인 잠재력이 가장 많이 향상된다. '가장 잘 가르친다best practice'는 것이 무엇을 의미하는지 사회적 합의가 대체로 이루어지지 않고 있다는 점을 생각할 때, 유아 대상 읽기 분야는 일종의 예외라고 할 수 있다. 뉴어크에서 CLI를 이끌었던 캐린 헤닝Caryn Henning의 말이다.

"읽기를 가르치는 것은 과학이다. 이를 위해 아주 전문적인 훈련이 필요하다."

오바마 정부는 아동문해구상CLI에 2,600만 달러의 기금을 투입하여 뉴어크 49개 초등학교 중 14개 초등학교의 교사들에게 3년간의 훈련을 제공하고자 했다. 대상 교사들은 영어를 학습해야 하는 아이들을 포함하여 유치원에서 3학년에 이르는 아이들에게 어떻게 읽도록 해야 하는지 교수 방법을 훈련받았다. 각 학교에서 퍼먼과 같은 한 명의 노련한 교사를 선정하여 '모범' 교사로 삼고 언제든 다른 교사들이 모범 교사의 수업 관찰을 할 수 있도록 문을 열어 놓도록 했다. 다른 교사들은 모범 교사에게 코칭을 받을 수도 있었다. 퍼맨은 애빙턴가 학교에서 30년 동안 가르쳐 왔다. 그녀는 물론 아주 오랫동안 이러한 역할을 비공식적으로 수행해 왔다. 그녀는 현재 다른 교육청에서 아동문해구상이 지원하는 수업을 통해 높은 성과를 보이는 교실들을 방문하면서 교수 전략을 유지하고 있다.

공식적인 평가제도 바깥에서 교사가 교사를 지도하게 한다는 변화 이론은 성공하고 있다. 프로그램의 효과에 대한 2014년 초기 연구에 따르면, 뉴어크, 필라델피아, 캠던, 시카고 등 교실에서 CLI 모델을 사용하고 있는 학교의 유치원생들은 읽기에서 다른 학교의 유치원생들에 비해 월등히 높은 성과를 보이고 있다. 2010년 무작위 표본으로 시행한 연구에서는 유치원 학년의 전체 과정 동안 교실에 CLI 모델을 사용하는 필라델피아 학교들의 유치원생들은 비슷한 인구학적 배경을 가지고, 교실에 CLI 모델을 적용하지 않은 학교의 유치원생들보다 읽기 평가에서 평균 8.3% 높은 점수를 얻었다. 이는 상당히 높은 점수 차이다.

대체로 언론에 인용되는 교육 연구들은 수학 성적에 기초해 발표된다. 이유의 일부를 따져 보자면, 학교와 교사 모두에게 읽기 능력에 따른 성적을 향상시키는 것보다 수학에서의 성적을 올리는 것이 좀 더 쉽기 때문이다. 물론 일반화하기 어렵지만 학생들은 대체로 수학을 학교에서만 배우지만, 읽기 능력은 아이들이 집에서 접하는 책과 단어들과 밀접하게 관련되어 있기 때문이다. 수학 점수를 높이는 것에 그토록 많은 교육정책적 관심을 쏟아붓는 데 문제가 있다. 읽기 능력은 수학 문제를 푸는 것보다 훨씬 삶의 결과에 밀접하게 관련되어 있다는 점이다. 라즈 체티Raj Chetty, 요나 로코프Jonah Rockoff, 존 프리드먼John Friedman은 이를 증명해 주고 있다. 본 연구 결과는 수학 교과에 비해 읽기 교과에서 학생들의 학업성취를 향상시키는 교사가 학생들의 삶의 질에 더 많은 영향을 미친다는 것을 밝혔다. 이를 통해 교육 연구자들이 정말 오랫동안 알고 있었던 것을 다시 확인하게 된다. 3학년이 끝날 무렵 읽기 성적이 평균 이하인 학생들은 이후 또래 학생들의 읽기 실력을 따라잡기 어렵고, 고등학교까지 마치지 못하고 중도탈락할 가능성도 높아진다고 한다. 읽기 능력은 사회생활을 하기 위해 배워야 할 모든 학습을 지탱하는 기초가 되기 때문이다. 수학 문제를 풀거나 과학 실험을 하기 위해 알아야 할 단어가 있고, 역사 교과서를 읽거나 병원에서 동의서를 작성하기 위해서도 읽기 능력이 필요하다.

효과적인 교수법을 공유하여 교사들의 권한을 강화시키는 데 초점을 두고 있는 CLI와 같은 프로그램에 대해서 한 가지 실망스러운 부분은 있다. 이에 대해 알거나 들어 본 사람들이 정말 적다는 점이다. 내가 퍼먼의 교실을 방문한 것은 2010년 10월로, 마크 주커버그가 오프라 윈프리 쇼Oprah Winfrey Show에 등장하여 뉴어크 공립학교에 1억 달러의 기금을 지원하겠다고 선언한 지 채 몇 주가 지나지 않았을 때였다. 다른 자선가들의 대응자금과 함께 주커버그의 기금은 대체로 아주 익숙한 정책들을 지원하는 데 초점을 두고 있었다. 기금의 거의 절반은 '아주 유능함' 등급을 받은 교사들에게 보상하기 위한 3년 성과급 계획을 수립하는 데 사용되었다. 자금의 일부는 학생 관련 자료를 축적하고 활용하는 제도를 구축하는 데 쓰였고, 새로운 차터스쿨을 세우고 보다 많은 TFA 교사들을 고용하는 데도 쓰였다. 상대적으로 적은 금액인 10만 달러 정도가 전환학교그룹인 BRICK 아카데미에서의 '초기문해구상early literacy initiative, ELI'을 활용하는 데 사용되었다. 그러나 수백만 명 중 그 누구도 초기문해 프로그램을 확산하는 데 관심을 기울이지 않았다. 초기문해 프로그램은 14개의 뉴어크 학교들에서 아주 성공적으로 실행되고 있을 정도로 전국적 인지도가 있었던 프로그램이었다.

교육개혁의 분위기 속에서 정책적 혹은 교수법상의 일관성을 찾아보기는 상당히 어렵다. 교육개혁의 이름을 걸고 이루어지는 일들 속에서 주지사, 교육감 및 거물들의 자금에 따라 우선순위가 매번 바뀌기 때문이다. CLI처럼 증거를 기반으로 한 프로그램들은 교육청 소속 각 학교에 확산될 수 있도록 제대로 모방되지 않는다. CLI의 대외소통팀장인 젠 웨이커트Jen Weikert는 "많은 교육개혁은 제도가 잘못되었다고 불평하는 데 치중하고 있습니다. 그러나 우리가 아는 한 아무리 많은 제도가 욕을 얻어먹는다고 해도, 결코 모든 것이 차터스쿨로 바뀔 수는 없습니다. 특별히 공립학교 제도 속에서 근무하는 교사들을 지원함으로써 저희는 아주 중요한 일을 한다고 느낍니다. 불행하게도 우리가 현재 일하고 있는 학교구 전체에 걸쳐 보다 규모 있게 확대하지는 못하고 있습니다."

오바마 대통령의 두 번째 임기 동안 교육신탁재단의 케이티 헤이콕 같은 표준 및 책무성 개혁가들은 지속적인 관심의 영역으로 교사평가 및 정년보장 권한을 대대적으로 정비하는 데 중점을 두었던 교대나 사대에 초점을 두기 시작했다. 이들은 몇몇 교원양성 프로그램을 갖고 있는 기관에 대한 연방정부의 지원을 삭감하거나 아예 없애 버리도록 의회를 압박했다. 학생들의 SAT나 ACT 점수가 전국적으로 3분의 1 이하이거나 교실수업에서의 부가가치 성적이 낮거나 혹 교사가 될 준비가 전혀 되어 있지 않아 아예 교직에 학생들을 내보내지 못하는 기관들이 그 대상이었다. 교대나 사대에 대한 문제제기는 전혀 부당하다고 볼 수는 없다.

19세기 보통학교개혁론자들이라든가 1960년대 교사봉사단의 설립자들, 그리고 『위기에 처한 국가A Nation at Risk』 보고서를 쓴 사람들은 하나같이 미국의 교원양성체제 및 교사교육의 문제를 제대로 인식하고 있었다. 오늘날, 예비 교사들의 절반 정도만이 실제 교실에서 교생실습을 받고 있으며, 교사교육 프로그램은 경력 교사가 예비 교사를 제대로 훈련시켰는지 확인할 수 없게 설계되었다. 학부의 교직 전공 과정에서는 대학 수준의 교육을 제공하지 않고 있기 때문에 수학이나 과학에 소질이 없는 학생들이 초등 교사로 지원하고 있다. 대학에서는 이런 학생들이 실력을 향상시키기를 요구하지도 않는 점은 문제일 수밖에 없다. 예비 교사들은 초등학교나 중등학교에서 가르쳐 본 경험이 없는 교수들에게 수업을 받기도 한다. 이러한 교육과정은 교실에서 학생 지도를 하는 방법이나 학생들의 글쓰기에 피드백을 제공하는 등의 실용적인 내용보다는 다문화교육이나 아동발달이론과 같은 이론 중심으로 이루어져 있다. 뿐만 아니라 교육대학은 초등 교사나 영어, 사회 교사들은 지나치게 많이 배출하면서, 영어 학습에 취약하거나 자폐 학생을 가르칠 수 있는 교사들을 충분히 양성하지 못하고 있다.

그러나 2013년 교사의 질에 관한 전국위원회NCTQ에서 내놓은 보고서에서 자주 인용되는 결론 부분의 다음 구절을 볼 수 있다. 교실에서 교사의 '자율성'을 내세우는 이데올로기는 전통적인 교사교육 프로그램의 방향을 바꾸어, 학생들이 학습하게끔 돕도록 해야 할 교사들의 실질적 기술을 배우지 못하도록 하고 있다. NCTQ는 "현장에서 가르치고 있는 많은 교사들은 마치 의대 학생들에게 아주 구체적인 수술 방법을 전달하듯, 교사교육 훈련이 아무것도 모르는 신입 교사들을 보다 유능한 교사가 되게 해 줄 기술로 무장시켜 줄 것이라 믿지 않는다"고 설명한다. "대신 교사교육 훈련은 단지 자동인형을 만들어 낸다는 믿음이 우세하며, 새로운 교사들에게는 '전문적 소양'을 길러 주도록 하여 매번 새로운 수업 상황에서 기존 틀에 사로잡히지 않고 사려 깊게 접근할 수 있도록 해야 한다고 본다. 이는 마치 그 어떤 편견으로부터도 철저하게 표백된 완전 백지 상태와 같다고 할 수 있다."

TFA는 교사교육이 견지해 온 고정관념에 도전될 만한 훈련 모델을 제시했다. TFA 참가자들에게 실질적이고 처방적인 교수학습 전략을 집중적으로, 빠른 시간 내에 제공하는 것이었다. 그러나 교직에 접어들도록 하는 또 다른 경로들도 있다.

그중 하나가 도시 교사연수 프로그램Urban Teacher Residency, UTR이다. 2010년 27세의 마르쿠스 클락은 휴스턴에서 정유회사에 납품할 소프트웨어를 만드는 작은 회사의 IT 관리기술자로 일하고 있었다. 구체적으로는 회사에 고용된 모든 사람들의 PC를 포함하여 컴퓨터 하드웨어를 관리하는 일이었다. "저는 절망스러운 나날을 보내고 있었어요. 이중생활을 하고 있었거든요. 제 직장생활은 제가 교회에서 하고 있는 일들과 전혀 상관이 없었어요."

흑인인 클락은 주말 시간과 일과 이후의 시간을 이용하여 형제애 성경교회Friendship Community Bible Church에서 청소년 사역을 담당하고 있었다. 그는 이 일을 너무 좋아했다. 어느 여름 동안의 프로그램을 진행하면서, 그는 학생들을 데리고 미주리에 가서 '미국 전역의 아이들Kids Across America'이라는 도심의 유색인종 청소년들을 대상으로 한 기독교 선교캠프에 참여했다. 그는 그곳에서 멤피스 교사연수 프로그램Memphis Teacher Residency, MTR에 대해서 듣게 되었다. 이 프로그램은 현재의 직업을 바꿔 빈곤 지역 학교에서 일할 마음이 있는 사람들을 모집하고 있었다. MTR은 신실한 교인들을 찾고 있었는데, 이는 공립학교 프로그램치고는 상당히 낯선 것이었다. 이 프로그램을 홍보하는 웹페이지에 따르면, 이들의 사명은 공립학교 학생들에게 선교하여 회심하도록 하는 것이 아니라, '기독교적 환경에서' 교사들을 지지해 주고자 하는 것이었다. "가르친다는 것은 하나님의 말씀에 사명감을 갖고 부응하는 것입니다. 또한 가난하고 압제받는 사람들에게 정의를 구현함으로써 하나님을 영화롭게 하기 위하여 교사 사역에 적극적으로 참여하는 것입니다."

MTR은 TFA만큼이나 경쟁력 있는 프로그램이다. 매년 단지 13~18%의 지원자들만이 입학할 수 있다. 이 프로그램은 동기가 충만한 교사들이 교직 자격을 취득하기 전에 이미 교실에 들어갈 기회를 부여한다. TFA와 마찬가지로 MTR은 교사가 학생들에게 높은 성취 기대를 갖는 것이 가난한 아이들의 삶을 변혁할 수 있다는 믿음에 바탕을 두고 있다. 그러나 MTR과 전국 18개의 다른 도시 교사연수 프로그램들(물론 대부분은 신앙을 기반으로 하지 않는다)은 훌륭한 교사를 어떻게 양성할 수 있는가라는 점에서 TFA와 아주 다르다.

우선 교사연수 프로그램은 공교육 기관에서 보다 길게 근무하기를 원하는 지원자들을 선호한다. 뿐만 아니라 지원자들에게 자신이 지원해서 근무할 학교 주변의 지역사회에 대해 잘 알고 있기를 기대한다. 둘째, 5주 동안의 여름 훈련기간만을 위해 지원자를 받아들이는 것이 아니라, 교사연수 프로그램은 지원자들이 온전히 1년을 멘토 교사의 교실에서 함께 일하기를 요구한다. 이 시기에도 나쁘지 않은 보수를 받는다. 멤피스의 경우 연간 1만 2,000달러 정도 받게 된다. 1년 차 신입 교사들은 교실에서의 훈육이 가장 큰 걱정거리라고 말하곤 한다. 교사연수 프로그램을 받고 있는 교사들의 경우에는 학교에 출근하는 첫날 첫 순간부터 경력 교사들이 어떻게 훈육을 해 나가는지 똑똑히 지켜보게 된다. 이들은 수업계획을 어떻게 세우고 효과적으로 전달하는 방법은 어떠한지를 배워 가면서 자신만의 요령도 천천히 터득하게 된다. 물론 이때 멘토 교사와 외부에서 온 수업코치는 이들의 수업에 비판적인 조언을 가

한다. 멤피스에서 교사연수 프로그램을 받고 있는 교사들은 학년도가 시작되고 1월이 되어서야 3주간의 '책임수업lead teach'을 실시할 수 있다. 이때 교사연수 프로그램을 받고 있는 교사들은 교실수업 일체에 대해 책임지고 가르치게 된다. 교사연수 프로그램을 마친 교사들이 참여하는 수업과 주간 세미나에서는 실제 일어났던 교실에서의 경험을 매개로 이론과 교수 전략을 연계하는 토론이 진행된다.

이 한 해를 성공적으로 이수한 교사연수 프로그램을 받은 교사들은 정식 교사로 임용될 수 있고, 비로소 정해진 급여를 받을 수 있게 된다. MTR에서 훈련 대상자를 선발할 경우 빈곤율이 높은 지역의 학교에서 최소 3년은 근무할 것을 요구한다. 만약 이를 이행하지 않게 되면 심각한 결과에 직면하게 될 것이라고 경고한다. 원래 이행하기로 한 기간을 채우지 않을 경우 그에 해당하는 기간에 따라 매년 1만 달러를 MTR에 지불해야만 한다. MTR에서 배출된 교사들 중 90% 이상이 4년이 지난 지금도 교직에 있다. 전국적으로 MTR 출신 교사들이 4년 근속하는 비중은 87%에 이른다. 이와 유사한 기간 동안 새로 전입해 온 교사들의 거의 절반, 그리고 TFA 출신 교사의 3분의 2가 교직을 떠나는 것과 비교할 만한 수치이다.

교육에서 교사들의 근속은 중요한 문제이다. 뉴욕시의 4~5학년생 85만 명을 대상으로 한 8년간의 연구에 따르면, 학생 구성이 비슷한 학교를 비교해 볼 때, 교사 이직률이 높은 학교에 다니는 학생들이 국어와 수학 과목에서 상당한 학습 손실이 발생했다. 비록 학생들의 담임교사가 새로 전입해 오지 않았고, 학교의 모든 교사들의 질이 일정하게 유지되고 있었음에도 불구하고 더 낮은 학업성취 결과를 보였다. 학업 수준이 낮고, 흑인 학생 비율이 높은 학교에서 교사 이직은 특히 부정적인 영향을 미치고 있었다.

이 결과 자체로는 그리 새로워 보일 것이 없다. 이직률이 높은 학교에서 교장이나 교감은 새로운 교사를 고용하는 데 더 많은 시간을 투입한다. 이 시간들은 교수학습을 개선하는 데 투입될 수도 있을 것이다. 많은 교사들이 매년 사직을 한다고 할 때, 그들이 축적해 온 학교 기억들은 사라지고 지역사회와의 연계는 약화된다. 거기다 새로 온 신참 교사에게 직무의 비법을 전수해 줄 경력 교사들이 점차 적어진다.

MTR 모델이 매력 있는 이유가 여기에 있다. TFA는 지원자 중 14%만을 합격시키는 방식으로 빈곤 지역의 학교에서 교사가 되는 일을 엘리트 직업으로 만들었다. 겨우 14%라는 합격률을 바탕으로 빈곤 지역의 학교에서 가르치는 일을 하나의 엘리트 직업으로 만들었다. 토머스 케인, 더글러스 스트레이크, 로버트 고든이 LA 초등학교 학생 15만 명을 대상으로 수행한 연구에 따르면, 전통적인 방식으로 교직과정을 마치고 교원자격을 획득한 교사에게 교육을 받았든 TFA와 같은 대안적인 경로로 교사가 된 사람들에게 지도받았든 학생들의 학업성취도에는 차이가 없었다.

그러나 이 연구를 통해서 밝혀진 바는, 1년 차 신참 교사들은 내내 고전을 면치 못하고 있었으며, 일반적으로 학생들의 교과 성적은 전년도에 비해 낮은 경향을 보였다. 이러한 연구 결과는 각 지역의 교육감과 학교 교장들에게 고민해야 할 중요한 문제를 던져 준다. 특히 매년 TFA와 같은 대안적인 교원양성 프로그램으로 신참 교사들이 증가하고, 경력직 교사들이 해고되는 상황에서 말이다. 에릭 하누셰크와 같은 몇몇 교육개혁가들은 교사들의 잦은 전출입이 큰 문제가 되지 않는다고 믿는다. 물론 새로 전입해 오는 교사들의 수준이 높다는 전제를 달기는 하지만 말이다. 그러나 최근 연구들이 보여 주는 바는 학교가 1년 차 신참 교사들을 흡수해 훈련할 만한 무한한 능력을 갖고 있지도 않으며, 모든 학년 수준에서 초짜 교사들의 수업에 배정되면 학생들이 힘들어 한다. 만약 새로운 교사를 고용하려는 학교가 있다면, 적어도 계속 머물러 가르칠 것이라 기대되는 사람을 뽑는 것이 더 낫다.

물론 모든 교사들은 자신들만의 신참 교사 기간으로 1년을 보내지 않을 수 없다. 그리고 전국의 교원양성대학인 교대나 사대가 특별히 최고로 유능할 것 같은 교육가들을 선발하고 있다는 증거는 찾아보기 어렵다. MTR 모델에서는 비전통적인 예비 교사들을 선발하고 고용하기 위해 '스타 교사' 기준을 사용하고 있다. 이러한 시스템은 마틴 하버먼 Martin Haberman이 개발한 것이다. 하버먼은 몇몇 도시의 극빈곤 지역 학교들에서 근무하는 교사들의 특성을 연구주제로 삼았다. 그가 지칭한 '스타'는 학교 교장의 평가에 근거한 것으로, 주로 해당 학교에 오래 근무한 사람들이었다. 이들은 별로 성공적이지 않은 교사들보다 나이가 많은 30대 혹은 그 이상이었으며, 교육 이외의 다른 영역에서도 폭넓은 경험을 갖고 있었다. 또한 자녀를 두고 있었고, 노동계층이면서 흑인, 히스패닉, 백인 등의 인종적 배경을 갖고 있는 경향을 보였다. 이들의 지적 수준은 상당히 깊었지만, 그렇다고 아주 유명한 엘리트 대학들이 아닌 잘 알려지지 않은 대학교를 졸업했다. 주로 지역사회대학에서 고등교육을 시작했다. 교외가 아닌 도심에서 자랐고, 종종 봉사활동 등을 통해 저소득층 아이들과 함께 지냈던 경험이 있다. 많은 사람들이 교직을 존경받을 만한 직업으로 여기는 가족이나 교회 공동체 출신으로, 이들은 교직이 좋은 교육을 받은 사람들에게 어울리지 않는다거나 혹은 잘못 선택된 것이라 여기지 않는 경향이 있었다. 자신들이 가르치고자 하는 지역에서 이미 오래 살아왔거나 혹 장기간 살아가기를 원했다. 이들은 제공되는 조언에 귀를 기울였으며, 자신들의 멘토로부터 전달되는 비판적 의견에 빠르고, 적절하게 대응했다. 이들은 대체로 MTR에서 받아들인 마르쿠스 클락과 같은 사람들이었다. 그는 "신이 제 마음을 바꾸셔서 이 아이들과 함께 일하게 하신 거죠"라고 말했다.

도시 교사연수 프로그램들은 그물을 아주 넓게 던져서 상당히 다양한 그룹의 예비 교사들을 끌어모으고 있다. 40%는 유색인종으로 전국적으로 겨우 17%라는 통계와 비교된다. 48%는 3년제 이상의 대학 학위를 갖고 있으며, 39%는 STEM(과학, 기술, 공학, 수학) 교과를 가르칠 수 있는 지식 체계를 갖고 있다.

핀란드와 상하이처럼 학업성취 수준이 높은 국가나 도시에서 요구하는 것과 같이, MTR 프로그램은 1년 내내 신입 교사를 멘토 교사와 함께 보내도록 하여, 좋은 교사가 될 것 같지 않은 사람들을 걸러내도록 한다. 1년에 15~20% 정도가 탈락한다. 엄격함의 수준이 높을수록 전문가 집단에 소속되고자 하는 야심찬 사람들에게 매력적으로 다가온다. 물론 이러한 사람들을 고용하고자 하는 교장들 또한 관심을 기울이게 된다. 통상적으로 교대나 사대가 운영하는 교직 프로그램과는 달리 도시 교사연수 프로그램은 멘토 교사들을 모집하는 선발과정을 중시한다. 멘토 교사들은 학생 성적을 높일 수 있다는 능력을 보여야 하며, 이미 성인인 훈련생들에게 도움이 될 만한 조언을 제공하는 방법에 관한 훈련을 받아야 한다.

19개에 이르는 도시 교사연수 프로그램 전국연합에서 실시한 연구에 따르면, 학교장들은 일관되게 도시 교사연수 프로그램 출신 교사들을 다른 1년 차 교사들에 비해 보다 유능하다고 여기고 있다. 멤피스의 경우, 교사연수 프로그램 출신 교사들은 4학년과 8학년 학생들의 수학 성적을 향상시키고 있으며, 읽기, 과학 및 사회 교과에서는 다른 교사들과 유사한 성과를 보이고 있다. 상대적으로 잘 진행되고 있는 보스턴 교사연수 프로그램BTR에 관해 이루어진 소규모의 초기 평가에서는 학생 성적에 관해 서로 다른 결과가 보고되었다. 임용 후 몇 년 동안 BTR 출신 교사들은 영어 교과에서 다른 교사들과 별다르지 않았다. 심지어 수학에서는 덜 유능했다. 그러나 BTR 출신 교사들은 다른 교사들보다 훨씬 빨리 스스로의 능력을 향상시켰다. 4년 차가 되었을 때 이들은 다른 경로로 교사가 된 신참 교사 및 경력 교사들보다 훨씬 높은 성과를 보여 주었다. 근속에서도 BTR 교사들은 분명하게 눈에 띄었는데, 5년 차까지 75%의 교사들이 남아 있었다. 이는 학교구 전체의 평균 근속률이 50%라는 수치와 비교되는 것이었다. BTR 출신 교사들은 유색인종 비율이 훨씬 높았다. 48%의 교사들이 유색인종으로, 학교구 내 전체 교사들 중 32%가 유색인종인 것과 대비되었다. 또한 이들은 다른 교사군에 비해 높은 수준의 수학과 과학을 가르칠 수 있었다.

1년 동안의 실습기간이 있었음에도 교사들이 가르치는 교과에서 학생들이 올린 성적 면에서만 보자면 BTR 출신 교사들은 첫해에 고전을 면치 못하는 듯하다. 이러한 사실은 상당히 실망스러운 것이 사실이다. 다른 연구에서처럼, 이 결과는 교실에서의 교수학습을 운영하는 방법을 진짜 배우는 유일한 길은 실제 그 일을 해 보는 것밖에 없다는 의미를 전달하는 듯하다. 그러나 연구자들은 다음과 같이 결론 내리고 있다. 보스턴이 교사연수 프로그램에 투입하는 큰 규모의 재정 지원은 교사연수 프로그램 출신 교사들이 보다 안정적인 경력 교사로 자리 잡아 나가는 것으로 제값을 한다. 이는 장기적으로 학교구에 BTR 출신 교사의 수가 증가하는 것이 학생들의 학업성취도를 보다 향상시킨다는 것을 의미한다.

교사들의 근속이 갖는 중요성을 보여 주는 증거가 늘어나면서 TFA 내부의 문화가 바뀌어 가고 있다. 2012년 TFA의 뉴욕시 지부 최고 관리자인 제프 리Jeff Li는 교실에서 가르치는 교사로 돌아가겠다고 사퇴를 선언했다. 그는 TFA 내부에서 소위 '티치 비욘드 2Teach Beyond 2'라 불리는 캠페인을 시작했다. 이것은 교실에서 가르치는 교사로서의 경력이 길면 길수록 학생들에게 긍정적인 영향을 미친다는 메시지를 확산하려는 노력의 일환이었다. 2년 뒤, TFA의 신임 공동 CEO인 엘리사 빌라누에바 비어드Elisa Villanueva Beard와 매트 크래머Matt Kramer는 두 개의 새로운 시범 프로그램을 공개했다. 하나는 이미 선발된 대학 4학년생들에게 임용되기 전에 실습과정으로 온전히 1년을 보내도록 하는 것이었다. 다른 하나는 계속 교직에 남아 있고자 하는 TFA 출신 교사들에게 최대 5년까지 교직 전문성 개발 훈련을 제공하는 것이었다. "2년 이상 교직에 머무르도록 하는 것은 별도의 계획일 수 없습니다. TFA의 핵심 계획입니다." 크레이머Kramer가 2014년 3월 연설에서 밝힌 내용이다.

최근 자료에 따르면 TFA 출신 교사들이 이전보다 원래 있기로 했던 기간인 2년보다 더 오래 교직에 남아 있는 경향을 보인다(직업 시장이 불안정하고 어려워진 것이 하나의 이유라면 이유일 수 있다). 2010년 발간된 한 연구에 따르면, TFA 출신 교사들 중 60% 정도가 3년째 교직에 머물러 있고, 이들의 도심 학교 유지율을 전국 평균과 비교해 보면 여전히 36% 정도가 4년 이후에도 교직에 머물러 있다. 평균보다는 낮은 수준이다. 그러나 교직에 머물러 있는 85%의 TFA 출신 교사들은 보다 나은 환경의 학교에서 일하기 위해 최초 임용된 곳을 떠나고 있다. 이는 낮은 학업성취도를 보이는 가장 힘든 학교들에게 연구자가 '매우 염려스러운 문제'라 표현한 바 있는 이직률의 수준이다.

2013년 7월 나는 다른 TFA 출신 교사들 및 수료자들과 함께한 디트로이트에서 열린 '강연회'에 참석했다. 이 자리에서 공동 CEO는 TFA 출신 교사를 고용하는 교장들의 3분의 1은 이들에게 좀 더 오래 근무해줄 것을 요구하고 있다고 했다. 빌라누에바 비어드Villanueva Beard는 "우리가 지역사회를 약화시킨다고요? 이 질문은 우리가 비판적으로 검토해 보아야 할 겁니다." 비어드와 크레이머는 신입 교사가 덜 필요한 지역으로 TFA 출신 교사들을 파견하지 않도록 하는 데 보다 주의를 기울이겠다고 약속했다.

TFA와 도시 교사연수 프로그램 사이에 두드러진 차이점이 하나 있다. TFA는 늘 외부자적 지위를 잘 이용해 왔다. TFA 출신의 교사들, 대개 젊은 동문들이 다른 TFA에 새로 입문한 사람들을 가르치도록 했고, 유명한 TFA 출신 교육자들이 이룬 성취를 자랑스럽게 홍보해 왔다. 여기에는 마이크 존스턴Mike Johnston, 미셸 리Michelle Rhee, 데이브 레빈 Dave Levin, 마이크 파인버그Mike Feinberg들이 포함되어 있다. 이들은 무노조 차터스쿨을 열고, 교사 정년보장 약화 및 부가가치 교원평가를 밀어붙임으로써 기존 교육체제에 도전을 벌여 왔던 인물들이었다. 그런 점에서, TFA는 교실에서의 교수학습법에 초점을 둔 기관으로 보다 정치적인 운동에 관여해 왔다고 볼 수 있다. 도심교사훈련원들UTRs은 전통적인 공립학교와 차터스쿨 간의 이슈에 대해 어느 편도 들지 않는다. 단지 이 둘이 함께 존재한다는 것을 받아들일 뿐이다. 그러나 이들은 매일매일의 업무 수행에서 이미 공립학교 제도 내에서 깊게 자리 잡고 있는 교사나 교원노조와 긴밀한 관계를 유지하는 것을 중요하게 여긴다.

도시 교사연수 프로그램 전국연합에서 교육과정을 담당하고 있는 크리스틴 브레넌 데이비스Christine Brennan Davis는 "우리는 도시 교사연수 프로그램이 기획되고 발전해 나가는 과정에서 지역 교원노조들과 아주 긴밀하게 협력하고 있습니다. 우리의 모델은 교원노조나 장학 교사들의 역할과 다르지 않습니다. 우리는 우수한 경력 교사들이 다음 세대 교사들을 위해 할 수 있는 역할이 중요하다고 봅니다"라고 말했다. 교원노조와의 협력관계는 도시 교사연수 프로그램이 정치적으로 작동하게 한다.

경기 침체로 교사 고용이 동결되고 많은 해고자가 발생되었을 때, 프로그램들은 교원노조와 연합하여 프로그램 이수자들이 지속적으로 교사로 고용될 수 있도록 했다. 이들의 고용은 당장 필요하다고 하는 특정 교과나 학년에 국한되지 않았었다.

멤피스에 위치한 킹스베리 고교Kingsbury High School는 마르쿠스 클락이 일하는 학교이다. 이 학교에는 교사 3분의 1 정도가 멤피스 교사훈련원The Memphis Teacher Residency에 훈련원이나 선배 교사로 참여해 왔다. '교사들의 병원'이라고 불리는 보급 과정degree of penetration은 최고의 교수법을 구체적인 학교현장에 접목시켜 전문성이 또 다른 전문성으로 옮겨 갈 수 있도록 하고 있다. 경력직 교사와 예비 교사들 사이의 긴밀한 만남은 2차선과 같다. 경력 교사들은 교실 경영에 능숙하다. 그러나 예비 교사들은 학생 자료들을 어떻게 들여다보고 분석할 것인가라는 점에서 새로운 아이디어를 들여올 수 있다. 이러한 모델은 미국 교육 개혁의 전통적인 방식을 바꾸어 놓을 것이다. 하향식 개혁 방향을 상향식으로 말이다. 교육 교사에 대해서 개혁 시스템과 교수법 방안을 강요하기보다 교사 단위 집단들이 함께 일하도록 하여 학교를 개선하도록 할 수 있다. 뛰어난 수준의 도심 교사훈련원들은 현재 매년 500명 정도밖에 안 되는 수의 교사들을 배출하고 있다. 그럼에도 불구하고, 만약 자선사업가들과 정책결정자들이 도시 교사연수 프로그램 모델의 가치를 보다 높게 친다면, 지난 20여 년 동안 TFA가 보여 온 엄청난 성장이 상대적으로 빠르게 확산될 수 있으리라 본다. 유능한 교사들이 도시 교사연수 프로그램의 선배 교사로 참여한다면 말이다.

알렉스 카푸토-펄Alex Caputo-Pearl 또한 교사 단위의 집단 활동과 노력이 실패하는 학교들을 변화시킬 수 있다고 믿는다. 1990년, TFA의 첫 예비 교사 프로그램에 참여한 이후 카푸토-펄은 컴튼Compton에서 4년 동안 교사로 근무했다. 그사이 이름(성)에서 볼 수 있듯이 결혼했고, 이후 법학전문대학원에서 공부하였으며, 도시계획 수업을 들었다. 2년 동안 로스앤젤레스 대중버스 제도를 지원하는 캠페인을 벌였었다. 그러나 그는 여전히 학교 교실을 향한 관심과 생각을 떨칠 수 없었다. 그는 매일 아이들과 그들의 학부모와 함께 보내는 시간을 즐거워했었다. 교실에서 가르친다는 것은 대학원에서 배웠던 사회정의 이론보다 훨씬 더 실제 세계에 뿌리를 두고 있는 것이었다. 결국 그는 2001년 크렌쇼 고교 Crenshaw High School에서 역사 교사로 일하기 시작하였다. 그와 아내 리사(TFA 출신 교사)는 라이머트 공원Leimert Park 주변 인근으로 이사했다. 이곳에는 낮은 지붕의 다양한 색깔 방갈로 주택들이 가지런히 자리해 있었고, 가게 앞은 텅 빈 채 차들이 꽉 차 있는 대로들이 있었다. 얼마 되지 않는 백인 거주자들과 함께 살게 된 것이었다.

학교 자체로는 길고 자랑스러운 역사를 간직하고 있다. 대릴 스트로베리Darryl Strawberry가 이끌었던 1979년 크렌쇼 쿠가스Cougars 야구팀은 전국적으로 가장 유능한 고교팀의 하나로 기억되고 있다. 크렌쇼 고교는 1991년 영화 〈보이즈 엔 더 후드Boyz n the Hood〉의 배경이 되었던 곳으로, 이곳 불량배들은 컴튼에서보다는 덜 폭력적이다. 그리고 대다수의 유능한 아이들은 이곳을 벗어나 대학을 가고 싶어 한다. 그러나 카푸토-펄이 이 학교에 오기 전까지 크렌쇼 교교의 전망은 암울했다. 개인 자선가들이 후원하여 신축한 멋진 건물들에 들어선 차터스쿨들이 크렌쇼 고교의 학생들 중 노동계층 및 중하위 수준 계층 가정에서 온 학생들을 빼앗아 갔다. 사실 이들의 학부모들은 학교 일에 가장 적극적으로 참여해 왔다. 95% 이상의 크렌쇼 고교 재학생이 빈곤 계층 가정 학생들이었고, 12%의 학생들은 가정에서 영어를 사용하지 않고 있었다. 4분의 1은 한 부모 가정이었고, 평균을 훨씬 상회하는 수의 아이들이 주에서 운영하는 지원 시설에서 지내고 있었다. 학교 성적은 교육청 소속 학교들 중 꼴찌였다.

학교 교장이나 교감들은 새로운 교육 혁신안을 들고 왔다가 1년이 지나면 다른 곳으로 도망가 버렸다. 지난 7년 동안 크렌쇼 고교에서 카푸토-펄은 5명의 교장과 24명의 교감과 함께 일했었다. 제때 서류 작업을 하지 못해 2005년도에는 정식 학교로서의 인증을 받지 못한 적도 있었다. 형편없는 학교경영이 이어지자 절망한 카푸토-펄은 학부모 모임을 조직하여 크렌쇼 고교에 새로운 컴퓨터를 포함해서 기본적인 자원을 요구했다. 이 일을 담당한 학부모 조직을 자칭 '크렌쇼 쿠가 연합The Crenshaw Cougar Coalition'이라고 불렀는데, 이들은 교육청으로부터 크렌쇼 고교에 200만 달러를, LA의 다른 저성과 학교 10곳에 150만 달러를 받아 내고자 논쟁을 벌였다. 동시에 카푸토-펄은 LA 교원노조The United Teachers LA Union, UTLA 산하에 다른 견해를 가진 위원회를 공동으로 만들었다. 이 단체를 두고 UTLA의 위원장인 더피A.J. Duffy는 '좌파 괴짜들leftist crazies'이라고 지칭했다. 카푸토-펄은 아주 다른 많은 사람들을 위해 아주 많은 문제를 일으키고 있었다. 2006년, 카푸토-펄이 원하지 않았음에도 불구하고 교육청은 그를 주변 지역의 부유한 중학교로 옮겨 버렸다. 수백 명의 학생, 학부모, 그리고 교사들이 LA시 교육청 앞에서 시위를 벌였고, 이 시위는 〈LA 타임스The LA Times〉 커버 스토리로 다뤄졌다. 결국 그는 크렌쇼 고교로 복귀했다.

2007년 크렌쇼 고교에 안정된 리더십이 총체적으로 부실한 상황에서 카푸토-펄과 몇몇 경력 교사들은 학교를 접수하다시피 했다. 미국 전체에 걸쳐 공식적으로 교사가 운영하는 공립학교는 몇 개 없다. 그러나 이들 학교의 경우에도 임시적인 경우가 대부분이다. 크렌쇼 고교의 교사

모임은 학교를 어떻게 생동감 넘치게 할 수 있을지 머리를 맞대었다. 경영혁신이 아닌 교육과정을 완전히 뜯어고치는 방식으로 말이다. 가난한 가정의 아이들도 종종 자신의 지역사회를 벗어나겠다고 학교에서 잘해 보겠다는 말을 하는 아이들이 있다. 만약 아이들이 학교에서 잘하는 것이 가족과 이웃에 보다 유능한 인물이 되는 데 도움이 된다는 것을 이해하게 된다면 어떻게 될까? 이들이 던진 질문이었다.

교사들은 교육 연구자들과 지역 비영리단체들과 협력하여 '문화학습 확장 모델'이라 불리는 기발한 계획을 만들어 냈다. 이 계획을 수립하는 데 포드 재단과 오바마 대통령의 학교혁신 프로그램으로부터 수백만 달러의 자금도 지원받았다. 이 계획은 통상적인 책무성 교육개혁 각본에 등장하는 대부분의 내용을 피했다. 대규모의 인력 해고라든지 지역 공립학교를 차터스쿨로 바꾸는 등의 내용 말이다. 대신 테드 시저Ted Sizer와 같은 이론가들로부터 아이디어를 차용하였다. 이 계획은 크렌쇼 고교를 경영이나 사회정의와 같은 주제를 가지고 교사가 주도하는 '소규모 학습 아카데미'로 나누는 것이다. 교사들은 각 공동체에서 함께 일을 하는데, 지역사회의 문제 해결을 둘러싸고 만들어진 학제적 수업을 만들어 내고자 한다. 2011년 가을, 10학년 사회정의 아카데미와 법률 아카데미는 LA 전역의 학교 개선에 집중했다. 프로젝트의 최종 결과물로 학생들은 다양한 학교, 이웃의 소득수준, 학교 결석률, 수감학생 비율에 따른 성적 상황을 포함해 자료를 분석했다.

수학 교과 시간에서는 학생들이 LA 남부지역의 다양한 이웃들이 보이는 수입과 사회적 지위 사이의 상관관계를 그래프로 나타냈다. 사회 교과 시간에는 교육개혁에 관한 보수주의자들의 정책제안서와 진보주의자들의 정책제안서를 함께 읽었다. 교육을 어떻게 개선해 나가야 하는가에 관한 논쟁을 다루는 보고서를 작성할 때 참고 자료로 사용하기도 했다. 과학 시간에는 학교 개선 방법에 대한 정책적 가설들을 실험하는 계획을 세워 보았다. 영어 시간에 학생들은 『우리의 미국Our America』 글을 함께 읽었다. 이 책은 시카고의 사우스 사이드에서 있었던 이다 웰스 Ida B. Wells 주택단지에서의 실제 삶을 보여 주는 내용이었다.

UCLA와 USC의 연구자들과 함께 크렌쇼 고교 학생들은 지역 식품과 건강문제에 관한 설문조사를 실시하였다. 학생 자원봉사자들은 지역사회 정원을 빌려 농산물을 기르고, 이를 지역 농산물시장에서 판매했다. 졸업반 학생 중 한 명은 무한책임 지역사회 서비스Community Service Unlimited(비영리 민간기구로 도심 농산물과 식품 문제에 관심을 갖고 있다)에서 인턴으로 일하며, 이 일을 조직해 매년 1,000달러의 수입을 올렸다. 돈을 받기도 하지만, 학생들에게 전문적인 인턴십 기회를 갖도록 하는 것은 크렌쇼 고교 혁신계획의 핵심적인 요소였다. '수업 시간확대 extended learning time'는 일반적으로 잘 알려진 학교혁신 전략이다. 그러나 크렌쇼 고교의 교사 혁신가들은 단지 교실에서만의 수업 시간 확대만으로는 의미 없다고 보았다.

크렌쇼 고교에서의 학교혁신 계획에서 특히 고무적인 것은, 아이들이 학교에서 왜 중도탈락하게 되는지에 대해 충실히 수행된 연구를 기반으로 하고 있다는 점이다. 아이들은 학교를 지루하다고 생각하고 있었는데, 도대체 학교가 자신들의 실제 세계와 어떻게 연결되어 있는지 볼 수 없었다. 따라서 학교를 벗어나 돈이나 버는 것이 더 낫다고 여기는 경향이 컸다. 크렌쇼 고교의 프로그램은 교사들에게 집중적인 전문성 개발의 기회를 제공하고, 적절한 성과급도 제공했다. 이러한 훈련에서 염두에 두었던 초점은 창의적이고 다학제적인 수업을 새로운 공통핵심 교육과정에 맞춰 조율하느냐는 점이었다. 학생들에게 부여되는 모든 숙제는 난해한 수준의 읽기-이해력, 비판적 사고력, 작문 등을 포함한 '높은 문해력'의 목표치를 달성할 수 있도록 하는 데 맞추어졌다.

학교혁신을 내세운 크렌쇼 고교의 어젠다가 분명히 정치적이었다는 점은 늘 논쟁이 발생하는 지점이었다. 학생들은 자신들의 삶을 형성하고 있는 사회적 요인들이 무엇인지 질문하도록, 그리고 자기 주변의 저소득층 이웃들의 삶을 개선하기 위해 적극적으로 나서도록 요구받았다. 말할 필요도 없이 학교는 원기 왕성한 좌파 정치인들의 온상이었고, 현대학교 책무성 개혁 운동의 기술관리자적 특성과 사뭇 다른 교육개혁 접근을 만들었다. 내가 2011년 크렌쇼 고교를 방문했을 때, 몇몇 교실에는 다음과 같은 글이 쓰여 있는 포스터들이 붙어 있었다. "더 이상 감옥은 안 돼." 언젠가 교사 회의에서 교사들은 다음 질문에 대해 열띤 논쟁을 벌였다. "학교는 억압적인가? 어떻게 하면 보다 덜 억압적이게 할 수 있을까?" 당시의 분위기는 20세기 중반 뉴욕시의 오랜 공산주의적 교원노조TU를 추억하게 한다고나 할까? 교원노조는 저소득층 학부모들과 급진적인 교사들이 협력하여, 유색인종인 흑인과 히스패닉 아이들에게 보다 적합한 교육과정을 만들고자 했다.

카푸토-펄은 자신의 교사 경력을 TFA를 통해 시작했지만 TFA가 차터스쿨과 연계를 점차 좁혀 나가는 것을 보게 되었고, 이에 비판적인 입장을 취하게 되었다. 그는 차터스쿨들이 크렌쇼 고교와 같은 학교들의 학생 수를 급감시키고, 더욱이 도움이 가장 절실한 아이들만을 일반 공립학교에 남겨 놓고 있다는 점을 지켜보고 있었다. 급기야 그는 〈뉴욕타임스〉 웹사이트에 TFA를 반대하는 칼럼을 기고하기도 했다. 이런 류의 의견들은 몇몇 사람들을 짜증나게 해 잘못된 방식으로 이끌게 된다. 특히 2011년 새로 임명된 LA 교육감 존 대시John Deasy는 차터스쿨의 광팬으로, 60만 명에 이르는 LA 모든 공립학교 학생들에게 아이패드iPads를 구입하는 것으로 자신의 교육개혁 행보를 보였었다(대시는 1990년대로드아일랜드의 코벤트리 교육감으로 있는 동안 샬럿 대니얼슨이 제안한 포괄적 수업 관찰 분석틀을 받아들인 미국 최초의 교육감들 중 한 명이었다).

2012년 대시는 크렌쇼 고교가 '재편성될' 것이며, 사회정의 아카데미는 문을 닫을 것이라고 선언했다. 모든 교사들은 이 학교에서의 직위를 다시 신청해야만 했다. 그 과정에서 안타깝게도 절반이 학교에서 쫓겨났다. 이와 같은 대량 해고는 성적이 낮은 대형 도심 고교에서 흔히 발생해 왔다. 이 정책은 '최고를 위한 경주'에서 제안되었던 학교전환 전략 중 하나로 잘못된 전제에 근거하고 있다. 학교에서 수년 동안 학업성취도가 낮게 유지되고 있다면 이에 대해 경력 교사들이 책임져야 한다는 것이다. 실제로, 교사 전직 요구에 관해 2010년 도널드 보이드Donald Boyd가 수행한 연구에 따르면, 성취도 수준도 낮고 빈곤 가정 배경 학생 비율이 높은 학교를 떠나겠다고 하는 교사들은 카푸토-펄과 같이 오랜 기간 아주 힘들게 교직에 머무는 교사들보다 덜 유능했다. 이들 간의 비교기준은 책무성 평가에서 중시하는 부가가치에 따라 측정된 것이었다. 교육청 수준에서 이루어진 다른 많은 연구들도 이와 유사한 결과를 내놓고 있다. 도심 공립학교에서 도망 나가는 교사들은 머물러 있는 교사보다 덜 유능하다는 결과 말이다.

이러한 학교들과 교육청을 불안정하게 만드는 사람들은 끊임없이 드나드는 1년 차 신입 교사들과 교육행정가들(교육감, 교장이나 교감)이라 할 수 있다. 그럼에도 불구하고, 크렌쇼 고교에서 카푸토-펄은 해고되었다. 노조 대표인 캐시 가르시아Cathy Garcia와 수상 경력 있는 토론 모임의 수장 또한 해고되었다. LA 정치역학을 오랫동안 지켜봐 온 사람들이 보기에 학교혁신 운동을 이끄는 교사들은 수업을 잘하고 못하고를 떠나 늘 비판과 해고의 대상이 되어 왔다. 해고된 33명의 교사들 중 21명은 흑인이었고, 27명은 10년 이상의 경력을 가진 교사들이었다.

크렌쇼 고교의 학교혁신 모델은 아이들에게 나름 성공적이었을까? 교육감 대시는 낮은 성취도 수준이 지속되었다는 점에서 그렇지 않았다고 말했다. "졸업하는 것은 학생의 기본적인 권리입니다. 그러나 크렌쇼 고교에서는 그렇지 않았습니다"라고 그는 말했다. "학생들은 전혀 공부를 하지 않고 있었고, 따라서 졸업을 하지 못했던 거죠. 학생들은 책을 읽지 못합니다." 그는 크렌쇼 고교에 보다 고급 수준의 교과와 국제교육과정IB을 다루는 학급을 두고자 원했다. 이는 '문화학습 확장 모델'과 제휴하여 이루어질 수 있었던 꽤 괜찮은 생각이었다. 그러나 여기에서 대시가 말하지 않은 것은 크렌쇼 고교의 학업성취도가 점점 높아지고 있었다는 점이고, 특히 흑인 및 특수교육 대상 학생들에게 이러한 경향이 크게 나타났다는 점이다. 2007년 이후 졸업률 또한 23%나 향상되었으며, 학생 정학 건수도 19%가 줄어들었다.

종합고교의 전환은 학교개혁에서 가장 어렵고 힘든 일로 받아들여진다. 로드아일랜드주의 센트럴폴스 고교The Central Falls High Schools에서 아이들의 시험 성적은 3년 연속 최하위에 머물러 있다. 모든 교사들이 해고된 이후 지속되는 현상이다. 그러나 그 지역의 책무성 기반 교육개혁가들은 졸업률이 늘어났다고 축하하는 분위기이다. 크렌쇼 고교에서 보이는 차이점은 교사(와 노조 활동 교사들)들이 개혁을 추진했었단 점이다.

궁극적으로 '문화학습 확장 모델'이 크렌쇼 고교에 활력을 불어넣었다고 말할 수는 없다. 그러나 이를 통해 새로운 정책을 시도해 볼 수 있는 기회가 보다 많아졌다고는 할 수 있을 것이다. 이 계획은 교육과정에 초점이 맞추어져 있었다. 아이들은 무슨 책을 읽을지, 세상에 살아가고 있는 세상에 대해 어떤 질문을 던질지, 그리고 이에 어떻게 답변할지, 이는 교육에서 상당히 중요하지만 어려운 일이다. 더욱이 이런 고민들은 교사평가와 표준화시험을 둘러싼 논쟁 속에서 거의 잊히고 있는 것들이다. 새로운 교육과정을 개발하는 것은 학교교육에서 가장 흥미롭고 지적인 작업이다. 보다 많은 교사들에게 이러한 일들이 허락된다면, 이들에게 주어진 막중한 책임감은 장래에 보다 좋은 교육을 받고 열정을 지닌 사람들이 학교 교실에 남아 있을 수 있도록 도울 것이다. 크렌쇼 고교의 교육과정은 엄격했고, 공통핵심 교육과정을 따르고 있었다. 특히 교육과정은 아이들에게 설득하는 논쟁을 할 때 자료들을 활용하는 것을 가르치도록 하는 데 중점을 두고 있었다. 이 계획은 다양한 기부자들과 미연방 교육부 등 전국적으로 긍정적인 관심을 끌도록 했다. 그런데 도대체 뭐가 문제란 말인가?

현재 카푸토-펄은 LA 교원노조 위원장이다. 그는 교육개혁에서 무엇이 성공적이고 그렇지 않은지에 대한 정통적 견해에 도전해서 자신과 자기 동료들이 해고되었다고 믿고 있다. 교육감 대시는 지역사회의 지지가 있었음에도 불구하고 크렌쇼 고교의 개혁을 '짓뭉개 버렸다'. 그 이유에 대해서 카푸토-펄은 내게 '(교육개혁에 관한 우리의 철학이) 교육감의 철학과 서로 달랐기 때문'이라고 말했다.

미국의 정책결정자들은 모든 공립학교가 똑같은 전략을 사용하기를 바란다. 그렇다고 이들이 선호하는 개혁의 접근법이 실제 아이들에게 효과적인가에 대한 확신은 없다. 그렇다 보니 알렉스 카푸토-펄이나 레노르 퍼먼과 같이 가장 유능하고 훌륭한 교사들의 재량권을 줄여 버린다. 이들이 교직에 대해 가진 헌신하는 자세는 오히려 확장되도록 해야지, 입을 다물게 하거나 소홀히 다루어져서는 안 된다. 이러한 문제는 미국의 교육개혁에서 꽤 오랜 문제덩어리가 아닐 수 없다. 우리의 교육 시스템은 교육과정, 조직, 재원, 학생들의 인구구조, 학습에 대한 요구라는 측면에서 아주 높은 정도로 탈중심적이다. 그럼에도 우리는 지역의 공립학교들이 저 위로부터 내려오는 만능의 개혁 의제를 이행할 것이라 기대해 왔다. 작금의 정치적 상황을 돌아볼 때, 가까운 미래 어느 시기에 교육제도를 과감하게 중앙집중화하기는 어려울 것이라고 본다. 따라서 지금은 미국의 공립학교를 개선하기 위해 전국적인 유명세를 타는 정치인이나 자선사업가 혹은 사회과학자들만 쳐다보고 있을 것이 아니라, 교사들에게도 우리의 시선을 돌려야 할 것이다.

부가가치 평가를 둘러싸고 팽팽하게 전개되는 입법 전쟁 와중에 콜로라도주를 방문했었다. 이때 나는 크리스티나 진Christina Jean과 이야기를 나누었다. 그녀는 사회과 교사로 덴버 교육청 파견 교수법 코치로 일하고 있었다. 다른 많은 똑똑한 교사들처럼, 크리스티나 또한 신중하지만 낙관적인 인물이었다. 그녀는 학력 격차를 좁히는 데 국가의 새로운 정책에 대해 상당한 기대를 갖고 있었다. 그러나 새로 준비된 교육과정과 객관식 시험을 허겁지겁 강요하느라 정작 교사의 수업 개선에 필요한 의미 있는 협력이라는 긴급한 일은 간과되고 있다며 걱정했다. 그녀는 "관련 담론의 많은 내용들은 형편없는 교사들을 내보내는 것에 관한 겁니다. 교사가 기계의 부속품 이상으로 보여지고 있는 모습을 거의 찾아보기 어려웠습니다"라고 말했다. 그녀는 교직에서 다음과 같은 것들이 중요하다고 말했다.

"교직은 싸우는 곳이 아니라 힘을 북돋아 주는 곳이어야 합니다. 어른들에게도 도전적이고 영감을 불러일으키는 직업이어야겠지요. 저는 지혜로운 사람이고, 사랑과 열정으로 아이들을 가르쳐 왔습니다. 그러니 내가 알고 있는 지식으로 아이들을 가르칠 수 있게 해 주시기 바랍니다."

에필로그
훌륭한 교사를 어떻게 키울 것인가

본서에서는 나의 주장을 내세우기보다는 치밀하게 분석하고자 했다. 미국 공립학교 교사들에 대한 200년이 넘는 역사를 연구하면서 교육개혁을 어렵게 만든 정책과 우리 교육이 나아가야 할 방향에 대해 정리하고자 했다. 교직과 학교의 발전을 위한 계획은 다음과 같다.

교사 급여는 중요하다

교육정책 분야에는 믿음이 하나 있는데, '돈은 중요하지 않다'는 것이다. 책무성 개혁론자들은 미국이 국제학업성취도평가에서 미국보다 우수한 성적을 받는 국가에 비해 더 많은 교육예산을 학생들에게 투자하고 있다고 자부한다. 그런데 많은 미국 학교들은 치어리딩 유니폼, 축구용품 등과 같이 학업성취 개선과 무관한 곳에 교육재정을 소비하는 경우가 많다. 교육재정 전문가인 브루스 베이커Bruce Baker는 교육재정 중 교원 임금이 학생들의 더 높은 학업성취와 절대적인 관련이 있음을 밝혔다. 우리는 교사들에게 교사의 업무 수행에 대한 높은 기대와 부합하는 중상류층 수준의 임금을 지급하고 있지 않다. 따라서 우리는 이러한 연구 결과를 진지하게 받아들여야 한다.

미국 교사의 평균 임금은 2012년에 경찰 혹은 사서의 보수와 비슷한 연간 5만 4,000달러였다. 그러나 법률가(11만 4,000달러), 컴퓨터 프로그래머(7만 4,000달러), 혹은 대학교수(6만 9,000달러)는 언급할 필요도 없이, 회계사(6만 4,000달러), 등록 간호사(6만 4,000달러), 혹은 치위생사(7만 달러)보다 훨씬 적은 수준이다.

미국 교사들의 수입은 유럽이나 아시아의 교사 수입과 비교하면 아주 나쁜 수준은 아니다. 그러나 경제학자들은 사람들이 실제 월급보다는 다른 직업과의 비교를 통해 인식하는 임금 격차를 고려하여 직업을 선택한다고 확신한다. 이런 점에서 볼 때 미국 내 임금 불평등의 증가로 인해 교직의 명성은 훼손되어 왔다. 1940년대 남교사는 대학을 졸업한 남성들과 비교할 때 상위 50% 수준의 임금을 받았으며, 여교사들은 대졸 여성 평균보다 70% 많은 임금을 받았다. 오늘날 교사 임금은 남성의 경우 하위 13%, 여성은 하위 14% 수준이다. 교사와 다른 전문직과의 임금 격차가 큰 것은 미국에서 나타나는 독특한 현상이다. 한국에서 교사는 재직 기간 동안 최소 5만 5,000달러에서 최고 15만 5,000달러의 임금을 받는다. 이것은 미국 교사의 지역 구매력 250%에 해당한다. 한국 교사의 임금 수준은 기술자와 의사 사이에 위치한다.

또 다른 문제는 교사 임금의 구조화 방식이다. 전형적인 임금 사다리는 단일호봉제이다. 교사는 단일호봉제에 따라 최상위 임금을 받기 위해 수십 년을 기다려야 하고, 교직 경력과 교육 경력으로 보상받는다. 볼티모어와 뉴어크와 같은 도시들은 교사노동조합과의 협상을 통해 단일호봉제를 바꾸면서 세간의 주목을 받았다. 현재 이 도시들은 경력뿐만 아니라 교사 업무 수행, 동료 멘토링과 같은 추가적인 책임에 대한 보상을 제공한다. 이러한 변화들은 미국 전역에서 일어나야 한다.

다음과 같은 점을 기억하길 바란다. 내가 정규직으로 일한 첫 번째 직장인 잡지사에서 2만 1,000달러를 받았다. 당시에 나는 공립학교 교사였던 친구들을 보며 '부자구나!'라고 생각했다. 내가 27살이었던 5년 후에 나는 초봉보다 3배를 더 받았다. 한편, 동일한 교육 수준과 학사학위를 가진 뉴욕시 공립학교 교사는 4만 5,000달러에서 5만 153달러로 5년 전 초봉보다 고작 5,000달러가 인상되었다. 노스캐롤라이나에서 교사는 3만 달러에서 4만 달러의 임금을 받기 위해 15년을 일해야 한다. 최악은 가정을 꾸리거나 주택을 구입하고자 할 때 교사들의 임금은 대학 교육을 받은 동료들과 비교해서 정체된다는 점이다. 의심의 여지 없이 이러한 점은 교사가 되고 싶어 하는 열정적인 사람들이 교직에 입문하지 않거나 유능한 교사들이 교직을 떠나도록 하여 문화적으로 교직이 존경받지 못하게 한다.

실천 공동체를 만들어라

교직은 단 하나의 직업이라기보다는 여러 종류의 직업이다. 이 말을 이해하기 위해 의사를 생각해 보자. 예비 의사들은 의과대학에 지원하기 위해 MCAT와 같은 시험을 본다. 의과대학들은 단일 기관에 의해 인증받고 학생들은 일련의 강좌, 면허 시험, 임상실습의 과정을 거쳐야 한다. 모든 의사들은 수련의와 전공의로서 훈련받고 병원에서 회진을 돈다. 윤리적으로도 의사들은 히포크라테스 선서를 지키는 데 동의한다.

교직은 상당히 다르다. 어떤 예비 교사는 사범대학에서 교육학을 전공하고, 또 다른 예비 교사들은 교과 영역을 전공한 후 석사과정에서 교원자격을 취득한다. 또 다른 예비 교사들은 미국을 위한 교육TFA 혹은 교사연수제도와 같은 대안적 경로를 통해 교사가 된다. 어떤 예비 교사들은 1년 동안 학생교사로 활동하기도 하고, 어떤 경우에는 한 학기 동안 학생교사를 하거나 전혀 하지 않는 사람도 있다. 많은 교사들이 자신들의 직업의 목적이 빈부 격차에 따른 성취 격차를 줄이는 것이어야 한다고 믿는다. 하지만 어떤 교사들은 학업 격차를 줄이는 것이 교육의 목표가 된다면 영재 학생들을 무시하는 처사이며 비싼 사립학교에 다니는 학생들에게도 적절하지 못한 대우를 하는 것이라 주장한다. 여전히 다른 교육자들은 측정할 수 있는 학문적 성취보다 사회적·감성적 역량, 비판적 사고 혹은 시민의식을 개발할 것을 강조한다. 이 모든 관점은 타당하고 합법적이며 미국 문화와 역사에 뿌리를 두고 있다.

교직은 훈련 방법과 목표에 대해 의사 혹은 법률가와 같은 다른 전문직들보다 훨씬 분권화되어 있다. 이런 점을 염두에 두면서 하버드의 사회학자 잘 메타Jal Mehta와 존스 홉킨스Johns Hopkins의 정치학자인 스티븐 테레스Steven Teles는 실천 공동체들이 프로젝트 기반 학습이나 '예외를 두지 않는no excuses' 같은 구체적인 교육사상 학파들을 형성하는, 아직은 가설적인 교사들을 위한 '복수 전문직주의plural professionalism'라는 제4의 아이디어를 개진해 왔다. 교사양성 프로그램과 초·중등학교는 협력하여 연구자들, 교사, 실습교사들이 공유할 수 있는 증거를 기반으로 한 최상의 실천을 강조하고 개발하기 위한 하나의 학파를 선택할 것이다. '복수 전문직주의'는 단일한 어휘를 사용하고, 윤리적 기준을 공유하고, 학생들을 평가하는 방법 등에 동의한 실천 공동체에 예비 교사들을 참여시킴으로써 교직의 지적 능력을 끌어올릴 것이다.

오늘날 '예외를 두지 않는' 차터스쿨들이 복수 전문직주의 모델을 가장 가깝게 실행하고 있다. 차터스쿨 네트워크 연대는 뉴욕시와 시카고에서 릴레이 교육대학원Relay Graduate School of Education을 설립했고, 대안적 자격증을 추구하는 1년 차 교사들에게 '예외를 두지 않는'이라는 구호를 각인시킨다. 저소득층 학생들을 가르치기 위한 또 다른 교수 방법 실천들이 있지만, 주목받지 못하고 있다. 샌디에이고의 하이테크 고교 High Tech High 네트워크는 학교와 성인직업 세계와의 연계를 강조하고 있으며, 현재 교사 훈련 프로그램을 운영하고 있다. 뉴욕시에 있는 뱅크

스트리트 교육대학The Bank Street College of Education은 듀이 추종자, 진보주의, 학습자 중심 교수 방법을 가르치고 예비 교사들의 기술 개발을 위한 초·중·고교를 운영한다. 또 다른 교사양성 프로그램은 이 기관들로부터 많이 배우고 예비 교사들에게 그들의 일에 대한 구체적인 사고 방식과 학급운영을 위한 특별한 전략들을 가르친다.

고차원적 질문하기와 같이 많은 연구들이 뒷받침하고 있는 효과적인 교사 행위들은 있다. 그러나 단 하나의 효과적인 교수활동 이념은 없다. 따라서 교사교육은 현재보다 훨씬 더 구체적이고 기술에 기반을 두어야 한다. 그럼에도 직접적 훈육에서부터 몬테소리 교육법에 이르기까지 다양한 공동체들은 학교에 대해 다양한 기대를 가지기 때문에 교사교육은 지적인 차원에서 다양해야 한다. 실천 공동체들은 그들이 엄격한 증거에 기반을 둔다는 점을 명확히 설명할 수 있어야 한다. 일단 그러기만 하면 실천 공동체들은 자신의 교육과정, 평가, 교사평가 행위를 선택할 자유를 가질 것이다.

교수활동 관심을 유지시켜라

5년, 10년, 혹은 20년 넘게 변함없이 동일한 직무상의 책임을 지는 것은 교사들의 소진감과 지루함을 초래할 수 있다. 또한 고성취 업무 수행자들이 가르치는 일에서 벗어나 행정가가 되는 것에 대해서도 무관심하도록 만들 수 있다. 열정적이고 지적인 사람들이 교사가 되고 그들이 공립학교에 남기를 원한다면, 우리는 장기간에 걸쳐 흥미롭고 다양하여 아이들과 일하는 것만이 아니라 어른들과 일할 기회를 포함하는 직업 경로를 제공해야 한다. 싱가포르에서 재직 경력 3년 이상의 교사는 교육과정 개발이나 학교 행정, 수업 멘토링 분야의 세 가지 리더십 경로 중 하나를 선택한다. 미국의 주정부 중에도 비슷한 제도가 있다. 볼티모어에서는 동료들을 학습지도안과 교수활동 코칭으로 이끄는 데 많은 시간을 할애하면서, 동료 교사들에게 일과 시간 중 자신의 교실을 개방하는 교사들에게 승진 기회를 제공하고 있다. 행정가가 선호하는 교사뿐만 아니라 희망하는 모든 좋은 교사들이 이와 같은 기회들을 활용할 수 있다.

가장 강력한 성과급은 동료 교사가 학생들의 학습을 향상시킬 수 있는 새로운 책무성에 대해 보상하는 것이다. 교육개혁은 교사들이 학교 발전을 위해 함께 수업계획안을 짜거나 동료 장학, 팀 티칭과 같은 방식으로 함께 일하기를 더욱 요구하는 방향으로 나아가야 한다. 이러한 방식은 교사들이 성과급에 대해 덜 민감하게 반응하도록 하며, 개별 교사가 개별 학생 성적에 미치는 영향력을 측정하는 데 더욱 집중할 수 있게 할 것이다.

사범학교의 유산을 추구하라

수전 앤서니와 듀보이스는 19세기에 교직의 명성과 학생들을 위해 교사를 대학 교육을 받는 다른 전문직과 분리하여 양성하는 것은 좋은 생각이 아니라고 주장했다. 이것은 여전히 진실이다. 20세기 중반, 초기 사범학교들은 학사학위를 수여하는 주립대학으로 발전하였다. 하지만 이들 학교의 입학과 학문적 기준은 대체적으로 낮았다. 일부 주에서는 필요한 교사 수보다 9배나 많은 예비 초등학교 교사들을 배출하는 등 예비 초등 교사를 과잉 공급하고 있다. 따라서 주정부들은 이 학교들에게 입학 기준을 높이거나 교사양성 프로그램을 폐지하도록 요구해야 한다.

그렇다고 높은 SAT 성적을 교사양성 프로그램에 입학하기 위한 유일한 자격 요건으로 활용하는 것은 타당하지 않다. 뉴욕시 교사의 출신 대학과 학생 성취를 연계한 기초 자료는 호프스트라 대학교와 헌터 칼리지와 같이 비명문 학교 졸업생들의 성과가 뉴욕 대학교NYU, 컬럼비아와 같은 명문 학교 졸업생들보다 평균적으로 높다는 결과를 보여 준다. 우리는 마틴 하버먼Martin Haberman의 연구를 잊지 말아야 한다. 이 연구는 장기간 근무한 스타 교사들은 저소득층 출신이고, 비명문 학교 출신이며 실패한 경험을 가진 사람들이라는 것을 보여 준다. 알렉스 카푸토-펄과 같은 교사들은 급진적인 정치적 특성을 가진다. 비전통적인 교사들이 특별한 것은 신념 지향적이고 열정적이기 때문이다. 고군분투하는 학생들의 성공을 도우려는 신념과 모든 학생들을 높은 지적 표준으로 이끌려는 열정을 갖고 있다. 이러한 점들이 교사양성 프로그램이 추구해야 하는 특성들이다.

교사만큼 교장에 초점을 두어라

교사 책무성 운동이 적극적으로 진행된 것과 마찬가지로 학교장 질관리 운동이 이루어져야 한다. 대부분의 전문가들은 성공적인 학교들이 가지는 한 가지 공통점은 헌신적이고 굉장히 존경받는 학교장이 있다는 점이라고 설명한다. 이들 학교장들은 교사들이 신뢰하고 실행할 만한 명확한 미션을 분명히 제시한다. 맥킨지 연구는 교사들이 근무 학교를 선택하는 데에서, 상위권 교사들은 보다 높은 보수만큼이나 보다 좋은 교장 요인이 작용한다는 점을 보여 준다. 교사들은 특히 같은 학교나 같은 지역 교사 출신 학교장을 존경하고, 그들과 생산적으로 일하게 될 것이라는 증거 또한 있다. 최근 학교장을 교육 분야 이외의 분야에서 모집하는 것이 유행했다. 그러나 이것은 잘못된 것일 수 있다. 대신, 리더십과 조직 기술을 가진 효과적인 교사들이 평가 과정을 통해 검증되고 몇 년 후 행정직으로 전환될 것을 고려해야 한다. 학교장이 되는 방법이 교사가 자신의 권한을 확대하거나 임금을 높이기 위한 유일한 통로가 되어서는 안 된다는 점을 깨달아야 한다.

그리고 학교장에게 교사 책무성 관련 서류 작업에 대한 과도한 부담을 주어서는 안 될 것이다. 진부한 소리처럼 들리겠지만 교사평가를 개선하려는 역사적 시도들이 실패했던 주요 원인 중의 하나가 서류 작업이다. 새로운 교사 프로젝트는 2013년에 교사평가 기준들을 줄여야 한다고 조언했다. 60개의 서류 작업 대신에 10개의 효과적인 교수 행위에 초점을 맞추는 것은 어떨까?

시험을 진단도구로만 사용하던 시대로 돌아가라

우리는 한때 개별 학생들의 역량에 대해 대략적인 결론을 내리기 위해 시험을 활용해 왔다. 그런데 오늘날 우리는 시험이 학생보다도 교사에 대해서 훨씬 더 많은 정보를 우리에게 말해 준다고 믿는다. 학생의 시험 점수가 교사와 행정가들을 보상하거나 처벌하는 데 활용되지 않는 저부담 상황에서, 부가가치 연구는 시험 점수에 대한 교사의 영향을 측정함으로써 교육에 작용하는 요인에 대한 우리의 지식 지평을 굉장히 넓혔다. 그러나 시험 점수로 교사와 행정가를 평가하여 임금을 지불하고 교사를 해고하는 데에도 활용하는 고부담 상황에서 부가가치 연구가 타당성이 있다고 믿을 만한 절대적인 근거는 없다. 계량 심리학자인 하버드 대학교의 대니얼 코레츠 같은 교육 연구자들과 교육 연구에 대한 메타분석 연구자인 오클랜드 대학교의 존 하티John Hattie는 학생들이 무엇을 아는지를 진단하고 이를 기반으로 교사들이 학생들을 가르치는 것이 학업성취도 검사의 가장 참된 활용이라고 설명했다. 해고할 교사를 선정하기 위해 시험을 활용하는 경우 교육자는 아이들의 학습을 돕는 데 힘쓰기보다는 어떠한 대가를 치르고라도 시험 점수를 올리는 데에 더욱 몰두하게 될 것이다.

　이것이 초·중등학교에서 부가가치 측정이 아무 쓸모가 없다는 것을 의미하는 것은 아니다. 부가가치 측정은 교사의 질 스펙트럼에서 중간 보다는 양극단에서 보다 안정적이다. 이러한 점을 고려한다면, 학교장은 좀 더 집중적인 교실 관찰 혹은 교사들의 실천 탐색을 위해 특별히 부가 가치 점수가 낮은 교사들을 대상으로 할 수 있다. 잠재적으로 동료 멘 토 혹은 평가자로 활동할 수도 있는 교사들을 확인하기 위해 고득점 부 가가치 점수를 활용할 수도 있다. 이러한 방식이 적용된다면 학교 관리 자의 교실 참관, 학생들의 시험 성적이 아닌 다른 학업 결과에 대한 고 려, 문제 교사와의 면담 없이 교사들에 대한 보상이 이루어지는 일은 없을 것이다.

교사들이 서로의 교육활동을 참관하는 것에서부터 혜택을 받아라

　교실이 외부자 특히 신입 교사들에게 폐쇄적인 암흑상자가 되지 않 아야 한다. 저부담 상황에서 이루어진 부가가치 연구는 1년 차 교사들 이 근무하면서 배우고 있고 그 학습곡선이 가파르다는 점을 분명히 보 여 주었다. 이러한 결과는 교직의 입문 방식에 상관없이 나타났다. 이상 적으로, 충분히 경력 교사들의 활용이 가능한 경우, 위기에 처한 아이들 이 있는 학구에는 1년 차 교사들의 배치를 제한해야 할 것이다. 또 다 른 아이디어는 모든 효과적인 경력 교사들이 신입 교사의 교육활동 과 정을 들여다보고 그들을 코칭하는 데 시간을 사용할 수 있도록 교사의 근무 시간 구조를 변화시켜야 할 것이다. 신규 교사들은 효과적이고 매 력적인 수업을 설계하기 위해 경력 교사들의 교실을 관찰하고 동료들과 일할 시간을 가져야 한다.

보다 많은 남교사와 유색인종 교사를 모집하고 선발하라

아이들은 교사들을 통해 자기 자신의 모습을 보는 것이 중요하다. 50년간의 연구와 150년간의 실천 경험은 유색인종 교사가 유색인종 학생에게 높은 기대를 가질 가능성이 높다는 점을 보여 준다. 그러나 공립학교 학생은 40%가 유색인종인 데 반해 공립학교 교사는 아직 17%만이 유색인종이다. 성별의 경우에도 1820년대 보통학교개혁가들이 시작한 미국 교직의 여성화가 끈질기게 지속되고 있었다. 오늘날 남교사는 전체 교사의 24%에 불과하다. 교사의 임금 구조를 재조직화하고 교사 교육과정을 보다 경쟁적이고 지적으로 일관되게 만드는 것으로 교직을 다른 직업에 비해 더욱 매력적인 직업으로 만들 수 있다. 여성보다 남성이 고임금에 더 많은 가치를 둘 가능성이 높다. 유색인종의 교사가 백인 교사보다 갚아야 할 학자금 대출이 많을 수 있다. 대안적인 교사자격증 프로그램이 아무것도 할 줄 모르는 백인 교사를 극빈곤 학교에 배치한다는 인식이 있다. 하지만 사실 교사봉사단 TFA, 도시 교사연수 프로그램들은 대체적으로 학교 체제보다 많은 유색인종과 남교사를 모집하는 데 훨씬 더 성공적이었다. 그렇지만 학교 폐쇄와 상황 호전이 정리해고로 이어지는 경우 이들 프로그램들이 소규모이기 때문에 도심 학군은 여전히 유색인종 교사의 실질적인 손실을 경험할 수 있다. 그것은 교사양성체제(교사 대학, 석사 프로그램, 학교구)가 이전보다 교사 다양성에 보다 높은 우선순위를 두어야 한다는 것을 뜻한다.

낡은 노동조합의 존속을 끝내라

2010년과 2012년 사이, 도심 지역 공립학교 교사들의 2.5%가 재정위기로 해고되었다. 일부 학교구에서는 '신입 교사 우선Last in, First out'(라이포LIFO)' 정책을 해고 교사 선정 시 행정가가 업무 수행 기준으로 사용하지 못하게 하였다. 2011년 〈데일리 비스트The Daily Beast〉는 '우리의 실패한 정부를 개선하기 위한' 단 하나의 아이디어를 제안할 20명의 '대사상가들'을 초대했다. 그리고 뉴욕시 시장인 마이크 블룸버그Mike Bloomberg와 TFA 창립자인 웬디 콥이 LIFO를 명명했다. 이 용어는 아주 강력했는데, 교사노동조합에 대한 가장 강한 공격 중 하나를 상기시켰기 때문이다. 그 공격 중 하나는 교사노동조합이 무능력자들에게 평생 일자리를 제공한다는 것이다.

아주 최근까지 연공서열 규칙은 명백히 논쟁거리가 아니었다. 경제 쇠퇴기 동안 나이 많은 고임금 교사들이 연공서열 규칙으로 차별받지 않을 수 있었다. 특히 교사의 업무 수행을 평가하기 위한 최선의 방법에 대한 합의가 없었기 때문에 행정가들은 종종 LIFO의 간명함에 감동하였다. 그럼에도 효과적인 교수활동에 대한 연구가 우리에게 얘기하는 바를 생각하면 LIFO는 아무런 의미를 갖지 못한다. 합리적인 정리해고 정책은 비슷한 직무수행 능력을 가진 교사들 중에서 연공서열을 타임브레이커로 활용한다. 많은 학교구에서는 노동조합과 협상할 때 이미 이런 제도를 실행할 자유를 가지고 있다. 법률이 교사 해고의 유일한 요인이 연공서열이어야 한다는 점을 법률로 선언한 곳은 단지 12개 주뿐이다.

교사 대상 도덕적 공황의 역사는 교직이 적법한 절차에 의해 통제되어야 한다는 점을 제안한다. 그러나 정년보장이 나쁜 교사를 해고하는데 굉장히 많은 비용이 든다는 뜻일 수는 없다. 교사가 공정한 측정 방법으로 평가를 받고 명확한 의견과 적절한 훈련을 받았음에도 여전히 1~2년 내로 개선되지 않는다면, 관리자는 교사를 해고할 권리를 가져야 한다. 교사가 그러한 결정에 항의한다면, 동료평가 위원회나 중립적 중재자가 몇 주 내로 공청회를 개최하고 판결을 내려야 한다. 그 과정은 신속하고 명확해야 한다. 정치적인 합의에 도달하기 위해, 교사평가는 통합적인 교실 관찰과 같이 실질적으로 학생 학습을 측정하는 방법에 기반을 두고 엄격하게 해야 한다.

많은 정책들이 꽃피도록 하자

교사 책무성 정책들이 공교육을 개선하기 위한 유일한 방안은 아니다. 단지 십 년 전 인종차별 폐지 운동은 구시대적인 것으로 인식되었다. 그러나 오늘날 점점 증가하는 차터스쿨 지도자들은 인종 통합이 모든 아이들을 위한 학문적 성취와 사회적·감성적 차원의 성장을 증진한다는 연구 결과를 접하고 있다. 지도자들은 애틀랜타의 찰스 드류 Charles Drew, 엘에이의 라치몬트Larchmont 학교와 같은 새로운 학교들을 개교하고 있다. 이들은 다양한 학생의 교육을 추구한다. 교사 책무성 정책 강경파인 미셸 리조차도 완벽한 세상에서 사립학교는 불법이 될 것이라고 언급했다. 리는 대학 교육을 받은 학부모들의 자녀들을 D.C. 공립학교에 등록하도록 적극적으로 모집했다. 왜냐하면 그녀는 사회경제적으로 보다 통합되는 것이 도심의 모든 아이들을 위한 교육을 개선하는 데 잠재력을 가진다는 점을 알았기 때문이다. 2014년 오바마 행정부는 연방정부 재정 지원을 받는 차터스쿨이 인종적, 사회경제적 다양성을 성취하기 위하여 입학 추첨제에 가중치를 두는 것을 허용하는 새로운 법률을 공포하였다. 리는 워렌 버핏으로부터 이러한 아이디어를 빌려 왔다.

또 다른 위대한 아이디어가 있다. 뉴욕 올버니의 테크 밸리 고등학교, 캘리포니아의 링크드 학습 학교, 로드아일랜드의 메트 학교의 학생들은 실습생으로 교실에서 배울 뿐만 아니라 성인의 작업장에서도 학습한다. 그 결과, 이 10대들은 실생활에서 교육이 얼마나 강력한지를 이해하고 고등학교와 대학 시기에 걸쳐 교육을 받도록 훨씬 더 동기화된다(중도탈락률 조사에 따르면, 많은 학생들이 학교가 돈을 버는 것과 관련되지 않는 다고 믿기 때문에 학교를 떠난다는 결과를 보고하였다). 오바마 대통령이 우선시한 또 다른 정책인 보편적 유치원 교육은 워싱턴에서 공화당 의 원의 많은 지지를 받지 못하였다. 하지만 주와 지방자치단체 수준에서 양당의 지지를 받고 있다. 또한 보편적 유치원 교육의 인지적, 사회적, 경 제적 차원의 이점을 둘러싼 합의 수준 역시 점점 높아지고 있다. 요약 하면, 부가가치 평가, 동료평가와 같은 교사평가제도와 정년보장 개혁은 학업성취도 수준이 낮은 학교들을 개선하기 위한 여러 의제들 중 중요 한 두 가지 요소이다.

제도의 한계를 인식하라

나는 우리가 미국 교육체제에 대해 환상을 갖는 것을 경계하며, 학교 개선을 위해 연방정부가 교육개혁을 이끌어 주기를 바란다. 교육 역사학 자인 데이비드 라바리David Labaree에 따르면, 미국 학교 제도는 유럽과 아시아 국가들과 비교하면 '극단적으로 분권화'되어 있다. 교육은 주정 부, 시, 마을의 책임으로 간주되고, 미국 헌법은 교육에 대해 결코 언급 하지 않는다. 오늘날 미국의 공립학교는 13% 정도만 연방정부로부터 재 정적인 지원을 받고 있으며, 대부분 주정부 재정과 재산세로 충당하고 있다.

연방정부 교육부 장관은 학생 시험 점수를 포괄한 교사평가제도를 도 입하는 주와 같이, 국가 수준에서 선호하는 개혁 방안의 시행을 고무하 기 위해 재정 지원을 조건으로 내걸 수 있다. 그러나 교육부 장관은 개 혁 방안의 실행 단위를 감독하지 않는다. 이에 따라 잘 계획된 사회 정 책들(특히 교육정책들)도 무시되거나 왜곡되었다. 『위기에 처한 국가』를 통해 학교개혁 운동의 기틀을 마련하였지만, 이로 인해 위대한 사회 시대와 레이건 시대에는 실망스러운 결과가 초래되었다. 오바마 대통령의 '최고를 위한 경주' 의제 역시 비슷한 위기 상황에 직면해 있다. 행정 정책들은 많은 주에서 교사들을 불합리한 현실로 이끌고 있다. 교사들은 자신들이 결코 가르친 적이 없거나 만난 적도 없는 아이들의 시험 점수를 기반으로 평가되고 있는 것이다. 왜 국가 차원의 개혁 우선순위가 학교현장에서 오해되고 있을까? 연방 교육부는 주의회 혹은 교육청에 대해 아무런 권한을 갖고 있지 않다. 학교장, 교육감, 교육위원회에게 교사의 부가가치 측정과 같은 복잡하고 새로운 도구의 사용 방법을 명확히 이해시킬 수 있는 지역 학교에 대한 연방정부의 감독관이 없다. 연방정부는 서구 국가들 중에서 독특하게 교사들이 사용할 높은 질의 시험, 교재, 읽기 자료를 개발하거나 선정하지 않는다. 마지막으로 (아마 가장 중요하게) 우리는 교사들과 학교들에게 학업성취 격차와 이를 완화하지 못했을 때 초래될 공황상태를 줄이도록 계속 기대해 왔다. 하지만 우리는 아이들이 학문적인 성취를 위해 필요한 광범위한 사회적 지원을 가족들에게 제공하지 않고 있다. 사회적 지원에는 제대로 된 영양과 건강관리뿐만 아니라 생활임금 노동과 안정적이고 여유 있는 아동 돌봄, 주택, 고등교육, 직업훈련이 포함된다.

정책과 실제 사이를 '이어 주는 장치의 부재'로, 미국 정치가 교사들에게 지속적으로 실망감을 주고, 이로 인해 교사들 스스로 전투적인 느낌을 가지게 될까 봐 상당히 우려가 된다. 그러나 희망이 있다. 우리가 분권화라는 정치제도의 제약을 받아들인다면, 우리는 지속적이고 변혁적인 교육개혁들을 하향식으로 강제하는 것이 아니라 아래로부터 출발하는 미래를 향해 나아갈 수 있다. 교육개혁은 최악의 교사들에 대한 우리의 두려움보다 최상위 교사들의 전문성에 더 많이 기반을 두고 추진될 것이다. 이것이 교사 전쟁을 끝낼 방법이다.

감사의 글

이 책은 2011년 봄 컬럼비아 대학교 스펜서 재단Columbia University Spencer Fellowship에서 교육 언론 분야의 초빙 연구원으로 있는 동안 만들어졌다. 훌륭한 작가이자 스승인 샘 프리드먼Sam Friedman 교수는 공립학교의 교직을 둘러싼 정치학적 논쟁을 탐구하는 내용으로 저술해 보기를 제안했고, 이 주제를 다루는 데 역사적 시각을 견지하도록 적극적으로 지원해 주었다. 처음 이 글을 기획할 때부터 컬럼비아 대학교에 있으면서 리넬 행콕LynNell Hancock과 니컬러스 레만Nicholas Lemann으로부터 상당한 조언을 얻었다.

3년에 걸쳐 여러 기관의 재정적 지원을 받아 오로지 이 책을 쓰는 데 집중할 수 있었다. 감사하게도 뉴아메리카 재단의 버나드 슈워츠 연구비지원Bernard L. Schwartz Fellowship at the New American Foundation, 국가연구재단의 퍼핀재단저술비지원Puffin Foundation Writing Fellowship at the Nation Institute을 받을 수 있었다. 아직 출판이 결정되기 전이었지만 뉴아메리카 재단의 스티브 콜Steve Coll, 안드레스 마르티네즈Andrés Martinez, 리사 구언시Lisa Guernsey, 케빈 케리Kevin Carey는 내 저술 작업에 대해 흥미를 갖고 깊은 신뢰를 보여 주었다. 특히 리사의 전문 연구 분야인 수업 관찰은 이 책에 담긴 내 생각을 만들고 다듬는 데 아주 중요한 영향을 미쳤다. 국가연구재단의 앤디 브레슬라우Andy Breslau, 타야 키트먼Taya

Kitman, 루스 볼드윈Ruth Baldwin, 칼 브롬리Carl Bromley에게서도 열렬한 지지를 받았다. 이 책이 나오기까지 그 어떤 후원자도 이념적으로나 내용에 대해서 압력을 가하지 않았으며, 출판되기 전까지 그 누구도 미리 읽어보지 않았음을 밝힌다.

다방면에서 재능이 있는 하워드 윤은 이 방대한 연구와 교육에 관한 노트들을 출판 제안서에 녹여 내도록 도움을 주었다. 그리고 이 작업이 끝나는 동안 내 곁에서 지지를 보냈다. 더블데이Doubleday의 크리스틴 푸오폴로Christine Puopolo가 이 책의 편집을 맡아 진행해 준 것은 대단한 행운이 아닐 수 없다. 댄 마이어Dan Meyer는 부편집자로 세세한 수정사항들을 챙기고 본문에 어떤 사진을 어떻게 넣을 것인지, 필요한 각주는 어떻게 넣을 것인지에 대해 큰 도움을 주었다. 매기 카Maggie Carr는 저작권 관련된 일을 처리하는 데 가장 영특한 방식이 무엇인지 보여 주었다. 그녀로 인해 이 책『교사 전쟁』은 더욱더 일관성 있고 생각해 볼 만한 읽을거리가 되었다.

이 책의 내용과 방향에 대해 다양한 조언을 해 준 수많은 동료 작가들에게 감사를 표하지 않을 수 없다. 특별히 린다 펄스타인Linda Perlstein의 면도날처럼 날카로운 논평에 감사한다. 그녀는 내가 쓴 글 전체를 읽으면서 출판사에 넘길 첫 원고를 손질할 수 있도록 도와주었다. 필리사 크래머Philissa Cramer는 내 친한 친구이자 기자로 내가 보다 나은 기자가 될 수 있도록 이끌어 주었다. 그도 그럴 것이 그녀는 나보다 한 해 앞서 〈브라운 데일리 헤럴드Brown Daily Herald〉의 직원으로 일하고 있었다. 그녀는 무엇보다 각 장들을 꿰뚫는 하나의 큰 주제를 이 책에서 유지하고, 이를 바탕으로 글이 구성될 수 있도록 조언해 주었다. 그렉 토포Greg Toppo, 매트 이글레시아스Matt Yglesias, 리처드 예젤선Richard Yeselson, 애

덤 서워Adam Serwer는 내게 든든한 버팀목이자 내 글을 정성스레 읽어
준 첫 독자들이었다.

사실 기자가 대학에 적을 두고 무슨 일을 한다는 것이 쉽지 않기 때
문에 학술자료를 무료로 사용하는 것이 무엇보다 필요한 일이었다. 이런
문제 때문에 맨해튼 5번가의 뉴욕공립도서관New York Public Library 슈
워츠먼관Schwarzman Bild.에서 제공한 작가 및 연구자 지원 프로그램은
이 책을 쓰는 데 없어서는 안 되는 것이었다. 이 책의 많은 분량을 도서
관에서 제공한 베르트하임Wertheim 연구 지원 프로그램에서 쓸 수 있었
는데 연구 지원을 담당했던 사서 제이 바크스데일Jay Barksdale에게 많은
도움을 받았다.

이 책에 등장하는 많은 생각거리들은 〈슬레이트Slate〉, 〈애틀랜틱
The Atlantic〉, 〈데일리 비스트The Daily Beast〉, 〈아메리칸 프로스펙트
The American Prospect〉 등의 기사로 먼저 실렸었다. 나는 어떤 형식으로
든 내 글이 편집되는 것을 즐겁게 생각하는 작가로 이 바닥에서 최고
의 편집자들과 함께 일하는 행운을 누리고 있다. 이 중 앤 프리드먼Ann
Friedman, 베치 리드Betsy Reed, 리처드 김Richard Kim, 에밀리 더글러스
Emily Douglas, 카트리나 반덴 호이벨Katrina Vanden Heuvel, 티나 브라운
Tina Brown, 톰 왓슨Tom Watson, 루카스 비트만Lucas Wittmann, 에드워
드 펠센탈Edward Felsenthal, 토리 보쉬Torie Bosch, 앨리슨 베네딕트Allison
Benedikt, 데이비드 플로츠David Plotz, 제스 그로스Jess Grose, 케이트 줄
리언Kate Julian, 니콜 앨런Nicole Allan의 이름을 빠뜨릴 수 없다.

기자로서 역사학과 사회과학 문제를 다루었다는 점에 상당히 조심스
러운 마음을 감출 수 없다. 따라서 이 책에서 다루고 있는 주제에 관해
앨리스 케슬러-해리스Alice Kessler-Harris, 루이스 후에르타Luis Huerta, 래
리 쿠반Larry Cuban, 루터 스포르Luther Spoehr, 요나 로코프Johah Rockoff,

더그 해리스Doug Harris, 스티븐 텔레스Steven Teles, 잘 메타Jal Mehta, 클래런스 테일러Clarence Taylor, 리처드 잉거솔Richard Ingersoll 등 적지 않은 학계의 연구자들에게 많은 부분 의존했다. 역사학과 역사학자에 대한 애정과 존경은 브라운 대학교 재학 시절로 거슬러 올라간다. 그곳에서 나는 운 좋게도 메리 글럭Mary Gluck 교수, 에이미 레멘스나이더Amy Remensnyder 교수, 켄 삭스Ken Sacks 교수, 캐럴린 딘Carolyn Dean 교수에게 배울 수 있었다.

가끔 자신감을 잃을 때마다 크리스 헤이스Chris Hayes, 릭 펄스타인Rick Perlstein, 데이요 올로페드Dayo Olopade, 제프리 투빈Jeffrey Toobin은 저술 작업의 결정적 순간이라며 응원을 아끼지 않았다.

이 책을 쓰는 동안 수많은 친구들이 열정적으로 아껴 주고 지원해 주었다. 특히 이 두 친구의 이름, 로렌 힌킨슨Lauren Hinkinson과 레베카 사우어Rebecca Sauer를 언급하지 않으면 안 될 것 같다.

지난 30여 년 동안 내 부모님인 로라 그린Laura Greene과 스티븐 골드스타인Steven Goldstein, 조부모님인 캐럴Carol, 프랭크 골드스타인Frank Goldstein은 내 삶의 궤적 곳곳에 헤아릴 수 없는 사랑과 열정, 격려를 쏟아부었다. 이 자리를 빌려 감사 인사를 드린다. 계부인 마크 헤세Mark Hesse와 계모인 보니 마모르Bonnie Marmor 또한 교육자로 개인적인 지지를 보내 준 것을 넘어 이 책의 주제를 계속 탐색할 수 있도록 큰 도움을 주었다.

버지니아 울프는 여성 작가들에게 자신의 방이 필요하다고 했다. 그러나 적어도 내게는 사랑을 나눌 수 있는 집이 무엇보다 중요했다. 안드레이 셰인크먼Andrei Scheinkman은 내 삶에서 가장 소중한 사람으로 내가 이 책의 기획안을 제출한 이후 만났다. 안드레이는 이 모든 복잡하고 기나긴 책 작업을 참을성 있게 들어 주고 또 지켜보았다. 그리고 이 책이 기대와 달리 충분히 좋지 않거나 창대한 시작과 달리 끝맺지 못할 거란 두려움이 엄습할 때마다 나를 다독이고 조용히 밀어주는 역할을 해 주었다. 종종 웃을 수 있는 여유를 갖도록 했고, 쉴 때를 알려 주기도 했다. 지금은 남편으로 내 곁을 지키고 있다. 나는 그가 보여 준 노고와 사랑에 가슴 벅찬 마음을 숨길 수 없다. 너무도 고맙다.

다나 골드스타인Dana Goldstein

참고 자료

나는 정기적으로 도서관에 가거나 온라인에서 자료를 찾는 것 말고도 몇 가지 기록
보관소의 자료를 참조했다. 매사추세츠 역사학회는 호러스 만 컬렉션을 소장하고
있다. 뉴욕 대학교 내 태미먼트 도서관과 로버트 바그너 노동 기록부는 노조신문
Tamiment을 포함하여 뉴욕시 교원노조의 자료들을 소장하고 있다. 시카고 역사 박
물관에는 마거릿 헤일리와 시카고 교원연맹 자료MH/CTF가 있다. 역사에 대해 더 알
아보기 위해 나는 직접 면담을 진행하기도 했고, 온라인에 있는 온라인 구술사 아
카이브를 참고하기도 했다. 남부 구술 역사 프로그램을 통해 구축된 온라인 구술사
아카이브는 채플힐에 있는 노스캐롤라이나 대학SOHP/UNC의 구술사 연구소와 남캘
리포니아 대학USM의 구술사 및 문화유산 연구소, 워싱턴 대학WU의 영화 및 미디
어 아카이브 중 헨리 햄튼 컬렉션에 포함된 다큐멘터리 〈아이즈 온더 프라이즈Eyes
on the Prize〉에 나오는 면담 자료 등을 바탕으로 구성되어 있다.

• 들어가며
기자로 참석했던 행사장에서: 다나 골드스타인이 쓴 The American Prospect의
　　2008년 8월 25일 자 〈The Democratic Education Divide〉와 2010 클린턴 글로
　　벌 계획에 관한 2010년 9월 22일 자 〈Is the Intra-Democratic Party Edu Debate
　　a War?〉에 자세히 나와 있다.http://www.danagoldstein.net/dana_goldstein/2010/09/is-
　　the-intra-democratic-party-edu-policy-debate-a-war.html 교사에 대한 대중의 인식에
　　관한 설문조사에 대해서는 다음 페이지를 참고하길 바란다.http://www.gallup.com/
　　poll/166487/honesty-ratings-police-clergy-differ-party.aspx
"가만히 앉아서 선생님을 쳐다보고 있고": Robert C. Pianta and Bridget K.
　　Hamre, "Conceptualization, Measurement, and Improvement of Classroom
　　Processes: Standardized Observation Can Leverage Capacity," Educational
　　Researcher 38, no. 2 (2009): 109-19.
공립학교 교실 1,000여 곳을 대상으로 수행된 다른 연구: Thomas Kane and
　　Douglas Staiger, Gathering Feedback for Teaching (Bill andMelinda Gates
　　Foundation, January 2012).
설문조사에 따르면: The MetLife Survey of the American Teacher: Challenges
　　for School Leadership (February 2013)
"위대한 교사들은 매일 매 순간 기적을 만들어 냅니다": Dana Goldstein,
　　"Teaching and the Miracle Ideology," The American Prospect, July 15, 2009.
핀란드에서 교직은 남녀를 불문하고: Pasi Sahlberg, Finnish Lessons: What Can

the World Learn from Educational Changein Finland? (New York: Teachers College Press, 2011), 73.

누구에게 물어보는가에 따라 달라진다: 발전 없는 비효율적인 교사들의 수에 관한 정보는 9장에 더 나와 있다. 에릭 하누셰크Eric Hanushek와 뉴 헤이븐의 교육감 가스 해리스Garth Harries의 의견을 중심으로 살펴보기를 추천한다.

공립학교 교사들 중 2.1%가 앞서 이야기한 이유로 해고되었다: 국립교육통계연 구소의 학교와 교원에 관한 통계를 참고하길 바란다.http://nces.ed.gov/surveys/sass/ tables/sass0708_2009320_d1s_08.asp

연방정부 공무원들은 연평균 0.02% 정도만이 해고된다: Chris Edwards and Tad DeHaven, "Federal Government Should Increase Firing Rate," Tax and Budget Bulletin (Cato Institute report, November 2002).

2012년 1,000명 이상 고용하고 있는 회사들: 미 연방준비제도 경제 자료http://research. stlouisfed.org/fred2/graph/?g=q7M와 노동통계국의 고용역학 보고서http://www.bls.gov/ web/cewbd/f.09.chart3_d.gif를 참고하길 바란다.

공무원의 4%: Richard M. Ingersoll, Who Controls Teachers' Work? Power and Accountability in America's Schools (Cambridge, MA: Harvard University Press, 2003), 15.

전국 교사 질 위원회: 2013년 10월 23일 본 위원회의 아서와 매건 리스가 주고받은 이메일을 참고했다.

교사통계 연구자: Richard Ingersoll and Lisa Merrill, "Who's Teaching Our Children?" Educational Leadership (May 2010).

안드레아스 슐라이허에 따르면: Thomas L. Friedman, "The Shanghai Secret," New York Times, October 22, 2013.

"교육은 평범한 사람들의 손에 있고, 앞으로도 영원히 그러할 것": John Dewey, John Dewey on Education: Selected Writings, ed. Reginald D. Archambault (New York: Modern Library, 1964), 199.

2005년 통계: Christopher B. Swanson, Cities in Crisis 2009: Closing the Graduation Gap (Editorial Projects in Education report, America's Promise Alliance, and Bill and Melinda Gates Foundation, April 2009).

국제학력평가: OECD, OECD Skills Outlook 2013 (November 2013).

• 제1장 선교사 교사, 보통학교 시대를 열다

진정한 의미의 '공립'학교: 19세기 초 미국 학교 제도에 대한 요약은 다음 자료를 참고하길 바란다. C. F. Kaestle, Pillars of the Republic: Common Schools and American Society, 1780-1860 (New York: Hill and Wang, 1983); and Lawrence Cremin, The American Common School (New York: Teachers

College, Columbia University, 1951).

못 박힌 듯한 설교: Horace Mann to Lydia Mann, April 11, 1822, Horace Mann Collection, Massachusetts Historical Society.

"내 최고 아들": M. Rugoff, The Beechers: An American Family in the Nineteenth Century (New York: Harper and Row, 1981), 314.

"귀찮고 동의하기 어려운": Kathryn Kish Sklar, Catharine Beecher: A Study in American Domesticity (New York: W. W. Norton, 1976), 32.

"슬프고 절망적": Kathryn Kish Sklar, Catharine Beecher: A Study in American Domesticity (New York: W. W. Norton, 1976), 7.

"한 번쯤은 저질러 봄직한 비행": Mary Peabody Mann, Life of Horace Mann (Washington, D.C.: National Education Associationof the United States, 1937), 26.

"우수한 여성 지식인이라는 평판": Horace Mann to Lydia Mann, April 11, 1822, Horace Mann Collection, Massachusetts Historical Society.

"나는 슬픔에 겨워 잠에 들었고": Sklar, Catharine Beecher, 42.

"아무것도 없었으며": Sklar, Catharine Beecher, 47.

"마음은 어딘가에서 쉬어야 합니다": Sklar, Catharine Beecher, 50.

리치필드여학교: 캐서린 비처가 다녔던 학교는 다음 자료에 잘 묘사되어 있다. Rugoff, The Beechers, 43; M. T. Blauvelt, "Schooling the Heart: Education and Emotional Expression at Litchfield Female Academy," in The Work of the Heart: Young Women and Emotion, 1780-1830 (Charlottesville: University of Virginia Press, 2007); Chronicles of a Pioneer School from 1792 to 1833, Being the History of Miss Sarah Pierce and Her Litchfield School, ed. Emily Noyes Vanderpoel (Cambridge, MA: The University Press, 1903) 리치필드 역사학회에 대해서는 다음 자료를 참고하길 바란다. To Ornament Their Minds: Sarah Pierce's Litchfield Female Academy 1792-1833 (Litchfield, CT: Litchfield Historical Society, 1993).

"사회적 영향력, 존경": Milton Rugoff, The Beechers, 61.

"삶에서 어떤 일을 하건 상관없이, 여성은": Catharine Beecher, "An Essay on the Education of Female Teachers," Classics in the Education of Girls and Women (1835): 285-95.

"이 학교들은 어린 여학생들에게": Frances Huehls, "Teaching as Philanthropy: Catharine Beecher and the Hartford Female Seminary," in Women and Philanthropy in Education (Bloomington: Indiana University Press, 2005), 39.

"여성은 공부해야만 합니다": Catharine Beecher, "Female Education," American Journal of Education 2 (1827): 219-23.

"(미국 통계자료를 인용하며) 무지하고 버려진 미국 아이들": Catharine Beecher, "Female Education," American Journal of Education2 (1827): 219-23.

프랑스 혁명이 "중상류 계층들에 대한 평민계층의 전쟁이었다"고 경고: Catharine Beecher, The Duty of American Women to Their Country (New York: Harper and Brothers, 1845).

"넘치는 에너지, 명석한 판단력, 금욕적인 자비심": Beecher, "Female Education," 123.

미국의 여성들 중 단 10% 정도만 집 밖에서 일을 하고 있었다: Alice Kessler-Harris, Out to Work: A History of WageEarning Women in the United States (New York: Oxford University Press, 2003), 47.

"간단하게 물어봅시다": Catharine Esther Beecher, The Evils Suffered by American Women and American Children: The Causes and the Remedy (New York: Harper and Brothers, 1846).

"여성은 오로지 자기 혼자만 건사하면 된다": Beecher, "Female Education," 114.

멜빌은 이러한 조건들이 자신에게 '뭔가 다른 직업에 매달리도록' 했다고 고백: W. H. Gilman, Melville's Early Life and Redburn (New York: New York University Press, 1951), 89.

헨리 데이비드 소로: Lawrence Wilson, "Thoreau on Education," History of Education Quarterly 2, no. 1 (1962): 19-29.

"끔찍한 불법행위": Jonathan Messerli, Horace Mann (New York: Alfred A. Knopf, 1972), 192

골상학: George Combe, The Constitution of Man Considered in Relation to External Objects (Boston: Marsh, Capen, Lyon and Webb, 1841), 268, 415.

그의 형 스테판: Mann, Life of Horace Mann, 16-17.

"도덕적 개혁": Arthur M. Schlesinger, Jr., Orestes A. Brownson: A Pilgrim's Progress (Boston: Little, Brown, 1939), 40.

평소 옷도 제대로 사 입지 않아 짠돌이: Messerli, Horace Mann, 226.

"학교 건물은 '적합하게' 지어졌고": Edgar W. Knight, Reports on European Education (New York: McGraw-Hill, 1930), 124.

"프러시아는 사범학교를 세웠다": Edgar W. Knight, Reports on European Education (New York: McGraw-Hill, 1930), 171-173.

"사범학교가 이 민족의 진보에 새로운 수단이 될 것이라고 믿는다": Frederick M. Hess, The Same Thing Over and Over Again: How School Reformers Get Stuck in Yesterday's Ideas (Cambridge, MA: Harvard University Press, 2010), 140.

1840년까지 만은 3개의 사범 학교를 개설: Knight, Reports on European

Education, 6-7.

"하루에 두 번": Cyrus Peirce quoted in Thomas Woody, A History of Women's Education in the United States (New York: Science Press, 1929), 474-76.

"사범학교들이 각 주의 연구중심대학보다는 좀 더 낮은 입학조건을 요구하는 주립대학으로 바뀌어 갔다": James W. Fraser, Preparing America's Teachers: A History (New York: Teachers College Press, 2007), 151-52.

대부분의 미국 교사들: C. Emily Feistritzer, Profiles of Teachers in the U.S. 2011 (National Center for Education Information, 2011).

11번째 발간한 연간보고서: Redding S. Sugg, Motherteacher: The Feminization of American Education (Charlottesville: University of Virginia Press, 1978), 81.

"교사…, 그녀는 얼마나 신성한 존재인가": Horace Mann, A Few Thoughts on the Powers and Duties of Woman: Two Lectures (Syracuse: Hall, Mills, and Company, 1853), 38.

"순결함에 대한 생각을 순결하게": Messerli, Horace Mann, 173.

값싼 시스템: A. Potter and G. B. Emerson, The School and the Schoolmaster (New York: Harper and Brothers, 1842).

"국가의 교육은 지고의 목표에 도달하지는 못할 것": Catharine Beecher, Educational Reminiscences and Suggestions (New York: J.B. Ford, 1874), 49.

"A, B, C와 곱셈표를 가르친다고 해서": Horace Mann, Lectures on Education (Boston: W. B. Fowle and N. Capen, 1855), 316.

"애정의 마음을 갖게": Messerli, Horace Mann, 443.

1830~1900년 사이: James C. Albisetti, "The Feminization of Teaching in the Nineteenth Century: A Comparative Perspective," History of Education 22, no. 3 (1993): 253-63.

남성들이 교직에 남아 있도록: Rebecca Rogers, "Questioning National Models: The History of Women Teachers in a Comparative Perspective" 본 논문은 여성사 학회의 국제연구연맹International Federation for Research에서 발표되었다. "Women's History Revisited: Historiographical Reflections on Women and Gender in a Global Context," Sydney, Australia, July 9, 2005.

"고전교육": Knight, Reports on European Education, 213.

"유럽적 오류": Messerli, Horace Mann, 443.

"시각장애인들을 위한 수용시설을 짓는 것이 나았을 거야": Megan Marshall, The Peabody Sisters: Three Women Who Ignited American Romanticism (Boston: Houghton Mifflin Harcourt, 2005), 402.

전국대중교육위원회: Beecher, Educational Reminiscences and Suggestions, 115.

젊은 여성들은: Sklar, Catharine Beecher: A Study in American Domesticity, 179.

21명의 교사가 죽었다: Nancy Hoffman, Woman's "True" Profession: Voices from the History of Teaching (Old Westbury, NY: Feminist Press, 1981), 56.

자신들의 선한 의도에도 불구하고: Beecher, Educational Reminiscences and Suggestions, 120.

"누구 하나 글을 제대로 읽을 줄 아는 아이가 없다": Beecher, Educational Reminiscences and Suggestions, 127.

대체적으로 그는 한 사회에서 학교의 역할에 대해 좀 더 실용적인 입장을 취하였다: Religion and the Public Schools in 19th Century America: The Contribution of Orestes A. Brownson (Mahwah, NJ: Paulist Press, 1996), 87.

"소위 교육이란 것은": Orestes Brownson, "Review of 'Second Annual Report of the Board of Education. Together with the Second Annual Report of the Secretary at the Board'," Boston Quarterly Review, no. 2 (1839): 393-418.

• 제2장 여성 교사, 교사다움의 차별에 저항하다

"나는 하녀로 늙어 죽느니": Alma Lutz, Susan B. Anthony: Rebel, Crusader, Humanitarian (Boston Beacon Press, 1959), 11.

110달러라는 상당히 높은 연봉: I. H. Harper, The Life and Work of Susan B. Anthony: Including Public Addresses, vol. 1 (Indianapolis: Bowen-Merrill Company, 1898), loc 1175.

동료 남자 교사들보다 더 낮은 연봉을 받는다: The Selected Papers of Elizabeth Cady Stanton and Susan B. Anthony, vol. 1, In the School of Anti-Slavery, 1895-1906, ed. Ann D. Gordon (New Brunswick, NJ: Rutgers University Press, 1997), 57-58.

자신에게 '고행'을 가르칠 생각: 같은 책, 66.

"내가 할 수 있는 말은 이 말밖에 없구나": 같은 책, 71.

1850년, 뉴욕의 교사 1만 1,000명 중 5분의 4는 여성이었다: 같은 책, 228.

앤서니는 더 이상 조용히 앉아 있을 수만은 없겠다고 생각했다: 같은 책, 226-29.

"교사들이 앤서니에 대해 어떻게 생각하든지": Elizabeth Cady Stanton, Susan B. Anthony and Matilda Joslyn Gage, History of Woman Suffrage, vol. 1, 1848-1861 (New York: Source Book Press, 1889), 514.

회의 마지막 날: Gordon, ed., In the School of Anti-Slavery, 229.

앤서니는 스탠턴에게: 같은 책, 319-20.

그녀의 아버지는 평화주의자로서: Lutz, Susan B. Anthony, 13.

"저는 트로이의 모임에서": Harper, The Life and Work of Susan B. Anthony, vol. 1, loc 2754.

어니스틴 로즈: Carol Komerten, The American Life of Ernestine L. Rose (Syracuse, NY: Syracuse University Press, 1999).

스코틀랜드의 공장주이자 철학자인 로버트 오언: Francis J. O'Hagan, "Robert Owen and Education," in Robert Owen and His Legacy, ed. Noel Thomson and Chris Williams (Cardiff, UK: University of Wales Press, 2011).

스탠턴은 자신의 임신 경험과 자녀 교육에 대한 책임감이 자신을 얼마나 지치게 하는지에 대해 불평하곤 하면서도: 같은 책, loc 2986.

1880년 스탠턴은 유명한 연설 '우리 소녀들'에서: The Selected Papers of Elizabeth Cady Stanton and Susan B. Anthony, vol. 3, National Protection for National Citizens, 1873-1880, ed. A. D. Gordon (New Brunswick, NJ: Rutgers University Press, 2003), 500.

1858년 뉴욕의 록포트에서 열린 교사모임에서의 시위가 끝난 후: Harper, The Life and Work of Susan B. Anthony, vol. 1, loc 3121.

이러한 분위기에서 여성운동은 점차 적대적인 두 개의 캠프로 나뉘게 되었다: Ellen Carol DuBois, ed., The Elizabeth Cady Stanton—Susan B. Anthony Reader (Boston: Northeastern University Press, 1981), 89-93.

그해의 연간 보고서에 담긴 교육부 연방 위원 존 이튼의 글: John Eaton, Report of the Commissioner of Education for 1873 (Washington, D.C.: Government Printing Office, 1874), 133-34.

"두 종류의, 다시 말하자면 남성과 여성의 생각과 마음은 명확히 다르며": Sugg, Motherteacher: The Feminization of American Public Education, 112.

여성 문제에 대해서도 조심스럽게 언급했다: Charles William Eliot, "Inaugural Address of Charles W. Eliot as president of Harvard College," October 19, 1869, 50.

"공립학교 교사들의 평균적인 능력": Charles William Eliot, Educational Reform (New York: The Century Co., 1901), 162.

한 사람이 무역에 종사하든: Charles W. Eliot, "Wise and Unwise Economy in Our Schools," The Atlantic Monthly, June 1875.

"남성들에 비해 열등하기에": 같은 책.

더욱 부강하고 발전된 국가가 되어 갈수록: William T. Harris, Report of the Commissioner of Education for 1892-1893 (Washington, D.C.: Government Printing Office, 1895), 545.

뉴잉글랜드 전역의 사범학교에도: Sugg, Motherteacher, 116.

병가를 쓸 때마다: Harris, Report of the Commissioner of Education for 1892-1893, 546.

독일에서 교장직을 맡고 있는 쉴레 박사: 같은 책, 534-47.

베를린의 대학교수 슈테판 베졸트: 같은 책, 567.

깜짝 놀랄 만한 반론: Belva A. Lockwood, "My Efforts to Become a Lawyer," Lippincott's Monthly Magazine (1888): 215-29.

도저히 참을 수 없는 혐오스러운 수모: 같은 책, 216.

「노동법」 1571조: Jill Norgren, Belva Lockwood: The Woman Who Would Be President (New York: New York University Press, 2007), 35-39.

단일 후보로 대선 주자: Christine Stansell, The Feminist Promise: 1792 to the Present (New York: Modern Library, 2010), 99.

• 제3장 흑인 지도자들, 흑인 교사의 길을 논하다

"조사 결과": E. L Pierce to Salmon P. Chase, "The Negroes at Port Royal: Report to the Hon. Salmon P. Chase, Secretary of the Treasury" (1862).

포트 로열 실험: Willie Lee Rose, Rehearsal for Reconstruction: The Port Royal Experiment (Indianapolis: The Bobbs-Merrill Company, 1964).

지금은 미국 정부의 보호 아래 있지만: Pierce, "The Negroes at Port Royal." 49 a "constant, galling sense": Charlotte Forten Grimké, The Journals of Charlotte Forten Grimké, ed. Brenda Stevenson (New York: Oxford University Press, 1988), 111, 140.

"선한 의지를 가진 하나님 아버지께서": 같은 책, 376.

'생소하고, 무모한 꿈': 같은 책, 390.

"일상적인 즐거움이고 오락": Charlotte Forten, "Life on the Sea Islands, Part I," The Atlantic Monthly, May 1864.

'굉장히 지치고 힘든 일': Grimké, The Journals of Charlotte Forten Grimké, 399.

포텐은 필라델피아에 있는 자선가들에게: Recounted in Forten, "Life on the Sea Islands, Part I"; and Charlotte Forten, "Life on the Sea Islands, Part II," The Atlantic Monthly, May and June 1864.

아이티의 혁명가 투생 루베르튀르: The Journals of Charlotte Forten Grimké, 397-98.

오, 전 세계의 어느 누구도: From John Greenleaf Whittier, Anti-Slavery Poems: Songs of Labor and Reform (New York: Houghton, Mifflin & Co., 1888), 238-39.

매우 자신감 있고 행복해: Forten, "Life on the Sea Islands, Part II."

"학교 건물들이 불타고": Douglas Meyer Weinberg, A Chance to Learn: The History of Race and Education in the United States (New York: Cambridge University Press, 1977), 43.

그는 자유민들이: Pauli Murray, Proud Shoes: The Story of an American Family

(Boston: Beacon Press, 1999), 179.

"내 인생에서 가장 행복한 시기": Booker T. Washington, Up from Slavery (New York: W. W. Norton, 1901), 38-39.

해방흑인담당 연방부서는: Weinberg, A Chance to Learn, 43.

백인 아이들의 교육에 3배의 비용: 같은 책, 57.

8km를 걸어갔다: 같은 책, 68.

흑인 교사는 백인 교사 임금의 단지 3분의 1: W. E. B. Du Bois and Augustus Granville Dill, "The Common School and the Negro American," in the Atlanta University Publications, Numbers 16-20 (New York: Russell and Russell, 1969), 132.

"분수, 철자법": W. E. B. Du Bois, "A Negro Schoolmaster in the New South," The Atlantic Monthly, January 1899.

"노예의 그림자와 접촉했다": W. E. B. Du Bois, The Autobiography of W. E. B. Du Bois (New York: I nternational Publishers, 1968), 114.

"연약한 아이들은": Du Bois, "A Negro Schoolmaster in the New South," 102.

흑인 교육기관인 버지니아 햄프턴 사범학교: Robert J. Norrell, Up from History: The Life of Booker T. Washington (Cambridge, MA: Belknap Press, 2009), 31.

"한 남자가 공동체 구성원들에게": Washington, Up from Slavery, 72.

듀보이스는 워싱턴을 향해 쓴소리를 하였다: W. E. B. Du Bois, The Education of Black People: Ten Critiques, 1906-1960, ed. Herbert Aptheker (Amherst: University of Massachusetts Press, 1973), 28; The Correspondence of W. E. B. Du Bois, vol. 2, ed. Herbert Aptheker (Amherst: University of Massachusetts Press, 1976), 430.

"교사들은 기술적 차원의 표준적인 방법으로 훈련받는 것으로 충분하지 않습니다": W. E. B. Du Bois, The Souls of Black Folk (New York: Bantam, 1903), 73.

빌라드는 자신의 기부에 대한 학생의 감사 편지를 받고: The Booker T. Washington Papers, vol. 4, 1895-1898, ed. Louis R. Harlan, Stuart B. Kaufman, Barbara S. Kraft, and Raymond W. Smock (Champaign: University of Illinois Press, 1975), 304.

편지로 화를 냈다: 같은 책, 311-12.

워싱턴은 북부지역 재정모금 원정에서: Norrell, Up from History, 97.

자신의 토대, 자신들의 생각, 방법, 언어를 가지고: Du Bois, The Education of Black People, 63-66.

워싱턴은 흑인의 굴종과 노예제를 옹호합니다: The Correspondence of W. E. B. Du Bois, vol. 1, 167.

구체적이고 실제적인 조언: 이와 관련한 자세한 내용은 다음 책 중 1895년 4월 28

일 자 "일요일의 이야기"에 자세히 소개되어 있다. The Booker T. Washington Papers, vol. 3, 1889-1895, ed. Louis R. Harlan, Stuart B. Kaufman, and Raymond W. Smock (Champaign: University of Illinois Press, 1974), 549-51.

듀보이스와 워싱턴 모두 임금 인상을 위한 정치적 로비를 했다: The Booker T. Washington Papers, vol. 2, 1860-1889, ed. Louis R. Harlan and Peter R. Daniel (Champaign: University of Illinois Press, 1972), 284-85; and The Correspondence of W. E. B. Du Bois, vol. 2, 139-40.

상당한 규모의 연방정부 재정 지원을 받았다: Donald Roe, "The Dual School System in the District of Columbia, 1862-1954: Origins, Problems, Protests," Washington History 16, no. 2 (2004): 26-43.

선교자 정신: The Booker T. Washington Papers, vol. 3, 552.

자녀의 진정한 임무는: The Correspondence of W. E. B. Du Bois, vol. 2, 8-9.

"나의 어머니는 노예였고": The Voice of Anna Julia Cooper, ed. Charles Lemert and Esme Bhan (Lanham, MD: Rowman and Littlefield Publishers, 1998), 331.

쿠퍼의 교육열은: Leona C. Gabel, From Slavery to the Sorbonne and Beyond: The Life and Writings of Anna J. Cooper (Northampton, MA: Smith College Libraries, 1982), 18.

노스캐롤라이나는 남부지역에서: Robert A. Margo, Race and Schooling in the South, 1880-1950: An Economic History (Chicago: University of Chicago Press, 1990), 40, 54.

1900년 주의회는: Helen G. Edmonds, The Negro and Fusion Politics in North Carolina, 1894-1901 (Chapel Hill: University of North Carolina Press, 1951), 211-14.

헌법을 수정하였는데: Margo, Race and Schooling in the South, 37.

1908년에 남부지역 흑인 공립학교를 조사해 보니: Du Bois and Dill, "The Common School and the Negro American," 32, 50.

1899년에 엠 스트리트 학생들은: Karen A. Johnson, Uplifting the Women and the Race: The Educational Philosophies and Social Activism of Anna Julia Cooper and Nannie Helen Burroughs (New York: Garland Publishing, 2000), 54.

대학 총장이 되고 판사가 된 학생들: Gabel, From Slavery to the Sorbonne and Beyond, 28-29.

펠릭스 클라인이 1904년 쿠퍼 교실을 방문했을 때: Felix Klein, In the Land of the Strenuous Life (Chicago: A. C. McClurg & Co., 1905), 292-96.

유색인종 여성의 역할: The Voice of Anna Julia Cooper, 117.

아주 잘 훈련된 기독교 신자인: 같은 책, 87.

자아의 고독: DuBois, ed., The Elizabeth Cady Stanton-Susan B. Anthony Reader, 247-48.

내가 나의 자매의 보호자이다: The Voice of Anna Julia Cooper, 64.

회피하지 않고 당당하게 맞설 수: 같은 책, 132.

공감적 방법: Johnson, Uplifting the Women and the Race, 108.

워싱턴은 개인적으로 듀보이스를 시 지역 흑인 학교들을 담당하는 부교육감으로 지명하는 것을 반대하였다: 이 사건은 1968년 출간된 듀보이스의 『자서전 Autobiography』 252-253쪽에 상세히 기술되어 있다. 그리고 이 사건에 대해서는 전기 작가인 데이비드 루이스와 로버트 노렐이 자세히 조사하였다. David Levering Lewis, in W. E. B. Du Bois, 1868-1919: Biography of a Race (New York: Owl Books, 1994), 168-70; Robert Norrell in Up from History (pp. 225-33).

쿠퍼에 대한 인신공격성 캠페인: The Voice of Anna Julia Cooper, 9-13.

• 제4장 노동자 교사, 교사노동조합의 길을 놓다

작은 어선을 이용한 운반인: Kate Rousmaniere, Citizen Teacher: The Life and Leadership of Margaret Haley (Albany: State University of New York Press, 2005), 4.

마이클 헤일리는 자부심이 강한 아일랜드계 미국 시민으로서: 같은 책 7쪽에 묘사되어 있다.

엄마는 수전 앤서니가 누군지 몰라: Margaret A. Haley, Battleground: The Autobiography of Margaret A. Haley, ed. Robert L. Reid (Champaign: University of Illinois Press, 1982), 13.

친애하는 친구: The Selected Papers of Elizabeth Cady Stanton and Susan B. Anthony, vol. 6, An Awful Hush, 1895-1906, 239.

한 달에 단지 35달러: Haley, Battleground, 20-21. Francis Wayland Parker: Larry Cuban, How Teachers Taught: Constancy and Change in American Classrooms, 1890-1990 (New York: Teachers College Press, 1993), 39-41.

40달러: Haley, Battleground, 22.

거주민이 83만 명: Andrew Wender Cohen, The Racketeer's Progress: Chicago and the Struggle for the Modern American Economy, 1900-1940 (Cambridge, UK: Cambridge University Press, 2004), 19.

차후 지급을 약속하는 '보증서': John McManis, Ella Flagg Young and a Half Century of the Chicago Public Schools (Chicago: A. C. McClurg and Co., 1916), 62-63.

일시적으로 유행하는: Herrick, The Chicago Schools: A Social and Political History (Beverly Hills: Sage Publications, 1971), 73-74.

여교사들의 50달러 연봉 인상안: Haley, Battleground, 35.

연맹은 더 넓게 내다볼 수 있어야 합니다: Herrick, The Chicago Schools, 98.

"여성 노동 강타자": 시카고의 시장이었던 공화당 소속 윌리엄 톰슨('큰 빌')이 붙여 준 마거릿 헤일리의 별칭이다.

로비스트로서 학교 엄마들: Herrick, The Chicago Schools, 103.

조합주의는 소녀를 남성으로 만드는가: Frank G. Carpenter, "Women Taking Part in Labor Movement," The Atlanta Constitution, May 15, 1904.

열심히 싸워야 합니다: Haley, Battleground, 3-4.

임대료로 시세의 약 절반 가격만을: Hannah Belle Clark, The Public Schools of Chicago: A Sociological Study (Chicago: University of Chicago Press, 1897), 58-60.

매년 2억 달러의 임대료 수익을: George S. Counts, School and Society in Chicago (New York: Harcourt, Brace and Company, 1928), 97.

99년간 임대 조건으로: "Minutes of Mass Meeting of the Teachers Federation at Central Music Hall, October 29, 1900," 27, MH/ CTF archives.

우리 땅에 쇄도하는 금권정치의 흐름을 막으려는 그녀의 영웅적 노력: Eliza A. Starr and Lucy Fitch Perkins to Margaret Haley, published in "Souvenir Programme" for CTF fund-raiser, January 18, 1901. MH/CTF archives.

일리노이 대법원은: Herrick, The Chicago Public Schools, 101-2.

용감한 작은 여성: Wisconsin Teachers Association Meeting Program, December 1903, MH/CTF archives.

부당한 권리를: William Hard, "Margaret Haley, Rebel," The Times Magazine, January 1907: 231-37.

해리엇 타일러 업턴: Harriet Taylor Upton to Margaret Haley, October 19, 1904. MH/CTF archives.

변호인 클래런스 대로우: Hard, "Margaret Haley, Rebel," 234.

시카고 학교 제도를 중앙집권화하고: Marjorie Murphy, Blackboard Unions: The AFT and the NEA: 1900-1980 (Ithaca, NY: Cornell University Press, 1990), 7-10.

할로윈 날에 맥케온은: "Teacher Refuses to Quit," Chicago Daily Tribune, November 1, 1902. This incident opens the indispensible Murphy, Blackboard Unions: The AFT and the NEA, 7-10.

앤드류 잭슨 학생들은: "Board Suspends Woman Teacher," Chicago Daily Tribune, November 7, 1902; "School Rioters May End Strike," Chicago Daily Tribune, November 9, 1902. Murphy, Blackboard Unions.

노동조합에 가입했기 때문에 학교 관리자들의 보복 대상이 된 것: "Calls Teacher a

Victim of Plot," Chicago Daily Tribune, November 12, 1902.

암울하고 우스꽝스러운 상황: "Like Parents, Like Children," Chicago Daily Tribune, November 11, 1902.

고용은 논쟁이 아니라 일하는 것: "Enforce the Decision," Chicago Daily Tribune, November 14, 1902.

진보주의 성향의 〈하퍼스 위클리〉와 〈네이션〉은: Cohen, The Racketeer's Progress, 136.

선동, 반란: "Teachers of Sedition," Chicago Daily Tribune, June 8, 1905.

교사들은 태어나는 것이 아니라: David Swing Wicker, "The School-Teacher Unionized," Educational Review, November 1905: 371.

"개인적 발전을 평균 역량에 종속시키는": "The Point of View: A Radical Departure in Unionism," Scribner's Magazine, June 1903: 763-64.

성과급과 예산 삭감은: Wayne J. Urban, "Old Wine, Old Bottles?: Merit Pay and Organized Teachers" in Merit, Money and Teachers' Careers: Studies on Merit Pay and Career Ladders for Teachers, ed. Henry C. Johnson Jr. (Lanham, MD: University Press of America, 1985): 26.

시카고 공장 감독관 헬렌 토드: Helen M. Todd, "Why Children Work," McClure's, vol. XL, 1913: 68-80.

3만 명의 시카고 아이들이: Herrick, The Chicago Schools, 86.

뉴욕 빈민가의 생활을: Jacob A. Riis, How the Other Half Lives (New York: Charles Scribner's Sons, 1890), 183.

학교는 우리의 가난과 무지에 대항한: Jacob A. Riis, The Children of the Poor (New York: Charles Scribner's Sons, 1902 edition), 127.

상담조차 불가능하게 하였다: Herrick, The Chicago Schools, 66.

"교사들이 유연성과 개방적인 마음을 잃고": Jane Addams, Twenty Years at Hull-House (New York: Macmillan Company, 1910), 332.

점잖은 제인: Haley, Battleground, 103.

비밀 평가에 대한 조사: Herrick, The Chicago Schools, 105-6.

부모들은 정치적 연결고리를 가지고 있어서: 같은 책, 49.

교육 수준이 낮은 가정 출신의 아이들은: McManis, Ella Flagg Young and a Half Century of the Chicago Public Schools, 67.

학교 목욕탕을 짓고 자신이 할 수 있는 한 학급 규모를 70명 규모에서 54명 규모로 줄였다: 같은 책, 92.

'용광로': 같은 책, 60.

부모에게 좋은 교수활동과 나쁜 교수활동을 구분하도록 가르치는 방법: Ella Flagg Young, "How to Teach Parents to Discriminate Between Good and

Bad Teaching," in Journal of Proceedings and Addresses of the National Educational Association (Salem, MA: The Association, 1887), 245-48.

영은 내가 그동안 접했던 사람들 중에 가장 훌륭한 지성을: Haley, Battleground, 23.

교사들의 독서모임: McManis, Ella Flagg Young and a Half Century.

• 제5장 진보적 교사, 이념 전쟁에 내몰리다

메리 맥도웰: 1918년 뉴욕시교육위원회 이전에 메리 맥도웰은 교사가 될 자질이 없다는 이유로 기소되었다. 피고인으로서 메리 맥도웰에 관한 정보는 다음에 잘 나타나 있다. "Teachers Who Are Not Loyal," The New York Times, November 18, 1917; "Quaker Teacher's Case Is Argued," The New York Times, May 16, 1918.

고등학교를 졸업한 미국인 비율은 17%: David Tyack and Larry Cuban, Tinkering Toward Utopia: A Century of Public School Reform (Cambridge, MA: Harvard University Press, 1995), 47-48.

교장들은 '농담' 삼아: "Principals Dislike Teachers' Ratings," The New York Times, October 19, 1919.

C나 D가: "Quaker Teacher's Case Is Argued."

우리, 뉴욕시의 공립학교 교사들은: "Loyal Teachers Urge Internment of Disloyal," New-York Tribune, December 17, 1917.

모두가 동의했다: "Teachers Yield on Pledge," The New York Times, May 10, 1917.

교육부에서 '재판'을: "Brief for Mary S. McDowell, Respondent" and "Quaker Teacher's Case Is Argued."

공립학교 교사들 사이에서는 이미 맹목적인 애국주의 분위기가 만연: 매뉴얼 고등학교에서 맥도웰의 동료였던 독일어 교사도 파시스트에 동조했다는 이유로 기소되었다가 숙청당했다. 1960년대 내내 도시 전역의 10대들은 언어 교사들을 마녀사냥하듯 정면에서 공격했다. 언어 교사들이 사회적으로 효율적이지도 않고, 직업 교과에 도움이 되지 않다고 여겼기 때문이다.

알렉산더 피치랜더: "Won't Promote Pacifist," The New York Times, March 29, 1917; "Principals Dislike Teachers' Ratings"; and Alexander Fichlander, "Teachers' Ratings," Journal of Education 91, no. 2 (1920): 36-37.

피치랜더의 반애국적인 태도가 주는 파장: "Won't Promote Pacifist."

"교육부는 불충하고 의심스러운 교사들을 뿌리 뽑아야 합니다": "Teachers Who Are Not Loyal."

정치적인 영향력이 상당했다: Marcus Duffield, King Legion (New York: Jonathan

Cape and Harrison Smith, 1931).

빨갱이들: 같은 책, 286.

전국교육협회와 제휴: 같은 책, 269-71, 280-87.

윌리엄 랜돌프 허레스트: Murphy, Blackboard Unions, 96-98, 137-38.

마구잡이식 조사: Celia Lewis Zitron, The New York City Teachers' Union, 1916-1964 (New York: Humanities Press, 1968), 173.

다이앤 래비치: Dana Goldstein, "Diane Ravitch, the AntiRhee," Washington City Paper, June 24, 2011.

넬다 데이비스: Cheryl J. Craig, "Nelda Davis, the McCarthy Era, and School Reform in Houston," American Educational History Journal 29 (2002): 138-43.

교직의 남성 비율이 17%에서 30%로 오늘날보다도 높은 수준으로 증가했다: Thomas D. Snyder, ed., 120 Years of American Education: A Statistical Portrait (National Center for Education Statistics report, U.S. Department of Education, January 1993), 34.

교육부는 교사자격증 취득을 위한: 뉴욕시에서 교사자격증을 획득하는 과정은 다음 자료를 참고하기 바란다. Ruth Jacknow Markowitz, My Daughter, the Teacher: Jewish Teachers in the New York City Schools (New Brunswick, NJ: Rutgers University Press, 1993), 75-92.

사건들에 대해 무관심하다는 것: Howard K. Beale, A History of Freedom of Teaching in American Schools (New York: Charles Scribner's Sons, 1941), 247-48.

뉴욕시의 여교사 세 명은: Clarence Taylor, Reds at the Blackboard: Communism, Civil Rights, and the New York City Teachers Union (New York: Columbia University Press, 2011), 58.

'비범한 교사': Beale, A History of Freedom of Teaching in American Schools, xii.

사회운동적 노동조합주의: Taylor, Reds at the Blackboard를 참고하길 바란다.

어빙 아들러Irving Adler는 항상 아내 루스Ruth Adler가 그를 공산주의에 입문시켰다고 말했다: 생물학적 정보는 아서의 면담 자료에서 획득했다. 아서는 2013년 2월 11일에는 줄리엣 번스타인을, 2013년 2월 7일에는 브루스 번스타인, 2013년 2월 12일에는 엘렌 번스타인을 면담했다. 어빙 아들러가 자체적으로 출판한 회고록에서도 참고했다. Kicked Upstairs: A Political Biography of a "Blacklisted" Teacher. Tamiment.

뉴욕시 교원노동조합: Zitron, The New York City Teachers' Union을 참고하길 바란다.

물리적인 조건이 참담했으나: Mark Naison, Communists in Harlem During the Depression (Champaign: University of Illinois Press, 1983), 214.

조심스럽고 보수적: Zitron, The New York City Teachers' Union, 21.

미국 자유당 소속의 후보에게 투표하도록: 1945 issues of the New York Teacher News. Tamiment.

노조의 입장: New York Teacher News, vol. 1, no. 1, November 1935. Tamiment.

듀이의 "새 교육": 공립학교 교육의 혁명(종종 무혁명이라고 일컬어지기도 하는)에 대해 가장 잘 비평한 저서는 래리 쿠반의 것이다. How Teachers Taught: Constancy and Change in American Classrooms, 1880-1990 (New York: Teachers College Press, 1993).

요크빌 고등학교: Abraham Lederman, Teachers Union president, to Superintendent William L. Jansen, June 11, 1954. Tamiment.

어빙 아들러와 같은 노조에 속해 있는 교사들은: Irving Adler, "Secondary Education," New York Teacher 2, no. 3 (April 1937): 11-12. Tamiment.

베드퍼드스타이베선트나 할렘에서 활동하는 노조 활동가들은: "Police, Parents in Joint Program vs. Delinquency," New York Teacher News, March 11, 1944. Tamiment.

1950년 노조는: Teachers Union of the City of New York, Bias and Prejudice in Textbooks (New York: Teachers Union, 1950). Tamiment.

1943년의 책자에서는: Teachers Union of the City of New York, Safeguard Their Future (New York: Teachers Union, 1943). Tamiment.

얼 브라우더가 미국의 공산주의 운동을: James G. Ryan, Earl Browder: The Failure of American Communism (Tuscaloosa: University of Alabama Press, 1997).

1940년에 이미 노조원이 6,000명으로: Taylor, Reds at the Blackboard, 60.

공산주의자 교사들은: C. P. Trussell, "Bella Dodd Asserts Reds Got Presidential Advisory Posts," The New York Times, March 11, 1953.

378명의 뉴욕시 공립학교 교사들이: Ralph Blumenthal, "When Suspension of Teachers Ran Unchecked," The New York Times, June 15, 2009.

앨리스 시트론: In Morris U. Schappes, "Free Education on Trial," Jewish Life, December 1950; and Naison, Communists in Harlem During the Depression, 216.

어떠한 증거도 없다: Taylor, Reds at the Blackboard, 148.

"공립학교 교사가 정부의 폭력적인 전복을 옹호하는": 관련 내용은 '재판관의 보고서Report of the Trial Examiner' 25-26쪽에 실려 있다. 1950년 12월 11일 맨해튼의 64 공립학교 교사인 데이비드 프리드먼에 대해 교육감이던 윌리엄 얀센 박사가 청구한 사건.

1952년에 교원노조의 벨라 도드가: Taylor, Reds at the Blackboard, 223; Adler, Kicked Upstairs, 63; and Trussell, "Bella Dodd Asserts Reds Got Presidential Advisory Posts."

저는 조 매카시를 존경합니다: Adler, Kicked Upstairs, 63.

당시에 숙청당한 대부분의 교사들은: "Children of the Black List: Robert Meeropol," Dreamers and Fighters Web site, http://dreamersandfighters.com/cob/doc-meeropol.aspx.

루실 스펜스: 관련 정보는 상원의원의 증언과 FOIA 요청을 통해 2013년 3월 13일에 FBI로부터 제공받은 파일에서 획득했다.

"고등학교 교사들은 조립라인에서 일하는 노동자와 다를 바가 없다": Daniel H. Perlstein, Justice, Justice: School Politics and the Eclipse of Liberalism (New York: Peter Lang, 2004), 19.

파업에 참여한 5,000명의 교사들이: Richard D. Kahlenberg, Tough Liberal: Albert Shanker and the Battles over Schools, Unions, Race, and Democracy (New York: Columbia University Press, 2007), 47-48.

1967년까지는 뉴욕시의 97%에 해당하는 교사들이: 같은 책, 60.

데이비드 리코리시: Naison, Communists in Harlem During the Depression, 216.

• 제6장 교사봉사단, 일상적 빈곤과 차별에 도전하다

"불가능한 일이 일어나는 것을 봤습니다": David Levering Lewis, W. E. B. Du Bois: The Fight for Equality and the American Century, 1919-1963 (New York: Henry Holt, 2000), 557.

랠프 엘리슨: James T. Patterson, Brown v. Board of Education: A Civil Rights Milestone and Its Troubled Legacy (New York: Oxford University Press, 2001), xiv.

학교 통합에 대한 백인들의 저항: Oliver C. Cox, "Negro Teachers: Martyrs to Integration?" The Nation, April 25, 1953.

베테랑 흑인 교육가들을 공격하면서: Michael Fultz, "The Displacement of Black Educators Post-Brown," History of Education Quarterly 44, no. 1 (2004): 11-45.

"저는 그 판결에 반대해요": Johnson, Uplifting the Women and the Race, 89.

"모든 문제의 중심에는": Zora Neale Hurston, "Court Order Can't Make the Races Mix," Orlando Sentinel, August 11, 1955.

판결 이후 10년이 지나도: Weinberg, A Chance to Learn, 93.

몇몇의 이목을 끄는 사례를 제외하고는: 같은 책, 90.

지역 학교에 워싱턴의 영향력을 확대하려 했던: Gareth Davies, Government Grow: Education Politics from Johnson to Reagan (Lawrence: University Press of Kansas, 2007).

가장 오랫동안 변화를 일으킨 위대한 사회 정책: 위대한 사회 정책ESEA에 대한 가장 훌륭한 분석은 다음과 같다. Irwin Unger, The Best of Intentions: The Triumphs and Failures of the Great Society Under Kennedy, Johnson, and Nixon (New York: Doubleday, 1996), 119-25.

"이 법안을 통과시킴으로써": Lyndon B. Johnson, "Remarks Upon Signing the Elementary and Secondary Education Act" (Johnson City, Texas, April 11, 1965).

교사로 9개월 동안 일했던: 존슨 대통령의 교사 경력에 관해서는 다음 자료들에 자세히 기술되어 있다. Robert Caro, The Years of Lyndon Johnson: The Pathto Power (New York: Knopf, 1982), 164-73; Doris Kearns Goodwin, Lyndon Johnson and the American Dream (New York: Harper & Row, 1976), 65-66; Robert Dallek, Lone Star Rising: Lyndon Johnson and His Times, 1908-1960 (New York: Oxford University Press, 1991), 77-82; Lyndon B. Johnson to Rebekah Baines Johnson, undated letter, 1928, Lyndon B. Johnson Library, http://lbjlibrary.tumblr.com/post/14165742937/letter-from-lbj-to-his-mother-from-cotulla-1928.

"요람의 작은 아기": Caro, The Path to Power, 168.

마술 같은 치료법: Unger, The Best of Intentions, 335.

"내가 보다 많은 걸 할 수 있으면 좋겠어": Lyndon B. Johnson, "Special Message to Congress: The American Promise" (March 15, 1965).

1971년 브루클린 보고서: Approaches to Learning Motivation: An Evaluation of the Summer, 1971 ESEA Title I Program of Community School District No. 16, Brooklyn, NY (New York: The Human Affairs Research Center, September 1971).

"우리를 몹시 화나게": Davis, "Elliott Denies Any 'Deals,'" Tuscaloosa News, September 12, 1966.

정치적인 권력을 사용할 것이라고: "Wallace Gives Warning on Negro Teachers," Miami News, September 10, 1966.

"우리는 친구가 되었어요": Eunice Pharr, interview #K-0471, April 12, 2001, SOHP/UNC, 4.

"제가 그랬던 것처럼 저는 학생들에 대해 알게 되었습니다": Cleopatra Goree, interview #U-0030, November 13, 2004, SOHP/UNC, 24.

퍼스트워드 초등학교: Frye Gaillard, The Dream Long Deferred: The Landmark

Struggle for Desegregation in Charlotte, North Carolina (Columbia: The University of South Carolina Press, 2002), 144.

흑인과 백인 교사가 거의 동등한 비율로 학사 학위를 보유: Fultz, "The Displacement of Black Educators Post-Brown," 40.

국가교원자격시험: 같은 책, 27-28.

연방 보건·교육·복지부: 같은 책, 37.

윌리 매 크루: Willie Mae Lee Crews, interview#U-0020, June 16, 2005, SOHP/UNC.

히스는 글렌 고등학교의 백인 학교장이 인종주의자였다고 회상했다: Helen Heath, interview #U-0031, November 13, 2004, SOHP/UNC, 8.

훌륭한 교사들이 교직을 그만두게 했고: 같은 책, 18.

준비되지 않은 백인 교사들이 그 자리를 대신했다: Clifton M. Claye, "Problems of Cross-Over Teachers," Integrated Education 8, no. 5 (1970).

남부의 교사들을 대상으로 실시한 몇 가지 조사들은: Thomas H. Buxton et al., "Black and White Teachers and School Desegregation," Integrated Education 12, nos. 1-2 (1974); and Mary Victoria Braxton and Charles S. Bullock III, "Teacher Partiality in Desegregation," Integrated Education 10, no. 4 (1972).

가치관이 다르다고: Buxton, "Black and White Teachers and School Desegregation," 21.

"우리를 원숭이 취급했어요": Gloria Register Jeter, interview #K-0549, December 23, 2000, SOHP/UNC, 1.

수필 『흑인 가족』: Daniel Patrick Moynihan, The Negro Family: The Case for National Action (Office of Policy Planning and Research, U.S. Department of Labor, 1965).

『교육 기회의 불평등』: James S. Coleman et al., Equality of Educational Opportunity (U.S. Department of Health, Education, and Welfare, 1966).

"배부른 사람보다는": 같은 책, 8.

"스스로를 속여서는 안 됩니다": Fultz, "The Displacement of Black Educators Post-Brown," 45.

전미교육협회 연설에서 존슨 대통령도: Carol F. Karpinski, "A Visible Company of Professionals": African Americans and the National Education Association During the Civil Rights Movement (New York: Peter Lang, 2008), 151.

"중요한 일자리를 차지하고": Jack Greenberg, "For Integration of Negro Teachers," The New York Times, August 21, 1965.

흑인 교사 한 명이면 충분하다고 제안했다: Paul Davis, "Elliott Denies Any 'Deals.'"

전국적으로 유색인종의 전체 교사 수는: Ulrich Bosser, Teacher Diversity Matters (Center for American progress report, November 2011); Sun Times Media Wire, "CPS Teachers Who Lost Jobs File Discrimination Suit," December 26, 2012; and Sarah Carr, Hope Against Hope: Three Schools, One City, and the Struggle to Educate America's Children (New York: Bloomsbury Press, 2013), 39. For a review of evidence associating teachers of color with higher student achievement for students of color, Betty Achinstein et al., "Retaining Teachers of Color," Review of Educational Research 80, no. 1 (2010): 70-107.

2년 앞서 만든 프로그램을: Author interview with Joan Wofford, May 10, 2013.

국가 조사 결과: Robert E. Herriott and Nancy Hoyt St. John, Social Class and the Urban School: The Impact of Pupil Background on Teachers and Principals (New York: John Wiley and Sons, 1966), 86, 95-97.

제임스 브라이언트 코넌트: Conant, The Education of American Teachers (New York: McGraw-Hill, 1963).

〈워싱턴 포스트〉의 여성란은: Carolyn Bell Hughes, "Peace Corps Teachers Start Here," The Washington Post, October 13, 1963.

로베르타 캐플런: Author interview with Roberta Kaplan, April 19, 2013.

역사가 베다니 로저스가 지적한 바와 같이: Bethany Rogers, "'Better' People, Better Teaching: The Vision of the National Teacher Corps, 1965-1968," History of Education Quarterly 49, no. 3 (2009): 347-72.

제인 데이비드: Author interview with Jane David, April 18, 2013.

비버리 글렌: Author interview with Beverly Glenn, April 25, 2013.

봉사단의 첫 3주기 동안은: Rogers, "'Better' People, Better Teaching," 363.

'외부인 교사는 위협적인 존재가 아니라': "Teacher Corps," The New York Times, July 4, 1967.

사회학자 로널드 코윈은 1973년에 교사봉사단 프로그램에 대해 신뢰할 만한 평가 결과를 공식적으로 발표했다: Ronald G. Corwin, Reform and Organizational Survival: The Teacher Corps as an Instrument of Educational Change (New York: John Wiley & Sons, 1973), 96-97.

신분 위협: 같은 책, 389.

"인턴과 교사 사이에 차이가 클수록": Fraser, Preparing America's Teachers: A History, 219.

• 제7장 교원노조, 갈 길을 놓고 좌충우돌하다

앨 셰인커: from Kahlenberg, Tough Liberal; Al Shanker (speech to New York State United Teachers Convention, April 27, 1985); A. H. Raskin, "He Leads

His Teachers Up the Down Staircase," The New York Times Magazine, September 3, 1967; and Edward B. Fiske, "Albert Shanker: Where He Stands," The New York Times, November 5, 1989. 134 a shortage of public school teachers: Christina Collins, "Ethnically Qualified": Race, Merit, and the Selection of Urban Teachers, 1920-1980 (New York: Teachers College Press, 2011), 107-9.

주당 66달러: Kahlenberg, Tough Liberal, 34.

미국에서는 교직이 가장 노조화된 직종: Jal Mehta, The Allure of Order (New York: Oxford University Press, 2013), 114.

단체교섭권이 있는 교사들은: Barry T. Hirsch et al., "Teacher Salaries, State Collective Bargaining Laws, and Union Coverage" (working paper, American Economic Association, San Diego, January 6, 2013).

교원연합연맹의 공동설립자인 조지 알토매어의 고등학교 경제학 수업에는: Author interview with George Altomare, June 21, 2013.

프리덤 서머: Sandra Adickes, oral history interview, October 21, 1999. USM.

학교 분리정책은 실제로: Annie Stein, "Containment and Control: A Look at the Record," in Schools Against Children: The Case for Community Control, ed. Annette T. Rubinstein (New York: Monthly Review Press, 1970); Doxey A. Wilkerson, "The Failure of Schools Serving the Black and Puerto Rican Poor," in Rubinstein, ed., Schools Against Children; and Barbara Carter, Pickets, Parents, and Power: The Story Behind the New York City Teachers' Strike (New York: Citation Press, 1971), 9.

『교실에서의 피그말리온 효과』: Robert Rosenthal and Lenore Jacobson, "Pygmalion in the Classroom," Urban Review 3, no. 1 (1968).

흑인 아동들이 문화적으로 박탈: Rhody McCoy, interview by Blackside, Inc., October 12, 1988. Eyes/WU.

자유주의적인 성격의 교육가들은: Claye, "Problems of Cross-Over Teachers," 13.

『톰 삼촌의 오두막: 또 다른 결말』: Published in Imamu Amiri Baraka, Three Books (New York: Grove Press, 1975).

인종평등회의와 포드 재단의 후원: Karen Ferguson, Top Down: The Ford Foundation, Black Power, and the Reinvention of Racial Liberalism (Philadelphia: University of Pennsylvania Press, 2013); and Kahlenberg, Tough Liberal.

전문적인 교육적 관료주의를 타파하겠다: Lillian S. Calhoun, "New York: Schools and Power—Whose?" Integrated Education 7, no. 1 (1969).

스토켈리 카마이클: "Free Huey" and Berkeley speeches published in Stokely Carmichael, Stokely Speaks: From Black Power to Pan-Africanism (Chicago: Lawrence Hill Books, 1971).

마틴 루터 킹은 이러한 철학을 '허무주의적'이라고 일컬으며: excerpts from King's "Where Do We Go From Here," published in Martin Luther King, Jr., A Testament of Hope, ed. James M. Washington (New York: HarperCollins, 1986), 586.

낙후된 동네인 오션힐에: Fred Nauman, interview by Blackside, Inc., April 18, 1989. Eyes! WU.

오션힐의 주민들은: Rev. John Powis, interview conducted by Blackside, Inc., November 4, 1988. Eyes/WU; Dolores Torres, interview conducted by Blackside, Inc., October 31, 1988. Eyes/WU; and Sandra Feldman, interview conducted by Blackside, Inc., October 31, 1988. Eyes/WU.

학교가 발전할 수 있는 가능성을 박탈한 것: Carter, Pickets, Parents, and Power, 32.

프로그램에 참여한 학생들이: Simon Beagle, Evaluating MES: A Survey of Research on the More Effective Schools Plan (Washington, D.C.: American Federation of Teachers, April 1969); and Samuel D. McClelland, Evaluation of the More Effective Schools Program (Brooklyn: New York City Board of Education, September 1966).

새로운 연방주의: Unger, The Best of Intentions, 303.

학교위원회에 참석하는 것은 제게 기쁨이었습니다: Rhody McCoy, interview by Blackside, Inc., October 12, 1988. Eyes/WU.

허먼 퍼거슨: For "To die takes only a second" speech Carter, Pickets, Parents, and Power, 39. For legal case against him Karen Juanita Carrillo, "Exile Is Death," Colorlines, September 22, 2005.

일레인 루크: Les Campbell, interview by Blackside, Inc., November 3, 1988. Eyes/WU.

마틴 루터 킹이 암살당한 다음 날 아침에: Karima Jordon, interview by Blackside, Inc., April 18, 1989. Eyes/WU; Fred Nauman, interview by Blackside, Inc., April 18, 1989. Eyes/WU; and Kahlenberg, Tough Liberal, 91.

해직 통보를 받은 교사들은 단 한 명도: 같은 책, 95.

5만 5,000명이 넘는 학부모들이 있지만 12명도: Carter, Pickets, Parents, and Power, 26; and Jason Epstein, "The Real McCoy," New York Review of Books, March 13, 1969.

교육하려 하고 있지만: McCoy Calhoun, "New York: Schools and Power—

Whose?"

교사들은 물리적으로: Reprinted in Carter, Pickets, Parents, and Power, 69.

미술 교사인 리처드 더글러스: 같은 책, 83.

리버스 판사는 더글러스를 비롯한 다른 다섯 교사들의 사례에 대해: Published in Confrontation at Ocean Hill-Brownsville: The New York School Strikes of 1968, ed. Maurice R. Berube and Marilyn Gittell (New York: Frederick A. Praeger, 1969), 85-99.

전미교원연맹 교사들이 학교에 돌아갔을 때: Sylvan Fox, "Some Hostility Marks Return of 83 Teachers to Ocean Hill," The New York Times, October 1, 1968.

"이번 파업은 백인 인종차별주의자에 반대하는": Kahlenberg, Tough Liberal, 97-98.

뉴욕시에 근무하는 교사들의 93%가: Kahlenberg, Tough Liberal, 98.

"셰인커! 당신은 인종차별주의자야.": Maurice Carroll, "Giant City Hall Rally Backs Teachers," The New York Times, September 17, 1968; and Robert E. Dallos, "Shanker's Home Picketed by 150," The New York Times, November 4, 1968.

"지원자들은 무슨 이유로": Dolores Torres, interview by Blackside, Inc., October 31, 1988. Eyes/WU.

대체 교사로 부임한 백인 찰스 아이삭: Republished in Berube and Gittell, eds., Confrontation at Ocean Hill-Brownsville.

추모 영화를 찍는 것 같다: Karima Jordon, interview by Blackside, Inc., April 18, 1989. Eyes/WU.

"많은 교사들은 실제로 인종차별주의자입니다.": Author interview with Peter Goodman, June 3, 2013.

만약 아프리카계 미국인들의 역사와 문화를: Kahlenberg, Tough Liberal, 107.

전미교원연맹은 아니라고 외칩니다: 같은 책.

저에게 시민권 운동이란: Al Shanker, interview by Black-side, Inc., November 15, 1988. Eyes/WU.

반소비에트 연구회에 사회학자로서: Taylor Branch, Pillar of Fire: America in the King Years, 1963-65 (New York: Simon and Schuster, 1998), 292.

지역사회 통제의 제안은: Bayard Rustin, "Articles on Education, 1942-1987," Bayard Rustin Papers.

학교가 필요로 하는 것을 외면하면서까지: Raskin, "He Leads His Teachers Up the Down Staircase."

"저는 아이들을 대변하는 사람이 아닙니다": Kahlenberg, Tough Liberal, 125.

"제가 보여드리겠습니다!": Calhoun, "New York: Schools and Power—Whose?"

21.

1967년부터 1969년까지 오션힐의 학생들의 교육 성과는: Carter, Pickets, Parents, and Power, 55, 164-67.

"우리만 실패한 것이 아닙니다.": 같은 책.

오션힐에 위치한 세 개의 학교에서 교사들이: Leonard Buder, "Actual Tests Used to Prepare Students for Reading Exam," The New York Times, April 3, 1971.

이글아카데미: 관련 정보는 이글아카데미 재단의 웹사이트에 나와 있다. http://eagleacademyfoundation.corn

그다지 성공적인 편은 아니었다.: 이글아카데미에 대한 학교 자료는 인사이드스쿨 Inside Schools이 다음 웹사이트에서 제공하고 있다. http://insideschools.org/high/browse/school/1546

2,500명이 참여한 14주에 걸친 파업의 결과: Steve Golin, The Newark Teacher Strikes: Hopes on the Line (New Brunswick, NJ: Rutgers University Press, 2002).

전국적으로 교원노조는 주 선거와 연방 선거 모두에서 가장 영향력 있는 기부자: 테리 모에의 책 9장을 참고하길 바란다. SpecialInterest: Teachers Unions and America's Public Schools (Washington, D.C.: Brookings Institution Press, 2011).

센트럴파크이스트 학교: 2013년 6월 4일 데버라 메이어와의 면담을 통해 자료를 얻었다.

• 제8장 『위기에 처한 국가』, 교사 전쟁의 지형을 바꾸다

관료주의적 낭비 정책: Edward B. Fiske, "Reagan Record in Education: Mixed Results," The New York Times, November 14, 1982.

벨은 레이건 대통령이 '아마도 자신을 이용하고 있을 것임'을 깨달았다.': Terrel H. Bell, The Thirteenth Man (New York: The Free Press, 1988), 149.

벨은 아이다호의 농촌 지역인: 같은 책, 7-13, 79-87.

악명 높은 차트를 만들었다: 같은 책, 137.

차트 결과를 발표하는 기자회견장은: 다음 자료들에 관련 내용이 보고되어 있다. Associated Press, "Bell Asks Schools to Bolster Courses," The New York Times, February 17, 1981; UPI, "Bell Urges Stiff Tests to Decide If Students Go on to Next Grade," The New York Times, April 10, 1981.

1980년에 실시한 여론 조사: Mehta, The Allure of Order, 119.

1970년대 중반 33개 주는: 같은 책, 75-83; U.S. Department of Health Education and Welfare, Inside-Out: The Final Report and Recommendations of the Teachers National Field Task Force on the Improvement and Reform of American Education (Washington, D.C.: U.S. Government Printing Office, 1974), 1.

"역량 기반" 평가: John Merrow, The Politics of Competence: A Review of Competency-Based Teacher Education (Washington, D.C.: National Institute of Education, 1975).

캘리포니아주는 기본적으로 학부과정에서: Julie 13 Greenberg, Arthur McKee, and Kate Walsh, Teacher Prep Review, 2013 (National Council on Teacher Quality report, 2013), 33-35.

〈교사가 가르칠 수 없는 이유〉: Gene Lyons, "Why Teachers Can't Teach," Texas Monthly, September 1979.

"하나님을 다시 교실로 데려오라": Mehta, The Allure of Order, 88.

『위기에 처한 국가』: National Commission on Excellence in Education, A Nation at Risk: The Imperative for Educational Reform (Washington, D.C.: U.S. Government Printing Office, April 1983).

미국교원연맹의 임원들 대부분은: 『위기에 처한 국가』에 대한 셰인커의 응답은 Kahlenberg의 책 『Tough Liberal』의 14장을 참고하길 바란다.

저는 셰인커의 발언을 인신공격이라 생각했습니다: 2013년 10월 7일 데니스 반 로켈과의 면담을 통해 자료를 얻었다.

주 4일 수업을 요청하였다: William K. Stevens, "Head of Teachers' Union Bids Locals Push for 4-Day Week," The New York Times, November 23, 1969.

셰인커가 추진한 또 다른 새로운 아이디어는 '차터스쿨'로: Kahlenerg, Tough Liberal, 308-16.

일본의 교사는: David C. Berliner and Bruce J. Biddle, The Manufactured Crisis: Myth, Fraud, and the Attack on America's Public Schools (Reading, MA: Addison-Wesley, 1995), 103.

"실패하고 싶은 교사는 아무도 없습니다": Fred M. Hechinger, "About Education," The New York Times, July 6, 1982.

"일본인이 침략했고": Wendy Kopp, "An Argument and Plan for the Creation of the Teacher Corps" (senior thesis, Princeton University, April 10, 1989), 4.

전체 50개 주 중 3분의 2가: Bell, The Thirteenth Man, 139.

"성과급은 시간이 가면서 결함이 있는": Edward B. Fiske, "Education: Lessons," The New York Times, August 3, 1988.

대다수의 성과급 프로그램이: Samuel B. Bacharach, David B. Lipsky, and Joseph S. Shedd, Paying for Better Teaching (Ithaca, NY: Organizational Analysis and Practice, 1984), 28-29, 37-38.

미시간주의 캘러머주 사례는: Richard R. Doremus, "Whatever Happened

to Kalamazoo's Merit Pay Plan?" Phi Delta Kappan 63, no. 6 (February 1982); United States Commission on Civil Rights, School Desegregation in Kalamazoo, Michigan (April 1977).

1984년 텍사스에서 발행한 지침서는: Kelly Frels, Timothy T. Cooper, and Billy R. Reagan, Practical Aspects of Teacher Evaluation (National Organization on Legal Problems in Education, 1984).

교사들에게 인기 있는 성과급 계획들은: Brian T. Burke, "Round Valley: A Merit Pay Experiment," California Journal (October 1983): 392-93; Gene I. Maeroff, "Merit Pay Draws Criticism and Praise From Teachers," The New York Times, July 2, 1983; Fiske, "Education: Lessons"; Francis X. Clines, "Reagan Visits Tennes in Another Swing to Press Education Issue," The New York Times, June 15, 1983.

게라 서머포드: Author interview with Gera Summerford, September 4, 2013.

1982년 성과급 프로그램이 시행: 자세한 내용은 로버트 로인 홀드의 다음 기사에 나와 있다. "School Reform: Years of Tumult, Mixed Results," The New York Times, August 10, 1987.

교사 연봉이 2만 3,500달러: Carnegie Forum on Education and the Economy, A Nation Prepared (Report of the Task Force on Teaching as a Profession, 1986), 37.

카네기 재단은 25% 정도: 같은 책; Margot Slade, "Ideas and Trends: Teachers Urged to Face Change," The New York Times, August 26, 1984.

예를 들어, 로스 페로는: William E. Schmidt, "Economic Issues Spur States to Act on Schools," The New York Times, May 5, 1986; Reinhold, "School Reform: Years of Tumult, Mixed Results"; and Linda Darling-Hammond, "Mad-Hatter Tests of Good Teaching," The New York Times, January 8, 1984.

형식적 평가 프로그램을 만들고 시행하려면: Larry W. Barber and Karen Klein, "Merit Pay and Teacher Evaluation," Phi Delta Kappan 65, no. 4 (December 1983); and David F. Wood and Dan S. Green, "Managerial Experience with Merit Pay: A Survey of the Business Literature," in Johnson, ed., Merit, Money, and Teachers' Careers (Lanham, MD: University Press of America, 1985).

"성과급 개념에 항상 반대했고, 여전히 반대하고 있습니다": Edward B. Fiske, "Al Shanker: Where He Stands," The New York Times, November 5, 1989.

"교장들은 이전에 체육 교사였거나": 체스터 핀Chester Finn과 2013년 11월 11일에 면담한 내용이다.

교장들에 대해 노동조합이 가진 의구심: 전국교육연맹과 달리, 앨 셰인커는 테네시의 라마 알렉산더가 계획한 복잡한 평가체제와 교실참관 제도가 포함되어 있는 경력사다리제를 지지했다. 뿐만 아니라 노스캐롤라이나의 윈스턴세일럼 지역에서 제안한 비슷한 제도도 지지했다. 관련 정보는 린다 도커리와 마샤 엡스타인의 다음 책을 참고하기 바란다. "The Teacher Incentive Program (TIP) of the WinstonSalem/Forsyth County Schools," in Johnson, ed., Merit, Money, and Teachers' Careers "The Teacher Incentive Program (TIP) of the WinstonSalem/Forsyth County Schools," in Johnson, ed., Merit, Money, and Teachers' Careers.

"무고한 아이들을": Gaillard, The Dream Long Deferred, xi.

법무부는 22개의 학교에 인종차별 폐지 소송을 제기했다: John L. Palmer and Elizabeth V. Sawhill, eds., The Reagan Experiment (Washington, D.C: The Urban Institute, 1982), 140.

100만 달러의 자유재량 예산을 지출했다: UPI, "U.S. Encouraging Merit Pay Plans," The New York Times, March 11, 1984; and AP, "Reagan Vetoes a Money Bill for Chicago's Desegregation," The New York Times, August 14, 1983.

남아 있는 기록에 따르면, 벨은: Marjorie Hunter, "Bell Will Not Push Lawsuits on Busing," The New York Times, March 16, 1981.

포터는 1999년 9월: Gaillard, The Dream Lo Deferred.

노동 경제학자 키라보 잭슨의 연구에 따르면: Kirabo C. Jackson, "Student Demographics, Teacher Sorting, and Teacher Quality: Evidence from the End of School Desegregation," Journal of Labor Economics 27, no. 2 (2009): 213-56.

경험이 많은 교사: 학생들의 인종에 대한 교사들의 성향에 대한 분석은 케이티 헤이콕과 마틴 하버먼의 다음 연구에 나와 있다. "The Elephant in the Living Room" (Brookings Papers on Education Policy, no. 7, 2004), 229-63; and Martin Haberman, "Selecting and Preparing Urban Teachers" (lecture, February 28, 2005, available on Web site of National Center for Alternative Teacher Certification Information).

두 번째 연구에 따르면: Stephen B. Billings, David J. Deming, and Jonah Rockoff, "School Segregation, Educational Attainment and Crime: Evidence from the End of Busing in Charlotte-Mecklenburg," Quarterly Journal of Economics, September 17, 2013.

별도의 논문은: Byron Lutz, "The End of Court-Ordered Desegregation," American Economic Journal: Economic Policy 3, no. 2 (2011): 130-68.

가장 강력한 연구 중 하나는: Heather Schwartz, Housing Policy Is School Policy: Economically Integrative Housing Promotes Academic Success in

Montgomery County, Maryland (Century Foundation study, 2010).

1980년 미국의 학교 통합은: Linda Darling-Hammond, The Flat World and Education (New York: Teachers College Press, 2010), 35.

1960년대와 1970년대에 학교의: Wendy Kopp with Steven Farr, A Chance to Make History (New York: Public Affairs, 2011), 4–5.

표준화와 책무성 운동을 더욱더 빠르게 추진하려고: David K. Cohen and Susan L. Moffitt, The Ordeal of Equality: Did Federal Regulation Fix the Schools? (Cambridge, MA: Harvard University Press, 2009), 139.

케이티 헤이콕: Karin Chenoweth, "In Education We Trust," Black Issues in Higher Education 15, no. 22 (December 1998): 14; and Kati Haycock, "'Five Things I've Learned,'" Pearson Foundation Web site, http://www.thefivethings.org/kati-haycock/#

방대한 자료집을 언론에 배포했다: New York Times News Service, "Test-Score Gap for Minorities Widening Again, Study Finds," December 29, 1996; Chenoweth, "In Education We Trust"; and Dale Mezzacappa, "In Poor Schools, Lower-Quality Teachers Abound, Report Says," Philadelphia Inquirer, June 22, 2000.

또 다른 문제: 학급당 학생 수에 관한 연구는 다음 논문에 잘 정리되어 있다. Matthew M. Chingos and Grover J. "Russ" Whitehurst, "Class Size: What Research Says and What It Means for Public Policy" (연구논문, Brookings Institution, May 11, 2011).

포스터를 색칠하라고: "Alums Making a Difference: Kati Haycock," GSE Term Paper (fall 2001).

'단어를 반복해서 잘못 발음하는': Mary Jordan, "Panel Says Poor Children Disserved by School Aid," The Washington Post, December 11, 1992.

흑인들을 대상으로 시행된 바우처와 공교육에 대한 일련의 여론조사 결과들은: Chenoweth, "In Education We Trust."

"교육에 대한 부시의 메시지는": Joan Walsh, "Surprise: Bush Could Be the 'Education President'," Salon, September 17, 1999.

'연결하는 매개체': Cohen and Moffitt, The Ordeal of Equality, 142.

텍사스주에서는: 같은 책, 168.

2009년에는 앨라배마주: 다음의 웹사이트에 게시된 표를 참고하기 바란다. http://nces.ed.gov/nationsreportcard/studies/statemapping/2009_naep_state_table.aspx

아마도 '질적으로 우수한 교사' 조항의: Alexander Russo, Left Out of No Child Left Behind: Teach for America's Outsized Influence on Alternative

Certification (American Enterprise Institute report, October 2012).

"나는 이게 시인 것을 알아요": Linda Perlstein, Tested: One American School Struggles to Make the Grade (New York: Henry Holt, 2007).

연구 결과는: Jane L. David, "Research Says ⋯ High-Stakes Testing Narrows the Curriculum," Educational Leadership 68, no. 6 (March 2011): 78-80.

플로리다주의 학교에서는: Tiffany Pakkala, "Study: Suspensions Can Often Help School's FCAT," Gainesville Sun, June 14, 2006.

'텍사스 기적': Michael Winerip, "On Education: The Zero Dropout' Miracle," The New York Times, August 13, 2003; Rebecca Leung," 60 Minutes' Report Investigates Claims That Houston Schools Falsified Dropout Rates," CBS News, January 6, 2004.

2005년 전국교육협회의 전국 교사 대상 설문 결과: The American Public School Teacher: Past, Present, and Future, ed. Darrel Drury and Justin Baer (Cambridge, MA: Harvard Education Press, 2011), 43.

"측정의 핵심은 시험 보는 것": "Remarks on the No Child Left Behind Act" (조지 부시 대통령이 2009년 1월 8일 필라델피아에서 연설한 내용의 일부이다). 본문은 다음의 웹사이트에서 확인할 수 있다. http://georgewbush-whitehouse.archives. gov/news/releases/2009/01/20090108-2.html

• 제9장 TFA와 차터스쿨, 교사를 시험대에 올리다

웬디 콥: Wendy Kopp, One Day All Children: The Unlikely Triumph of Teach for America and What I Learned Along the Way (New York: Public Affairs, 2001); and Donna Foote, Relentless Pursuit: A Year in the Trenches with Teach for America (New York: Alfred A. Knopf, 2008).

새로운 이상주의, 여피족의 자발적 정신: Kopp, "An Argument and Plan for the Creation of the Teacher Corps," 10-11.

정치적 논쟁에 휩쓸렸다: 같은 책, 46.

'긍정적인 마인드: 같은 책, 45.

'가능한 한 가장 좋은 일': 같은 책, 2.

국가를 위해 봉사하도록 '휴식'을 제공하는 것: 같은 책, 45.

존중받을 만한 것이라는 신호; 같은 책, 49.

자신의 생각을 담아 편지를 적었다: Reproduced in 같은 책, 159-60.

'숙련된 전문적 교사의 부족에 대한 긴급 대응': 같은 책, 50.

'생각하기 위한 무언가': Kopp, One Day All Children, 36-37.

TFA의 첫 수업에 지원했다: 2011년 2월 27일 알렉스 카푸토-펄Alex Caputo-Pearl 과 면담한 내용이다. 다음 자료에도 같은 내용이 포함되어 있다. Kopp, One Day

All Children, 50-52.

'교사 연수'가 진행되는 동안: Michael Shapiro, Who Will Teach for America? (Washington, D.C.: Farragut Publishing Company, 1993), 189.

"TFA가 첫 여름에 이룬 것이라면": 같은 책, 75.

"아무리 열정이 넘치더라도": Jonathan Schorr, "Class Action: What Clinton's National Service Program Could Learn From 'Teach for America,'" Phi Delta Kappan 75, no. 4 (December 1993): 315-18.

콥은 이러한 제안을 거부했다: Shapiro, Who Will Teach for America?, 79.

솔직히 '전도용 프로그램': Linda Darling-Hammond, "Who Will Speak for the Children: How 'Teach for America' Hurts Urban Schools and Students," Phi Delta Kappan 76, no. 1 (September 1994): 21-34.

특정 방식의 교육과정: 린다 달링-해먼드의 학업성취에 대한 다양한 교사의 질과 연수 경험의 효과 연구를 참고하길 바란다. "Teacher Quality and Student Achievement: A Review of State Policy Evidence" (University of Washington, Center for the Study of Teaching and Policy report, 1999), 8.

대학 교직과정에 들어오는 10%의 학부생들은: Berliner and Biddle, The Manufactured Crisis, 105-6.

"우리는 완전히 새로운 교사 노동력이": Samuel Casey Carter, No Excuses: Lessons from High-Performing, High-Poverty Schools (Washington, D.C.: Heritage Foundation, 2000), 17.

"일반적으로 TFA 교사들은": Patricia Sellers, "Schooling Corporate Giants on Recruiting," Fortune, November 27, 2006.

"그들은 광범위한 개혁 의제에 복무하고 있다": Catherine Michna, "Why I Stopped Writing Recommendation Letters for Teach for America," Slate, October 9, 2013.

『리더십으로서의 가르침』: Quotes are from Steven Farr and Teach for America, Teaching as Leadership: The Highly Effective Teacher's Guide to Closing the Achievement Gap (San Francisco: Jossey-Bass, 2010); and the Teaching as Leadership Web site, http://www. teachingasleadership.org/.

그들이 공유했던 것: 매스매티카Mathematica는 교사연맹을 통해 채용된 교사들과 다른 경로를 통해 채용된 교사들을 비교하는 실험을 실시하였다. 그 결과 교사연맹을 통해 채용된 교사들이 더 높은 수학 성적을 내기 위해 효과적으로 가르치는 것으로 밝혀졌다. 그러나 교사연맹을 통해 채용된 교사들과 전통적인 방식으로 훈련받은 교사들만을 비교한 것이 아니라 다른 프로그램을 통해 대안적인 방법으로 자격증을 취득한 교사들까지도 비교군에 포함되어 있었다(심지어 프로그램이 질적으로 매우 떨어지는 경우도 있었다). 2005년 린다-해먼드는 휴스턴의 교사연맹 교사

들과 대학이나 대학원에서 교육학을 공부한 교사들을 비교한 교사-학생 자료를 분석하였다. 린다의 연구 결과는 자격증이 없는 교사연맹 교사에게 지도받은 학생들은 자격증이 있는 교사들에게 지도받은 다른 또래 집단의 학생들에 비해 2주에서 3개월 정도 뒤처지는 것으로 나왔다. 교직에 나온 후 2~3년 차에 자격증을 취득한 '미국을 위한 교육Teach For America'의 교사들은 다른 교사들과 차이가 없거나 수학에서는 약간 더 잘 가르치는 것으로 나타났다. 관련 정보는 다음 자료를 참고하길 바란다. Paul T. Decker, Daniel P. Mayer, and Steven Glazerman, The Effects of Teach for America on Students: Findings from a National Evaluation (Mathematica report, June 9, 2004); Melissa A. Clark et al., "The Effectiveness of Secondary Math Teachers from Teach for America and the Teaching Fellows Programs" (Mathematica study, Institute of Education Sciences, U.S. Department of Education, September 2013); Linda Darling-Hammond et al., "Does Teacher Preparation Matter? Evidence About Teacher Certification, Teach for America, and Teacher Effectiveness," Education Policy Analysis Archives 13, no. 42 (2005); and Dylan Matthews, "Teach for America's Teachers Are Besting Their Peers on Math, Study Shows," The Washington Post, April 5, 2013.

인지과학자들이 밝혀낸 사실에 따르면: Andrew C. Butler and Henry L. Roediger, "Testing Improves Long-Term Retention in a Simulated Classroom Setting," European Journal of Cognitive Psychology 19, no. 4/5 (2007); Henry L. Roediger and Andrew C. Butler, "The Critical Role of Retrieval Practice in Long-Term Retention," Trends in Cognitive Sciences 15, no. 1 (2010): 20-27.

'학생들의 행동을 통제하려는 교사의 욕구를 발전시키는 것은': John Hattie, Visible Learning: A Synthesis of Over 800 Meta-Analyses Relating to Achievement (New York: Routledge, 2009).

KIPP 차터스쿨은: For a fascinating narrative of KIPP's history and role in the contemporary education reform movement, Jay Mathews, Work Hard. Be Nice: How Two Inspired Teachers Created the Most Promising Schools in America (Chapel Hill, NC: Algonquin Books, 2009).

'교육은 가난을 이긴다': Kopp, A Chance to Make History, 109.

'학생들의 성공과 실패를 좌우한다': Farr and Teach for America, Teaching as Leadership, 198.

"맥도날드에서 평생을 보내는 것과": Kati Haycock의 증언, President, the Education Trust, Before the U.S. House of Representatives Committee on Education and the Workforce, Subcommittee on 21st Century Competitiveness, May 20, 2003.

연구진의 구세대가: Douglas N. Harris and Stacy A. Rutledge, "Models and Predictors of Teacher Effectiveness: A Comparison of Research About Teaching and Other Occupations," Teachers College Record 112, no. 3 (2010): 914-60.

부가가치 평가: William L. Sanders and June C. Rivers, "Cumulative and Residual Effects of Teachers on Future Student Academic Achievement" (Knoxville: University of Tennes Value-Added Research and Assessment Center, November, 1996); S. Paul Wright, Sandra P. Horn, and William L. Sanders, "Teacher and Classroom Context Effects on Student Achievement: Implications for Teacher Evaluation," Journal of Personnel Evaluation in Education 11 (1997): 57-67; and Jim Schutze, "Baby, It's Them," Dallas Observer, January 29, 1998.

더 민감한 방식으로 부가가치 평가가: Heather R. Jordan et al., Teacher Effects on Longitudinal Student Achievement (Dallas Public Schools report on research in progress, July 1997).

성장도 측정은: For an excellent discussion of the differences between snapshot and growth/value-added measures of student achievement, Douglas N. Harris, Value-Added Measurements in Education (Cambridge, MA: Harvard Education Press, 2011).

뉴욕의 부가가치 평가 모델은: Value-Added Research Center at University of Wisconsin—Madison and New York City Department of Education, New York City Data Initiative: Technical Report on the NYC Value-Added Model (2010).

이러한 방법을 사용해서:

부가가치 평가 모델에 대한 읽어 볼 만한 좋은 연구는 다음과 같다. Harris, Value-Added Measurements in Education. Also sec Douglas N. Harris and Tim R. Sass, "Teacher Training, Teacher Quality, and Student Achievement," Journal of Public Economics 95 (2011).

학교 내에서 또는 학교 간 교사의 질적 차이에 대한 연구는 다음 연구를 참고하길 바란다. Raj Chetty, John N. Friedman, and Jonah E. Rockoff, "Measuring the Impact of Teachers I—II: Evaluating Bias in Teacher Value-Added Estimates" (working papers 19424 and 19423, National Bureau of Economic Research, Cambridge, MA, 2013).

흑인 교사들이 유색인종 학생들에게 더 효과적이라는 연구는 다음과 같다. Eric A. Hanushek et al., "The Market for Teacher Quality" (working paper 11154, National Bureau of Economic Research, Cambridge, MA, 2005).

교원 연수가 교직 전문성 발달에 미치는 영향에 대한 연구는 다음을 참고하길 바란다. Darling-Hammond, "Teacher Quality and Student Achievement: A Review of State Policy Evidence."

오류 비율은: Peter Z. Schochet and Hanley S. Chiang, Error Rates in Measuring Teacher and School Performance Based on Student Test Score Gains (Institute of Education Sciences/Mathematica report, 2010).

한 교실에서 팀을 이뤄 일하는: Harris, Value-Added Measurements in Education, 122.

우수 교사 5명을 연속해서 배정받는다면: Eric A. Hanushek and Steven B. Rivkin, "How to Improve the Supply of High-Quality Teachers" (Brookings Papers on Education Policy, 2004).

브루킹스 연구소의 2006년 논문에서: Robert Gordon, Thomas J. Kane, and Douglas O. Staiger, "Identifying Effective Teachers Using Performance on the Job" (Hamilton Project paper, Brookings Institution, April 2006).

이러한 현실은: Chetty, Friedman, and Rockoff, "Measuring the Impact of Teachers I-II."

교육부와 매스매티카가 부가가치 평가에서: Steven Glazerman, Transfer Incentives for High-Performing Teachers: Final Results From a Multisite Randomized Experiment (U.S. Department of Education/Mathematica Policy Research report, November 2013).

2007년 게이츠: 빌 게이츠가 소개한 부가가치 연구와 교원평가에 대한 그의 초기 연구들은 다음 자료에 나와 있다. Steven Brill, Class Warfare: Inside the Fight to Fix America's Schools (New York: Simon and Schuster, 2011), 178-80 and 229-35.

2012년 8월, 〈베니티 페어〉는: Kurt Eichenwald, "Microsoft's Lost Decade," Vanity Fair, August 2012.

기업들은 1990년대에 일본의 관리 시스템: Greg Anrig, "Chicago Teachers' Strike: What Do We Want? Better Management Gurus Might Help," Pacific Standard, September 17, 2012.

일본 학교: 미국에서 인기를 끌게 된 강의식 교육에 대한 더 많은 정보는 다음 웹사이트를 참고하길 바란다. http://www.lessonresearch.net/.

"올바르게 실행된 부가가치 시스템에 관심이 있다": David Herszenhorn, "Test Scores to Be Used to Analyze Schools' Roles," The New York Times, June 7, 2005.

와인가르텐은 200여 개에 이르는: Marcus G. Springer and Marcus A. Winters, New York's School-Wide Bonus Pay Program: Early Evidence from a Randomized Trial (report, National Center of Performance Incentives,

Vanderbilt University, April 2009).

2008년 민주당 전당대회의 토론에 참여하는 것은: Dana Goldstein, "The Democratic Education Divide," American Prospect, August 25, 2008.

일리노이주 상원의원이던 오바마가: Howard Schulman, "Charter Schools Working," Providence Journal, August 27, 2004.

교육개혁을 위한 민주당원들: 브릴의 『교실 전쟁Class Warfare』 131-132쪽에 관련 장면이 잘 묘사되어 있다.

교사들로부터 야유를 받게 되었다: Ruth Marcus, "From Barack Obama, Two Dangerous Words," The Washington Post, July 11, 2007.

워싱턴의 '멋진 교육감'이: Jeff Chu, "Obama and McCain Fight Over a Woman," Fast Company, October 20, 2008.

오바마 대통령은 교육부 장관 후보군에서: Dana Goldstein, "The Selling of School Reform," The Nation, June 15, 2009.

"부가가치 평가를 허용할지 결정하기에는 현재의 조사 자료들이 충분하지 않다": "The Promise and Peril of Using Value-Added Modeling to Measure Teacher Effectiveness" (RAND Education research brief, Santa Monica, CA, 2004).

"우리 확실하게 짚고 넘어갑시다": "Obama Speaks to the U.S. Hispanic Chamber of Commerce," March 10, 2009. Transcript available at http://www. washingtonpost.com/wp-srv/politics/documents/Obama_Hispanic_Chamber_Commerce.html.

"교사들은 책무성이 무엇인지 알아야 한다": Michael A. Fletcher and Nick Anderson, "Obama Angers Union Officials with Remarks in Support of R.I. Teacher Firings," The Washington Post, March 2, 2010.

"7%의 미국 노동자들만이": Dana Goldstein, "Grading 'Waiting for Superman,'" The Nation, October 11, 2010.

전미교원연맹은 2013년: Howard Nelson, Testing More, Teaching Less (American Federation of Teachers report, 2013).

"평가를 더 많이 시행하는 데에는": Harris, Value-Added Measurements in Education, 181.

2013년 9월 칼럼을 통하여: Geoff Decker and Philissa Cramer, "Instead of Telling Teachers Apart, New Evals Lump Some Together," Chalkbeat New York, September 16, 2013.

플로리다, 테네시를 비롯한 몇몇 주:

'공유하는 속성'이 작동하는 방식에 대한 정보는 다음을 참고하길 바란다. Laura Bornfreund, "An Ocean of Unknowns: Risks and Opportunities in Using Student Achievement to Evaluate PreK-3rd Grade Teachers" (New America

Foundation study, May 2013).

앨라추아 카운티와 킴 쿡의 이야기에 문제가 있다면 다음 연구를 참고하길 바란다. Dan Boyd, "Value-Added Model Has No Value," Gainesville Sun, December 9, 2012; and Valerie Strauss, "A 'Value-Added' Travesty for an Award-Winning Teacher," The Washington Post, December 3, 2012.

2012년도 조사연구에 따르면: Primary Sources 2012: American Teachers on the Teaching Profession (poll from Scholastic and the Bill and Melinda Gates Foundation, 2012); and Terry M. Moe, Special Interest: Teachers Unions and America's Public Schools (Washington, D.C.: Brookings Institution Press, 2011), 404-5.

워싱턴 D.C.의 흑인 중산층들은: Bill Turque, "Poll: Polarizing D.C. schools chief Rhee helps, hurts Fenty among Democrats," The Washington Post, September 1, 2010.

갤럽과 미국의 오늘이 진행한: Dinesh Ramde, "Wis. Poll: Walker Law Really About Hurting Unions," Boston Globe/Associated Press, April 22, 2011; Judy Keen and Dennis Cauchon, "Poll: Americans Favor Union Bargaining Rights," USA Today, February 23, 2011.

흑인 및 라틴계 부모들 대부분은: Whet Moser, "Poll Shows Substantial Parent, Racial Divide on Chicago Teachers Strike," Chicago, September 17, 2012.

"공교육에 대한 공격이다": Jeffrey Brown, "Chicago Board of Education Plans to Shut Down 54 Schools, Move 30,000 Students" (transcript of PBS News Hour interview with Karen Lewis, March 22, 2013).

시카고 학교 조사에 따르면: Marisa de la Torre and Julia Gwynne, "When Schools Close: Effects on Displaced Students in Chicago Public Schools" (Consortium on Chicago School Research, October 2009).

500명의 TFA 출신들을 배치하였기: Lauren Fitzpatrick, "CPS Calls Teacher's Mom to Tell Him He's Getting Laid Off," Chicago Sun- Times, July 19, 2013; Eric Zorn, "Should Teach for America Pack Its Bags?" Chicago Tribune, July 30, 2013.

"미국에는 여전히 학교에 직원을 충원시키는 것이 어렵거나 불가능한 지역들이 있다": 2013년 7월 22일 스티브 짐머Steve Zimmer와 면담한 내용이다.

로버트 슈워츠: 2013년 7월 19일 로버트 슈워츠와 면담한 내용을 참고하였다.

성과급 관련 연구에 따르면: 뉴욕, 내슈빌, 오스틴에서 수행된 성과급 관련 연구 보고서는 다음 웹사이트에서 찾을 수 있다. https://my.vanderbilt.edu/performanceincentives/research/.

뉴욕시는 2012년에: Al Baker, "Many New York City Teachers Denied Tenure in Policy Shift," The New York Times, August 17, 2012.

컬럼비아 교육청은 이 방안을 고수했다: Emma Brown, "98 Teachers Fired for Poor Performance," The Washington Post, August 1, 2012; Bill Turque, "Many Teachers Pass on IMPACT Bonuses," The Washington Post, January 28, 2011; Emma Brown, "D.C. Traditional Public School Teacher Pay Is Higher Than Charters," The Washington Post, August 19, 2013.

워싱턴 D.C.의 교육이 향상되었는가?: 교원평가와 공립학교 학군 내 이직률에 대한 분석은 다음 연구를 참고하길 바란다. Thomas Dee and James Wyckoff, "Incentives, Selection, and Teacher Performance: Evidence from Impact" (working paper 19529, National Bureau of Economic Research, Cambridge, MA, October 2013); and Keeping Irreplaceables in D.C. Public Schools (The New Teachers Project report, 2012).

폭로: 미셸 리가 교육감으로 있는 동안 워싱턴 D.C. 내 어른들에 의한 부정행위가 처음 적발된 사건과 이후 전개 과정에 대해서는 다음 자료를 참고하기 바란다. "When Standardized Test Scores Soared in D.C., Were the Gains Real?" USA Today, March 30, 2011.

노에스 학교는 결코 드문 사례 중 하나가 아니다: 전국적인 어른들의 부정행위에 대한 조사는 다음 자료에 나와 있다. Greg Toppo et al., "When Test Scores Seem Too Good to Believe," USA Today, March 17, 2011; and Atlanta Journal-Constitution staff reports, "From Scandal at APS to Suspicious Scores Nationwide," The Atlanta Journal-Constitution, March 30, 2013.

2013년 3월 29일: 애틀랜타의 부정행위에 대한 내용은 다음 자료를 참고하길 바란다. Michael Winerip, "Ex-Schools Chief in Atlanta Is Indicted in Testing Scandal," The New York Times, March 29, 2013; and Olivia Blanchard, "I Quit Teach for America," The Atlantic, September 23, 2013.

"이러한 시험에서의 부정행위는": Arne Duncan, "Despite Cheating Scandals, Testing and Teaching Are Not at Odds," The Washington Post, July 19, 2011.

반올림 오차 정도만을: 2013년 1월 30일 빌 게이츠와 면담한 내용이다.

뉴욕시는 2012년에: Fernanda Santos and Robert Gebeloff, "Teacher Quality Widely Diffused, Ratings Indicate," The New York Times, February 24, 2012.

실패했다는 증거가 쌓이고 있다: Stephen Sawchuck, "Teachers' Ratings Still High Despite New Measures," Education Week, February 5, 2013.

콜로라도의 주지사 마이크 존스턴: Dana Goldstein, "The Test Generation," American Prospect, April 2011.

'미국 교사들의 대다수는 효율적이다': Eric A. Hanushek, "Teacher Deselection," in Creating a New Teaching Profession (Washington, D.C.: Urban Institute,

2009), 177.

"우리는 모두 시험 점수가": 2013년 10월 8일 요나 로코프Jonah Rockoff와 면담한 내용이다.

그러나 아른 던컨 장관은: Brill, Class Warfare, 422-23.

"비효율적인 관리자들이 좋은 교사들을 몰아붙이는 수많은 상황들": Michelle Rhee, Radical (New York: HarperCollins, 2013), 154.

• 제10장 교사 전쟁, 그 끝을 희망하다

2013년 설문조사 결과에 따르면: Primary Sources: America's Teachers on Teaching in an Era of Change (poll from Scholastic and the Bill and Melinda Gates Foundation, 2013).

전직 교사들을 대상으로 한 설문조사 결과가: Laura Bornfreund, "Do Teachers Care About Pay? Yes, but Not As Much As You'd Think," Slate, December 7, 2011.

빌-멜린다 게이츠 재단은: Kane and Staiger, Gathering Feedback for Teaching.

2011년 볼티모어의 한 초등학교 교실을 관찰한 연구에 따르면: Stephen B. Plank and Barbara Condliffe, Pressures of the Season: A Descriptive Look at Classroom Quality in Second and Third Grade Classrooms (Baltimore Education Research Consortium report, February 2011).

2009 선행연구 검토 내용을 살펴보면: Pianta and Hamre, "Conceptualization, Measurement, and Improvement of Classroom Processes."

그러나 일련의 연구들은: Hattie, Visible Learning 7, 9, 10장: A Synthesis of Over 800 Meta-Analyses Relating to Achievement.

그리 새로울 것이 없다: 교실 참관의 역사에 대한 내용은 다음 자료에 나와 있다. Robert J. Marzano et al., "A Brief History of Supervision and Evaluation," in Effective Supervision (Alexandria, VA: ASCD, 2011).

대니얼슨은 교사들이 일하는 모습을 지켜보고: Charlotte Danielson interview with author, December 30, 2013.

9,000명 이상의 교사가 근무하는 몽고메리 카운티 교육청: 2013년 10월 4일 몽고메리 카운티 교육청 통신부의 특별 프로젝트 감독관인 마르시아 보 겔로부터 이메일을 통해 획득한 정보이다.

존 메로우라는 기자는 2010년 톨레도에서: John Merrow, "Ohio School District Uses Unique Peer Evaluations to Grade Teachers," PBS NewsHour transcript, December 14, 2010.

연구자인 줄리아 코피치: Julia Koppich, Toward Improving Teacher Quality: An Evaluation of Peer Assistance and Review in Montgomery County Public

Schools (Montgomery County Public Schools report, June 8, 2004).

아마도 교장의 교사 교체로 인한 두려움이: 2013년 10월 7일 케이티 헤이콕과 면담한 내용이다.

실제 현장의 교장들은 힘들어하는 교사들에게 동료평가가 제공할 것이라 기대되는 수준의 훈련 지원을 거의 제공해 줄 수 없다: 교장들이 담당한 업무에 대한 정보는 가스 해리스와 2013년 8월 15일에 면담한 내용과 다음 연구들을 참고했다. Jesse Rothstein, "Effects of Value-Added Policies," Focus 29, no. 2 (2012). Consultant teacher caseloads in Susan Moore Johnson et al., Teacher to Teacher: Realizing the Potential of Peer Assistance and Review (Center for American Progress report, 2010).

교사를 해고한다는 것은: Johnson et al., Teacher to Teacher.

'이 나라에 있는 권력은': Elisa Crouch, "National Teachers Union Leader Points to St. Louis as a Model," St. Louis Post- Dispatch, August 14, 2013.

"당신이 하는 모든 것이 시험 결과에 따라": Theodoric Meyer, "An Evaluation Architect Says Teaching Is Hard, but Assessing It Shouldn't Be," The New York Times, February 15, 2012.

"읽기를 가르치는 것은 과학이다": 2013년 10월 8일 캐린 헤닝Caryn Henning과 면담한 내용이다.

2014년 초기 연구에 따르면: 관련 연구 결과는 2014년 2월 25일 이메일을 통해 어린이 문맹퇴치 프로그램Children's Literacy Initiative으로부터 전달받았다.

2010년 무작위 표본으로 시행한 연구에서는: 결과는 다음 웹페이지에서 확인할 수 있다. http://www.cli.org/sites/ default/files/Year2%20AIR_Executive2/ 020Summary_for_i3.pdf

라즈 체티, 요나 로코프, 존 프리드먼은 이를 증명: Raj Chetty, John N. Friedman, and Jonah E. Rockoff, "The Long-Term Impacts of Teachers: Teacher Value-Added and Student Outcomes in Adulthood" (working paper 17699, National Bureau of Economic Research, Cambridge, MA, 2011), 4.

마크 주커버그: 자선기금 사용 내역에 대한 자세한 내용은 다음 웹사이트에서 확인할 수 있다. http://foundationfornewarksfuture.org/grants/

"많은 교육개혁은 제도가 잘못되었다고": 2013년 10월 8일 젠 웨이커트Jen Weikert와의 면담 내용이다.

의회를 압박했다: Sarah Almy et al., Preparing and Advancing Teachers and School Leaders: A New Approach for Federal Policy (Education Trust report, September 2013).

미국의 교원양성체제 및 교사교육의 문제를 제대로 인식하고 있었다: Julie Greenberg, Laura Pomerance, and Kate Walsh, Student Teaching in the

United States (National Council on Teacher Quality report, July 2011).

"현장에서 가르치고 있는 많은 교사들은": Greenberg, McKee, and Walsh, Teacher Prep Review, 2013.

뉴욕시의 4~5학년생 85만 명을 대상으로: Matthew Ronfeldt, Susanna Loeb, and James Wyckoff, "How Teacher Turnover Harms Student Achievement," American Educational Research Journal 50, no. 1 (2013): 4-36.

토머스 케인, 더글러스 스트레이크, 로버트 고든이 수행한 연구에 따르면: Gordon, Kane, and Staiger, "Identifying Effective Teachers Using Performance on the Job."

이러한 시스템은 마틴 하버먼이 개발한: Martin Haberman, "Selecting and Preparing Urban Teachers" (lecture, February 28, 2005, available on the Web site of National Center for Alternative Teacher Certification Information); and author interview with Christine Brennan Davis of Urban Teacher Residency United, September 25, 2013.

초기 평가에서는 학생 성적에 관해: John R. Papay et al., "Does Practice-Based Teacher Preparation Increase Student Achievement? Early Evidence from the Boston Teacher Residency" (working paper 17646, National Bureau of Economic Research, Cambridge, MA, December 2011). http://memphistr.org/wp-content/uploads/2013/10/Memphis-Teacher-Residency-2013.pdf 또는 http://www.utrunited.org/about-us/research-and-publications

'매우 염려스러운 문제': Morgaen L. Donaldson and Susan Moore Johnson, "TFA Teachers: How Long Do They Teach? Why Do They Leave?" Education Week, October 4, 2011.

"우리는 도시 교사연수 프로그램이 기획되고 발전해 나가는 과정에서": 크리스틴 브레넌 데이비스Christine Brennan Davis와의 면담 내용이다.

킹스베리 고교: 2013년 11월 4일 멤피스 교사 기숙사에서 데이비드 몬터규David Montague와 면담한 내용과 2013년 10월 9일 마르쿠스 클락과 면담한 내용이다.

알렉스 카푸토-펄: 2010년에서 2013년 사이에 알렉스와 6차례 면담한 내용이다. 또한, 2011년 5월 20일에서 21일에 교사의 전문성 향상을 관찰하기 위해 크렌쇼 고등학교를 방문했다.

'좌파 괴짜들': Erin Aubry Kaplan, "Reviving Education," LA Weekly, May 12, 2005.

충실한 수행된 연구를 기반으로 하고 있다: John M. Bridgeland, John J. Dilulio, Jr., and Karen Burke Morison, The Silent Epidemic: Perspectives of High School Dropouts (Report by Civic Enterprises in association with Peter D. Hart Research Associations for the Bill and Melinda Gates Foundation, March

2006).

2010년 도널드 보이드가 수행한 연구에 따르면: Donald Boyd et al., "The Role of Teacher Quality in Retention and Hiring: Using Applications-to-Transfer to Uncover Preferences of Teachers and Schools" (working paper 15966, National Bureau of Economic Research, Cambridge, MA, May 2010).

그럼에도 불구하고, 크렌쇼 고교에서: 인종에 대한 통계, 가르친 학급, 해고당한 교사들의 경력에 대한 정보는 알렉스 카푸토-펄과 캐시 가르시아에 의해 수집되어 2013년 5월 5일 이메일로 전달받았다.

"졸업하는 것은 학생의 기본적인 권리입니다": Howard Blume and Stephen Caesar, "L.A. Unified to Overhaul Struggling Crenshaw High," Los Angeles Times, January 16, 2013.

크렌쇼 고교의 학업성취도: 다음 웹페이지에서 관련 내용을 확인할 수 있다. http://api.cde.ca.gov/ Acnt2012/2012GrowthSch.aspx?allcds=19647331932128. 졸업률과 정학률에 대한 정보는 알렉스 카푸토-펄이 제공해 주었다.

센트럴폴스 고교에서: http://infoworks.ride.ri.gov/school/ central-falls-high-school; Kate Nagle, "New Report: Central Falls Graduation Rate Increased 20% in 3 Years," GoLocal Prov Web site, October 19, 2013.

• 에필로그: 훌륭한 교사를 어떻게 키울 것인가

교육재정 전문가인 브루스 베이커는: Bruce Baker, Revisiting that Age-Old Question: Does Money Matter in Education? (Albert Shanker Institute report, 2012).

미국 교사의 평균 수입은: 관련 자료는 모두 노동통계청으로부터 제공받았다. 다음 웹페이지에서 직업전망서Occupational Outlook Handbook를 확인할 수 있다. http://www.bls.gov/ooh/ 교사의 평균 임금은 초·중·고 교사들의 중위소득을 평균 내어 계산하였다.

1940년대 남교사는: Eric A. Hanushek, "Valuing Teachers: How Much Is a Good Teacher Worth?" Education Next 11, no. 3 (2011).

한국에서 교사는: Byron Auguste, Paul Kihn, and Matt Miller, Closing the Talent Gap: Attracting and Retaining Top-Third Graduates in Teaching (McKinsey and Company report, September 2010), 20.

뉴욕시 공립학교 교사는: 교원연합연맹의 봉급표는 다음 웹사이트에서 확인할 수 있다. http://www.uft.org/our-rights/salary-schedules/teachers 노스캐롤라이나에 관한 정보는 다음 자료를 살펴보길 바란다. Emery P. Dalesio, "Report: NC Teacher Pay Slides Against Peer States," WRAL/Associated Press, March 6, 2013.

복수 전문직주의: Jal Mehta and Steven Teles, "Professionalism 2.0: The Case for Plural Professionalism in Education" in Teacher Quality 2.0: Toward a New Era in Education Reform, ed. Frederick Hess and Michael McShane (Cambridge, MA: Harvard Education Press, 2014).

싱가포르에서 재직 경력 3년 이상의 교사는: Rachel Curtis, Finding a New Way: Leveraging Teacher Leadership to Meet Unprecedented Demands (Aspen Institute report, February 2013).

예비 초등 교사를 과잉 공급하고 있다: Stephen Sawchuk, "Colleges Overproducing Elementary Teachers, Data Find," Education Week, January 23, 2013.

뉴욕시 교사의 출신 대학과 학생 성취를 연계한 기초 자료는: 뉴욕 교사 예비 교육 기관에 관한 보고서는 다음 웹사이트에서 확인할 수 있다. http://schools.nyc.gov/Offices/DHR/HumanCapitalData/TPPR

맥킨지 연구는: Auguste, Kihn, and Miller, Closing the Talent Gap.

교사평가 기준들을 줄여야 한다고 조언: Fixing Classroom Observations (The New Teacher Project report, November 2013).

공립학교 교사는 아직 17%만이 유색인종: 교사와 인종에 관해서는 다음 자료들을 참고하길 바란다. Farah Z. Ahmad and Ulrich Boser, "America's Leaky Pipeline for Teachers of Color: Getting More Teachers of Color into the Classroom" (Center for American Progress report, May 4, 2014). For teachers and gender "Teacher Trends," National Center for Education Statistics, https://nces.ed.gov/fastfacts/display.asp?id=28

2010년과 2012년 사이: 2011년에 전국 교사 질 위원회The National Council on Teacher Quality가 대도시 도심 지역 학교를 대상으로 조사를 실시하였다. 다음 웹사이트에서 결과를 확인할 수 있다. http://www.nctq.org/commentary/viewStory.do?id=29568

단지 12개 주뿐이다: Erica E. Phillips, "Teacher Tenure Dealt Legal Setback," The Wall Street Journal, June 10, 2014.

중도탈락률 조사에 따르면: Bridgeland, Dilulio, and Morison, The Silent Epidemic.

'급진적으로 분권화': David Labaree, Someone Has to Fail (Cambridge, MA: Harvard University Press, 2010).

참고 문헌

나는 책을 쓰는 동안 500종이 넘는 1차 자료와 2차 자료를 검토하였다. 주로 참고한 자료들을 주제에 따라 아래에 정리해 두었다. 언급된 자료들은 교육에 대한 역사적, 사회과학적, 정치학적 관점을 공부하기 위해 내가 여러 번 찾아 읽었다.

미국 교육의 역사 GENERAL EDUCATION HISTORY
Callahan, Raymond E. *Education and the Cult of Efficiency.* Chicago: University of Chicago Press, 1962.

Davies, Gareth. *See Government Grow: Education Politics from Johnson to Reagan.* Lawrence: University Press of Kansas, 2007.

Herrick, Mary R. *The Chicago Schools: A Social and Political History.* Beverly Hills: Sage Publications, 1971.

Lemann, Nicholas. *The Big Test: The Secret History of the American Meritocracy.* New York: Farrar, Straus and Giroux, 1999.

Ravitch, Diane. *The Great School Wars: New York City, 1805-1973.* New York: Basic Books, 1974.

_____. *Left Back: A Century of Battles over School Reform.* New York: Touchstone, 2000.

Snyder, Thomas D., ed. *120 Years of American Education: A Statistical Portrait.* National Center for Education Statistics. U.S. Department of Education, January 1993.

Tyack, David, and Larry Cuban. *Tinkering Toward Utopia: A Century of Public School Reform.* Cambridge, MA: Harvard University Press, 1995.

초기 미국 교육과 보통학교 운동 EARLY AMERICAN EDUCATION AND THE COMMON SCHOOLS MOVEMENT
Cremin, Lawrence. *The American Common School.* New York: Teachers College, Columbia University, 1951.

Kaestle, C F. *Pillars of the Republic: Common Schools and American Society, 1780-1860.* New York: Hill and Wang, 1983.

Mann, Horace. *Lectures on Education.* Boston: W. B. Fowle and N. Capen, 1855. Messerli, Jonathan. *Horace Mann.* New York: Alfred A. Knopf, 1972.

교직의 여성화 THE FEMINIZATION OF TEACHING
Albisetti, James C. "The Feminization of Teaching in the Nineteenth

Century: A Comparative Perspective." *History of Education* 22, no. 3 (1993): 25363.

Beecher, Catharine. *The Duty of American Women to Their Country.* New York: Harper and Brothers, 1845.

_____. *Educational Reminiscences and Suggestions.* New York: J. B. Ford, 1874.

_____. *The Evils Suffered by American Women and American Children: The Causes and the Remedy.* New York: Harper and Brothers, 1846.

_____. "Female Education." *American Journal of Education* 2 (1827): 219-23.

_____. *Suggestions Respecting Improvements in Education.* Hartford, CT: Packard and Butler, 1829.

Goldin, Claudia. *Understanding the Gender Gap: An Economic History of American Women.* New York: Oxford University Press, 1990.

Gordon, Ann D., ed. *The Selected Papers of Elizabeth Cady Stanton and Susan B. Anthony.* 6 vols. New Brunswick, NJ: Rutgers University Press, 1997-2012.

Hoffman, Nancy. *Woman's "True" Profession: Voices from the History of Teaching.* Old Westbury, NY: Feminist Press, 1981.

Mann, Horace. *A Few Thoughts on the Powers and Duties of Woman: Two Lectures.* Syracuse: Hall, Mills, and Company, 1853.

Rugoff, Milton. *The Beechers: An American Family in the Nineteenth Century.* New York: Harper and Row, 1981.

Sklar, Kathryn Kish. *Catharine Beecher: A Study in American Domesticity.* New York: W. W. Norton, 1976.

Sugg, Redding S. *Motherteacher: The Feminization of American Education.* Charlottesville: University of Virginia Press, 1978.

Woody, Thomas. *A History of Women's Education in the United States.* 2 vols. New York: The Science Press, 1929.

아프리카계 미국인의 교직 전통 THE AFRICAN AMERICAN TEACHING TRADITION

Aptheker, Herbert, ed. *The Correspondence of W. E. B. Du Bois.* 3 vols. Amherst: University of Massachusetts Press, 1973-1978.

Delpit, Lisa. *Other People's Children: Cultural Conflict in the Classroom.* New York: The New Press, 2006.

Du Bois, W. E. B. *The Education of Black People: Ten Critiques, 1906-1960.* Edited by Herbert Aptheker. Amherst: University of Massachusetts Press, 1973.

_____. *The Souls of Black Folk.* New York: Bantam, 1903.

Gabel, Leona C. *From Slavery to the Sorbonne and Beyond: The Life and Writings of Anna J. Cooper.* Northampton, MA: Smith College Library, 1982.

Grimké, Charlotte Forten. *The Journals of Charlotte Forten Grimké.* Edited by Brenda Stevenson. New York: Oxford University Press, 1988.

Ladson-Billings, Gloria. *The Dream-Keepers: Successful Teachers of African American Children.* San Francisco: Jossey-Bass, 2009.

Lemert, Charles, and Esme Bhan, eds. *The Voice of Anna Julia Cooper.* Lanham, MD: Rowman and Littlefield Publishers, 1998.

Lewis, David Levering. *W. E. B. Du Bois: A Biography.* New York: Henry Holt, 2009.

Norrell, Robert J. *Up from History: The Life of Booker T. Washington.* Cambridge, MA: Belknap Press, 2009.

Washington, Booker T. *Up From Slavery.* New York: W. W. Norton, 1901.

Weinberg, Meyer. *A Chance to Learn: The History of Race and Education in the United States.* New York: Cambridge University Press, 1977.

교원노조 UNIONS

Berube, Maurice R., and Marilyn Gittell, eds. *Confrontation at Ocean Hill-Brownsville: The New York School Strikes of 1968.* New York: Frederick A. Praeger, 1969.

Carter, Barbara. *Pickets, Parents, and Power: The Story Behind the New York City Teachers' Strike.* New York: Citation Press, 1971.

Cohen, Andrew Wender. *The Racketeer's Progress: Chicago and the Struggle for the Modern American Economy, 1900-1940.* Cambridge, UK: Cambridge University Press, 2004.

Collins, Christina. *"Ethnically Qualified": Race, Merit, and the Selection of Urban Teachers, 1920-1980.* New York: Teachers College Press, 2011.

Golin, Steve. *The Newark Teacher Strikes: Hopes on the Line.* New Brunswick, NJ: Rutgers University Press, 2002.

Haley, Margaret A. *Battleground: The Autobiography of Margaret A. Haley.* Edited by Robert L. Reid. Champaign: University of Illinois Press, 1982.

Kahlenberg, Richard D. *Tough Liberal: Albert Shanker and the Battles over Schools, Unions, Race, and Democracy.* New York: Columbia University Press, 2007.

Moe, Terry M. *Special Interest: Teachers Unions and America's Public Schools.* Washington, D.C.: Brookings Institution Press, 2011.

Murphy, Marjorie. *Blackboard Unions: The AFT and the NEA: 1900-1980.* Ithaca, NY: Cornell University Press, 1990.

Perlstein, Daniel H. *Justice, Justice: School Politics and the Eclipse of Liberalism.* New York: Peter Lang, 2004.

Rousmaniere, Kate. *Citizen Teacher: The Life and Leadership of Margaret Haley.* Albany: State University of New York Press, 2005.

Zitron, Celia Lewis. *The New York City Teachers' Union, 1916-1964.* New York: Humanities Press, 1968.

적색 공포 THE RED SCARE

Adler, Irving. *Kicked Upstairs: A Political Biography of a "Blacklisted" Teacher* (Self-published, 2007. Available at the Tamiment Library, New York University.)

Beale, Howard K. *Are American Teachers Free? An Analysis of Restraints upon the Freedom of Teaching in American Schools.* New York: Charles Scribner's Sons, 1936.

_____. *A History of Freedom of Teaching in American Schools.* New York: Charles Scribner's Sons, 1941.

Dodd, Bella. *School of Darkness: The Record of a Life and of Conflict Between Two Faiths.* New York: P. J. Kenedy and Sons, 1954.

Taylor, Clarence. *Reds at the Blackboard: Communism, Civil Rights, and the New York City Teachers Union.* New York: Columbia University Press, 2011.

페다고지와 교육과정 PEDAGOGY AND CURRICULUM

Cuban, Larry. *How Teachers Taught: Constancy and Change in American Classrooms, 1890-1990.* New York: Teachers College Press, 1993.

Dewey, John. *John Dewey on Education: Selected Writings.* Edited by Reginald D. Archambault. New York: The Modern Library, 1964.

_____. *The School and Society and The Child and the Curriculum.* Minneola, NY: Dover Publications, 2001.

Guernsey, Lisa, and Susan Ochshorn. *Watching Teachers Work: Using Observation Tools to Promote Effective Teaching in the Early Years and Early Grades.* New America Foundation report, November 2011.

Hattie, John. *Visible Learning: A Synthesis of Over 800 Meta-Analyses Relating to Achievement.* New York: Routledge, 2009.

Kliebard, Herbert M. *The Struggle for the American Curriculum, 1893-1958.* New York: Routledge, 1995.

Young, Ella Flagg. *Isolation in the School.* Chicago: University of Chicago

Press, 1900.

'위대한 사회'와 통합정책 THE GREAT SOCIETY AND DESEGREGATION

Brown v. Board: The Landmark Oral Argument Before the Supreme Court. Edited by Leon Friedman. New York: The New Press, 2004.

Coleman, James S., et al. *Equality of Educational Opportunity.* National Center for Educational Statistics, U.S. Department of Health, Education, and Welfare, 1966.

Fultz, Michael. "'AS Is the Teacher, So Is the School': Future Directions in the Historiography of African American Teachers." In *Rethinking the History of American Education,* edited by William J. Reese and John L. Rury. New York: Palgrave Macmillan, 2008.

_____. "The Displacement of Black Educators Post-Brown: An Overview and Analysis." *History of Education Quarterly* 44, no. 1 (2004): 11-45.

Patterson, James T. *Brown v. Board of Education: A Civil Rights Milestone and Its Troubled Legacy.* New York: Oxford University Press, 2001.

Schwartz, Heather. "Housing Policy Is School Policy: Economically Integrative Housing Promotes Academic Success in Montgomery County, Maryland." Century Foundation Report, 2010.

Unger, Irwin. *The Best of Intentions: The Triumphs and Failures of the Great Society Under Kennedy, Johnson, and Nixon.* New York: Doubleday, 1996.

교직 전문성과 교원 구성 TEACHER PROFESSIONALISM AND DEMO-GRAPHICS

Etzioni, Amitai. *The Semi-Professions and Their Organization: Teachers, Nurses, Social Workers.* New York: The Free Press, 1969.

Ingersoll, Richard M. *Who Controls Teachers' Work? Power and Accountability in America's Schools.* Cambridge, MA: Harvard University Press, 2003.

Ingersoll, Richard, and Lisa Merrill. "Who's Teaching Our Children?" *Educational Leadership,* May 2010.

Lortie, Dan C. *Schoolteacher: A Sociological Study.* Chicago: University of Chicago Press, 1975.

Mehta, Jal, and Steven Teles. "Professionalism 2.0: The Case for Plural Professionalization in Education," in *Teacher Quality 2.0: Toward a New Era in Education Reform,* ed. Frederick Hess and Michael McShane. Cambridge, MA: Harvard Education Press, 2014.

부가가치 측정 방식과 교직의 경제학 **VALUE-ADDED MEASUREMENT AND THE ECONOMICS OF TEACHING**

Chetty, Raj, John N. Friedman, and Jonah E. Rockoff. "Measuring the Impact of Teachers I: Evaluating Bias in Teacher Value-Added Estimates." Working Paper 19423, National Bureau of Economic Research, Cambridge, MA, September 2013.

Glazerman, Steven, et al. "Transfer Incentives for High-Performing Teachers: Final Results from a Multisite Randomized Experiment." Mathematica Policy Research report, NCEE 2014-4003. National Education Evaluation and Regional Assistance, Institute of Education Sciences, U.S. Department of Education, November 2013.

Gordon, Robert, Thomas J. Kane, and Douglas 0. Staiger. "Identifying Effective Teachers Using Performance on the Job." Hamilton Project paper, Brookings Institution, April 2006.

Hanushek, Eric A., and Steven B. Rivkin. "How to Improve the Supply of High-Quality Teachers." *Brookings Papers on Education Policy,* 2004.

Harris, Douglas N. *Value-Added Measurements in Education: What Every Educator Needs to Know.* Cambridge, MA: Harvard Education Press, 2011.

Kane, Thomas, and Douglas Staiger. *Gathering Feedback for Teaching: Combining High-Quality Observations with Student Surveys and Achievement Gains.* Policy and Practice Brief, MET Project, Bill and Melinda Gates Foundation, January 2012.

Lancelot, William, et al. *The Measurement of Teaching Efficiency.* New York: Macmillan Company, 1935.

Ronfeldt, Matthew, Susanna Loeb, and James Wyckoff. "How Teacher Turnover Harms Student Achievement." *American Educational Research Journal* 50, no. 1 (2013): 4-36.

교사교육과 훈련 **TEACHER EDUCATION AND TRAINING**

Conant, James Bryant. *The Education of American Teachers.* New York: McGraw-Hill, 1963.

Corwin, Ronald G. *Reform and Organizational Survival: The Teacher Corps as an Instrument of Educational Change.* New York: John Wiley and Sons, 1973.

Darling-Hammond, Linda. *The Flat World and Education: How America's Commitment to Equity Will Determine Our Future.* New York: Teachers College Press, 2010.

_____. "Teacher Quality and Student Achievement: A Review of State

Policy Evidence." *Education Policy Analysis Archives* 8, no. 1 (January 2000).

Fraser, James W. *Preparing America's Teachers: A History.* New York: Teachers College Press, 2007.

Greenberg, Julie, Arthur McKee, and Kate Walsh. *Teacher Prep Review, 2013: A Review of the Nation's Teacher Preparation Programs.* National Council on Teacher Quality, 2013.

Haberman, Martin. "Selecting and Preparing Urban Teachers." Lecture available on the Web site of the National Center for Alternative Teacher Certification Information. Delivered February 28, 2005. http://www.habermanfoundation.org/Articles/Default.aspx?id=32

Papay, John R., Martin R. West, Jon B. Fullerton, and Thomas J. Kane. *Does Practice-Based Teacher Preparation Increase Student Achievement? Early Evidence from the Boston Teacher Residency.* Working Paper 17646. Cambridge, MA: National Bureau of Economic Research, December 2011.

미국을 위한 교육 TEACH FOR AMERICA

Clark, Melissa A., et al. *The Effectiveness of Secondary Math Teachers from Teach for America and the Teaching Fellows Programs.* Mathematica Policy Research, National Center for Education Evaluation and Regional Assistance, Institute of Education Sciences, U.S. Department of Education, September 2013.

Darling-Hammond, Linda. "Who Will Speak for the Children? How 'Teach for America' Hurts Urban Schools and Students." *The Phi Delta Kappan* 76, no. 1 (September 1994): 21-34.

Darling-Hammond, Linda, et al. "Does Teacher Preparation Matter? Evidence About Teacher Certification, Teach for America, and Teacher Effectiveness." *Education Policy Analysis Archives* 13, no. 42 (2005).

Farr, Steven, and Teach for America. *Teaching as Leadership: The Highly Effective Teacher's Guide to Closing the Achievement Gap.* San Francisco: Jossey-Bass, 2010.

Foote, Donna. *Relentless Pursuit: A Year in the Trenches with Teach for America.* New York: Alfred A. Knopf, 2008.

Kopp, Wendy. "An Argument and Plan for the Creation of the Teacher Corps." Senior thesis, Woodrow Wilson School of Public and International Affairs, Princeton University, April 10, 1989. Seeley G. Mudd Manuscript Library.

————. *One Day All Children: The Unlikely Triumph of Teach for*

America and What I Learned Along the Way. New York: PublicAffairs, 2001.

Kopp, Wendy, with Steven Farr. *A Chance to Make History: What Works and What Doesn't in Providing an Excellent Education for All.* New York: PublicAffairs, 2011.

Schneider, Jack. "Rhetoric and Practice in Pre-Service Teacher Education: The Case of Teach for America." *Journal of Education Policy* (August 2013).

Shapiro, Michael. *Who Will Teach for America?* Washington, D.C.: Farragut Publishing Company, 1993.

평가기준과 책무성, 학교선택권 운동 THE STANDARDS, ACCOUNTABILITY, AND SCHOOL CHOICE MOVEMENTS

Bornfreund, Laura. "An Ocean of Unknowns: Risks and Opportunities in Using Student Achievement Data to Evaluate PreK-3rd Grade Teachers." *Early Education Initiative, New America Foundation,* May 2013.

Brill, Steven. *Class Warfare: Inside the Fight to Fix America's Schools.* New York: Simon and Schuster, 2011.

Carr, Sarah. *Hope Against Hope: Three Schools, One City, and the Struggle to Educate America's Children.* New York: Bloomsbury Press, 2013.

Cohen, David K., and Susan L. Moffitt. *The Ordeal of Equality: Did Federal Regulation Fix the Schools?* Cambridge, MA: Harvard University Press, 2009.

Mathews, Jay. Work Hard. *Be Nice.: How Two Inspired Teachers Created the Most Promising Schools in America.* Chapel Hill, NC: Algonquin Books, 2009.

Mehta, Jal. *The Allure of Order: High Hopes, Dashed Expectations, and the Troubled Quest to Remake American Schooling.* New York: Oxford University Press, 2013.

Perlstein, Linda. *Tested: One American School Struggles to Make the Grade.* New York: Henry Holt, 2007.

Rhee, Michelle. *Radical: Fighting to Put Students First.* New York: Harper-Collins, 2013.

삶의 행복을 꿈꾸는 교육은 어디에서 오는가?

미래 100년을 향한 새로운 교육 **혁신교육을 실천하는 교사들의 필독서**

▶ 교육혁명을 앞당기는 배움책 이야기
혁신교육의 철학과 잉걸진 미래를 만나다!

한국교육연구네트워크 총서

01 핀란드 교육혁명
한국교육연구네트워크 엮음 | 320쪽 | 값 15,000원

02 일제고사를 넘어서
한국교육연구네트워크 엮음 | 284쪽 | 값 13,000원

03 새로운 사회를 여는 교육혁명
한국교육연구네트워크 엮음 | 380쪽 | 값 17,000원

04 교장제도 혁명
한국교육연구네트워크 엮음 | 268쪽 | 값 14,000원

05 새로운 사회를 여는 교육자치 혁명
한국교육연구네트워크 엮음 | 312쪽 | 값 15,000원

06 혁신학교에 대한 교육학적 성찰
한국교육연구네트워크 엮음 | 308쪽 | 값 15,000원

07 진보주의 교육의 세계적 동향
한국교육연구네트워크 엮음 | 324쪽 | 값 17,000원
2018 세종도서 학술부문

08 더 나은 세상을 위한 학교혁명
한국교육연구네트워크 엮음 | 404쪽 | 값 21,000원
2018 세종도서 교양부문

혁신학교
성열관·이순철 지음 | 224쪽 | 값 12,000원

행복한 혁신학교 만들기
초등교육과정연구모임 지음 | 264쪽 | 값 13,000원

서울형 혁신학교 이야기
이부영 지음 | 320쪽 | 값 15,000원

혁신교육, 철학을 만나다
브렌트 데이비스·데니스 수마라 지음
현인철·서용선 옮김 | 304쪽 | 값 15,000원

혁신교육 존 듀이에게 묻다
서용선 지음 | 292쪽 | 값 14,000원

다시 읽는 조선 교육사
이만규 지음 | 750쪽 | 값 33,000원

대한민국 교육혁명
교육혁명공동행동 연구위원회 지음 | 224쪽 | 값 12,000원

한국교육연구네트워크 번역 총서

01 프레이리와 교육
존 엘리아스 지음 | 한국교육연구네트워크 옮김
276쪽 | 값 14,000원

02 교육은 사회를 바꿀 수 있을까?
마이클 애플 지음 | 강희룡·김선우·박원순·이형빈 옮김
356쪽 | 값 16,000원

**03 비판적 페다고지는
세상을 변화시킬 수 있는가?**
Seewha Cho 지음 | 심성보·조시화 옮김 | 280쪽 | 값 14,000원

04 마이클 애플의 민주학교
마이클 애플·제임스 빈 엮음 | 강희룡 옮김 | 276쪽 | 값 14,000원

05 21세기 교육과 민주주의
넬 나딩스 지음 | 심성보 옮김 | 392쪽 | 값 18,000원

**06 세계교육개혁:
민영화 우선인가 공적 투자 강화인가?**
린다 달링-해먼드 외 지음 | 심성보 외 옮김 | 408쪽 | 값 21,000원

07 콩도르세, 공교육에 관한 다섯 논문
니콜라 드 콩도르세 지음 | 이주환 옮김 | 300쪽 | 값 16,000원

대한민국 교사, 어떻게 가르칠 것인가?
윤성관 지음 | 320쪽 | 값 15,000원

아이들을 어떻게 가르칠 것인가
사토 마나부 지음 | 박찬영 옮김 | 232쪽 | 값 13,000원

모두를 위한 국제이해교육
한국국제이해교육학회 지음 | 364쪽 | 값 16,000원

경쟁을 넘어 발달 교육으로
현광일 지음 | 288쪽 | 값 14,000원

독일 교육, 왜 강한가?
박성희 지음 | 324쪽 | 값 15,000원

핀란드 교육의 기적
한넬레 니에미 외 엮음 | 장수명 외 옮김 | 456쪽 | 값 23,000원

한국 교육의 현실과 전망
심성보 지음 | 724쪽 | 값 35,000원

▶ 비고츠키 선집 시리즈
발달과 협력의 교육학 어떻게 읽을 것인가?

생각과 말
레프 세묘노비치 비고츠키 지음
배희철·김용호·D. 켈로그 옮김 | 690쪽 | 값 33,000원

성장과 분화
L.S. 비고츠키 지음 | 비고츠키 연구회 옮김
308쪽 | 값 15,000원

도구와 기호
비고츠키·루리야 지음 | 비고츠키 연구회 옮김
336쪽 | 값 16,000원

연령과 위기
L.S. 비고츠키 지음 | 비고츠키 연구회 옮김
336쪽 | 값 17,000원

어린이 자기행동숙달의 역사와 발달 I
L.S. 비고츠키 지음 | 비고츠키 연구회 옮김
564쪽 | 값 28,000원

의식과 숙달
L.S. 비고츠키 | 비고츠키 연구회 옮김
348쪽 | 값 17,000원

어린이 자기행동숙달의 역사와 발달 II
L.S. 비고츠키 지음 | 비고츠키 연구회 옮김
552쪽 | 값 28,000원

분열과 사랑
L.S. 비고츠키 지음 | 비고츠키 연구회 옮김
260쪽 | 값 16,000원

어린이의 상상과 창조
L.S. 비고츠키 지음 | 비고츠키 연구회 옮김
280쪽 | 값 15,000원

성애와 갈등
L.S. 비고츠키 지음 | 비고츠키 연구회 옮김
268쪽 | 값 17,000원

비고츠키와 인지 발달의 비밀
A.R. 루리야 지음 | 배희철 옮김 | 280쪽 | 값 15,000원

관계의 교육학, 비고츠키
진보교육연구소 비고츠키교육학실천연구모임 지음
300쪽 | 값 15,000원

수업과 수업 사이
비고츠키 연구회 지음 | 196쪽 | 값 12,000원

비고츠키 생각과 말 쉽게 읽기
진보교육연구소 비고츠키교육학실천연구모임 지음
316쪽 | 값 15,000원

비고츠키의 발달교육이란 무엇인가?
비고츠키교육학실천연구모임 지음 | 412쪽 | 값 21,000원

교사와 부모를 위한 비고츠키 교육학
카르포프 지음 | 실천교사번역팀 옮김 | 308쪽 | 값 15,000원

비고츠키 철학으로 본 핀란드 교육과정
배희철 지음 | 456쪽 | 값 23,000원

▶ 살림터 참교육 문예 시리즈
영혼이 있는 삶을 가르치는 온 선생님을 만나다!

꽃보다 귀한 우리 아이는
조재도 지음 | 244쪽 | 값 12,000원

선생님이 먼저 때렸는데요
강병철 지음 | 248쪽 | 값 12,000원

성깔 있는 나무들
최은숙 지음 | 244쪽 | 값 12,000원

서울 여자, 시골 선생님 되다
조경선 지음 | 252쪽 | 값 12,000원

아이들에게 세상을 배웠네
명혜정 지음 | 240쪽 | 값 12,000원

행복한 창의 교육
최창의 지음 | 328쪽 | 값 15,000원

밥상에서 세상으로
김흥숙 지음 | 280쪽 | 값 13,000원

북유럽 교육 기행
정애경 외 14인 지음 | 288쪽 | 값 14,000원

우물쭈물하다 끝난 교사 이야기
유기창 지음 | 380쪽 | 값 17,000원

▶ 4·16, 질문이 있는 교실 마주이야기
통합수업으로 혁신교육과정을 재구성하다!

통하는 공부
김태호·김형우·이경석·심우근·허진만 지음
324쪽 | 값 15,000원

내일 수업 어떻게 하지?
아이함께 지음 | 300쪽 | 값 15,000원
2015 세종도서 교양부문

인간 회복의 교육
성래운 지음 | 260쪽 | 값 13,000원

교과서 너머 교육과정 마주하기
이윤미 외 지음 | 368쪽 | 값 17,000원

수업 고수들 수업·교육과정·평가를 말하다
박현숙 외 지음 | 368쪽 | 값 17,000원

도덕 수업, 책으로 묻고 윤리로 답하다
울산도덕교사모임 지음 | 320쪽 | 값 15,000원

체육 교사, 수업을 말하다
전용진 지음 | 304쪽 | 값 15,000원

교실을 위한 프레이리
아이러 쇼어 엮음 | 사람대사람 옮김 | 412쪽 | 값 18,000원

마을교육공동체란 무엇인가?
서용선 외 지음 | 360쪽 | 값 17,000원

교사, 학교를 바꾸다
정진화 지음 | 372쪽 | 값 17,000원

함께 배움
학생 주도 배움 중심 수업 이렇게 한다
니시카와 준 지음 | 백경석 옮김 | 280쪽 | 값 15,000원

공교육은 왜?
홍섭근 지음 | 352쪽 | 값 16,000원

자기혁신과 공동의 성장을 위한
교사들의 필리버스터
윤양수·원종희·장군·조경삼 지음 | 280쪽 | 값 14,000원

함께 배움 이렇게 시작한다
니시카와 준 지음 | 백경석 옮김 | 196쪽 | 값 12,000원

함께 배움 교사의 말하기
니시카와 준 지음 | 백경석 옮김 | 188쪽 | 값 12,000원

교육과정 통합, 어떻게 할 것인가?
성열관 외 지음 | 192쪽 | 값 13,000원

학교 혁신의 길, 아이들에게 묻다
남궁상운 외 지음 | 272쪽 | 값 15,000원

미래교육의 열쇠, 창의적 문화교육
심광현·노명우·강정석 지음 | 368쪽 | 값 16,000원

주제통합수업, 아이들을 수업의 주인공으로!
이윤미 외 지음 | 392쪽 | 값 17,000원

수업과 교육의 지평을 확장하는 수업 비평
윤양수 지음 | 316쪽 | 값 15,000원
2014 문화체육관광부 우수교양도서

교사, 선생이 되다
김태은 외 지음 | 260쪽 | 값 13,000원

교사의 전문성, 어떻게 만들어지나
국제교원노조연맹 보고서 | 김석규 옮김 392쪽 | 값 17,000원

수업의 정치
윤양수·원종희·장군 지음 | 280쪽 | 값 14,000원

학교협동조합,
현장체험학습과 마을교육공동체를 잇다
주수원 외 지음 | 296쪽 | 값 15,000원

거꾸로 교실,
잠자는 아이들을 깨우는 수업의 비밀
이민경 지음 | 280쪽 | 값 14,000원

교사는 무엇으로 사는가
정은균 지음 | 292쪽 | 값 15,000원

마음의 힘을 기르는 감성수업
조선미 외 지음 | 300쪽 | 값 15,000원

작은 학교 아이들
지경준 엮음 | 376쪽 | 값 17,000원

아이들의 배움은 어떻게 깊어지는가
이시이 준지 지음 | 방지현·이창희 옮김 | 200쪽 | 값 11,000원

대한민국 입시혁명
참교육연구소 입시연구팀 지음 | 220쪽 | 값 12,000원

교사를 세우는 교육과정
박승열 지음 | 312쪽 | 값 15,000원

전국 17명 교육감들과 나눈
교육 대담
최창의 대담·기록 | 272쪽 | 값 15,000원

들뢰즈와 가타리를 통해
유아교육 읽기
리세롯 마리엣 올슨 지음 | 이연선 외 옮김 | 328쪽 | 값 17,000원

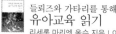

학교 민주주의의 불한당들
정은균 지음 | 276쪽 | 값 14,000원

프레이리의 사상과 실천
사람대사람 지음 | 352쪽 | 값 18,000원
2018 세종도서 학술부문

혁신학교, 한국 교육의 미래를 열다
송순재 외 지음 | 608쪽 | 값 30,000원

페다고지를 위하여
프레네의 『페다고지 불변요소』 읽기
박찬영 지음 | 296쪽 | 값 15,000원

노자와 탈현대 문명
홍승표 지음 | 284쪽 | 값 15,000원

선생님, 민주시민교육이 뭐예요?
염경미 지음 | 244쪽 | 값 15,000원

어쩌다 혁신학교
유우석 외 지음 | 380쪽 | 값 17,000원

미래, 교육을 묻다
정광필 지음 | 232쪽 | 값 15,000원

대학, 협동조합으로 교육하라
박주희 외 지음 | 252쪽 | 값 15,000원

입시, 어떻게 바꿀 것인가?
노기원 지음 | 306쪽 | 값 15,000원

촛불시대, 혁신교육을 말하다
이용관 지음 | 240쪽 | 값 15,000원

라운드 스터디
이시이 데루마사 외 엮음 | 224쪽 | 값 15,000원

미래교육을 디자인하는 학교교육과정
박승열 외 지음 | 348쪽 | 값 18,000원

흥미진진한 아일랜드 전환학년 이야기
제리 제퍼스 지음 | 최상덕·김호원 옮김 | 508쪽 | 값 27,000원

폭력 교실에 맞서는 용기
따돌림사회연구모임 학급운영팀 지음 | 272쪽 | 값 15,000원

그래도 혁신학교
박은혜 외 지음 | 248쪽 | 값 15,000원

학교는 어떤 공동체인가?
성열관 외 지음 | 228쪽 | 값 15,000원

교사 전쟁
다나 골드스타인 지음 | 유성상 외 옮김 | 468쪽 | 값 23,000원

교육과정, 수업, 평가의 일체화
리사 카터 지음 | 박승열 외 옮김 | 196쪽 | 값 13,000원

학교를 개선하는 교장
지속가능한 학교 혁신을 위한 실천 전략
마이클 풀란 지음 | 서동연·정효준 옮김 | 216쪽 | 값 13,000원

공자뎐, 논어는 이것이다
유문상 지음 | 392쪽 | 값 18,000원

교사와 부모를 위한
발달교육이란 무엇인가?
현광일 지음 | 380쪽 | 값 18,000원

교사, 이오덕에게 길을 묻다
이무완 지음 | 328쪽 | 값 15,000원

낙오자 없는 스웨덴 교육
레이프 스트란드베리 지음 | 변광수 옮김 | 208쪽 | 값 13,000원

끝나지 않은 마지막 수업
장석웅 지음 | 328쪽 | 값 20,000원

경기꿈의학교
진흥섭 외 지음 | 360쪽 | 값 17,000원

학교를 말한다
이성우 지음 | 292쪽 | 값 15,000원

행복도시 세종, 혁신교육으로 디자인하다
곽순일 외 지음 | 392쪽 | 값 18,000원

나는 거꾸로 교실 거꾸로 교사
류광모·임정훈 지음 | 212쪽 | 값 13,000원

교실 속으로 간 이해중심 교육과정
온정덕 외 지음 | 224쪽 | 값 13,000원

교실, 평화를 말하다
따돌림사회연구모임 초등우정팀 지음 | 268쪽 | 값 15,000원

학교자율운영 2.0
김용 지음 | 240쪽 | 값 15,000원

학교자치를 부탁해
유우석 외 지음 | 252쪽 | 값 15,000원

국제이해교육 페다고지
강순원 외 지음 | 256쪽 | 값 15,000원

▶ 교과서 밖에서 만나는 역사 교실
상식이 통하는 살아 있는 역사를 만나다

전봉준과 동학농민혁명
조광환 지음 | 336쪽 | 값 15,000원

교과서 밖에서 배우는 역사 공부
정은교 지음 | 292쪽 | 값 14,000원

남도의 기억을 걷다
노성태 지음 | 344쪽 | 값 14,000원

팔만대장경도 모르면 빨래판이다
전병철 지음 | 360쪽 | 값 16,000원

응답하라 한국사 1·2
김은석 지음 | 356쪽·368쪽 | 각권 값 15,000원

빨래판도 잘 보면 팔만대장경이다
전병철 지음 | 360쪽 | 값 16,000원

즐거운 국사수업 32강
김남선 지음 | 280쪽 | 값 11,000원

영화는 역사다
강성률 지음 | 288쪽 | 값 13,000원

즐거운 세계사 수업
김은석 지음 | 328쪽 | 값 13,000원

친일 영화의 해부학
강성률 지음 | 264쪽 | 값 15,000원

강화도의 기억을 걷다
최보길 지음 | 276쪽 | 값 14,000원

한국 고대사의 비밀
김은석 지음 | 304쪽 | 값 13,000원

광주의 기억을 걷다
노성태 지음 | 348쪽 | 값 15,000원

조선족 근현대 교육사
정미량 지음 | 320쪽 | 값 15,000원

**선생님도 궁금해하는
한국사의 비밀 20가지**
김은석 지음 | 312쪽 | 값 15,000원

다시 읽는 조선근대교육의 사상과 운동
윤건차 지음 | 이명실·심성보 옮김 | 516쪽 | 값 25,000원

걸림돌
키르스텐 세룹-빌펠트 지음 | 문봉애 옮김
248쪽 | 값 13,000원

음악과 함께 떠나는 세계의 혁명 이야기
조광환 지음 | 292쪽 | 값 15,000원

역사수업을 부탁해
열 사람의 한 걸음 지음 | 388쪽 | 값 18,000원

논쟁으로 보는 일본 근대교육의 역사
이명실 지음 | 324쪽 | 값 17,000원

진실과 거짓, 인물 한국사
하성환 지음 | 400쪽 | 값 18,000원

다시, 독립의 기억을 걷다
노성태 지음 | 320쪽 | 값 16,000원

우리 역사에서 사라진 근현대 인물 한국사
하성환 지음 | 296쪽 | 값 18,000원

한국사 리뷰
김은석 지음 | 244쪽 | 값 15,000원

▶ 창의적인 협력 수업을 지향하는 삶이 있는 국어 교실
우리말 글을 배우며 세상을 배운다

중학교 국어 수업 어떻게 할 것인가?
김미경 지음 | 340쪽 | 값 15,000원

토론의 숲에서 나를 만나다
명혜정 엮음 | 312쪽 | 값 15,000원

토닥토닥 토론해요
명혜정·이명선·조선미 엮음 | 288쪽 | 값 15,000원

인문학의 숲을 거니는 토론 수업
순천국어교사모임 엮음 | 308쪽 | 값 15,000원

어린이와 시
오인태 지음 | 192쪽 | 값 12,000원

수업, 슬로리딩과 함께
박경숙 외 지음 | 268쪽 | 값 15,000원

▶ 더불어 사는 정의로운 세상을 여는 인문사회과학
사람의 존엄과 평등의 가치를 배운다

밥상혁명
강양구·강이현 지음 | 298쪽 | 값 13,800원

좌우지간 인권이다
안경환 지음 | 288쪽 | 값 13,000원

도덕 교과서 무엇이 문제인가?
김대용 지음 | 272쪽 | 값 14,000원

민주시민교육
심성보 지음 | 544쪽 | 값 25,000원

자율주의와 진보교육
조엘 스프링 지음 | 심성보 옮김 | 320쪽 | 값 15,000원

민주시민을 위한 도덕교육
심성보 지음 | 500쪽 | 값 25,000원
2015 세종도서 학술부문

민주화 이후의 공동체 교육
심성보 지음 | 392쪽 | 값 15,000원
2009 문화체육관광부 우수학술도서

교과서 밖에서 배우는 인문학 공부
정은교 지음 | 280쪽 | 값 13,000원

갈등을 넘어 협력 사회로
이창언·오수길·유문종·신윤관 지음 | 280쪽 | 값 15,000원

오래된 미래교육
정재걸 지음 | 392쪽 | 값 18,000원

동양사상과 마음교육
정재걸 외 지음 | 356쪽 | 값 16,000원
2015 세종도서 학술부문

대한민국 의료혁명
전국보건의료산업노동조합 엮음 | 548쪽 | 값 25,000원

교과서 밖에서 배우는 철학 공부
정은교 지음 | 280쪽 | 값 14,000원

교과서 밖에서 배우는 고전 공부
정은교 지음 | 288쪽 | 값 14,000원

교과서 밖에서 배우는 사회 공부
정은교 지음 | 304쪽 | 값 15,000원

전체 안의 전체 사고 속의 사고
김우창의 인문학을 읽다
현광일 지음 | 320쪽 | 값 15,000원

교과서 밖에서 배우는 윤리 공부
정은교 지음 | 292쪽 | 값 15,000원

카스트로, 종교를 말하다
피델 카스트로·프레이 베토 대담 | 조세종 옮김
420쪽 | 값 21,000원

한글 혁명
김슬옹 지음 | 388쪽 | 값 18,000원

일제강점기 한국철학
이태우 지음 | 448쪽 | 값 25,000원

우리 안의 미래교육
정재걸 지음 | 484쪽 | 값 25,000원

한국 교육 제4의 길을 찾다
이길상 지음 | 400쪽 | 값 21,000원

▶ 평화샘 프로젝트 매뉴얼 시리즈
학교폭력에 대한 근본적인 예방과 대책을 찾는다

학교폭력 어떻게 만들어지는가
문재현 외 지음 | 300쪽 | 값 14,000원

아이들을 살리는 동네
문재현·신동명·김수동 지음 | 204쪽 | 값 10,000원

학교폭력, 멈춰!
문재현 외 지음 | 348쪽 | 값 15,000원

평화! 행복한 학교의 시작
문재현 외 지음 | 252쪽 | 값 12,000원

왕따, 이렇게 해결할 수 있다
문재현 외 지음 | 236쪽 | 값 12,000원

마을에 배움의 길이 있다
문재현 지음 | 208쪽 | 값 10,000원

젊은 부모를 위한 백만 년의 육아 슬기
문재현 지음 | 248쪽 | 값 13,000원

별자리, 인류의 이야기 주머니
문재현·문한뫼 지음 | 444쪽 | 값 20,000원

우리는 마을에 산다
유양우·신동명·김수동·문재현 지음 | 312쪽 | 값 15,000원

동생아, 우리 뭐 하고 놀까?
문재현 외 지음 | 280쪽 | 값 15,000원

▶남북이 하나 되는 두물머리 평화교육
분단 극복을 위한 치열한 배움과 실천을 만나다

 10년 후 통일
정동영·지승호 지음 | 328쪽 | 값 15,000원

 선생님, 통일이 뭐예요?
정경호 지음 | 252쪽 | 값 13,000원

 분단시대의 통일교육
성래운 지음 | 428쪽 | 값 18,000원

 김창환 교수의 DMZ 지리 이야기
김창환 지음 | 264쪽 | 값 15,000원

 한반도 평화교육 어떻게 할 것인가
이기범 외 지음 | 252쪽 | 값 15,000원

▶ 출간 예정

참된 삶과 교육에 관한
생각 줍기

참된 삶과 교육에 관한
생각 줍기